가치를전수하는 **가나다**

가치를전수하는 **가나다**

가치를전수하는 **가나다**

가치를전수하는 **가나다**

가치를전수하는 **가나다**

가치를전수하는 **가나다**

가치를전수하는 **가나다**

가치를전수하는 **가나다**

가치를전수하는 **가나다**

가치를전수하는 **가나다**

가치를전수하는 **가나다**

가치를전수하는 **가나다**

가치를전수하는 **가나다**

가치를전수하는 **가나다**

가치를전수하는 **가나다**

가치를전수하는 **가나다**

가치를전수하는 **가나다**

가치를전수하는 **가나다**

가치를전수하는 **가나다**

Practical Christianity

아더 핑크

국립중앙도서관 출판예정도서목록(CIP)
실천하는 믿음 : 하나님의 가장 좋은 것을 누리는 삶 / 지은이: 아더 핑크 ; 옮긴이: 임원주.
원표제: Practical Christianity 원저자명: Arthur W. Pink
믿음[信]
기독교[基督敎]
231.42-KDC6
234.23-DDC23   CIP2017031477

「이 도서의 국립중앙도서관 출판예정도서목록(CIP)은 서지정보유통지원시스템 홈페이지(http://seoji.nl.go.kr)와
국가자료공동목록시스템(http://www.nl.go.kr/kolisnet)에서 이용하실 수 있습니다.
(CIP제어번호: CIP2017031477)」

실천하는믿음 : 하나님의 가장 좋은 것을 누리는 삶

Practical Christianity   **지은이** 아더 핑크
옮긴이 임원주
펴낸이 엄태현
펴낸곳 가나다

등 록 · 2006년 1월 23일 (제307-2006-6호)
주 소 · 경기도 이천시 부발읍 무촌로151번길 20   www.nown.biz
e메일 · here@nown.biz
전 화 · 0502-987-9870
팩 스 · 0505-116-1015

첫판 처음 찍은 날 2017년 11월 25일
첫판 처음 펴낸 날 2017년 11월 30일

ISBN 978-89-92065-50-4 03230
| 잘못 만들어진 책은 구입하신 서점에서 바꿔드립니다.

실천하는 믿음
: 하나님의 가장 좋은 것을 누리는 삶

아더 핑크 | 임원주 옮김

역자서문,

불립문자(不立文字), 염화시중(拈華示衆), 염화미소(拈華微笑) 등의 경구 즉, '진리는 말로 표현할 수 없는 것이다' 혹은 '진리를 말로 형용하면 그 형용은 더 이상 진리가 아니다'라는 식의 말은, 살아오면서 종종 그리고 익숙하게 들어온 말입니다. 그러나 불가(佛家)의 이 명제는, 진리는 우리 주변에 항상 존재하고 있고 우리가 알고 체험하고 있는데 다만 진리 그 자체에 대한 큰 깨달음(大悟覺醒)이 없는 것이 문제라는 것을 전제합니다. 그래서 불교(佛敎)는 진리에 대한 천착과 앎을 수행의 일부로 포함시키면서도, 천착과 앎을 향한 노력을 기울임에 있어서도 대단히 신중한 경계심을 갖습니다. 그래서인지 집착을 떨쳐버리는 참선수행의 모습을 갖게 되었고, 그 방편으로 화두(話頭)를 붙잡고 선문답을 나눕니다.

이처럼 불교는 진리를 찾는 "구도(求道) 혹은 구도자들의 종교"(Seekers' Religion), 즉 진리에 대한 깨달음을 추구하는 종교입니다. 따라서 불교는 본질적으로, "경전"(經典)이 없는 종교이며 경전에 의존하지 않는 종교입니다. 이런 점에서 기독교는 불교와 극명하게 대비됩니다. 기독교는 영존하시는 하나님 곧 진리 그 자체이신 하나님이 죄인들에게 자기 자신을 계시해주시고 언설(言說)로 형용케 해주신 종교입니다. 하나님이 영원 전에 작정하신 자신의 백성을 죄인이라는 역사적 현실태에서 구원하여 자기에게로 이끌어주기 위해 진리 즉, 하나님과 주 예수 그리스도의 복음과 그 능력을 계시해주시고, 그 계시를 기록케 한 성경에서 출발하는 종교가 곧 기독교입니다.

그러므로 기독교에서 구원이란 진리를 깨달음 이전에 은혜의 활동이고, 참선수행과는 전혀 다른 차원으로서 생명의 이식(利殖)과 발아(發芽) 그리고 발현(發顯)이요 성장입니다. 기독교에서 진리는 주관적 이해 그 자체로 충분한 것이 아니라 그 이해의, 객관적이며 공적 교리에 대한 일치성이 훨씬 더 중요합니다.

영존하시는 주권자 하나님의 관심은, 하나님께서 창조 당시에 부여하신 그러나 인간이 죄를 지음으로써 파괴한 '하나님의 형상'을 회복하는 데 있습니다. 하나님의 형상은 하나님의 의와 거룩과 진리를 회복하는 것이고, 이 회복은 죄로 물든 인간의 오성(悟性, understanding)만이 아니라 전(全) 존재, 전 인격, 삶의 전체에 있어서 하나님을 닮는 것입니다. 이 변화, 변질, 변태를 가능케 하는 초자연적 능력이 '복음'의 본질입니다.

복음이 우리에게 다가오고 우리의 심령에 심겨지고 뿌리를 내리는 방편의 핵심에 "교리"(敎理, doctrine)라는 것이 있습니다. 기독교의 원리에 따르자면, 교리(敎理)는 기독교의 특정 종파가 주장하는 종교적 이론

(理論)이 아닙니다. 영원한 진리를 깨닫지 못하는 하류인생들을 위해 문자화(文字化)하여 부질없이 형용(形容)하려는 시도가 아닙니다. 올바른 교리는 하나님의 말씀 그 자체인 셈이고, 하나님의 말씀은 영원하고 무한한 절대적 전능자에게서 나온 것이기에 이해(理解), 각성(覺性), 인식(認識) 이전에 절대적, 무조건적 순종의 대상입니다. 교리는 일차적으로, 평가의 대상이 아니라 존중과 실행의 대상입니다.

물론, 교리를 이해하고 알아야 합니다만, 순종과 실행 없이 오직 두뇌작용에 의해서만 알 수 있는 그런 것이 아닙니다. 차라리 교리를, 흙에 뿌려진, 생명력이 가득한 '씨앗' 혹은 '배아'이며 흙에 뿌리를 내리면서 흙과 상호작용을 하면서 자라나서 열매를 맺는 것, 생명작용을 하는 것이라고 이해해야 하는 것이 진실에 훨씬 더 가까울 것입니다.

그런 점에서, 아더 핑크의 이 책(Practical Christianity)은 기독교의 교리를 다룬 책의 '부록'이라는 차원에서 실천적 문제들을 다뤄준 책이 아닙니다. 기독교의 본질과 능력을 드러낸 '교리'라는 전면을 뒤집어서 드러낸 이면을 설명한 책입니다.

기독교는 사상과 실천이 마치 형이상학(形而上學)과 형이하학(形而下學)으로 이분법적으로 분리된, 그래서 고등한 차원과 열등한 차원으로 나눠진 그런 체계가 아닙니다. 앎과 실천이 유기적으로 통합하여 하나의 온전한 전체를 이루고, 합당한 열매를 맺도록 되어 있는 체계입니다. 그럼에도 불구하고 근대 서양철학의 영향을 받은 종교적 자유주의가 팽배하면서 '신학'을 이분법적으로, 이론과 실천으로 구분하는 경향이 설교단과 회중의 관념에 영향을 미쳤습니다. 아더 핑크는 성경과 청교도 신학에 입각해서 이 근대주의적 흐름에 강렬하게 저항했는데, 바로 그 저항의 결실이 바로 이 책 *Practical Christianity*입니다.

*Practical Christianity*는 1985년에 이순근에 의해 번역되어, 엠마오 서적의 성장시리즈 전5권 가운데 세 번째 책자인『영적인 실천』으로 출간되었습니다. 저는 32년 전에 한글로 번역 출간된 이 번역서를 읽은 적이 없습니다. 따라서 지금까지 본서의 가치를 제대로 알지 못했습니다. 다만, 일련의 교리서들을 번역한 뒤이기에 적절한 실천적 주제를 다룬, 흥미로운 책이라는 관심사로 본서에 접근했습니다. 하지만 번역을 진행할수록 저의 이해가 잘못된 선입견이라는 사실을 깊이 자각할 수밖에 없었습니다. 적용 혹은 실천이라는 측면조차도 종교의 근본원리였던 자명한 사실을, 사실상 잊고 살았다고 인정할 수밖에 없었습니다.

교리의 적용은 단순히, 이론을 실행하는 것이 아니라 하나님의 명령을 합당하게 '준행'(遵行)하는 것입니다. 단순히, 보물지도를 손에 쥐고 있는 것이 아니라, 보물을 찾아내 그 가치를 향유하여 삶의 질과 수준을 바꾸는 것입니다. 하나님의 능력이 나의 삶을 채우고 변혁시키고 그 능력이 나의 가정과 교회와 내 주변 세상으로 흘러나가게 하는 것입니다.

이런 관점에서 볼 때, 아더 핑크의 이 책 *Practical Christianity*는 삼위일체론에서 구원론에 이르는 교리들을, 실제적으로 향유하는 원리들을 다룬 "실천적 교회론"이라고 간주해도 좋습니다. 기독교의 근본적인 실천적 원리들을, 20세기 세상에서 어떤 문제들과 부딪히고 어떤 명제로 정리할 수 있는지를 그리고 어떻게 준행해야 하는지를 보여주는 책이라고 이해해도 좋습니다. 하나님이 준비해둔 축복들을 어떻게 획득하고 향유하고 누릴 수 있는가라는 단순한 차원에서 접근해도 충분히 좋습니다.

본 번역서를 출간함에 있어서, 역자는 Practical Christianity에 수록된 원고의 본래 순서를 바꿨습니다. 한국교회의 상황에서 더 중요하다고 여겨지는 장들을 앞으로 배열하는 식으로 순서를 바꿨습니다. 그러다보니 분량이 많은 장들이 앞쪽으로 옮겨졌습니다. 그리고 "Christian Employee"같은 원고를 뺐습니다. 아주 적은 분량으로 간결하게 다룬 좋은 원고이지만 한국교회에서는 세속정부 및 공권력과 노동문제를, 아더 핑크 당시의 영미권보다 훨씬 더 깊고 정밀하게 다뤄야 할 필요성이 크게 대두된 상태이기 때문입니다.

작금의 한국교회와 성도들은 교회론적 모순들이 표출되는 현장에 던져진 채 방기된 상태에 다름 아닙니다. 교회는 진리의 장(場)이 아니라 거짓과 위선이라는 칼날이 횡행하고 이로 인한 상처와 고통과 갈등이 치열하게 부딪히는 전쟁터를 방불합니다. 이에 교리라는 원리도 중요하지만 준행이라는 원리의 회복도 대단히 중요하다는 사실을 깊이 절감합니다.

본서의 번역을 마무리한 때는 역자가 대구 로고스장로교회의 초청을 받아 주일마다 오전과 오후 설교를 전한 지 만 두 달을 채울 때였습니다. 로고스장로교회의 지체들이 보여준 말씀에 대한 갈증과 교회의 본질을 회복하고자 하는 10여 년에 걸친 지난한 노력을 확인하는 지금 이 순간까지의 과정은 곧바로 본고의 검토와 수정에 임하는 역자에게 격려와 채찍으로 다가왔습니다. 그런 점에서 로고스교회 성도들은 역자로부터 감사의 말을 들을 자격이 있습니다. 그러나 그 누구보다도 내 평생의 반려자일 뿐만 아니라 6월 첫 주부터 주일마다 이른 아침에 3시간에 걸친 대구행과, 4~5시간에 걸친 귀갓길의 동반자인 사랑하는 아내에게 감사를 표하지 않을 수 없습니다. 길고 힘든 여정이 대구 로고스교회와 아내에게 하나님의 은혜와 축복의 결실로 보상을 받기를 정말 간절히 소망합니다.

   부진한 매출에도 불구하고, 아더 핑크의 가치를 알고 모진 고난과 약해지는 건강에도 불구하고 아더 핑크의 저작들을 부단히 출간하는 가나다출판사 엄태현 형제와 그 가족들에게도 특별한 감사를 하지 않을 수 없습니다. 한국교회의 건강성을 회복하는 데 충분히 기여하기를 열망하는 엄태현 형제의 비전이 본 역서의 출간을 통해 더욱 가시화되고 실현되기를 소망합니다. 생명의 호흡이 남아있고 몸을 움직일 수 있는 한, 하나님께 합당한 책을 출간하여, 하나님을 영화롭게 하고자 하는 엄태현 형제의 열정이, 한국교회들을 통해 탐스럽고 아름다운 결실로 다가오기를 진실로 소망합니다.

2017년 11월 1일, 산본에서
역자 임원주 배상

목차,

1장 · 하나님의 가장 좋은 것을 누려라　*11*
　　　Enjoying God's Best | 시 84:11

2장 · 하나님의 권능을 누려라　*112*
　　　The Power of God | 시 62:11

3장 · 사적 판단의 권리, 양심의 자유를 누려라　*129*
　　　Private Judgment | 고전 10:15

4장 · 위대한 변화를 누려라　*166*
　　　Great Change | 고후 5:17

5장 · 마음을 지켜라　*310*
　　　Heart Work | 잠 4:23

6장 · 깨어 근신하라　*354*
　　　Sleepy Saints | 살전 5:5~6

7장 · 그리스도인의 전신갑주를 입으라　*378*
　　　The Chritian's Armour | 엡 6:10~18

8장 · 죄성을 제압하라　*399*
　　　The Doctrine of Mortification | 롬 8:13

9장 · 주의 일에 더욱 힘쓰라　*439*
　　　The Work of The Lord | 고전 15:58

10장 · 전능한 주권자가 통치하신다　*457*
　　　The Supremacy of God | 시 115:3, 시 37:5~7

11장 · 복음적 순종　*462*
　　　Evangelical Obedience | 약 2:21~23

하나님의 가장 좋은 것을 누려라
Enjoying God's Best 1장

"여호와 하나님은…정직히 행하는 자에게 **좋은 것**을 아끼지 아니하실 것임이니이다"(시 84:11)

서론 : 진술의 의미

하나님은 장차 일어날 모든 것을 예정하셨다. 그렇기 때문에 하나님의 (두 번째로 좋은 것 혹은 세 번째 것이 아니라) 가장 좋은 것을 누린다는 말과 하나님의 가장 좋은 것이 없다는 말이 비록 잘못된 표현은 아닐지라도 무의한 말이라고 생각하는 사람들이 있다. 필자가 논지를 더욱 전개하기 전에 먼저, '하나님의 가장 좋은 복락을 누린다'는 것이 무슨 뜻인지를 설명하겠다. 성도들이 하나님과 매일 교제를 나누는 것, 하나님의 얼굴 광채 속에서 행하는 것, 하나님 말씀의 달콤함을 맛보게 하고 우리의 오성에 빛을 비추고 속사람에게 강건함을 주신다는 뜻이다. 기도가 즐거움이 되는 것, 평화의 답변을 중단 없이 받는 것, 공급 통로가 막히지 않고 열려 있는 것이다. 생각이 하나님께 머물러 있도록 하는 것, 양심에서 죄를 비워놓는 것, 우리를 그리스도 안에서 영접해주신다는 충분한 확신을 갖는 것을 의미한다. 우리의 은사들이 건강하고 활기 찬 상태를 유지토록 하여 믿음, 소망, 사랑, 온유, 인내, 열정이 매일 활동하도록 하는 것이다. 그리고 이런 것이 모든 그리스도인의 경험이어야 한다.

하나님의 "가장 좋은"이라는 표현은 하나님의 인정하심을 개인적으로 경험하는 것을 의미하고, 은혜에서와 섭리에서와 자연에서 하나님의 은총을 명백하게 향유하는 것을 의미한다. 이 표현을 하나님의 특별한 은총들을 특별한 방법으로 받는 것에 한정해서는 안 된다. 우리의 세속적인 이익을 위해 하나님께서 개입하는 것까지도 포함하는 것이다. 하나님의 축복이 우리의 삶에, 삶의 다양한 측면들과 관계들 모두에, 영혼과 육신 모두에 머물러 있도록 하는 것이다. 하나님께서 인정하신다는 느낌을 향유하는 것, 하나님께서 우리를 위해 자신의 강력함을 드러내게 하시는 것이다. 이것이 비록 이런 사람이 인생의 일반적인 흥망성쇠와 시련을 면할 것이라는 의미가 아닐지라도 거룩케 되고 점점 더 많은 복락을 누리게 될 것이라는 의미이다. 왜냐하면 이런 사람은 하나님께서 손을 내밀어 자신을 이러한 부침과 시련에서 구원해주시거나 자신의 마음을 높이 들어올려주실 길을 만들기 때문이다. 게다가 이러한 부침과 시련은 은사들을 계발하도록 기여하고 불 속에서라도 여호와를 영화롭게 할 기회를 제공한다. 그럼에도 불구하고 이것은 이러한 신자는 그토록 많은 그리스도인들의 어리석은 짓들로 인한 곤란과 고초를 벗어날 것이라는 뜻이다. 불순종과 퇴보가 필연적으로 수반하는 쓰라린 징벌을 면하게 될 것이라는 뜻이다.

형통한 삶의 문제는 하나님의 통치라는 측면에서 접근해야 한다

우리가 하나님의 가장 좋은 것을 향유할 수 있으려면 반드시 충족시켜야 하는, 하나님의 정의로운 요구조건들을 고찰하기 전에 먼저 고찰해야 할 것이 있다. 여기에서 주목해야할 진리의 특정한 측면은 하나님의 작정에 관한 것이라기보다는 하나님의 통치에 관한 것이다. 하나님의 작정은 하나님의 주권적 의지 하나로만 구성되어 있다. 반면에 하나님의 통치는 우리의 책임 이행과도 관련이 있다. 전체적으로든 부분적으로든 하나님의 영원한 목적에 대한 하나님의 성취에는 최소한의 실패조차 결단코 도무지 존재하지 않는다.

그러나 많은 면에서 하나님의 백성은 자신의 소유물을 소유하는 데 실패하고, 그리스도의 피로 말미암아 자격이 부여된 특권들과 복락들을 향유하는 데 실패한다. 이 주제는 필자에게 어떤 어려움도 제기하지 않는다. 다만, 필자의 생각을 정확하게 표현할 적절한 용어를 찾는 것이 어려울 뿐이다. 아마 독자도 마찬가지일 것이다. 하나님의 영원한 작정의 형성 및 발효는 결코 사람에게서 영향을 받지 않는다. 사람이 늦출 수 있는 것도 재촉할 수 있는 것도 아니다. 그러나 이 세상에 대한 하나님의 현재적 통치는 대체로 (하나님의 백성을 포함한) 사람들의 행위에 의해 영향을 받고 결정된다. 그래서 영에 속한 것들과 땅에 속한 것들 양쪽에서 사람들은 아주 상당한 정도로 자신들이 뿌린 대로 거두게 된다.

성경은 내생에 관해서보다 금생에 관해 훨씬, 아주 훨씬 더 많이 말한다는 것을 즉, 성경은 영원에 속한 복락뿐만 아니라 현세적인 복락의 비밀들을 알려준다는 것을 사람들은 충분히 깨닫지 못한다. 영원에 속한 복락이 현세적인 복락에 비해 측량할 수 없이 더 중요할지라도 현세적인 복락은 영원에 속한 복락의 전주곡이다. 만일 하나님께서 현세에서 우리를 만족케 하는 분깃이 아니시라면 영원 속에서도 분명코 우리의 분깃이 아니실 것이다. 많은 복음적 설교자들은 지옥에서 어떻게 탈출하고 천국을 어떻게 확보하는지를 사람들에게 열정적으로 말해주었지만 우리가 땅위에서 어떻게 행할지에 대해 말해준 것은 거의 없었다. 결과적으로, 자신들이 하늘 아버지 집에 거할 곳이 있을 것인지에 대해 조금도 의심하지 않는 많은 사람들이 자신들의 현재 행보와 싸움에 대해서는 마땅히 기울여야할 만큼 관심을 도대체 기울이지 않는다. 비록 이들이 염원하던 하늘에 도착할지라도 지금과 같은 나태로 인해 지금 커다란 손실을 겪고 있고 영원토록 커다란 손실이 될 것이다.

성경의 가르침은 수많은 "정통파 설교자들"이 추종하는 계획의 정반대이다. 성경의 가르침은 이 세상에서의 우리의 삶을 상당히 드러낸다. 이 뿐만 아니다. 신약성경과 구약성경 양자의 주된 강조점 역시 이 세상에서의 우리의 삶에 두고, 지금 여기에서 우리는 어떻게 처신해야 하는지에 대해 교훈을 제시한다. 유사하게, 인류를 향한 하나님의 태도 및 행함을 표현할 때 신앙의 유비에서 서글프게도 이탈했다. 정말이지, 하나님의 주권을 강조한 사람들 가운데, 민족들에 대해서든 개인들에 대해서든, 택함을 받은 자들에 대해서든 유기된 자들에 대해서든, 하나님의 통치적 다루심에 균형잡힌 위상을 부여한 사람이 거의 없었다. 하지만 하나님의 영원한 모사를 언급하는 모든 구절을 찾아보면,

수십 개의 구절이 세속을 다루시는 하나님을 묘사한다. 하나님의 비밀스러운 혹은 작정적인 의지를 언급하는 모든 구절을 찾아보면, 하나님의 계시된 혹은 교훈적 의지를 묘사하는 구절이 백 개는 된다.

정말이지, 복된 것은 하나님의 예정적 은혜를 깊이 생각하는 것이다. 마찬가지로 중요한 것은 우리에 대한 하나님의 섭리적 다루심을 통제하는 원리들을 연구하는 것이다. 하나님의 통치방식들은 즉, 우리의 영적인 일에서든 세속적인 일에서든 이생에서 우리를 다루시는 하나님의 다루심은 임의적 주권을 뛰어넘는 어떤 것에 의해 결정된다. 하나님은 우리의 행위와 그 귀결들 사이에 분리될 수 없는 연결점을 확립하셨다. 그래서 하나님은 우리에 대해, 의로움 가운데 받으시는 즐거움을 명백히 하고 그 즐거움을 실행하는 자들의 기운을 북돋아주시는 그런 방식으로 행하신다. 하나님은 불의한 자들에 대한 자신의 불쾌함을 명백히 드러내시고 우리로 하여금 불의한 자들에 대해 분개하게 만드신다.

하나님의 주권을 하나님이 모든 완전하심들을 삼켜버리는 것으로 이해하는 것, 그리고 하나님의 모든 행하심을 황제적 의지의 단순한 발동으로 귀속시키는 것은 대단히 크고 심각한 잘못이다. 성경은 그렇게 하지 않는다. 우리도 그렇게 해서는 안 된다. 반대로, 성경은 하나님께서 자비로움과 의로움 속에서 행하시는 것에 관해 많이 언급한다. 하나님의 자비와 의는 하나님의 통치방식을 통제하는 최고의 원리들이기 때문이다. 정말이지, 자비는 오직 대권만으로도 드러난다(롬 9:18).

그러나 의의 경우에는 그렇지 않다. 하나님은 의가 작동하는 것을 보류하실 수도 없고 더 이상 존재하지 않도록 만드실 수도 없다. "여호와는 의로우사 의로운 일을 좋아하시"고(시 11:7), "그 모든 행위에 의로우시며"(시 145:17), "구름과 흑암이 그에게 둘렸고 의와 공평이 그 보좌의 기초"이다(시 97:2). 메시아에 대해, "공의로 그 허리띠를 삼으며…"라고 예언했다(사 11:5). 또한 의를 사랑하고 불의를 미워하기에 "그러므로 하나님 곧 왕의 하나님이 즐거움의 기름으로 왕에게 부어 왕의 동류보다 승하게 하셨나이다"라고 한다(시 45:7).

오호라, 하나님의 주권과 하나님의 의 사이에 균형을 완벽하게 상실한 사람들이 이렇게 많다니! 지금 사람들에 대한 하나님의 다루심 전체를 통제하는 것이 바로 하나님의 의이다. 다가올 그 날에 하나님께서는 사람들을 의로 심판하실 것이다. 하나님으로 하여금 악덕을 처벌하고 미덕을 상 주시게 하는 것이 바로 하나님의 의로우심이다. 그러므로 하나님은 순종하는 자녀들을 복 주시고 거역하는 자녀들을 징계하신다.

필자가 독자에게 분명히 밝혀주고 각인시켜주기를 원하는 중심적인 것은 하나님께서는 거룩과 행복 사이에, 우리가 하나님을 기쁘시게 하는 것과 우리가 하나님의 가장 풍부한 복락을 향유하는 것 사이에 불가분리적 연결점을 확립하셨다는 사실이며, 우리는 죄를 지음으로써 언제나 패자가 되는 것처럼 의의 길로 행함으로써 언제나 승자가 된다는 사실이며, 우리가 의의 길로 행하는 정도와 우리가 "의의 평강한 열매"를 누리는 것은 정확하게 비례한다는 사실이다. 하나님은 "나를 존중히 여기는 자를 내가 존중히 여기고…"라고 선언하셨다(삼상 2:30).

이 선언은 필자가 여기에서 설명하고 예증하려고 애를 쓰는 일반원칙 즉, 우리에 대한 하나님의 통치적 다루심은 하나님께 대한 우리의 태도와 하나님 앞에서 취하는 우리의 행위에 의해 조절된다는 원리를, 우리가 하나님을 높이는 정도에 비례해서 하나님은 우리를 높이실 것이라는 원리를 표명한다. 그러나 우리가 하나님을 높이는 데 실패한다고 가정하자. 올바른 방법으로 열렬하게 추구하는 이들에게 주시려고 하나님께서 준비하신 그 은사를 우리가 획득하지 못한다고 가정하자. 그러면 어찌될까? 저런, 우리는 하나님께서 우리를 위해 예비하신 가장 좋은 것을 누리지 못할 것이다. 우리는 하나님의 가장 좋은 것을 놓치게 될 것이다. 사무엘상 2:30이 계속해서 "나를 멸시하는 자를 내가 경멸히 여기리라"고 우리에게 말해주는 것처럼 말이다.

하나님의 가장 좋은 것을 향유할 수 있게 해 줄 기초

"이 율법책을 네 입에서 떠나지 말게 하며 주야로 그것을 묵상하여 그 가운데 기록한 대로 다 지켜 행하라 그리하면 네 길이 평탄하게 될 것이라 네가 **형통**하리라"(수 1:8). 이 구절은 우리를 위한 하나님의 가장 좋은 것에 들어가 향유할 수 있게 해줄 기초를 분명하고 단순한 언어로 표현한다. 신자는 자기 자신의 성향에 의해 통제되어서도 자기 자신의 오성에 의존해서는 안 된다. 편의성에 대한 고려에 혹은 동료들을 즐겁게 하는 것에 지배되어서는 안 된다. 모든 것에서 하나님을 기쁘시게 하려고 노력하고, 어떤 것을 행하든지 "하나님께서 이같이 말씀하신다"에 의해 자극을 받아 행동에 들어가야 한다. 하나님께 대한 충분하고 지속적인, 바로 그러한 순종이 신자에게 요구되는 것이다. 육신에게는 아무리 싫더라도, 자칭 그리스도인들이 아무리 조롱하더라도 성도는 행함의 기준으로 삼으라고 하나님께서 주신 규칙에 의거해서 엄정하게 그리고 부단히 행동하지 않으면 안 된다. 이렇게 행함으로써 성도는 측량할 수 없이 승자가 될 것이다. 순종의 길이 번영의 길이기 때문이다. 하나님의 계시된 의지에 부합하는 것은 정말이지 시련을 수반할 수도 있다. 그럼에도 불구하고 이생에서, 영적일 뿐만 아니라 물질적인 상급으로 풍성하게 보상받을 것이다.

    하나님의 계명의 길은 복이 있는 길이라고 아무리 강력하게 주장해도 지나치지 않다. 그 길로 행하는 것 때문에 속된 세상이 눈살을 찌푸리게 될지라도 그리고 적지 않은 종교인들의 비난을 받게 될지라도 우리 주인의 미소와 축복을 받게 만든다. "네가 형통하리라"는 이 말이 "진리의 하나님"의 입에서 나오고, 우리는 조금도 군소리 없이 받아들여 우리의 가슴속에 소중하게 간직해야 한다. "형통"은 언제나 즉각적으로 나타나지 않는다. 믿음은 연단을 받아야 하고 인내는 계발되어야 한다. 하지만 결국에 지극히 확실하게 나타나는 결말은, 하나님의 계명을 준수할 때 지극히 큰 상을 받는다는 것이다(시 19:11).

    여호수아에게서 이 근거를 찾을 수 있다. 여호수아는 하나님의 법을 엄격하게 고수했고, 하나님은 여호수아의 수고에 성공으로 포상하셨다. 친애하는 독자여, 이것을 기록해둔 것은 우리를 격려하기 위함이다. 나아가 우리가 여호수아처럼 형통하기를 원한다면 반드시 여호수아처럼 행동해야 한다. 여호수아에게 주어진 저 조건적 약속은 오직 여호수아에게만 주어진 특별한 약속이 결코 아니었다. 오히려 그 약속은 하나님의 모든 종과 자녀에게 똑같이 주어진 약속이다. 하나님의 통치방식은 모든 시대에 똑같았기 때문이다. "여호와 하나님은…정직히 행하는 자에게 **좋은 것**을 아끼지 아니하실 것"이라는(시 84:11), 이것은 인류역사가 시작될 때부터 언제나 참이었다. 그리고 인류역사가 끝나는 바로 그 때까지도 계속해서 참일 것이다.

여호수아가 태어나기 오래 전에 엘리후가 "만일 그들이 청종하여 섬기면 **형통**히 날을 보내며 즐거이 해를 지낼 것이요"라고 단언했다(욥 36:11). 여호수아가 죽은 지 수백 년이 지난 뒤에, 성령은 제사장 스가랴를 통해 "여호와께서 말씀하시기를 너희가 어찌하여 여호와의 명령을 거역하여 스스로 **형통**치 못하게 하느냐"라고 선언했다(대하 24:20).

이런 진술들은 오직 모세적 경륜에만 속한다는 주장은 정당성이 전혀 없다. 만일 이사야 1:18에 있는 "여호와께서 말씀하시되 오라 우리가 서로 변론하자 너희 죄가 주홍 같을지라도 눈과 같이 희어질 것이요 진홍 같이 붉을지라도 양털 같이 되리라"는 보배로운 말씀을 우리의 어리석은 시대에 지체없이 적용하면서도 바로 그 다음 구절 "너희가 즐겨 순종하면 땅의 아름다운 소산을 먹을 것이요"라는 말씀을 우리 자신에게 받아들이기를 거절하는 것 역시 정직한 것인가? 하나님께서 자기 백성에 대한 섭리적 다루심을 통제하는 원칙들은 땅 위에 있는 하나님 나라의 외적 형태에 이뤄진 변화에 의해서는 결코 변경되지 않는다. 신약성경의 가르침도 똑같이 분명하다. 즉, "경건은 범사에 유익하니 금생과 내생에 약속이 있느니라"(딤전 4:8). 하지만 이 약속의 성취는 우리가 하나님의 계명들을 준수하는 것을 즉, 우리의 개인적인 경건을 조건으로 한다.

분명한 조건이 있고, 이 조건에 입각해서 하나님의 가장 좋은 것을 향유하고자 하는 소망은 정당성을 확보한다. 이것은 여호수아와 갈렙이 이스라엘 백성에게 "여호와께서 우리를 기뻐하시면 우리를 그 땅으로 인도하여 들이시고 그 땅을 우리에게 주시리라"고 말할 때 전달되었다. 이 구절에 있는 "기뻐하다"라는 용어는 신자들을 향한 즉, 구원의 원천인 하나님의 사랑을 가리키지 않는다. 오히려 신자들의 성품과 행위를 하나님께서 만족해하시는 것을 가리킨다.

다윗이 압살롬의 모반을 피해 도망칠 때 제사장 사독에게 "하나님의 궤를 성으로 도로 메어 가라 만일 내가 여호와 앞에서 은혜를 얻으면 도로 나를 인도하사 내게 그 궤와 그 계신 데를 보이시리라 그러나 저가 말씀하시기를 내가 너를 기뻐하지 아니한다 하시면 종이 여기 있사오니 선히 여기시는 대로 내게 행하시옵소서 하리라"라고 말할 때 사용한 "기뻐하다"라는 말도 그렇게 이해해야 한다(삼하 15:25-26). 다윗이 이렇게 말할 때 '만일 하나님께서 내 영혼을 사랑하지 않으신다면 나는 기꺼이 하나님으로부터 영원히 추방당할 것이다'라는 취지로 말했을 리가 없다. 왜냐하면 이런 복종은, 자비의 시대를 살아가는 어떤 누구도 요구받지 않는 것이기 때문이다. 오히려 다윗의 취지는 '만일 하나님께서 나를 하나님의 백성의 머리라고 인정하지 않으신다면, 하나님께서 내 생명을 가져가시는 것이 즐거우시다면 그렇게 하시라고 하자'라는 것이었다.

우리는 하나님의 이중적 즐거움을 반드시 구별해야 한다

하나님의 이중적 "의지," 이중적 "계획," 이중적 "즐거움"을 반드시 구별해야 하는 것처럼 우리를 향한 하나님의 영원한 사랑과 현재적 즐거움, 그리스도 안에서 우리를 받아주시는 것과 하나님을 향한 우리의 성품과 행위를 받아주실 수 있다는 것을 반드시 구별해야 한다. 후자는 우리를 향한 하나님의 통치적 미소를 결정하는 것이다. 만일 어떤 독자가 이 구별은 인위적이며 억지로 한 것이라고 생각한다면 우리는 그에게 "아버지께서 창세 전부터 나를 사랑하시므로…"라고 하신 말씀(요 17:24)과, "아버지께서 나를 사랑하시는 것은 내가 다시 목숨을 얻기 위하여 목숨을 버림이라…이 계명은 내 아버지에게서 받았노라"고 하신 선언(요 10:17-18) 사이에는 차이가 없느냐고 반문한다.

또한 '그리스도라는 인격체에 대한 성부의 사랑과 그리스도의 순종에 대한 성부의 인정은 서로 별개의 것인가?'라고 묻는다. 한 마디 더 하자면, 우리는 "나 여호와가…무궁한 사랑으로 너를 사랑…하였노라"는 말씀(렘 31:3)과, "이는 너희가 나를 사랑하고 또 나를 하나님께로서 온 줄 믿은 고로 아버지께서 친히 너희를 사랑하심이니라"는 말씀(요 16:27)을 혼동하면 결코 안 된다. 에녹에 대해 성경은 "저는 옮기우기 전에 하나님을 기쁘시게 하는 자라 하는 증거를 받았느니라"라고 말한다(히 11:5). 반면에 광야의 이스라엘에 대해서는 성령이 "그러므로 내가 이 세대를 노하여…"라고 말한다(히 3:10).

위에서 언급한 것에서, 의의 길로 행하는 자는 하나님께 받을 빚이 있다거나 하나님께로부터 은총을 받아낼 공로를 쌓는다고 추론해서는 결코 안 된다. 그렇다. 그런 것이 아니다. 우리가 할 수 있는 어떤 것도 하나님께 어떤 유익도 끼치지 않는다. 우리가 하나님의 모든 계명에 완벽한 순종을 드릴지라도 우리는 단지 우리의 의무를 이행한 것일 뿐이며 하나님께서 정당하게 받으셔야할 것을 하나님께 드린 것이다.

다른 한편, 매우 분명한 사실은 우리의 순종으로 인해 우리가 유익을 얻으며 우리가 얻는 자가 된다는 것이다. 성경은 상급이라는 주제에 대해 적잖이 말한다. 장래의 즐거움은 우리가 지금 수행하는 행위와 분명한 관계를 갖고 있고 분명하게 비례할 것이라고 가르치기까지 한다(갈 6:7-8). 성도가 자신의 행위에 따라 장래에 보상을 받는 것이 하나님의 은혜와 충돌하지 않고 그리스도의 공로와도 충돌하지 않는다면(계 22:12) 현재에 보상을 받는 것도 충돌할 리가 없다. 장소 혹은 조건에서의 어떤 차이도 사안의 본질에 대해 어떤 차이를 만들어낼 수 없기 때문이다. 하나님은 '보응의 하나님 여호와'라는 칭호를 주저없이 취하신다(렘 51:56). 그리고 의에 대해 보상하는 자신의 모습을 바로 이생에서도 보여주는 구절들이 많다.

하나님은 현재에도 보응하신다

우리는 이미 시편 19:11을 언급했다. 준수할 때 큰 상을 받게 되는 하나님의 법과 판단에 대해 언급하는 이 구절에서 지금 주의를 기울여야할 부분은 '**시제**'이다. 이 구절은 '장래에 큰 상을 받게 될 것이'가 아니라 '지금 큰 상을 받는다'라는 뜻이다. 현재에 받는 상의 일부분은 "주의 법을 사랑하는 자에게는 큰 평안이 있으니 저희에게 장애물['걸림

돌']이 없으리이다"(시 119:165), "의의 공효는 화평이요 의의 결과는 영원한 평안과 안전이라"(사 32:17) 같은 구절에 묘사되어 있다. 시편 58:11의 "때에 사람의 말이 진실로 의인에게 갚음이 있고 진실로 땅에서[땅에서 일어나는 사건들을] 판단[통치, 집행]하시는 하나님이 계시다 하리로다"에서도 마찬가지다. "의인[즉, 자신의 행실을 의의 규칙에 일치시키는 자]은 종려나무 같이 번성하며 레바논의 백향목 같이 발육하리로다…여호와의 정직하심을 나타내리로다." 즉, 여호와는 이런 사람에게 주의를 기울이고 풍성하게 복 주시는 분이라는 사실을 분명히 하신다(시 92:12-15). "보라 의인이라도 이 세상에서 보응을 받겠거든 하물며 악인과 죄인이리요"라는 말씀에서도(잠 11:31), "여호와께서 유다와 쟁변하시고 야곱의 소행대로 벌 주시며 그 소위대로 보응하시리라"는 말씀에서도(호 12:2) 그렇다. 뿌린 대로 거둔다는 것은 하나님의 통치의 변경할 수 없는 법칙이다. 이 원칙은 성경 전체에 걸쳐 언명되고 예증되어 있다.

"저희가 바람을 심고 광풍을 거둘 것이라"(호 8:7)
"자기를 위하여 의를 심고 긍휼을 거두라"(호 10:12)
"내가 보건대 악을 밭 갈고 독을 뿌리는 자는 그대로 거두나니"(욥 4:8)
"그러므로 자기 행위의 열매를 먹으며 자기 꾀에 배부르리라"(잠 1:31)
"악인의 삯은 허무하되 의를 뿌린 자의 상은 확실하니라"(잠 11:18)

우리 주님께서도 이 원칙을 "하나님의 나라를 위하여 집이나 아내나 형제나 부모나 자녀를 버린 자는 금세에 있어 여러 배를 받고 내세에 영생을 받지 못할 자가 없느니라"는 말씀으로 엄밀하게 가르치셨다(눅 18:29-30). 사도들도 마찬가지였다. 바울은 "이것이 곧 적게 심는 자는 적게 거두고 많이 심는 자는 많이 거둔다 하는 말이로다"라고 말했고(고후 9:6), 야고보는 "화평케 하는 자들은 화평으로 심어 의의 열매를 거두느니라"고 말했다(약 3:18). 정말 개탄스럽게도, 지금 이런 구절은 설교단에서 거의 사라졌다.

하나님의 작정은 불변이다. 통치방식을 바꾸신다

다른 곳이 아닌 바로 여기에, 주님께서 뜻을 돌이키신다는 구절들 때문에 어리둥절해하고 당혹스러워하는 적지 않은 수의 사람들에게 그 구절들을 해명해줄 열쇠가 있다. 이런 표현을 비유적 언사라고 즉, 하나님께서 자신을 낮춰 우리의 언어를 사용하신 것이라고 말하는 것은 비록 참일지라도 실제로는 아무것도 해명해주지 않는다. 그러나 그 언급을 하나님의 영원한 작정을 변경하는 것이 아니라 하나님의 통치방식을 가리키는 것으로 볼 때, 사람들이 주님께 대한 자신들의 태도와 행위를 바꾸면 주님께서도 그들을 다루시는 방식을 바꾸신다는 뜻으로 볼 때, 위협된 심판을 철회하시거나 그들의 죄악 때문에 치워두신 복락을 베푸시는 것으로 볼 때, 어려움은 즉각적으로 제거된다. 이에 대한 일반원칙은 예레미야 18:7~10에 있다.

> "내가 언제든지 어느 민족이나 국가를 뽑거나 파하거나 멸하리라 한다고 하자 만일 나의 말한 그 민족이 그 악에서 돌이키면 내가 그에게 내리기로 생각하였던 재앙에 대하여 뜻을 돌이키겠고 내가 언제든지 어느 민족이나 국가를 건설하거나 심으리라 한다고 하자 만일 그들이 나 보기에 악한 것을 행하여 내 목소리를 청종치 아니하면 내가 그에게 유익

케 하리라 한 선에 대하여 뜻을 돌이키리라."

'만일'이라는 조건은 하나님의 예정에는 도무지 존재하지 않는다. 다만, 인간의 책임성과 연관해서만 존재한다. 필연적으로 그렇다. 예정을 실행할 때에 보응의 대안들이 진술될 수밖에 없기 때문이다. 왕국들을 향해 하나님께서 선언하시는 많은 재앙들은, 하나님의 영원한 작정들에 대한 선포들 혹은, 발생하게 되어 있는 것에 대한 무오류한 예언들이 아니다. 오히려 죄에 대한 하나님의 격한 불쾌감을 윤리적으로 암시하는 것들이며, 피고인 속에 더 좋은 쪽으로의 변화가 전혀 없을 경우에 불가피하게 따라올 수밖에 없는 것에 대한 엄숙한 위협들이다. 저 임박한 심판들이 역사적 현실이 될 수 있는지 아닌지는, 저 경고에 기꺼이 주의를 기울이느냐 아니면 그렇게 하기를 거절하느냐는 부차적 조건에 달려 있다.

위에 인용한 구절은, 하나님께서 세상을 통치하는 기본적인 도덕률을 밝혀주고, 어디에서 발견되든지 간에 순종과 의를 인정하시고 그에 대해 상을 주시고, 그 반대의 것을 미워하고 벌을 주신다고 말해준다(잠 14:34). 예레미야 18장의 진술은 하나님을 인간 운명의 결정자로 우리에게 제시하지 않는다. 땅에 속하는 상급을 베푸시는, 인간의 책임 이행에 맞춰 공평하게 다스리시는, 의인을 번성케 할 태세를 항상 갖추고 계시는 통치자임을 보여준다.

바로 이 원리는 개인에게 관련이 있다. "내가 사울을 세워 왕 삼은 것을 후회하노니 그가 돌이켜서 나를 좇지 아니하며 내 명령을 이루지 아니하였음이니라 하신지라 사무엘이 근심하여 온 밤을 여호와께 부르짖으니라"(삼상 15:11). 이 구절은 하나님께서 사울을 왕으로 세운 과거의 행위를 후회하셨다는 뜻이 아니다. 사울의 결함 때문에 하나님께서 사울에게 왕권을 주신 것을 파기하고 쫓아내시겠다는 뜻이다(26절). 따라서 우리는 하나님의 통치행위들은-적어도, 부분적으로-인간의 행위에 의해 결정된다는 사실을 알게 된다. 필자는 "부분적으로"라고 언급한다. 하나님은 획일적으로 행동하시지 않기 때문이다.

하나님의 섭리적 방식들 가운데 어떤 것들은 "나중에 발견해내는 것"이다. 하나님이 의인들로 극심하게 고초를 겪도록 하시고 악인들이 물가에 심긴 나무처럼 번성하도록 하실 때처럼 말이다. 만일 이 세상에서 의가 항상 가시적으로 보상을 받고 악이 처벌을 받는다면 하나님의 정의를 믿는 믿음을 발휘할 여지가 조금도 없을 것이다. 심판날은 예언되는 것이기보다는 기대되는 것이 될 것이다. 그럼에도 불구하고 우리가 균형을 유지하고 각 나라 혹은 개인의 역사를 전체적으로 본다면 하나님의 도덕적 통치가 명백히 드러난다. 우리는 죄를 지음으로써 패자가 되고 거룩함으로써 승자가 된다는 사실을 매일 목도하고 느끼게 되기 때문이다.

하나님의 도덕적 통치는 조화와 균형이 완전하다

여기에서 균형을 합당하게 유지하고 하나님의 도덕적 통치에 대해 적절한 개념을 형성할 수 있으려면, 하나님의 정의는 자비로 그리고 인내로 균형이 잡혀 있다는 사실을 지적할 필요가 있다. 그러므로 하나님은 "회개할 여유"를 주신다. 그리고 그 관대하심이 활용되는 경우에, 하나님은 그에 부응하여 행동하신다. 땅에 속한 선(善)을 존중하는 하나님의 약속들 가운데 어떤 것들은 순종의 이행을 조건으로 하는 것처럼 하나님께서 위협하신 심판들 가운데 많은 것들은 태도의 변혁에 입각해서 비껴간다.

"그들이 듣고 혹시 각각 그 악한 길에서 떠나리라 그리하면 내가 그들의 악행으로 인하여 재앙을 그들에게 내리려 하던 뜻[더 좋은 표현은 '생각']을 돌이키리라"(렘 26:3). 어쩌면 이에 대한 가장 현격한 사례가 사악한 왕 아합의 경우일 것이다. 아합은 자신에게 선고된 재앙의 심판을 듣자 "옷을 찢고 굵은 베로 몸을 동이고 금식하고 굵은 베에 누우며 행보도 천천히" 했다(왕상 21:27). 그러자 하나님은 "저가 내 앞에서 겸비함을 인하여 내가 재앙을 저의 시대에 내리지 아니하고 그 아들의 시대에야 그 집에 재앙을 내리리라"고 말씀하셨다(왕상 21:29).

여호수아 1:8

만일 우리가 하나님의 가장 좋은 것에 들어가고 향유하고자 한다면 하나님께서 우리에게 요구하시는 것이 무엇인지를 알려주는 성경구절들 가운데 몇몇을 더욱 명확하게 고찰해보자. 이러한 성경구절 가운데 몇몇을 이미 개괄적으로 다뤘다. 그러나 더욱 특수한 관점에서 상세하게 검토할 필요가 있다. "이 율법책을 네 입에서 떠나지 말게 하며 주야로 그것을 묵상하여 그 가운데 기록한 대로 다 지켜 행하라 그리하면 네 길이 평탄하게 될 것이라 네가 형통하리라"(수 1:8).

이것은 해석자가 전혀 필요 없을 정도로 분명한 진술이다. 그렇게 하는 그 때란 **첫째**, 우리의 말을 하나님의 말씀에 의해 정리하여 우리의 모든 대화를 하나님의 말씀에 일치시키는 때다. "의인의 입은 지혜를 말하고 그 혀는 공의를" 말한다(시 37:30). 어째서 이렇게 하는가? 의인의 "마음에는 하나님의 법이 있"기 때문이다(31절). **둘째**, 이렇게 되기 위해서는, 하나님의 말씀을 지속적으로 "묵상"하지 않으면 안 된다. 성경의 말씀을 매일 깊이 생각함으로써, 그 말씀을 더 잘 이해하게 되고 우리의 기억 속에 확고하게 하고 우리의 영혼 속에서 그 말씀에 더욱 충분히 부합하게 된다. **셋째**, 하나님 말씀을 묵상할 때 명확한 의도와 실천적 목표를 가지고 하지 않으면 안 된다. 즉, 행하기 위해, 순종적으로 살기 위해 해야 한다.

역대하 16:9

"여호와의 눈은 온 땅을 두루 감찰하사 **전심으로** 자기에게 향하는 자를 위하여 능력을 베푸"신다(대하 16:9). 여기에서 부사 "전심으로"라고 번역된 부분을 KJV에서는 형용사 'perfect'로 번역했는데 일반적으로 영어단어 'perfect'에 상응하는 히브리 단어는 '타밈'이며 그 뜻은 '진정한'이다. 그런데 이 구절에서 실제로 사용된 히브리 단어는 '쇠렘'이라는 다른 단어다. '전부'라는 뜻의 형용사다. '온 마음'을 '나뉜' 마음 즉, "두 마음"과 대조시킨다(호 10:2). 이렇게 둘로 나뉜 마음은 두 주인을 섬기려고 헛되이 애쓰는 사람이며 야고보가 "두 마음을 품어 모든 일에 정함이 없는 자"라고 한 그런 사람이다(약 1:8).

온 마음을 가진 사람들은 자신들의 주 하나님을 자신의 모든 생각과 영혼과 힘으로 사랑한다. 이런 사람들은 주 하나님을 자신의 분깃으로 삼고, 자신의 기쁨을 하나님 안에서 발견하고, 하나님을 기쁘시게 하고 영화롭게 하기를 지속적으로 추구한다. 이런 사람들의 감성은 나눠지지 않았고, 인생의 목표는 하나이며, 갈렙처럼 "온전히 여호와를 순종"한다(신 1:36). 이런 사람들은 하나님으로부터 특별한 은총을 받는다. 역대하 16:9에서 "여호와의 눈"은 하나님의 아심을 가리키고, "온 땅을 두루 감찰하사"라는 어구는 하나님께서 이 세상을 무한한 지혜로 다스리심을 뜻한다. 하나님의 섭리적 처결 즉, 하나님의 눈이 하나님의 손을 이끌고 하나님은 자신의 눈과 손을 활용해서 하나님을 자신의 전부로 삼는 자들을 특별히 돌보시고 공급하신다는 뜻이다.

시편 1:3

"저는 시냇가에 심은 나무가 시절을 좇아 과실을 맺으며 그 잎사귀가 마르지 아니함 같으니 그 행사가 다 형통하리로다"(시 1:3). 필자가 사람이 하나님의 가장 좋은 것을 누린다는 말을 통해 의도하는 바가 바로 여기에 있다. 그런데 시편 1:3의 "저"는 어떤 사람을 가리키는가? 이 문맥에서는 "복 있는 사람"을 가리킨다. 세상과 완벽하게 단절된 사람이다. 즉, "악인의 꾀를 좇지 아니하며 죄인의 길에 서지 아니하며 오만한 자의 자리에 앉지 아니하"는 사람이다(시 1:1).

하나님께서 "복을 받은 사람"이라고 선언하시는 대상자는 자신의 행보에 주의를 기울이는 사람이라는 사실에 주목하라. 거듭나지 않은 사람들의 충고에 따르기를 거절하는 사람이다. 거듭나지 않은 사람들이 넓은 마음을 가지라고 촉구하고 지나치게 엄격하지 말라고 경고하고 세상의 처세훈을 들이밀지만 그런 것들에 아랑곳하지 않는 사람이다. 어울리는 사람들에 대해 매우 꼼꼼하게 따지고, 가까이 하는 사람들이 자신을 영적으로 도움이 될 사람인지 방해꾼이 될 것인지를 확인한다. 악한 교제는 선한 예절을 부패시킨다. 그래서 그리스도가 없는 사람들과 교제하기를 거절한다. 젊은 신자여! 하나님께서 그대를 향해 미소지어주시기를 갈망한다면 또한 반드시 그렇게 해야 한다.

시편 1편은 시편 전체의 기조를 드러낸다. 의인들 즉, 의의 길로 행하는 사람들의 복됨이 시편 전체의 주제이며, 경건치 않은 사람들의 운명과 대조한다. 이 의로운 사람에 대해 강조된 **첫 번째** 것이, 의인은 세상에 등을 돌린다는 사실이다. 바로 이 지점에서 실천적 경건이 시작된다. 바울의 "그러므로 주께서 말씀하시기를 너희는 저희 중에서 나와서 따로 있고…"라는 말씀에 주의를 기울일 때까지는 하나님과의 동행, 그리스도와의 실질적인 교제, "평강의 길"을 걷는 것은 존재할 수 없다(고후 6:17). **두 번째**는, 복 있는 사람에 대해 "오직 여호와의 율법을 즐거워하여 그 율법을 주야로 묵상하는 자"라고 말한다는 사실이다(시 1:2).

복 있는 사람은 하나님의 권위에 완벽하게 복종하고 하나님의 계시된 의지를 자신의 삶의 규칙으로 삼는다. 복 있는 사람은 자신의 성향에 역행하여 그렇게 행하도록 강요를 받지 않는다. 그의 즐거움이 바로 거기에 있기 때문이다. 이것은 그의 생각이 거기에 지속적으로 몰두한다는 것에 의해 입증된다. "네 보물 있는 그 곳에는 네 마음도 있"기 때문이다(마 6:21). 지성은 감정에 의해 조절된다. 마음을 가장 많이 쏟는 대상에 우리의 생각이 쏠린다. 탐욕스러운 자들의 마음과 생각이 황금에 쏠리는 것과 같다.

시편 1:1~2의 요구조건에 부합하는 자가 1:3의 축복들을 확실하게 경험할 것이다. 다른 구절들을 심사숙고할 필요는 별로 없다. 다른 구절들은 자명하기 때문이다. "젊은 사자는 궁핍하여 주릴지라도 여호와를 찾는 자는 모든 좋은 것에 부족함이 없"을 것이다(시 34:10). 즉, 하나님을 최우선하는(마 6:33), 하나님을 전심으로 찾는(렘 29:13), 만사에 하나님의 뜻을 근면하게 묻고 하나님을 기쁘시게 하고 영화롭게 하기를 열심히 추구하는 사람들은 좋은 것이 결코 부족하지 않을 것이다. 이것은 확실한 말씀으로써, 순종을 위한 격려이다. "여호와 하나님은…정직히 행하는 자에게 좋은 것을 아끼지 아니하실 것임이니이다"(시 84:11).

청교도 신학자 토마스 브룩스(Thomas Brooks)가 "자, 이 선택, 이 커다란 약속은 정직한 사람들에게만 주어진 것이다. 그러므로 당신이 이 약속에 참여하기를 원한다면 당신의 정직성을 유지하라"라고 지적했다. 존 길(John Gill)은 이 구절의 "정직히 행하는 자"라는 어구를 설명할 때 그리스도 복음에 합당한 생활태도와 진실한 마음으로 행하는 것을 포함시켰다. "여호와를 경외함이 곧 지혜의 근본이라 그 계명을 지키는 자는 다 좋은 지각이 있…다"(시 111:10). 이에 대해 존 길은 "그것을 대단한 성공 혹은 **형통**이라고 이해하는 이들이 있다"라고 말했다. 그리고 "대개 이런 사람들은 영혼과 육신에서, 세속적인 것들과 영적인 것들에서 형통한다"라는 말을 더했다. 이 진술에 필자는 전적으로 동의한다.

잠언 3:3~4

"인자와 진리로 네게서 떠나지 않게 하고 그것을 네 목에 매며 네 마음판에 새기라 그리하면 네가 하나님과 사람 앞에서 은총과 귀중히 여김을 받으리라"(잠 3:3-4). 이집트에서 요셉이 그렇지 않았는가?(창 39장) 사울의 집에서 다윗이 그렇지 않았는가?(삼상 18장) 바벨론에서 다니엘과 그 친구들이 그렇지 않았는가? "하나님이 그 기뻐하시는 자에게는 지혜와 지식과 희락을 주"신다(전 2:26). "하나님이 그 기뻐하는 자"라는 어구를 전도서 7:26에서는 "하나님을 기뻐하는 자"라고 번역해 놓았다. 하나님은 이생에서 사람들을 그 행위에 따라 다루신다고 가르치는 성경구절들은 인용할 수 없을 만큼 많다. 그런데 기독교인이라 자처하는 지성 가운데 실제로 이러한 성경구절들에 의해 실제로 영향을 받는 사람이 매우 적다는 것은 놀라운 일이다. 역사 전반에 걸쳐 예증된, "너[아브람]를 축복하는 자에게는 내가 복을 내리고 너를 저주하는 자에게는 내가 저주하리니…"라는 저 유명한 말씀을 예로 들자(창 12:3). 이 구절은 결코 예외적인 구절이 아니다. 필자가 설명하려고 애를 쓰고 있는 원칙을 예증한다. "빈약한 자를 권고하는 자가 복이 있음이여 재앙의 날에 여호와께서 저를 건지시리로다 여호와께서 저를 보호하사 살게 하시리니 저가 세상에서 복을 받을 것이라"는 구절도 있다(시 41:1-2).

구체적인 사례들

이제 구체적인 사례들을 고찰해보자. "여호와의 사자가 하늘에서부터 두 번째 **아브라함**을 불러 가라사대 여호와께서 이르시기를 내가 나를 가리켜 맹세하노니 네가 이같이 행하여 네 아들 네 독자를 아끼지 아니하였은즉 내가 네게 큰 복을 주고…또 네 씨로 말미암아 천하 만민이 복을 얻으리니 이는 네가 나의 말을 준행하였음이니라 하셨다 하니라"라는 말씀을 보자(창 22:15-22). 이보다 더 분명해질 수 있을까? 또 다른 구절들을 보자. 하나님께서 이삭에게 "네 자손을 하늘의 별과 같이 번성케 하며 이 모든 땅을 네 자손에게 주리니…이는 아브라함이 내 말을 순종하고 내 명령과 내 계명과 내 율례와 내 법도를 지켰음이니라"라고 말씀하셨다(창 26:4-5). 아브라함 이외에도 다음과 같은 인물들이 있다.

> "오직 내 종 **갈렙**은 그 마음이 그들과 달라서 나를 온전히 좇았은즉 그의 갔던 땅으로 내가 그를 인도하여 들이리니 그 자손이 그 땅을 차지하리라"(민 14:24)
>
> "헤브론이 그니스 사람 여분네의 아들 **갈렙**의 기업이 되어 오늘날까지 이르렀으니 이는 그가 이스라엘의 하나님 여호와를 온전히 좇았음이며"(수 14:14)
>
> "그러므로 말하라 내가 그[**비느하스**]에게 나의 평화의 언약을 주리니 그와 그 후손에게 영원한 제사장 직분의 언약이라 그가 그 하나님을 위하여 질투하여 이스라엘 자손을 속죄하였음이니라"(민 25:12-13)
>
> "여호와께서 내[**다윗**] 의를 따라 상 주시며 내 손의 깨끗함을 좇아 갚으셨으니"(삼하 22:21)

영적 지성을 소유한 사람이 이러한 구절들 때문에 혼란을 겪는다는 것은 이상한 일이다. 만일 이 구절들을 그 본래적이며 명백한 의미에 따라 이해한다면 난해하게 만들 것이 전혀 없기 때문이다. 이 구절들을 각각의 문맥에서 비춰 읽어보자. 명확하고 단순한 구절들이다. 다윗은 하나님께서 골리앗과 사울에게서 그리고 다른 원수들에게서 구원해주신 것을 언급하고 있었다. 저 원수들에 대한 다윗의 행실은 어떠했는가? 다윗은 자신의 적대감을 정당화하는 어떤 심각한 범죄를 저질렀던가? 원수들 가운데 어떤 이에게 가혹하게 잘못을 저질렀던가? 저 원수들은 다윗의 생명을 정당하게 혹은 부당하게 추구했던가? 다윗의 일대기를 확인해보라. 그러면 다윗이 왕좌를 탐냈거나 사울을 증오했다는 단서를 찾지 못할 것이다. 실제로는, 다윗은 자신을 그토록 모질게 박해한 어떤 누구에게도 악한 계획을 꾸민 죄를 전혀 저지르지 않았다. 이 사실은 다윗이 하나님께 드린 기도 가운데 "무리하게 나의 원수된 자로 나를 인하여 기뻐하지 못하게 하시며 무고히 나를 미워하는 자로 눈짓하지 못하게 하소서"라고 기도한 것에서 분명히 드러난다(시 35:19).

다윗이 자신의 원수들에게 자신을 핍박할 정당한 명분을 주지 않았기 때문에 그리고 그렇게 복수심에 악의를 품지도 않았기 때문에 지금, 선한 양심의 증언을 즐거워했다. 다윗의 인격은 심하게 중상모략을 당했고 가증스러운 혐의를 제기 받았다. 그러나 다윗의 행실은 정직했고 비범할 정도로 양심적이었다. "다윗은 사울이 아무리 박해를 했더라도 사울이나 사울의 무리에게 해를 끼치지 않았다. 그렇다. 다윗은 모든 기회를 활용해서 이스라엘의 대의에 기여했다. 시기와 배반과 배은망

덕으로 되갚음을 받더라도 그랬다"(토마스 스코트).

사람들에게서 비방을 받고 반대를 당할 때 우리의 무죄성과 고결성에 대한 우리 자신의 확신을 갖는다는 것은 헤아릴 수 없는 위안이다. 그러므로 이런 시련의 때를 지나면서 우리 자신을 연단하여 "하나님과 사람을 대하여 항상 양심에 거리낌이 없기를 힘"쓸 때 수고를 아끼지 말아야 한다(행 24:14). 이 지점에서 다윗은 바리새적 정신을 자랑할 기회를 만들지 않았다. 오히려 인간의 형평법정 앞에서 자신의 무죄성을 공언하고 있었다. 사람이 자신의 무죄성을 아는 것은 교만의 죄를 범하는 것이 아니다. 자신의 고결성 때문에 하나님께서 섭리적으로 베푸시는 상을 받을 것이라고 깨닫는 것도 마찬가지다. 각각은 명백한 사실이다.

다윗이 "여호와께서 내 의를 따라 상 주시며"라고 말할 때(삼하 22:21), 이 세상에 대한 하나님의 통치 속에서 작동하는 원칙들 가운데 하나를 표명했다. 스펄전이 "하나님의 은혜의 통치방식은 가장 충분한 정도로 주권적이며 인간의 공로와는 상관이 없을지라도, 결국 피해자들의 복수가 이뤄지게 하고 궁극적으로 의인들의 구원이 이뤄지게 하는 정의의 규칙이 종종 섭리적 처결 속에 나타난다"라고 말했다. 스펄전의 이 진술은 다윗이 서술하고 있는 관점을 즉, 하나님의 영원한 구원의 기초가 아니라 하나님께서 역사 속에서의 통치방식을 지성적으로 파악했음을 드러낸다. 시편기자의 이 선언들은 하늘의 최고법정에서 자신을 변호하는 것과는 도무지 상관이 없는 것들이다. 다윗이 땅 위의 원수들에게 대해 행한 행위들의 무죄성과 이로 인해 하나님께서 원수들로부터 자신을 구원해주신 것과 관련된 선언들이다.

정말이지, 사무엘하 22:20~28에 표현된 것과 같은 생각들을, 섭리적 통치의 영역에서 영적이며 영원한 나라로 옮기는 것은 지극히 괘씸한 잘못일 것이다. 섭리적 통치에서 은혜는 하나님의 은총을 분배함에 있어서 최고일 뿐만 아니라 유일하게 통치주권을 갖기 때문이다. 반면에, 맑은 양심을 가진 경건한 사람은 자기 자신의 의식을 부정해서는 안 되고, 자신을 실제 모습보다 더 나쁘게 위선적으로 나타내서도 안 된다. 앞에서 언급한 것을 손을 저으면서 '구약성경의 교훈일 뿐이야, 율법시대에 일어난 일일 뿐이야'라는 말로 깨끗이 잊어버리려는 사람들이 있다. 그러나 이런 식의 반대는 전적으로 무의미하다. 왜냐하면 하나님의 통치원리들은 모든 시대에 동일하기 때문이다. 그러므로 이 주제에 대한 신약성경의 교훈은 구약성경의 교훈과 동일한 것이다. 즉, "긍휼히 여기는 자는 복이 있나니 저희가 긍휼히 여김을 받을 것"이다(마 5:7). 이 구절은 "행위로 얻는 구원"과는 도무지 상관이 없다. 이런 구절은 참 제자들의 특성을 묘사하는 것이기 때문이다.

마태복음 5:7은, 참 제자를 "긍휼이 여기는 자"이며 그 결과로 "긍휼이 여김을 받을 것"이라고 말한다. 거듭나지 않은 자들이 하나님의 구원적 긍휼을 받을 자격을 갖기 위해서는 긍휼이 여기는 자가 되라고 요구하는 것이 아니다. 오히려, 거듭난 자들은 긍휼히 여기는 자라는 것이며, 거듭난 자들이 자신들의 참된 성품으로 행동하는 것에 따라 하나님은 그들에 대해 자신의 통치방식과 아버지로서의 다스림을 베푸실 것이다. 즉, "너희의 헤아리는 그 헤아림으로 너희가 헤아림을 받을 것"이다(마 7:2). 구약성경은 "자비한 자에게는 주의 자비하심을 나타내시며"라고 말하고(시 18:25), 신약성경은 "너희가 사람의 과실을 용서하지 아니하면 너희 아버지께서도 너희 과실을 용서하지 아니하시리라"고 말한다(마 6:15).

그리스도와 성부 모두 그리스도인들에게 그 행실에 부합하게 행동하신다는 것은 요한복음 14:21, 23에서 분명하게 드러난다. 즉, 이런 '명백한 드러남'은 순종의 삶을 살지 않는 자들에게는 주어지지 않는다. "하나님이 불의치 아니하사 너희 행위와 그의 이름을 위하여 나타낸 사랑으로 이미 성도를 섬긴 것과 이제도 섬기는 것을 잊어버리지 아니하시"기 때문이다(히 6:10). 이 성경구절이 분명하게 시사하는 내용은, 만일 하나님께서 저들의 관대한 베풂에 상을 주시지 않는다면 하나님은 불의하신 분이라는 것이다. "그러므로 생명을 사랑하고 좋은 날 보기를 원하는 자는 혀를 금하여 악한 말을 그치며 그 입술로 궤휼을 말하지 말고 악에서 떠나 선을 행하고 화평을 구하여 이를 좇으라"(벧전 3:10-11). 매튜 헨리는 "이 까다롭고 고약한 세계에서 안락하고 행복한 삶을 살 수 있게 해줄 탁월한 처방이 바로 여기에 있다"라고 말했다. 이 처방을 따르는 이들에게 존 길은 "이런 사람들은 금생과 내생 모두에서 복을 유업으로 받을 것이다"라고 말했다.

> "무엇이든지 구하는 바를 그에게 받나니 이는 우리가 그의 계명들을 지키고 그 앞에서 기뻐하시는 것을 행함이라"(요일 3:22)
> "네가 나의 인내의 말씀을 지켰은즉 내가 또한 너를 지키어 시험의 때를 면하게 하리니 이는 장차 온 세상에 임하여 땅에 거하는 자들을 시험할 때라"(계 3:10)

하나님의 가장 좋은 것을 놓친다는 것

역경은 우연히 닥치지 않는다

지금까지 필자는 구약성경과 신약성경 모두가 하나님의 가장 좋은 것을 누리게 하는 것이 있다고 가르친다는 것을 길게 입증했다. 즉, 만일 우리가 하나님의 정당한 요구조건들을 충족시킨다면 하나님은 우리의 길을 형통케 하실 것이라는 점을 설명했다. 이제는 이 주제의 어두운 측면을 다뤄야할 차례다. 서글프게도, 하나님의 가장 좋은 것을 놓치고 역경에 빠져들 가능성이 있다는 사실에 직면해야 한다. 하나님은 "정직히 행하는 자에게 좋은 것을 아끼지 아니하실 것"이라고 약속하셨다(시 84:11). 그 뿐만 아니라 하나님은 "너희 허물이 이러한 일들을 물리쳤고 너희 죄가 너희에게 오는 좋은 것을 막았느니라"고 우리에게 분명하게 알려주셨다(렘 5:25). 이에 대해 존 길은 "이들이 이 자비들을 받지 못한 것은, 이들을 겸손케 만들고 자신들의 죄악들을 지각하게 되고 인정하게 만들려는 목적이다"라고 말했다.

역경은 우연히 닥치지 않는다. 하나님의 손에서 나온다. 하나님은 역경을 아무렇게나 정해주시는 것이 아니라 올바르게 정해주신다. 하나님은 세상 사람들의 죄악뿐만 아니라 자기 백성들의 죄악에 눈을 감지 않으신다. 만일 하나님께서 눈을 감아주고 모른척하신다면 하나님의 집의 영광은 유지되지 않을 것이다. 토마스 맨튼이 예레미야 5:25에 대해 지적한 것처럼 "하나님께서 복을 내려주지 않으신다면 그것은 인간의 죄악 때문이다."

잠언 13:15

"선한 지혜는 은혜를 베푸나 궤사한 자의 길은 험하니라"(잠 13:15). 이 구절이 일차적으로 가리키는 대상은 악인들이라는 사실은 의심의 여지가 없다. 하지만 이 구절이 표명하고 있는 원리는 구속받은 자들에게도 틀림없이 적용된다. 만일 한 편에 하나님의 계명을 준수하여 "커다란 상급"이 있다면 반대편에는 하나님의 계명을 어길 때 커다란 손실을 겪는다. 지혜의 길이 즐거움의 길이고 지혜의 길 전체가 평강이라는 것이 참이라면(잠 3:17) 확실한 사실은 만일 우리가 지혜의 길을 떠나면 그 때문에 징벌을 받게 된다는 것이다. 오호라. 우리 자신의 빛으로 서서 하나님의 은총의 통로를 막아버리는 경우가 정말 많다. 주 우리 하나님을 등지는 것은 "악"한 것일 뿐만 아니라 "고통"스러운 것이다(렘 2:19). 이 때문에 죄를 가리켜 종종 "어리석음"이라는 말을 사용한다. 죄는 하나님을 거역하는 범죄일 뿐만 아니라 우리 자신에 대한 미친 짓이기 때문이다.

우리가 죄를 지음으로써 야기한 해악(害惡)이 많다. 그 가운데 으뜸은 하나님이 베푸시는 복락의 물줄기를 막는 것이다. 죄는 우리에게 비싼 대가를 치르게 한다. 우리에게서 즉각적으로 가져갈 뿐만 아니라 하나님께서 넘치도록 부어주시는 것들을 장차 받지 못하도록 막는다. 달리 말하자면, 고의로 짓는 죄는 하나님께서 우리를 위해 예비하신 가장 좋은 것을 받지 못하게 만든다. 이 원리를, "너희 하나님 여호와를 신뢰하라 그리하면 견고히 서리라 그 선지자를 신뢰하라 그리하면 **형통**하리라"는 말씀이 매우 명확하게 천명한다(대하 20:20). 온 마음으로 주님을 신뢰하라. 그러면 너희 영혼이 평강과 기쁨으로 안정될 것이다. 주님의 말씀과 종들을 통해 주님의 뜻에 대해 발견한 모든 것을 복종으로 받아들여라. 그러면 주님의 섭리적 미소가 너희의 분깃이 될 것이다.

그러나 거꾸로, 네 자신의 총명에 의지하고 불신앙에 지배당하도록 하면, 영혼의 확신과 평정이 약해져 사라질 것이다. 자기의지와 자기만족이 주인노릇하게 하면, 하나님의 섭리가 너희를 향해 불쾌한 표정을 지을 것이다. 행실과 그 귀결들의 연관관계는 깨질 수 없다. 믿음과 거룩의 길을 가라. 그러면 하나님께서 기뻐하시고 우리를 향한 자신의 즐거워하심을 입증하실 것이다. 불의의 길로 들어가라. 그러면 하나님께서 격노하시고 자신의 불쾌하심을 우리에게 쏟으실 것이다. 이스라엘 땅이 황폐케 되고 그 성읍들이 불에 탔을 때 이스라엘은 "네 하나님 여호와가 너를 길로 인도할 때에 네가 나를 떠남으로 이를 자취함이 아니냐"는 책망을 들었다(렘 2:17). 이 구절에 대해 매튜 헨리는 "어떤 때든 무슨 곤란에 처하든 우리 자신의 책임으로 받아들이자. 우리가 하나님께 등을 돌림으로써 우리 손으로 끌어들이는 것이기 때문이다"라고 말했다. 저주가 까닭 없이 닥치지 않는다(잠 26:2).

이사야 55:6

하나님의 가장 좋은 것을 놓치는 것은, 거듭나지 않은 자들에게는 참이다. 불신자들이 이 세상에 남겨져 있는 동안에는 다가올 진노를 피할 기회가 주어진다. 그러므로 불신자들은-비록 설교단으로부터는 아닐지라도 성경에서-"너희는 여호와를 만날 만한 때에 찾으라 가까이 계실 때에 그를 부르라"고 권면을 받는다(사 55:6). 동일한 이유 때문에, 문이 불신자들에게 열려 있다고 묘사된다. 하지만 어느 날 집주인이 일어나 그 문을 닫을 것이다(눅 13:24-25). 지체하는 것이 위험한 것임을 이러한 구절들에서 사용된 언어보다 더 명확하게 표현할 수 없을 것이다. 이러한 구절들 속에는 하나님의 작정과 조금이라도 충돌하는 것이 없다. 어떤 사람이 지적한 것처럼, "모든 사람이 자연적인 것들 속에서는 자신들이 행하지 않는 것을 행하고 자신들이 획득하지 않는 것을 획득할 기회를 갖는다고 생각한다. 만일 이것이 우리에게 정해주시는 모든 것을 이행하는 보편적 섭리에 일치한다면(욥 23:14) 계획 없이는 아무것도 행하지 않으시며 오히려 모든 것을 자기 자신의 뜻에 따라 역사하시는 분의 목적에 다른 것은 일치하지 않을 도리가 없다."

잠언 17:16

나태함은 자신의 운명을 개선하기를 거절하는 사람들이 둘러댈 적당한 변명거리가 아니다. 무절제는 신체적, 재정적, 도덕적 재앙을 끌어들이는 사람에게 정상을 참작해줄 사유가 아니다. 하물며 편견도, 게으름도 복음의 값없는 제안을 받아들여야 할 책임을 면해주지 않는다.

"미련한 자는 무지하거늘 손에 값을 가지고 지혜를 사려 함은 어찜인고"라고 묻는다(잠 17:16). 이 구절에서 '손에 든 값'은 수단 및 기회를 가리킨다. "지혜"라는 용어를 자연적인 동시에 영적인 것으로 이해해도 좋다. "미련한 자"라는 것은 잘 획득할 수도 있고 획득해야만 하는 것을 획득하지 못하는 사람을 가리킨다. 획득하는 데 실패하는 이유는 간단히 말하자면, "마음" 혹은 갈망과 결단이 없는 것이다.

매튜 헨리가 말한 것처럼, "다른 것들에게 마음을 두었다. 그래서 자신의 의무를 이행할 혹은, 자기 영혼에 관련된 커다란 문제에 기울일 마음이 없다." 이런 바보들이 세상에 가득하다. 이 바보들은 거룩보다 죄를 더 좋아하고, 천국보다 이 세상을 더 좋아한다. "거래를 할 때 보배로운 것을 내주고 하찮은 것을 얻는 사람은 바보다. 사람들은 영원을 얻으라고 주어진 자본인 자신의 시간을 이런 식으로 팔아치운다. 그리고는 만족을 주지 못하는 것들을 사들인다. 자기 자신을 팔아 아무것도 아닌 것을 사들인다"(토마스 굳윈). 이런 식으로, 하나님의 가장 좋은 것을 놓친다.

"미련한 자는 무지하거늘 손에 값을 가지고 지혜를 사려 함은 어찜인고"(잠 17:16). 이 구절에 대해 존 길은 일차적으로 자연적 지혜와 지식으로 해석하고 "값"이라는 단어를 어리석은 사람이 자신의 지성을 개선하는 데 유익한 책을 구입하는 대신에 허랑방탕하게 소비하는 세속적인 물질로 해석한다. 그리고는 독보적으로, 더욱 고차원적인 적용으로 나아간다.

"혹은 영적인 지혜 및 지식이다. 즉, 말씀을 읽는 수단, 복음 사역에 참여할 빈번한 기회…복음 사역자들 및 다른 그리스도인들과의 교제이다. 그러나 바보는 이러한 것들을 활용하는 대신에 소홀히 여기고 가볍게 여기고 경멸한다. 어느 정도의 분노와 탄식에 차서 '도무지 지혜에 마음을 기울이지 않는데 어째서 혹은 무슨 목적으로 바보에게 이러한 수단을 베푸셨는가?'라고 의문을 제기한다. 바보는 지혜를 갈망하지 않는다. 지혜를 얻기 위해 값 혹은 수단을 활용할 마음이 없다. 바보는 모든 것을 허비한다. 지혜를 이처럼 잘못 사용하는데도 어째서 바보가 이 값을 가지고 있는지를 설명하기가 곤란하다."

그런데 존 길이 당면한 이 어려움은 자신이 만들어낸 것이다. 하나님은 비택자들에게도, 자신의 책임을 집행할 영적 수단 및 기회를 제공하신다. 그래서 그들의 피가 그들의 머리에 있을 것이다. 즉, 비택자들이 하나님의 가장 좋은 것을 놓치는 것에 대한 비난은 그들 자신의 것이다.

그러나 필자가 일차적으로 염두에 두고 있는 것은 그리스도인들이 그런 식으로 처신한다는 점이다. 정말로 슬프게도, 하나님의 미소보다 하나님의 언짢아하심을 자초하는 그리스도인들이 아주 많다. 훨씬 더 슬픈 것은, 자신들이 왜 그런 상태에 처했는지 그리고 어떻게 회복할 수 있는지를 배운 그리스도인들이 거의 없다는 사실이다. 신약성경은 초대교회의 성도들 가운데 많은 이들이 잠시 "잘 달리다가" 무엇인가에 걸려넘어졌다는 사실을 명확하게 보여준다.

대부분의 신자들은 처음에는 "온전히 좇았"지만 이내 "처음 사랑을 버렸"다는 사실을 분명하게 보여준다(민 14:24, 계 2:4). 처음에는, 성령의 자극에 기꺼이 반응하고, 말씀의 요구조건에 자신들의 삶을 맞춘다. 하지만 어떤 요구사항이 주어질 때까지만이다. 자기를 부인해야 하는 의무에 부딪혀 멈춘다. 그러면 성령이 슬퍼하신다. 성령이 부여하는 권능이 물러간다. 평강과 기쁨이 약화된다. 그리고 영적 쇠락이 찾아온다. 잘못된 것을 바로잡지—서글픈 실패를 참회하고 뉘우쳐 고백하지—않으면 징계의 막대기에 맞는다. "그로 말미암아 연달"을 받는 대신에(히 12:11), 숙명론적으로 "자신들에게 정해진 운명"으로 받아들이고 징계에 의해 아무것도 개선되지 않는 이들이 있다.

여호수아 23:11~13

자, 하나님께서는 자신의 백성들에게, 만일 자신의 정당한 요구에 부응하지 않는다면 자신의 가장 좋은 것을 향유하기는커녕 역경을 당할 것이라고 경고하셨다.

"그러므로 스스로 조심하여 너희 하나님 여호와를 사랑하라 너희가 만일 퇴보하여 너희 중에 빠져 남아 있는 이 민족들을 친근히 하여 더불어 혼인하며 피차 왕래하면 정녕히 알라 너희 하나님 여호와께서 이 민족들을 너희 목전에서 다시는 쫓아내지 아니하시리니 그들이 너희에게 올무가 되며 덫이 되며 너희 옆구리에 채찍이 되며 너희 눈에 가시가 되어서 너희가 필경은 너희 하나님 여호와께서 너희에게 주신 이 아름다운 땅에서 멸절하리라"(수 23:11-13)

유대인들은 자신들의 순종에 의해 가나안 토지보유권을 차지했다. 그런데 지금은 "하나님의 이스라엘에"(갈 6:16) 속하는 자들이 자신들의 순종에 비례해서 영적 가나안을 소유하고 향유한다. 그러나 하나님께서 미리 경고하신 것처럼, "만일 그 자손이 내 법을 버리며 내 규례대로 행치 아니하며 내 율례를 파하며 내 계명을 지키지 아니하면 내가 지팡이로 저희 범과를 다스리며 채찍으로 저희 죄악을 징책하리로다 그러나 나의 인자함을 그에게서 다 거두지 아니하며 나의 성실함도 폐하지 아니하"실 것이다(시 89:30-33). 시편의 이 구절들이 명명백백하게 밝히는 것은 우리 아버지께서 가하는 징벌은 아버지의 신실성과 거룩한 사랑에서 나오는 것이지만 아버지의 불쾌하심의 징표이기도 하다는 사실이다. 또, 그 징벌은 우리의 유익-우리를 퇴보에서 회복시켜주는 것-을 목적으로 한 것인 반면에 우리 자신이 제멋대로 굴어 촉발시켰다는 사실이다. 아버지의 막대기는 전횡적인 주권에 의해서가 아니라 의로움에 의해 사용된다.

성경은 "주께서 인생으로 고생하며 근심하게 하심이 본심이 아니시로다"라고 명백하게 선언한다(애 3:33). 우리가 하나님께 그렇게 행하실 기회를 드릴 때만 그렇게 행하신다. 이 중요한 진술은 마땅히 받아야 할 주목을 받지 못했다. 특히, 하나님의 영원한 작정에 생각을 집중하고 하나님의 통치방식을 시야에서 완전히 놓친 사람들은 이 중요한 진술에 주의를 기울이지 않았다. 그러므로 비극적인 것은, 징벌이 닥칠 때 하나님의 주권적 의지에 굴복하는 것만이 전부라고 알고 있는 것이다. 이런 자세는 "힘든 상황에서도 할 수 있는 것을 다 하려고 애쓴다"라든가 "이를 악물고 버틴다"라는 세상의 처세훈과 원리적으로 거의 다를 것이 없다. 이런 운명론적이며 자포자기적인 태도는 거듭난 영혼에게는 어울리지 않는다. 오히려 거듭난 영혼은 징벌에 의해 연단을 받을 필요가 있다.

무개념적 굴복은 영적인 것이 아니다

하나님의 뜻에 굴복한다는 것이 결코 영성을 나타내는 표지가 아닌 경우가 너무나 많다. 이것은 오히려 게으른 양심이라는 증거다. 하나님은 백성들에게 "너희는 매를 순히 받고 그것을 정하신 자를 순종할지니라"고 명령하신다(미 6:9). 여기에는 마음에 새길 메시지가 있다. 그러나 하나님의 매가 우리에게 무엇을 말하고 있는지-도대체 왜 하나님이 지금 우리를 매질하고 계시는지!–를 확인하지 않는다면 아무 유익이 없다. 그 메시지를 발견하기 위해 우리는 겸손히 하나님께 "무슨 연고로 나로 더불어 쟁변하시는지 나로 알게 하옵소서"(욥 10:2)라고, "내게 가르쳐서 나의 허물된 것을 깨닫게" 해 주십사(욥 6:24) 의뢰할 필요가 있다. 무엇으로 주님을 불쾌하게 해드렸는지를 계시해주셔서 나로 내 죄과를 뉘우치며 인정하고 더욱 조심하여 그 잘못을 반복하지 않도록 해달라고 하나님께 겸손히 구해야 한다.

하나님의 거룩은 성도들 속에 있는 죄를 묵과하는 법이 없다. 성도들이 회개치 않고 동일한 죄를 지속할 때 하나님은 "그러므로 내가 가시로 그 길을 막으며 담을 쌓아 저로 그 길을 찾지 못하게 하리니"라고 선언하신다(호 3:6). "그 길"로 번역된 부분은 "나의 길"이 아니라 "저의 길"이라는 사실에 주의하라. 하나님은 불순종하는 자녀들의 길에 시련의 가시덤불과 고통의 날카로운 가시들을 놓으신다. 만일 자녀들의 감각을 일깨우는 데 충분치 않다면 "담을 쌓아…길을 찾지 못하게" 하신다. 즉, 하나님의 섭리가 자녀들의 육적이며 탐욕스러운 갈망들을 실현하지 못하도록 가로막는다.

> "내 백성이 내 소리를 듣지 아니하며 이스라엘이 나를 원치 아니하였도다 그러므로 내가 그 마음의 강퍅한 대로 버려두어 그 임의대로 행케 하였도다 내 백성이 나를 청종하며 이스라엘이 내 도 행하기를 원하노라 그리하면 내가 속히 저희 원수를 제어하며 내 손을 돌려 저희 대적을 치리니…내가 또 밀의 아름다운 것으로 저희에게 먹이며 반석에서 나오는 꿀로 너를 만족케 하리라 하셨도다"(시 81:11-16)

위와 같은 구절을 만날 때 우리의 **첫 번째 의무**는 온유하게 받아들이는 것이다. '어떻게 하나님의 작정의 확고부동함과 조화를 이룰 수 있는가?'라는 의문을 제기하는 것이 아니다. 우리의 **두 번째 의무**는 그 의미를 이해하려고 기도하며 애쓰는 것이다. 그 용어를 교묘히 설명하면서 빠져나가는 것이 아니다. 하나님의 목적 성취에 대한 것이든 하나님께서 우리를 우리의 행실에 따라 처결하시는 것이든 성경의 다른 선언들과 모순을 일으키는 추론을 도출해서는 안 된다. 교훈을 추론하는 대신에 이 구절들을, 이 사건에서 이스라엘의 특징을 이룬 그런 죄악 된 어리석음에 우리가 빠지지 않도록 지켜달라고 하나님께 열렬히 간구하는 탄원으로 바꿀 필요가 있다.

그 구절들에는, 칼빈주의자들에게 어려움을 야기할만한 것들이 없다. 왜냐하면 그 구절들은 하나님의 영원한 예정이 아니라 이 세상에서 사람들에 대한 하나님의 통치방식을 다루고 있기 때문이다. 동일한 이유 때문에 이 구절들은, 하나님은 사람을 자유로운 도덕적 행위주체로 창조하셨기 때문에 하나님은 사람들을 단지 기계로 전락시키지 않고는 자신이 갈망하는 것을 사람들을 위해 그리고 사람들과 함께 행하실 수 없다는 아르미니우스주의적 망상을 조금이라도 지지하지 않는다.

그렇다면 우리는 이 구절들에서 명백한 것에 입각해서 진행해야 한다. 이 구절들에서 모호한 것을 읽어냄으로써 혼란에 빠져서는 안 된다. 이 구절들의 열쇠는 11절과 12절에 있다. 이스라엘은 하나님의 뜻-작정적 의지가 아니라 교훈적 의지-을 거슬러 행했다. 이스라엘은 하나님의 계명에 따라 행하지 않고, 자신들의 자기의지와 자기만족에 따라 자기 자신의 길을 가기로 결심했다. 결과적으로, 이스라엘은 하나님께서 자신들에게 주신 하나님의 가장 좋은 것을 몰수당했다. 하나님은 이스라엘의 원수들을 제압하는 대신에 이방인들이 이스라엘을 정복하도록 허용하셨다. 이스라엘에게 풍성한 수확을 공급하시는 대신에 기근을 보내셨다(삼하 21:1). 하나님 자신의 마음을 좇는 목자들을 공급하시는 대신에 거짓 선지자들에게 기만을 당하도록 하셨다(비교, 살후 2:10-11).

"슬프다 네가 나의 명령을 듣지 아니하였도다 만일 들었더면 네 평강이 강과 같았겠고 네 의가 바다 물결 같았을 것이며"(사 48:18). 이에 대해 존 길은 "이스라엘의 형통은 세속적인 쪽과 영적인 쪽 모두에서 풍성했었고, 항상 흘러넘쳤을 것이며 점점 더 풍성하게 흘러넘쳤을 것이다"라고 말했다. 우리는 하나님의 계명들의 길로 행하지 않는 실패 때문에 수많은 복락을 박탈당한다. 필폿(Philpot) 씨가 고(故) 제임스 본(James Bourne)의 생애와 서간문들에 대한 논평에서(『가스펠 스탠다드』, 1861년 10월) 한두 문장을 인용해 보자.

> "만일 내가 '악에게 지지 말고 선으로 악을 이기라'(롬 12:21)와 같은 말씀에 경의를 표하지 않는다면 나는 속박에 빠질 것이요 기도가 막힐 것이다. 하나님께로 나아가는 나의 길이 막힐 것이다. '내가 내 마음에 죄악을 품으면 주께서 듣지 아니' 하실 것이기 때문이다(시 66:18)…만일 그대가 훈계의 말씀에 주의를 기울이지 않는다면 그대는 하나님의 백성들과 교제를 나누지 못할 것이다. 그대의 손으로 하는 일에 하나님의 복주심도 없을 것이다."

하나님의 신실한 종이 제멋대로 구는 이스라엘 백성들에게 닥칠 하나님의 혹독한 심판을 묘사한 뒤에 "네 길과 행사가 이 일들을 부르게 하였나니 이는 너의 악함이라 그 고통이 네 마음에까지 미치느니라"라고 분명하게 말했다(렘 4:18). 이에 대해 존 길은 "이들에게 닥치는 재앙들은 다른 어떤 누구도 아닌 자기 자신들 탓이다. 그들 자신의 죄악 된 방식 및 행사가 이 파괴와 멸망을 불러들였다"고 말했다.

자, "너희가 많은 것을 바랐으나 도리어 적었고 너희가 그것을 집으로 가져갔으나 내가 불어 버렸느니라 나 만군의 여호와가 말하노라 이것이 무슨 연고뇨"라는 말씀도 고찰해보라(학 1:9). 하나님의 이 엄중한 질문은 이스라엘 백성들을 위해 제기되었다. 저들이 "그것을 감지하도록, 그리고 '내 집은 황무하였으되'라는 말씀을 하기 위한 것이었다. 이스라엘은 하나님의 집이 황폐케 되도록 내버려두었고 재건에 대해 관심이 없었다. 이 때문에 하나님께서 격분하셨고, 이스라엘의 모든 수고를 무너뜨리셨다. 그래서 '너희는 각각 자기의 집'으로 달려 들어갔다"(존 길). 오늘날 그리스도인이 자신의 육적 이해관계를 하나님의 것보다 우선한 것 때문에 자신이 세상에서 행하는 것들을 하나님께서 불어버리신 경우가 정말 많다.

개별적인 사례들

이제 개별적인 사례들을 고찰하자. 롯의 생애 끝부분에 기록된 사건들은 롯이 하나님의 가장 좋은 것을 놓쳤음을 명백하게 입증한다. 롯은 천사들의 힘에 의해 소돔 밖으로 이끌려 나왔고 롯의 세속적인 소유물 전체와 아들들과 사위들은 소돔에서 멸망당했다. 롯의 아내는 저항한 탓에 소금기둥으로 변했다. 동굴에서 보인 롯의 무절제를 보라. 부지불식간에, 자신의 두 딸과 근친상간의 죄를 범했다. 롯의 연대기는 여기에서 끝났다.

그러나 "원인이 없었나?" 돌이켜보자. 롯이 경건한 아브라함에게서 분리한 지점에 주목하자. 롯은 요단 평야를 탐냈고, "그 장막을 옮겨 소돔까지" 도달했다(창 13:12). "소돔 사람은 악하여 여호와 앞에 큰 죄인이었"지만(창 13:13) 롯은 소돔 사람들 사이에 자리를 잡았다. 심지어 "소돔 성문에 앉았다"(창 19:1). 즉, 소돔 성에서 한 자리를 차지했다. 야곱 역시 하나님의 가장 좋은 것을 놓쳤다는 사실도 똑같이 분명하지 않은가? 야곱이 생애를 마칠 무렵에 "나의 연세가 얼마 못되니…험악한 세월을 보내었나이다"라고 스스로 서글픈 고백을 했다(창 47:9). 설명이 어려운가? 야곱의 역사를 읽어보라. 그러면 야곱은 자신이 뿌린 대로 정확하게 거둬들였다는 사실을 즉각적으로 확인하게 될 것이다.

다윗의 변화무쌍한 생애는 바로 이 원리에 대한 다수의 사례를 제공해준다. 다윗만큼 사회적으로 그리고 가정적으로 혹독한 시련을 겪은 사람은 거의 없다. 다윗은 자신의 왕국에서 정치적 반역자들이 일으킨 어려움을 많이 겪었다. 훨씬 더 고통스럽게도, 다윗은 자신의 식구들이 야기한 심각한 슬픔을 당했다. 사무엘하에는 다윗이 겪은 재앙이 연달아 기록되어 있다.

다윗이 가장 총애하는 아내가 다윗에게 등을 돌렸다(삼하 6:20-22). 다윗의 딸 다말이 다말의 이복형제인 암논에게 강간을 당했고(13:14), 암논은 다말의 동복오빠인 압살롬에게 살해당했다(13:28-29). 다윗이 가장 사랑하던 압살롬은 다윗의 왕좌를 찬탈하려고 반역을 일으켰고 치욕적인 종말을 맞이했다(18:14). 다윗이 죽기 전에, 또 한 아들이 왕좌를 차지하기 위해 반역을 도모했다(왕상 1:5). 이 아들 또한 살해되었다(왕상 2:24-25). 하나님은 고의로 고통을 가하지 않으시기 때문에, 오히려 오직 우리의 죄가 근거를 제공하기 때문에, 우리는 무엇이 다윗으로 하여금 저토록 커다란 고통을 받도록 이끌었고 당하게 만들었는지를 면밀하게 살펴봐야 마땅하다. 멀리에서 찾을 필요도 없다. 사무엘하 3:2~5를 읽어보자. 여섯 아내가 등장한다. 다윗은 육체의 정욕에 굴복했다. 그리고 육체의 부패를 수확했다.

비록 이스라엘의 달콤한 시편 기자의 결점과 실패를 곰곰이 되새기는 것이 고통스러울지라도, 특히 그토록 많은 면에서 다윗이 저자와 독자를 수치스럽게 만들기 때문에 우리는 반드시 "무엇이든지 전에 기록한 바는 우리의 교훈을 위하여 기록된 것"임을 기억해야 한다(롬 15:4). 즉, 우리로 하여금 이러한 경고에 주의를 기울이고 비슷한 실패에 빠지지 않도록 하기 위함이다. 우리아와 밧세바에 대해 다윗이 저지른 중대한 범죄는, 다윗이 의무를 이행하는 대신에 오히려 나태한 안일함에 빠져들고 있었다는 사실에 의해 시작되었다(삼하 11:1-2).

1절의 마지막 절 앞에 있는 저 불길한 "그러나"라는 접속사에 주목하라. 비록 다윗이 그 죄악들을 진실로 그리고 통렬하게 참회하고 하나님의 용서를 받았지만 이 죄악들로 인해 다윗은 하나님의 가장 좋은 것을 놓쳤다. 남은 생애를 다소 불운하게 살았고 다윗의 집에서 "칼"이 떠나지 않았다(삼하 12:10). 거룩하신 하나님이 우리의 행위에 주목하시고 그에 따라 우리를 다루신다는 사실은, 더할나위없이 명백하게 입증되었다. 혹은, 하나님께서 우리를 매질하는 것은 다름 아닌 우리 자신의 어리석음 때문이라는 사실도 더할나위없이 명백하다. 성경에서 역사를 다룬 부분을 읽을 때 그 실천적 교훈을 마음으로 받아들이지 않는다면 효과나 유익이 거의 없다. 역사이야기들에 의해, 우리의 지성에 지식을 공급하는 것을 훨씬 뛰어넘는 수준으로 우리의 양심을 샅샅이 살펴볼 필요가 있다.

새 언약의 시대에서도 유효한 원리이다

이제 지적하고자 하는 점은, 바로 이 원리는 새 언약 하에서의 하나님의 통치에 관련한 것으로 옛 언약 하에서 획득한 것만큼이나 유효하다는 사실이다. "저희의 믿지 않음을 인하여 거기서 많은 능력을 행치 아니하시니라"(마 13:58)와 같은 진술이 고등칼빈주의자들의 신학에서 어떤 위상을 차지하는가? 전혀 없다. 하지만 어떤 위상을 차지해야 한다. 이 진술이 오늘날 유사한 점이 없다면 도대체 기록으로 남겨진 까닭이 무엇인가? 매튜 헨리가 올바르게 지적한 것처럼, "불신앙은 그리스도의 은총을 받지 못하게 만드는 가장 큰 장애물이다…복음은 '구원을 주시는 하나님의 능력'이지만 '모든 믿는 자에게'이다(롬 1:16). 강력한 역사가 이뤄지지 않는다면 그것은 그리스도 안에 있는 능력 혹은 은혜의 부족 때문이 아니라 우리 안에 있는 믿음의 결핍 때문이다." 여기에서 강조점은 만일 인간의 책임성을 역설해야 한다면 반드시 두어야할 그곳에 두었다. 그리스도의 은택들을 나눠받지 못하도록 만든 것은 다름 아닌 강퍅한 마음이었다. 자신의 아들이 귀신들리고 예수의 제자들이 그 귀신을 쫓아내지 못하자 귀신들린 그 아들을 예수님께 데리고 와서는 "무엇을 하실 수 있거든 우리를 불쌍히 여기사 도와 주옵소서"라고 간청했다. 그러자 예수께서는 즉각적으로 "할 수 있거든 이 무슨 말이냐" 반문하시고 "믿는 자에게는 능치 못할 일이 없느니라"고 말씀하셨다(막 9:22-23).

우리는 우리의 어리석음에 의해 실패자가 된다는 사실과, 불신앙에 의해 고통을 자초한다는 사실을 요한의 아버지 사가랴의 사례가 실증해준다. 사가랴가 성전에서 제사장 직무를 수행할 때 주의 천사가 나타나서는 사가랴의 기도가 응답되었고 사가랴의 아내가 아들을 낳을 것이라고 알려주었다. 사가랴는 이 좋은 소식에 감사를 표명하고 하나님께 감사를 드리기는커녕 "내가 이것을 어떻게 알리요 내가 늙고 아내도 나이 많으니이다"는 말로 자신의 의심을 드러냈다(눅 1:18). 그러자 천사가 "보라 이 일의 되는 날까지 네가 벙어리가 되어 능히 말을 못하리니 이는 내 말을 네가 믿지 아니함이어니와…"라고 선언했다(눅 1:20). 이에 대해 존 길은, "사가랴는 천사의 말에 귀를 기울이지 않았기 때문에 귀가 들리지 않게 되었고, 마음의 불신앙에서 나온 반론으로 천사의 말에 이의를 제기했기 때문에 말을 못하게 되었다.

여기에서 우리는 악한 불신앙이 무엇인지를, 하나님께서 얼마나 격노하시는지를, 악한 불신앙이 우리를 지배하지 못하도록 주의를 기울이는 것이 얼마나 합당한지를 알게 된다"라고 말했다. 여기에 필자가 '하나님께서 우리에게 이러한 역경을 보내심으로써 우리의 이런 행위에 대한 자신의 분노가 어떠한지를 명확하게 드러내신다'라는 말을 덧붙여도 좋을 것이다.

위의 사건은 오순절 이전에 일어났다는 반론-부적절한 반론-을 제기한다면 기독교가 수립된 이후의 매우 이른 시기에 하나님은 자신을 불쾌하게 만들고 분노를 촉발시킨 이들에게 세속적인 심판으로 보응하셨다는 사실에 주의를 기울이자. 적절하고 명확한 사례는 하나님께서 가시적 방식으로 아나니아와 삽비라를 다루신 사건이다(행 5장). 헤롯이 군중의 우상숭배적인 아첨을 책망하는 대신에 혼쾌히 받아들였을 때도 마찬가지다. "헤롯이 영광을 하나님께로 돌리지 아니하는 고로 주의 사자가 곧 치니 충이 먹어 죽"었다(행 12:23). 하나님은 사람들의 행위에 따라 자신의 통치방식을 조절하신다. 그들이 불신자들이어도 마찬가지다. 방금 인용한 사례들에서만큼 항상 분명하거나 즉각적이지 않다. 하지만 편견이 없고 분별력 있는 모든 관찰자들은 어떤 것도 우연히 혹은 단지 우발적으로 일어나지 않으며, 선행적인 원인 혹은 근거에서 비롯된다는 사실을 충분히 명확하게 그리고 충분히 자주 확인할 수 있다. 하나님의 섭리는 의에 의해 조절된다는 사실도 마찬가지다.

바울의 "내가 실로 몸으로는 떠나 있으나 영으로는 함께 있어서 거기 있는 것같이 이 일 행한 자를 이미 판단하였노라 주 예수의 이름으로 너희가 내 영과 함께 모여서 우리 주 예수의 능력으로 이런 자를 사단에게 내어주었으니 이는 육신은 멸하고 영은 주 예수의 날에 구원 얻게 하려 함이라"는 말씀을 보자(고전 5:3-5). 고린도 회중의 어떤 구성원이 중범죄를 저질렀고, 이 사실이 공개적으로 알려졌다. 바로 이 때문에 그 사람은 철저하게 다뤄졌다.

　위에 인용한 구절에서 암시된 것은 파문조치 혹은 "교제의 단절"을 뛰어넘는 어떤 처벌이 이뤄졌다는 것이다. 그 죄인은 사탄에게 넘겨져 그 육신이 혹독한 고통을 받도록 하였다. 여기에서 "육신"은 "영"에 대조되는 것을 분명하게 가리킨다. 사탄은 육신을 괴롭게 하는 권세를 가지고 있다는 사실을 욥기 2:7, 누가복음 13:16 등에서 확인할 수 있다. 그리고 초대교회 시대에는 사도들이 잘못을 범하는 이들을 사탄에게 넘겨 징계를 받게 하는 권위를 가졌다는 사실은 고린도후서 10:8, 13:10, 디모데전서 1:20에서 분명히 드러난다. 따라서 본문은 어떻게 한 사람의 그리스도인이 자신의 죄악들 때문에 고통스러운 질병으로 벌을 받았는지를 보여준다.

　슬프게도, 그리스도인들이 가정생활에 실패함으로써 하나님의 가장 좋은 것을 놓칠 수 있다. 이 사실을 분명히 드러내주는 성경구절은 "남편 된 자들아 이와 같이 지식을 따라 너희 아내와 동거하고 저는 더 연약한 그릇이요 또 생명의 은혜를 유업으로 함께 받을 자로 알아 귀히 여기라 이는 너희 기도가 막히지 아니하게 하려 함이라"이다(벧전 3:7). 덧붙여 말하자면, 이 구절은 가정예배를, 남편과 아내가 함께 기도하라고 가르친다. 나아가서는, 남편과 아내가 서로를 대하는 것이 합심하여 간구하는 것과 밀접한 관계를 갖게 될 것이라고 가르친다. 가정이 화합하지 않는다면 은혜의 보좌 앞에 함께 나아갈 때 어떻게든 영적으로 하나가 될 리가 없기 때문이다.

　게다가 이 구절은 남편과 아내가 똑같이 멍에를 지는 것이 얼마나 본질적인 것인지를 필연적으로 암시한다. 의가 불의와 교제할 수 없을 것이며, 빛과 어둠이 사귈 수 없기 때문이다. 하나님의 자녀와 악마의 자녀가, 거듭난 영혼과 속된 영혼이 연합하여 예배를 드릴 수 없기 때문이다. 남편과 아내 모두가 참된 그리스도인인 경우에도 하나님께서 그 각각에게 주신 계명에 의해 자신의 개인적인 행위를 조절할 필요가 있다. 아내는 남편에게 "순복"하고 "온유하고 안정된 심령"을 근면하게 함양하고(벧전 3:1-6), 남편은 7절에서 주어진 명령에 유념해야 한다. 그렇게 하지 않으면 남편과 아내의 탄원은 막힐 것이며 하나님의 가장 좋은 것을 몰수당한다.

첫째, 남편은 자신의 아내가 '더 연약한 그릇'이라는 자신의 지식에 따라 행동해야 한다. '더 연약한 그릇'이라는 말은 아내를 성적으로 비방하는 말이 아니다. 어떤 사람이 지적했던 것처럼, 포도넝쿨이 그 넝쿨이 매달려 있는 포도나무보다 더 약하다고 말하는 것은 그 포도넝쿨에 대한 모욕이 아니다. 장미꽃이 그 꽃을 달고 있는 줄기보다 더 약하다고 말하는 것은 장미꽃에 대한 모욕이 아니다. 그러므로 가장 강한 것이 언제나 가장 좋은-가장 아름다운, 혹은 가장 유용한-것이 아니다.

둘째, 이렇게 해서 남편은 아내를 "귀히" 여겨야 한다. 즉, 자신의 더 우월한 힘을 아내를 보호하고 행복하게 하는 데 기울이며 가능한 모든 도움을 주어 아내의 짐을 덜어주도록 해야 한다. 아내의 연약함은 아내의 약점들을 참고 견뎌 온유함을 가져야할 지속적인 근거로 삼아야 한다. 게다가 항상 남편은 아내를 영적으로 평등하게 대우하여 행동해야 한다. 남편과 아내는 "생명의 은혜를 유업으로 함께 받을 자"들이기 때문이다. 남편은 아내를 향해 품은 사랑 때문에 아내의 행복을 근면하게 증진시켜야 한다. 게다가 남편으로서 함께 받게 된 은혜는 아내의 영혼의 유익을 추구하고 아내의 영적 이익을 늘리는 데 작동해야 한다. 하나님께 속한 것들을 함께 논의하고, 아내가 쉴 때 아내의 덕성을 함양해주는 문헌을 읽어주고, 함께 가정제단을 쌓아 하나님께 감사하고 함께 간구하도록 해야 한다.

그렇다면 주님의 "너희 중에 두 사람이 땅에서 합심하여 무엇이든지 구하면 하늘에 계신 내 아버지께서 저희를 위하여 이루게 하시리라"는 약속을 근거로 탄원할 수 있는 것은 바로 하나님의 요구조건들을 아내와 남편이 함께 충족시키는 때이다(마 18:19). 마태복음 18:19의 "합심"은 구두(口頭)로 일치하는 것 혹은 생각이 일치하는 것을 훨씬 뛰어넘는 것이다. 이것은 영적인 것이다. 헬라어 단어는 '쉼포네오'이며 문자적으로는 '함께 목소리를 낸다'는 말이다. 오늘날, 음악 용어로 사용된다. 두 개의 상이한 선율 혹은 악기가 조화로운 소리를 낼 때를 가리킨다.

따라서 두 명의 그리스도인이 은혜의 보좌 앞에서 "일치"하기 위해, 두 신자의 연합된 탄원이 주님께 조화로운 선율을 이루도록 마음이 하나 되고 영혼이 연합하고 조화를 이루지 않으면 안 된다. 그리스도인 남편의 영적 현과 그리스도인 아내의 영적 현이 가정제단에서 조화롭게 울릴 때 아버지의 귀에 음악이 된다. 그러나 이것은 남편과 아내가 혼자서든 함께든 스스로 "생명의 은혜를 유업으로 함께 받을" 상속자로 처신하고, 가정생활을 하나님 말씀으로 통제하고, 가정사의 모든 것을 하나님의 영광을 위해 행하는 그런 때에만 성취될 수 있다. 즉, 아내는 자신의 남편에 대해 마치 교회가 어린양의 신부로 처신하도록 요구받는 그대로 처신하고, 남편은 아내를 마치 그리스도께서 자신의 교회를 사랑하고 소중하게 대하는 것처럼 대해야 한다.

거꾸로 말하자면, 아내가 하나님께서 정해주신 위상에 반발하여 남편을 자신의 머리요 주로 인정하기를 거절하고 하나님의 법도에 반하지 않는 모든 것에서 남편에게 순종하지 않는다면 곧 마찰과 갈등이 일어날 것이다. 경건한 남편은 "무조건적 평화"라는 타협주의적 핑계에 굴복해서는 결코 안 되기 때문이다. 역시 마찬가지로, 만일 남편이 자신의 머리됨을 불법적으로 이용하고 폭군이 된다면, 비록 아내가 온유하게 견뎌준다고 할지라도 아내의 영혼은 짓이겨지고 사랑은 차갑게 식는다. 만일 남편이 아내를 아내라기보다는 종이나 노예에 더 가깝게 부리면 성령이 슬퍼하실 것이고 남편은 벌을 받게 될 것이다. 남편이 아내의 약점들을 특히, 출산에 관련한 약점들을 이기적으로 등한시한다면, 가정이 커지면서 아내의 부담을 덜어주고 가볍게 해주는 데 점점 더 근면하게 추구하지 않으면, 아내의 건강과 편안함에 관심과 돌봄을 기울이지 않는다면, 남편의 냉담함을 느끼고 슬퍼하게 될 것이며 영적 화합은 사라질 것이다. 이렇게 되면, 기도가 막힐 것이다. 아니, 헬라어 단어가 가리키는 것처럼, '끊어'질 것이다. 즉, 마태복음 18:19의 "쉼포네오"에 정반대가 될 것이다. 가정의 불협화음이 마음을 뒤숭숭하게 만들어 애가 끓을 것이고, 따라서 하나님의 가장 좋은 것을 놓친다.

요한계시록 2장과 3장에서 배우는 교훈은 주님께서 개인들을 다룰 때와 동일한 원리로 지상교회들을 다루신다는 것이며, 지상교회들 역시 그들 자신의 지혜로움이나 어리석음에 따라 하나님의 가장 좋은 것을 받든지 놓치든지 한다는 것이다. 따라서 주님께서 에베소 교회의 목자에게 "너를 책망할 것이 있나니 너의 처음 사랑을 버렸느니라 그러므로 어디서 떨어진 것을 생각하고 회개하여 처음 행위를 가지라 만일 그리하지 아니하고 회개치 아니하면 내가 네게 임하여 네 촛대를 그 자리에서 옮기리라"고 선언하셨다(계 2:4-5).

이런 식이라면 얼마나 많은 촛대가 옮겨졌을까! 버가모 교회의 부주의하고 타협주의적인, 따라서 주님께서 미워하는 교리들을 견지하는 이들을 교회 안에 내버려둔 이들에게 주님께서는 엄중하게 "그러므로 회개하라 그리하지 아니하면 내가 네게 속히 임하여 내 입의 검으로 그들과 싸우리라"고 위협하셨다(계 2:14-15). 거룩한 치리를 유지하는 데 태만한 교회들은 하나님의 심판을 받는다. 자랑하고 세속적인 라오디게아 교인들에게는 "내 입에서 너를 토하여 내치리라"—즉, 너를 더 이상 내 증인으로 인정하지 않겠다—라고 선언하셨다.

성경은 지역교회 구성원들이 "몸 가운데서 분쟁이 없고 오직 여러 지체가 서로 같이하여 돌아"볼 필요성을 언급하고(고전 12:25) 야고보서 2:1~4에 일단의 성도들이 정반대로 처신하는 사례가 어떤 것인지를 지적하고, 다음과 같이 언급한 이가 있다.

> "바로 그러한 돌봄을 실천하는 대신에, '금가락지를 끼고 아름다운 옷을 입은 사람'과 '더러운 옷을 입은 가난한 사람'을 차별할 때 '편파적'이 된다…하나님은 이런 편파성을 묵과하지 않으신다는 생각으로 정신을 똑바로 차려야 한다. 하나님은 그 교회를 형통케 하지 않으실 것이다. 오

히려 그 교회의 구성원 전체가 서로를 동등하게 돌보는 것이 부족한 것 때문에 고통을 겪을 것이다."

필자가 덧붙이고 싶은 말은, 이 간략한 인용문이 아르미니우스주의적 출판물이 아니라 필자가 알기에 미국에서 가장 고등한 칼빈주의 단체가 발행하는 정기간행물의 최근호에서 발췌한 인용문이라는 것이다. 이 인용문에서 필자가 각별히 주의를 기울이고자 하는 것은, 이처럼 속된 교회가 그 직분자들 혹은 구성원들 가운데 일부가 가진 교만과 이기심 때문에 고통을 겪을 때 그 교회는 하나님의 가장 좋은 것을 놓쳤다는 점이다. 오늘날 기독교계에 이런 교회들이 정말 많다.

"이러므로 너희 중에 약한 자와 병든 자가 많고 잠자는 자도 적지 아니하니"(고전 11:30). 많은 그리스도인이 하나님의 가장 좋은 것을 놓치고 자신의 부적절한 행실 때문에 이 세상에서 심판을 초래한 명확하고 적당한 사례가 여기에 있다. 이 구절의 첫 단어인 "이러므로"라는 어구는 주의 만찬을 '합당치 않게' 혹은 '무례하게' 먹는 것을 가리킨다(20절과 21절을 보라). 기독교 회중에서 질병과 죽음이 많이 발생할 때는 자연스러운 현상으로 여겨서는 안 된다. 하나님 앞에서 면밀하게 성찰하고 하나님께 겸손히 물어야 할 사안이다. 하나님이 이 고린도 교인들을 단지 주권성에서만이 아니라 통치적 의(義)라는 점에서 다루고 심각한 범죄에 대해 치리하신다. 하나님은 고린도 교인들의 죄악 때문에 고린도 교인들을 불쾌하게 여기심을 분명하게 드러내시고, 그들의 불경과 무절제 때문에 육체의-많은 경우에 목숨을 잃게 되는-질병에 시달리게 하셨다. "이러므로"라는 어구가 틀림없이 보여주는 것처럼 말이다. 이것 역시 우리에게 가르침을 주기 위해 기록되었다. 우리로 하여금 온갖 형태의 죄를 피하도록 경고하기 위한 것이며, 비록 우리가 하나님께서 아끼시는 자녀라고 할지라도 그런 죄를 범하면 하나님께서 불쾌해 하신다는 것을 알려주기 위한 것이다. 게다가 하나님의 가장 좋은 것을 누리느냐 놓치느냐에 따라 우리 육신의 건강이 실질적으로 영향을 받는다는 사실도 보여준다.

징벌적 고통을 피하는 법

고린도전서 11:30

고린도전서 11:30은 이러한 징벌적 고통을 어떻게 피할 수 있는지를 우리에게 알려주는 데까지 나아간다. "우리가 우리를 살폈으면 판단을 받지 아니하려니와"라고 말하기 때문이다(고전 11:31). 성도들이 순종할 의무가 있는, 이생에 속하는, 그리스도께서 자신의 백성들에 대한 심판주로서 가하는 신성한 심판이 있다(벧전 4:17). 지역교회 각각은 그리스도께 해명할 책임이 있다. 개별신자 각각 자신의 생각과 말과 행실에 대해 그리스도께 책임을 져야 한다. 이와 같이 그리스도께서는 "일곱 금 촛대 사이"를 거니신다(계 2:1). 어떤 것도 그리스도의 눈을 피하지 못한다. "그 눈이 불꽃" 같기에 그리스도 앞에서는 모든 것이 적나라하게 드러난다(계 2:18).

하지만 그리스도는 모든 불법을 엄격하게 고발하거나 혹독하게 처벌하지 않으신다. 만일 그렇게 하면 도대체 어떤 누가 그리스도 앞에 설 수 있을까? 주님은 구속받은 백성들을 바로잡으려고 서두르는 분이 아니다. 노하기를 더디하시고 징벌하기를 싫어하신다. 그럼에도 불구하고 그리스도는 거룩하시다. 그리고 자기 집의 명예를 유지하고자 하신다. 그러므로 잘못을 저지르는 백성들에게 만일 그렇게 하지 못하면 심판하겠다고 위협하여 참회토록 촉구하신다. 그리스도는 백성들의 죄악에 대해 항상 형벌적 고통을 부과하는 분이 아니다. 그리스도는 몸소 백성들을 대신해서 고통을 겪고 속죄하셨기 때문이다. 백성들을 향해 품고 있는 사랑 때문에, 자신의 통치적 교정을 어떻게 피할 수 있는지를 알려주신다.

고린도전서 11:31

"우리가 우리를 살폈으면 판단을 받지 아니하려니와"(고전 11:31). 주님의 백성들 중에는, 잘못을 저질렀을 때 주님의 즉각적인 응징을 받을 것이라고 생각하고 처벌에 대한 두려움 때문에 두 무릎이 후들거리고 두 손을 축 늘어뜨리는 이들이 있다. 그러나 이것은 부주의한 무관심의 정반대쪽 극단으로 가는 것이다. 이 양 극단을 위의 성경구절이 정죄한다. 우리가 우리 자신을 심판하면 심판을 받지 않는 것이 그리스도의 심판 법칙이다. 즉, 만일 우리가 죄를 범했다고 의식하고 심판자 그리스도께 직접 나아가 우리 자신을 가차 없이 정죄하고 우리의 잘못을 통회하며 자복한다면 그리스도께서는 용서하시고 넘어가실 것이다.

결코 똑같지는 않더라도 요나의 선포를 들은 니느웨의 경우를 예로 들어보자. 선지자 요나가 "사십 일이 지나면 니느웨가 무너지리라"고 알렸다(욘 3:4). 요나는 실제 내용보다 더 적게 표현했다. 니느웨에서 요나는 하나님의 가혹한 엄명을 선언하지 않았다. 그러나 요나가 경고를 전하자 도덕적 각성이 일어났다. 그 "40일"은 니느웨 사람들에게 소망의 문을 열어줬다. 이것은 '진정한 참회와 행위에 대한 참된 개혁에 입각하여 형의 집행을 정지하겠다'는 말과 같았다. 이것은 필자의 추론일 뿐인 것이 아니다. 그 다음에 분명하게 입증된 사실이다.

"니느웨 백성이 하나님을 믿고 금식을 선포하고 무론 대소하고 굵은 베를 입은지라"(5절). 니느웨 왕이 신하들에게 칙령을 반포하여 "힘써 여호와께 부르짖을 것이며 각기 악한 길과 손으로 행한 강포에서 떠날 것이라 하나님이 혹시 뜻을 돌이키시고 그 진노를 그치사 우리로 멸망치 않게 하시리라 그렇지 않을 줄을 누가 알겠느냐"라고 했다(욘 3:8-9). 그 결과가 "하나님이 그들의 행한 것 곧 그 악한 길에서 돌이켜 떠난 것을 감찰하시고 **뜻을 돌이키사** 그들에게 내리리라 말씀하신 재앙을 내리지 아니하시니라"라는 말씀이다(욘 3:10). 9절과 10절의 KJV에는 'repented'라는 단어가 나온다. '하나님께서 **후회**하셨다는 해석이 가능하다.

하지만 이 말은, 니느웨 사람들이 행실을 더 나은 쪽으로 바꿨기 때문에 하나님께서 니느웨 사람들에 대한 태도를 변경하셨고, 따라서 니느웨 사람들은 하나님께서 위협하신 심판을 피했다는 뜻이다. 자, 만일 하나님께서 이방민족을 참회와 개혁에 입각해서 이렇게 다루셨다면, 그리스도의 구속받은 백성들이 자신들의 죄를 참으로 뉘우치고 그리스도 앞에서 자신을 겸비케 할 때 징벌의 막대기를 정말 더 잘 치워버릴 것이다! 그리스도의 구속받은 이들을 위해서는, 단지 "하나님이 혹시 뜻을 돌이키시고 그 진노를 그치사 우리로 멸망치 않게 하시리라 그렇지 않을 줄을 누가 알겠느냐"라는 말씀만이 아니라 "만일 우리가 우리 죄를 자백하면 저는 미쁘시고 의로우사 우리 죄를 사하시며 모든 불의에서 우리를 깨끗케 하실 것이요"라는 말씀도 하셨다(요일 1:9).

"우리가 우리를 살폈으면 판단을 받지 아니하려니와"(고전 11:31). 오호, 정말이지 온유하심과 오래 참으심이 이 말씀에 가득 배어있다! 우리가 오류를 범했을 때조차도, 그렇다, 심각하게 죄를 범했을 때도 그렇다. 매를 피할 길이 우리에게 열려 있다. 아하, 그러나 하나님의 놀라운 지혜와 의로움이 말씀들에 의해 입증된다! 만일 우리가 우리 자신을 심판한다면 우리의 죄악들이 초래하는 징벌적 후과들을 피하게 될 것이다. 어째서 그런가? 왜냐하면 우리는 더 이상 매를 필요로 하지 않기 때문이다.

어째서 매가 필요치 않은가? 우리가 우리 자신을 심판하는 경우에는 매를 사용하지 않더라도 바람직한 결과가 우리 안에 만들어졌기 때문이다. 징벌 속에 있는, 하나님의 의도는 무엇인가? 완고한 사람을 일깨우기 위해서, 자신이 주님께 잘못을 범했고 불쾌하시게 만들었다는 사실을 깨닫도록 하기 위해서, 잘못된 것을 참회와 고백과 개혁에 의해 바로잡도록 하기 위해서다. 이런 열매들을 맺을 때, 그때 우리는 "매를 순히 받고," 매는 그 의도된 목적을 성취했다(미 6:9). 그렇다면 정말 좋은 것이다! 만일 우리가 우리의 죄악 때문에 우리 자신을 하나님 앞에서 참으로, 가차 없이, 참회하여 심판한다면 매가 필요치 않게 된다. 바로 징벌이 데려다줄 이 지점에, 자기 자신을 정죄하고 돌이켜 거룩의 길로 돌아가고 모든 불의를 씻어내기를 추구하고 이루게 되면-단지 더욱 신속하고 쉽게-도달한다.

"우리가 우리를 살폈으면"이라는 이 말은 이 성도들은 그 다음 구절에서 확증된 어떤 사상을 좀처럼 실행하지 않고 원치 않는다는 것을 시사하는 듯하다. 오호라, 첫 사랑을 버린 사람들 가운데는 자기 자신을 심판하지 못할 정도로 영적으로 퇴보하고 병든 상태인 경우가 많다. 이 성도들의 양심은 둔감해져서 자신들이 사소하다고 여긴 것을 자주 변명을 대며 빠져나갔고, 부주의한 행함을 통해 자신들의 재판장을 노엽게 만들었다. 그러면서도 자신들이 그렇게 행하고 있다는 것을 사실상 깨닫지 못하고 있다. "저는 이방인에게 그 힘이 삼키웠으나 알지 못하고 백발[쇠락과 노쇠의 징표]이 얼룩 얼룩할지라도 깨닫지 못"한다(호 7:9).

매는 죄악을 저질렀기에 휘두르는 것이기 때문에 틀림없이 저들을 일깨워준다. 저들의 거룩한 주님은 자기 백성들 속에 있는 고백하지 않은 죄악들을 묵과하지 않으실 것이다. 그러나 이렇게까지 퇴락하지 않은 다른 사람들은 자신의 결함들을 의식하지만 그럼에도 불구하고 자신을 심판하지 않는다. 왜 그럴까? 하나님 앞에서 자신을 낮추기를 이처럼 싫어하게 만드는 것은 무엇일까? 저주받은 교만 외에 무엇이겠는가? 이런 경우에 주의 강력한 손이 저들을 끌어내릴 것이다. 그래서 다음과 같은 진술로 이어진다.

고린도전서 11:32

"우리가 판단을 받는 것은 주께 징계를 받는 것이니 이는 우리로 세상과 함께 죄 정함을 받지 않게 하려 하심이라"(고전 11:32). 이것이 고린도 교인들의 실상이었다. 고린도 교인들은 다양한 방법으로 반복해서 죄를 지었고 징계를 받지 않았다. "육적"이었고 시기와 갈등이 있었지만 자신들을 심판하지 않았다. 주님께서는 고린도 교인들에게 회개할 기회를 주셨지만 회개하지 않았다. 결국 주의 거룩한 만찬을 모독하는 지경에 이르렀고 주님께서 조치를 취해야 했다. 육체의 질병과 죽음으로 징벌하셨다. 따라서 "우리가 판단을 받는 것은 주께 징계를 받는 것"이라는 진술에서 우리는 우리 자신을 정죄하는 데 실패했다는 결론을 피할 수 없다.

주님은 자신의 백성들이 자신들의 죄를 인정하고 그 죄에서 돌이킬 때 매를 거두시는 것이 하나의 법칙인 것처럼 죄를 짓고 고백하지 않은 채 계속해서 그 죄를 저지를 때 매를 들어 징계하시는 것도 마찬가지로 하나님 나라의 법칙이다. 그리고 무한한 자비가 여기에 있다. 고린도 교인들이 "세상과 함께 죄 정함을 받지 않게 하려 하심" 때문이다. 하나님은 제멋대로 구는 자녀들을 여기 이 세상에서 벌주신다. 그러나 경건치 않은 자들은 지옥에서 영원토록 충분한 처벌을 받을 것이다. 죄는 틀림없이 정죄를 받아야 한다. 우리에 의해서든 의로운 재판장에 의해서든, 금생에서든 내생에서든, 우리 자신을 심판하고 따라서 하나님의 심판을 피하는 것이 훨씬 더 낫다!

하나님의 가장 좋은 것을 회복하라

하나님의 가장 좋은 것을 놓친 다양한 사례를, 개인과 연합체 양쪽의 사례를 고찰했다. 그리고 하나님의 가장 좋은 것을 놓치고 사는 것이 얼마나 고된 삶인지를 확인했다. 이제 우리가 다룰 문제는 '하나님의 가장 좋은 것을 놓친 그리스도인은 하나님과의 충분한 교제를 회복하고 하나님의 섭리적 미소를 다시 받을 수 있는가?'이다. 맞다. 가능하다. 그러나 쉽지 않다. 그런데 어떻게 하면 이 가능성이 실현되는지를 확인하기 전에 먼저, 필자와 독자 모두가 지속적으로 기도하며 경계하지 않을 때 무엇이 저 가엾은 영혼을 저 비참한 곤경에 확실하게 빠뜨리는 것인지를 진지하게 고찰하자.

초심을 잃지 말라

건강하고 형통한 영적 생활의 위대하지만 단순한 비결은 우리가 시작할 때의 자세를 지속하는 것이다(골 2:6). 매일 그리스도의 보혈의 충분성을 신뢰하고 그리스도의 주권에 굴복하고 모든 일에서 주님을 기쁘시게 하고 영화롭게 하려고 애를 쓰는 것이다. 신자가 그리스도와 더불어 순종의 길을 행하고 그리스도께서 남긴 모범을 따라 살 때 그 영혼은 평화를 누릴 것이며 그 마음은 기쁨으로 가득할 것이다. 그리고 하나님께서 그 신자를 향해 미소 지으실 것이다. 그러나 신자가 은혜로 말미암아 이러한 조건을 이행하지 않는다면 이러한 행복을 누리지 못할 것이다.

만일 신자가 게을러서 그리스도와 매일 나눠야할 교제가 부족해지고 그리스도의 충분성에서 멀어지면, 규칙적으로 말씀을 먹지 못하고 은혜의 보좌에 나아가는 횟수가 줄어들면, 영적 생명의 맥박이 더욱 약해지고 불규칙적이 된다. 하나님의 사랑을 자주 묵상하지 않고 자신을 위한 그리스도의 낮아지심과 고난을 자신의 가슴에 항상 새롭게 하지 않는다면, 그의 감성은 곧 차가워질 것이고 영적인 것들을 향한 열망은 쇠약해질 것이고 순종은 그리 쉽지도 유쾌하지도 않을 것이다.

만일 이러한 영적 쇠퇴를 무시하거나 내버려둔다면 멀지 않은 때에 내주하는 죄가 모든 은사를 지배하게 될 것이며 그 마음은 부지불식간에 점점 더 육욕과 속됨 속으로 미끄러져 들어갈 것이다. 그 전에 몰아냈고 헛되다고 여겼던 세상적인 쾌락들이 매력을 발휘하기 시작할 것이다. 단지 수단에 불과했던 세상적인 수단들이 목적이 될 것이며, 점점 더 주목을 끌고 더 높은 가치가 있는 것으로 보일 것이다. 주님께 맡겼던 세상적인 염려들이 이제 압박을 가하고 짓누를 것이다. 자신을 하나님 앞에 낮추지 않는다면(그리고 하나님의 섭리가 방해하지 않는다면) 공공연하게 죄를 짓는 길로 접어들 것이다. 퇴보는 마음에서 시작한다!

퇴보는 마음에서 시작한다

퇴보는 과실을 범한 것보다 훨씬 더 심각한 것이다(갈 6:1). 퇴보는 갑작스럽게 느닷없이 벌어지고 한 번 넘어지는 문제가 아니다. 지속적인 타락이며 주님에게서 분명하게 이탈한 것이다. 퇴보는 초기 단계에서는 명명백백하게 드러나지 않는다. 그래서 형제들이 전혀 눈치채지 못할 수도 있다. 부주의와 냉담이라는 은밀한 암세포가 덮쳤다. 나태와 방종의 정신에 굴복했다. 자신의 타락을 처음 알아챘을 때 경종을 울리는 대신에 무시했다. 하나님 앞에서 슬피 우는 대신에 자신의 육욕 속으로 뛰어들었다. 결국 자신의 은사들이 작동을 정지하게 되었고 마귀에게 저항할 능력이 모조리 사라졌다. 이런 것 때문에 성령이 슬퍼하고 소생케 하는 영향력을 철수시키고 성령의 위로를 거둬갔다. 실제로, 퇴보는 여러 단계다. 부분적인 경우도 있고 전체적인 경우도 있다. 하지만 신자가 퇴보 상태에 있는 동안, 자신이 어떤 단계에 있을지를 결정할 수 없다. 보증된 안정감을 제공하는 혹은 어떤 사람도 자신의 죄 속에서 편안히 거하도록 후원해주는 어떤 것도 성경에 없다. 오히려 정반대다.

한동안 퇴보된 상태를 지속하는 사람의 실상은 형언할 수 없이 슬픈 것이다. 이런 사람은 하나님을 불쾌하게 해드렸고, 그리스도를 치욕스럽게 만들었고, 많은 경우에 동료 그리스도인들에게 특히, 더 젊은 그리스도인들에게 걸림돌이 되었다. 자신을 비참한 존재로 만들었다. 죄를 지었으되 회개하지 않았다. 하나님을 떠났지만 그 죄를 고백하지 않았다. 전에는, 하나님과 행복한 교제를 나누며 다녔고 하나님의 얼굴 광채가 비췄고 모든 총명을 뛰어넘는 평화가 영혼을 사로잡았다. 그러나 이제는, 구원의 기쁨은 더 이상 자신의 몫이 아니다. 말씀을 향한 열망을 상실했고 기도는 짐이 되었다. 하나님과 연결되어 있지 않다. 그가 저지른 불법들이 하나님과의 사이를 갈라놓았기 때문이다(사 59:2). 그의 영혼은 안식처를 찾지 못한다. 세상을 갈망해왔고, 경건치 않은 자들이 행하는 육적인 것들 속에서조차 조금도 만족하지 못하게 되었다. 정말이지 그의 곤경은 비참하다. "마음이 패려한 자는 자기 행위로 보응이 만족"할 것이다(잠 14:14). 그렇지 않을 도리가 없다. 더 이상 하나님의 길을 기뻐하지 않기 때문이다. 그 자신의 퇴보가 그 자신을 꾸짖는다. 그래서 "네 하나님 여호와를 버림과 네 속에 나를 경외함이 없는 것이 악이요 고통인 줄 알"게 되고 확인하게 된다(렘 2:19). 그리고 이렇게 해서 하나님의 가장 좋은 것을 놓친다.

퇴보에서 스스로 돌이키지 못한다

예레미야 3:14, 22

하지만 실상이 이처럼 비참할지라도 소망이 없는 것이 아니다. "나 여호와가 말하노라 배역한 자식들아 돌아오라"는 부르심이 있기 때문이다(렘 3:14). 그럼에도 불구하고 이 부르심에 대한 응답은 구경꾼이 상상하는 그런 단순한 문제가 아니다. 하나님께 등을 돌리고 떠나는 것보다 하나님께로 돌아오는 것이 훨씬 더 어렵다. 하나님께서 내놓은 복귀 조건들이 혹독하기 때문이 아니라 영혼이 곤핍하기 때문이다. 퇴보한 당사자가 자신의 현 상태의 본질과 심각성을 지각하기는 어렵다. 죄가 눈을 멀게 만들고 마음을 강퍅하게 만드는 효과를 미치기 때문이다. 그래서 죄의 권세에 지배를 당하면 당할수록 자신의 상태를 그만큼 덜 식별하게 된다. 자신의 두 눈이 다시 열려지기 시작할 때조차도, 회복을 향한 실질적인 열망이 결핍되어 있다. 마비시키는 영향력을 발휘하기 때문이다. 그래서 피해자는 "시온에서 안일한" 상태에 머문다(암 6:1).

다윗조차도 선지자 나단이 처음 찾아왔을 때 자신이 처한 무서운 곤경을 감지하지 못하고 있었다. 선지자가 "당신이 바로 그 사람이다"라고 통렬하게 지적한 뒤에야 사탄이 다윗을 옭아맨 주문이 깨졌다. 그러므로 이런 사람이 잠에 깨어나고 "배역한 자식들아 돌아오라 내가 너희의 배역함을 고치리라"는 말씀이 귀에 들리게 될 때 정말 감사해야 한다(렘 3:22).

그러나 그런 때조차도 영혼은 하나님의 조건을 충족시키기를 싫어한다. 자신의 범법을 입으로 인정하고 외적인 의무로 복귀하면 큰 어려움을 경험하지 않을 것이다. 그러나 하나님이 정한 회복조건들을 실제로 이행하기란 대단히 어려운 일이다. 존 오웬이 단언한 것처럼 "퇴보에서의 회복은 기독교에서 가장 힘든 과업이다. 충분하거나 존경할만하게 해낸 사람이 거의 없는 과업이다."

만일 구원의 문이 열리기를 원한다면 요구하고 구하고 두드려야 한다. (『가스펠 스탠다드』에서 우호적으로 평가받는 저술가인) 존 브린(John Brine, 1703~1765)이 2백 년 전에 하나님의 백성들을 향해 말한 것처럼, "이 과업에는 많은 수고와 근면이 요구된다. 우리 영혼의 병든 상태에 대한 불평이 치료효과를 낳지 않는 법이다. 우리를 병들게 만든 우리의 어리석은 짓들에 대한 고백은 아무리 자주 반복해도 이 질병을 제거하는 데에는 아무 소용이 없다. 이전의 건강과 활력을 회복하고자 한다면 불평하고 신음하는 것만큼이나 행동을 하지 않으면 안 된다."

잠언 28:13

"자기의 죄를 숨기는 자는 형통치 못하나 죄를 자복하고 버리는 자는 불쌍히 여김을 받으리라"는 구절은 사안의 양 측면을 집약적으로 보여준다(잠 28:13). 죄는 영혼의 질병이다. 그리고 (육체의 질병과 마찬가지로) 영혼의 질병을 숨김으로써 심화시키고 악화시킨다. 청교도 신학자 조셉 카릴(Joseph Carly)이 다음과 같이 지적했다.

> "죄를 숨길 때 죄의 두 가지 면이 확대된다. **첫째**, 죄책이다. 처벌에 대한 책임이 영혼을 더욱 강력하게 옥죈다. 그래서 모든 사람이 자신의 죄악을 은폐하려는 노력을 더욱 많이 기울일수록 어둠의 사슬에 그만큼 더 단단하게 묶인다. 죄가 용서받지 못한 채 양심에 머물러 있는 시간이 길어질수록 죄책은 그만큼 더 커진다. **둘째**, 죄의 불결과 오염 즉, 죄의 힘과 능력이다. 죄는 점점 더 탁월해져 거장(巨匠)이 되고 마침내는 사납게 날뛰고 사방을 휩쓸며 자기 앞에 있는 모든 것을 지배하고 장악한다."

우리의 죄악들을 "숨긴다"는 것은 그 죄악들을 하나님께 정직하게 자백하여 빛 속으로 끌어내기를 거절한다는 것이다. 우리의 동료들의 경우로 보자면, 우리의 잘못을 피해자들에게 인정하기를 거절한다는 것이다. 죄를 숨기는 이 괘씸한 짓은 죄에 죄를 더하는 것이며, 형통을 확실하게 가로막는 것이다. 이 괘씸한 행위를 지속한다면 수치와 혼란이 영원토록 가해자를 덮을 것이다.

죄를 "숨긴다"는 것은 죄를 공개적으로 인정하는 대신에 우리 자신의 품 안에 숨겨두는 것이다. 아간은 심지어 이스라엘 모든 지파가 여호수아와 대제사장 엘르아살 앞에 엄숙하게 도열했을 때조차 이렇게 했다. 자신의 범죄가 폭로될 때까지 엄숙하게 침묵을 유지했다. 변명거리를 만들어내고 스스로 정상참작을 함으로써 죄상을 숨기려는 사람들이 있다. 이들은 환경, 동료들, 혹은 사탄에게-자기를 제외한 어떤 것에 혹은 다른 사람에게-비난의 화살을 돌리려고 한다.

이보다 훨씬 더 나쁜 술수를 사용하는 사람들도 있다. 이들은 거짓말을 해서 죄상을 숨기고 죄책을 부정하려고 한다. 가인이 이런 식으로 했다. 하나님께서 아벨의 피에 대해 조사를 하시며 "네 아우 아벨이 어디 있느냐"고 묻자 가인은 "내가 알지 못하나이다"라고 대답했다(창 4:9). 마찬가지로 게하시는 엘리사가 추궁하자 자신의 잘못을 단호히 부인했다(왕하 5:25). 아나니아와 삽비라도 비슷하게 처신했다.

세 가지가 사람들로 하여금 자신의 죄악을 은폐하도록 유혹한다. **첫째**, 교만. 사람은 가장 저열한 죄악들을 범했을 때에도 그 죄악들을 인정하지 않으려고 지나치게 고집을 부릴 정도로 자신을 높이 평가한다. **둘째**, 불신앙. 하나님께는 자신들이 고백한 죄악들을 덮어줄 능력도 의지도 있다고 믿는 믿음이 없는 자들은 자기 스스로 자신의 죄악을 덮으려고 헛되이 시도한다. **셋째**, 수치와 두려움. 수치와 두려움 때문에 많은 사람들이 자신의 죄악을 숨긴다. 죄는 사람들이 자신들의 죄악을 인정하지 않게 할 정도로 가증스러운 괴물이다.

그러나 자신들의 죄악들을 "자복하고 버리는 자는 불쌍히 여김을 받"을 것이다(잠 28:13). 죄를 자백하는 것은 참회의 필수불가결한 부분이다. 그리고 참회 없이는 죄 용서가 없다(행 3:19). "내가 이르기를 내 허물을 여호와께 자복하리라 하고 주께 내 죄를 아뢰고 내 죄악을 숨기지 아니하였더니 곧 주께서 내 죄의 악을 사하셨나이다"(시 32:5)라는 말씀에 따르면, 죄 용서는 죄인의 자백에 근거했다. 자신의 죄악을 깨닫고 그 죄악을 보고 지각함으로써 자신을 낮추고 슬퍼하는 사람들은 그 죄악을 보이지 않도록 은폐하지 않는다.

입에 발린 형식적인 자백이 아니라 뉘우치는 심장의 흐느낌으로 하는 자백이다. 죄악을 일반화하지 않고 개별화한다. 변명거리나 그럴싸하게 얼버무리려고 애쓰는 대신에 진실을 드러내고 그 악성을 솔직하게 인정한다. 사실과 잘못을 인정한다. 자신을 가차 없이 정죄한다. 시편 51편의 서두에 있는 다윗의 말은 이 사례에 지극히 적절하다. 죄 혹은 죄악들을 진실하게, 뉘우침으로, 충분하게, 자신을 낮추고 자신을 혐오하며 자백한다. "여호와여 나의 죄악이 중대하오니 주의 이름을 인하여 사하소서"라고 울부짖는다(시 25:11).

죄악을 "버리는 자는 불쌍히 여김을 받으리라"(잠 28:13). 우리의 죄악을 "버리는" 것은 자발적이고 의도적인 행위이다. 이것은 우리의 죄악을 우리의 정서로 혐오하고 내버리는 것이며, 우리의 의지적 결단으로 거부하는 것이며, 우리의 생각과 상상 속에 즐겁게 혹은 만족스럽게 품고 있기를 거부하는 것이다. 이것이 필연적으로 의미하는 내용은 우리의 죄악을 단념한다는 뜻이며, 하나님의 은혜로 말미암아 결단을 내려 우리의 죄악을 반복하지 않도록 극도로 노력한다는 뜻이다.

> "문제거리인 저 혼란을 야기한 어리석은 짓들을 범하도록 만든 사람들 및 올가미들을 멀리 하지 않으면 안 된다. 이렇게 하지 않는다면 과거의 잘못들에 대한 인정 및 관심표명을 아무리 해봐야 전혀 쓸모가 없을 것

이다. 악한 영향력을 발휘하여 우리를 영적 쇠락에 빠뜨린 그 물건들을 끌어안고 우물쭈물하는 한, 옛 힘을 회복하겠다는 것은 정말 대단히 어리석은 생각이다. 장차 죄가 우리에게 해로운 영향력을 미치지 못하도록 막아주는 것은 죄의 해로운 영향력을 슬퍼하는 것이 아니라 오직, 우리의 암울한 질병을 야기하는 그 원인을 버리기로 결단하는 것뿐이다."(존 브린)

영혼을 중독시키는 모든 것을 완벽하게 끊지 않으면 안 된다. 그런데 성도가 자신의 죄악들을 이처럼 즉각적으로 자백하고 버리지 않는다고 가정해보자. 그러면 어떻게 될까? 저런, 이런 경우에, 성도는 형통하지 않을 것이다. 더 이상 은혜 가운데 성장하지 않을 것이다. 하나님의 섭리적 미소도 없을 것이다. 성령이 슬퍼하고 그 성도의 영혼 안에서 수행하던 은혜의 활동들을 중지할 것이다. 이후로 그 성도의 "길"은 "힘든" 길이 될 것이다. 다윗의 경험이 이런 것이었다.

> "내가 토설치 아니할 때에 종일 신음하므로 내 뼈[영혼을 지탱해주는 것들을 가리키는 상징적인 표현]가 쇠하였도다 주의 손이 주야로 나를 누르시오니 내 진액[혹은 활력 혹은 생기]이 화하여 여름 가물에 마름 같이 되었나이다"(시 32:3-4)

죄는 우리의 영적 생명력을 약화시키는 유독한 것이다. 다윗은 입을 다물어 자백하지 않았지만 슬퍼할 수밖에 없었다. 하나님께서 손을 들어 다윗을 쳤고 다윗은 하나님의 매질에 신음하게 되었다. 하나님 앞에 자신을 낮춰 죄악을 자백하고 버리고 난 뒤에야 위안을 얻었다. 이런 행위에는 그 실행자에게 자비를 누릴 자격을 부여하는 어떤 공로적인 것이 없다. 그러나 이것이 하나님께서 세우신 거룩한 질서다. 하나님은 우리의 죄악을 묵인하지 않으신다. 하나님은 우리가 하나님 편에 서서 우리의 죄악들을 혐오할 때까지 자신의 은혜를 보류하신다.

역대하 7:14

"내 이름으로 일컫는 내 백성이 그 악한 길에서 떠나 스스로 겸비하고 기도하여 내 얼굴을 구하면 내가 하늘에서 듣고 그 죄를 사하고 그 땅을 고칠" 것이다(대하 7:14). 이 구절이 우리에게 확증해주는 사실은 다음 세 가지이다. **첫째**, 하나님은 자신의 백성들을 그 지은 죄악들 때문에 세상에서 심판하신다는 것. **둘째**, 하나님의 백성들은 하나님의 매를 맞을 때 자신들이 무엇을 해야 하는지를 알게 된다는 것. **셋째**, 믿음이 붙잡아야할 보배로운 약속이 있다는 것.

그러면 하나님의 백성들에게 무엇이 필요한지를 주의 깊게 살펴보자.

[**첫째**,] 역대하 7:14의 "내 백성이…스스로 겸비하고"라는 표현은 고린도전서 11:31에 있는 '우리 자신을 심판한다'는 말과 비슷하다. 그러나 여기에서는, 징벌이 임할 때다. 레위기 26:41의 "마음이 낮아져서 그 죄악의 형벌을 순히 받으면"이라는 말씀이 해명의 실마리를 준다. 이 말씀은 '내가 무엇을 했길래 이렇게 되었는가?'라는 질문의 반대이다. "우리의 악한 행실과 큰 죄로 인하여 이 모든 일을 당하였사오나 우리 하나님이 우리 죄악보다 형벌을 경하게 하시고 이만큼 백성을 남겨 주셨사오니"라는 말씀이 구체적으로 설명해준다(스 9:13).

다윗은 "여호와여 내가 알거니와 주의 판단은 의로우시고 주께서 나를 괴롭게 하심은 성실하심으로 말미암음이니이다"라고 인정함으로써 "스스로 겸비"했다. 다윗은 자신을 등지고 하나님 편에 섰다. 자신의 불의를 인정한다. 매를 맞는 이가 자신을 낮췄을 때까지는 더 이상의 조치를 생각해봐야 헛일이다. 교만과 회개치 않음이 거룩하신 분께 나아가지 못하도록 가로막는다. 그러나 "만일" 우리가 우리 자신을 적절하게 "낮춘다"면 된다. 그런즉, "겸비"하라.

[**둘째**,] 그리고 "기도"하라. 우리는 하나님 앞에서 회개의 낮은 자리를 잡을 때에만 참으로 그렇게 할 수 있다. 그러면 이런 사람은 무엇을 요청할까? 분명코, 하나님의 거룩하심과 자기 자신의 더러움에 대한 더욱 깊은 지각을 요청할 것이다. 즉, 상하고 통회하는 마음을 요청할 것이다. 자신을 "겸비케 함"이 수반되고, 그것에 대한 표현으로서, 참회의 고백이 나올 것이다. 그리고 그 다음에는 하나님의 자비를 믿는 믿음 그리고 정결케 되고 회복된다는 소망을 달라고 갈구할 것이다.

[**셋째**,] 그리고 하나님의 "얼굴"을 구하라. 이것은 "기도하라"보다 더 멀리 나아가는 것이다. 즉, 근면성과 명확성과 열성을 표현하는 것이다. 전능자를 단지 입술운동만으로 속이지 못한다. 전능자는 마음을 요구하신다. 우리가 불쾌하게 만든 그 분과 얼굴을 마주한 만남이 있어야 한다. 전능자는 우리의 죄악을 어물쩍 넘기지 않으신다. 우리도 그래서는 안 된다. 호세아 14:2~3을 활용해야 한다. 이 구절에서 주님은 이러한 경우에 적절하게 사용할만한 바로 그런 말씀을 알려주셨다.

[**넷째**,] 그 다음에는 (심판을 초래했던) "그 악한 길"을 등져라. 이것은 잠언 28:13에서 가르친 '우리의 죄악들을 버리는 것'과 동일한 내용이다.

이렇게 하면 하나님께서 "하늘에서 듣고 그 죄를 사하고 그 땅을 고칠" 것이다. 이 부분에 은혜로운 약속이 있다. 그러나 원문에 있는 "그러면"이라는 접속사를 놓쳐서는 안 된다. '오직 요구조건들을 충분히 만족시켰을 때에만'이라는 뜻이기 때문이다. 우리가 그 제한조건들을 준수할 때까지는 그 약속이행을 기대할 근거가 우리에게 없다. 이 약속이행의 복된 범위에도 주목하라. 하나님의 들으심과 죄용서하심을 보장받고 하나님의 치유하심을 믿음이 권리로 주장할 수 있다.

일테면, '주여, 제가 주님의 은혜로 말미암아 해냈습니다. 내 시원찮은 능력을 최대한 발휘하여 제 자신을 낮췄습니다. 주의 얼굴을 구했습니다. 사악한 길을 버렸습니다. 그러니 이제 주님께서 내 땅을 고치겠다고 말씀하신 그대로 해주십시오. 제 육신이든 제가 사랑하는 사람이든 내 땅이든 고쳐주십시오. 주님의 막대기를 거둬주십시오. 주님의 섭리적 미소를 제게 다시 비춰주십시오'라고 부르짖으라.

호세아 14:4~8의 약속을 믿음으로 붙들고 하나님께 탄원하라. "너희 믿음대로 되라"(마 9:29)는 구절이 이 지점에서 대단히 적절하다. 하나님은 믿음을 높이기로 맹세하셨다. 그리고 하나님을 충분하게 신뢰하는 이들을 결코 실망시키지 않으신다. 그렇다. 신자들이 자신들을 위해 이적을 일으키는 하나님을 의지할 때, 실망시키지 않으신다. 이 점에 대해서는 본 필자가 겸손하게 그러나 감사하는 마음으로 입증할 수 있다. 자신들의 특권을 누리며 살지 못하는 신자들이 얼마나 많은지!

"여호와—로피"("치료하는 여호와", 출 15:26)는 "여호와—치드케누"("여호와 우리의 의", 렘 23:6)만큼이나 참되게 하나님의 호칭 가운데 하나이다.

하지만 하나님의 백성들 가운데 하나님을 이렇게 의지하는 이들은 너무나 적다! 오히려 이러한 위기에 처할 때 속물처럼 굴며, 인간 의사를 신뢰한다. 오랜 방종 때문에 하나님의 가장 좋은 것을 놓치고 자신과 가족을 세속적 곤궁에 시달리게 만든 사람이 충분히 회복되고 하나님의 은총을 되찾는 것이 가능한가?

"내가 전에 너희에게 보낸 큰 군대 곧 메뚜기와 늣과 황충과 팟종이의 먹은 햇수대로 너희에게 갚아주리니"라는 이 보배롭지만 거의 알려지지 않은 약속의 빛 속에서 도대체 누가 의심할 수 있을까?(욜 2:25) 우리가 함께 해야 하는 그는 "모든 은혜의 하나님"이 아니신가?(벧전 5:10) 그렇다면 누가 여기에 정당하게 제한을 둘까? 하지만 하나님의 은혜는 항상 "의로 말미암아" 역사한다는 사실을 묵과하지 말자(롬 5:21). 그러니 결코 이 사실을 희생하여 마치 하나님이 죄를 가볍게 여기시고 우리의 범법을 너그럽게 넘어가실 것처럼 생각하지 말자. 하나님의 약속들은 믿음에게 주어진 것이며, 만일 약속들의 유익을 향유하고자 한다면 우리가 개인적으로 순전한 확신 속에서 전유하지 않으면 안 된다는 사실을 각별히 명심하자. "믿는 자에게는 능치 못할 일이 없느니라"(막 9:23).

요엘 1:1~2:11

이제 선지자 요엘에게로 돌아가 1:1~2:11 전체를 깊이 고찰해보자. 이스라엘은 심각하게 그리고 반복해서 죄를 지었다. 그러자 하나님은 이스라엘을 혹독하게 치셨다. 그러나 2:12에서 "[이러한 징벌들 특히, 메뚜기 재앙을 볼 때] 여호와의 말씀에 너희는 이제라도 금식하며 울며 애통하고 마음을 다하여 내게로 돌아오라 하셨나니"라는 말씀이 있다. 바로 이어서 "너희는 옷을 찢지 말고 마음을 찢고 너희 하나님 여호와께로 돌아올지어다 그는 은혜로우시며 자비로우시며 노하기를 더디하시며 인애가 크시사 뜻을 돌이켜 재앙을 내리지 아니하시나니"라는 말씀이 있다(13절). 그런 다음에, 이 경우에 이스라엘 민족 전체가 포함되었기 때문에 하나님은 "거룩한 금식일을 정하고 성회를 선고하고"(15절) "여호와께 수종드는 제사장들은 낭실과 단 사이에서 울며 이르기를 여호와여 주의 백성을 긍휼히 여기소서"라고 말하고(17절), "그 때에 여호와께서 자기 땅을 위하여 중심이 뜨거우시며 그 백성을 긍휼히 여기실 것이라"라는 확신을 주고(18절), "여호와께서…곡식과 새 포도주와 기름을 주리니 너희가 이로 인하여 흡족하리라…내가 북편 군대[징벌]를 너희에게서 멀리 떠나게 하여…땅이여 두려워 말고 기뻐하며 즐거워할지어다 여호와께서 큰 일을 행하셨음이로다"라는 약속을 주라고(19-21절) 명령하셨다.

그 다음에 "시온의 자녀들아 너희는 너희 하나님 여호와로 인하여 기뻐하며 즐거워할지어다…내가 전에 너희에게 보낸 큰 군대 곧 메뚜기와 늣과 황충과 팟종이의 먹은 햇수대로 너희에게 갚아주리니"라는 복된 말씀이 나온다(23-25절). 하나님께서 앞에서 언급한 요구조건들을 이스라엘 백성들이 순응하는 것에 입각해서, 저 약속이 주어져 믿음을 움켜쥐고 소망을 의지한다. 자, 나의 독자여, 저 약속은 단지 수천 년 전에 살았던 사람들에게 혜택을 주기 위해 기록되었다고 생각하는가? 단연코 우리에게는, 비록 다른 맥락에서였지만 바울이 "저에게 의로 여기셨다 기록된 것은 아브라함만 위한 것이 아니요 의로 여기심을 받을 우리도 위함이니"라고 말한 대로 말할 정당한 근거가 있다(롬 4:23-24). 그렇다. 그럼에도 불구하고 믿음을 움켜쥐고 우리 자신의 것으로 만들지 않는다면 아무 소용이 없다.

필자는 다시 한 번 더 "너희 믿음대로 되라"라는 선언을 인용한다. 이 선언의 말씀은 야코부스 아르미니우스의 말이 아니라 아들 하나님의 말씀이라는 사실을 칼빈주의적 독자에게 경건하게 상기시키고자 한다. "주여, 우리에게 믿음을 더하소서"라고 부르짖는 때가 종종 있다면 그것은 우리가 요한일서 1:9에 탄원하고 있을 때이며 특히, 하나님의 가장 좋은 것을 충분히 복구시켜달라고 하나님께 구하고 하나님께서 요엘 2:25을 우리에게 이행해주시기를 의지할 때이다.

반론들

필자가 지금까지 입증한 원리 및 사실 즉, 만일 우리가 하나님의 계시된 의지에 반하여 처신한다면 이로 인해 우리의 영혼과 육신 양쪽에서 고통을 겪게 될 것이며, 만일 우리가 자기만족을 방침으로 삼는다면 하나님의 계명을 준수하는 삶을 사는 이들에게 하나님의 말씀이 약속하는 영적인 복락들과 육적인 복락들을 박탈당할 것을 입증해주는 다른 성경구절들을 구약성경과 신약성경 양쪽에서 많이 인용할 수도 있을 것이다. 이에 대한 성경의 가르침은 너무나 뚜렷하여, 그리스도인의 방식이 하나님을, 이 세상을 다스리는 의로운 통치자를 기쁘시게 하느냐 그렇지 않느냐에 매우 실질적이며 뚜렷한 차이 즉, 하나님께서 그를-절대적인 의미에서가 아니라 하나님의 통치적이며 섭리적인 다루심에서-인정하시느냐 아니면 거부하시느냐는 차이를 만들어낸다는 사실을 의심하지 못한다.

하나님은 성도들을 오늘날에도 율법시대와 엄밀하게 동일한 기초에 입각하여 대해 주신다는 사실 즉, 오늘날 성도들을 다루시는 하나님의 방식은 율법시대와 동일한 원리들에 의해 통제된다는 사실을 순수한 지성에게 확신시켜줄 수 있을 정도로 충분히 예증되었을 것이다. 이 사실은 많은 문제에 해결방안을 제공해주고 하나님께서 우리를 다루시는 문제를 적잖이 설명해준다. 마치 야곱의 인생역정을 파악할 수 있는 열쇠를 제공해주고, 하나님께서 징벌의 막대기로 다윗과 그 가정을 왜 그렇게 심하게 내리치셨는지를 보여준다.

그럼에도 불구하고 지금까지 제시한 것의 상당부분은 비록 우리 독자들의 대부분에게는 새롭고 이상한 것이 아닐지라도 많은 사람들에게 새롭고 이상하게 보일 것이 틀림없다. 오호라. 그래야 한다. 어떻게 하나님을 기쁘시게 하고 자신의 삶에 하나님께서 섭리적 미소를 띠게 하는지를 배우는 것보다 그리스도인에게 더 실천적으로 중요한 문제가 있을 수 있는가? 정반대로 가지 말라고 경고하고 그 특전을 몰수당하게 만드는 것을 상세히 열거하는 것보다, 하나님의 가장 좋은 것을 놓친 사람에게 복구방안을 알려주는 것보다 오늘날 더 필요한 것이 무엇인가? 이런 주제에 몰두하는 편이 설교자들이 신문이나 방송에서 예언에 대한 자신들의 헛된 사색을 "예증"해줄 선정적인 기사들을 수집하는 것보다 훨씬 더 나을 것이다. 마찬가지로 "은혜교리"라고 하는 것에 대해 추상적인 강론을 늘어놓거나 은혜교리를 부인하는 사람들에게 반대하여 논쟁적인 변설을 토하는 것보다도 훨씬 더 유익할 것이다. 진리의 실천적 측면은 슬프게도 오늘날 경시되고 있다. 결과적으로, 하나님의 사랑하는 자녀들 가운데 많은 이들이 자신들의 특권을 충분히 누리지 못하고 있을 뿐만 아니라 이 특권이 무엇인지를 배운 적이 없고 이생에서 이 특권을 향유하기 위해 무엇이 필요한지도 배운 적이 없다.

필자가 씨름한 문제가 생소한 이들이 많기 때문에 여기에서 마무리하는 것은 만족스럽지 못할 것이다. 비록 필자가 지금까지 개진한 것이 매우 명확하고 충분하게 하나님의 가르침에 기초를 두고 확증했더라도 아마도 여러 독자들의 머릿속에는 답변을 원하는 다양한 의문들이 생겨났을 것이고, 제거되었으면 하는 난제들이 생각났을 것이다. 필자가 언급한 것에 반하여 제기되었을 것 같은 주된 반론들을 정면으로 다루는 것은 당연히 옳다. 하지만 다음과 같이 지적하고자 한다. **첫째**, 하나님 말씀으로부터 명확하게 확립된 것을 무효화할 수 있는 반론은 없을 것이다. 왜냐하면 성경은 결코 자기모순을 일으키지 않기 때문이다. 그리고 **둘째**, 만족스러운 해결책을 구비하지 못하는 우리의 무능력은 우리의 가르침이 틀렸다는 증거가 아니다. 아이는 어떤 어른도 대답하지 못하는 질문을 던질 수 있다. 하나님의 모든 길과 행사에는 우리가 파악하지 못하는, 신비의 요소가 있다. 필연적으로 그렇다. 유한자는 무한자를 파악하지 못하기 때문이다. 하나님의 성도들과 종들 중에서 가장 지혜로운 사람조차 지금은 거울을 통해 희미하게 바라보고 단지 "부분적으로"만 안다. 그러므로 하나님의 성도들과 종들의 지혜는 "나의 깨닫지 못하는 것을 내게 가르치소서"라고 매일 기도하는 것이다(욥 34:32).

하지만 심오하고 불가해한 신비의 요소가 있다고 인정할 수는 있지만 하나님께서 자신의 백성을 어둠속에 내버려 두셨다고 말해서는 안 되며, 성도들은 지극히 높으신 하나님께서 인류를 다루시는 원리에 대해 무엇인가를 알아낼 능력도 수단도 없다고 말해서는 안 된다. 주의 판단은 크고 깊다는 것(시 36:6) 즉, "주의 길이 바다에 있었고 주의 첩경이 큰 물에 있었으나" 육적인 지성은 "주의 종적을 알 수 없었"다는 것이 한편에서는 참이다.

그렇지만 다른 한편에서는, 하나님은 "깊고 은밀한 일을 나타내"신다(단 2:22). 하나님의 심판을 인간의 지혜로는 측량할 수 없다(롬 11:33). 하지만 마찬가지로 참된 것, 복되게 참된 사실은 우리는 주의 빛으로 빛을 볼 것이며(시 36:9) 하나님은 자신의 길을 알리셨다는 것이다(시 103:7). 하나님은 자신의 말씀을 통해 우리에게 적지 않은 것을 알려주기를 기뻐하셨고, 우리에게 허용하신 모든 빛을 감사히 받는 것은 우리의 특권이며 의무이다. 하나님의 말씀을 뛰어넘고자 시도하는 것, 사색에 빠지는 것은 무용지물일 뿐만 아니라 경건치 않은 것이다.

반론 #1 하나님께서는 일어나는 모든 일을 예정하셨고(롬 11:36) 따라서 각 개인의 운명 및 몫을 영원토록 엄밀하게 지정하셨기 때문에, 어떤 개인이 하나님의 가장 좋은 것을 놓친다는 것이 어떻게 가능한가?

답변 필자 생각에, 이 의문은 칼빈주의자들이 제기할 가능성이 있는 주된 반론을 공정하고 정직하게 진술한 것이다. 필자의 우선적인 답변은 이러한 반론은 핵심을 상당히 벗어났다는 것이다. 이 논고에서 필자는 하나님의 주권성의 어떤 측면을 논하지 않았다. 오히려 인간의 책임성에 관련된 문제를 다루고 있다. 만일 답변이 '그러나 인간의 책임성이 하나님의 주권성의 본질적이며 기본적인 사실을 밖으로 밀어내서는 안 된다'라는 것이라면 반면에, '하나님의 주권성에 대한 우리의 옹호가 인간의 책임성이라는 중요한 진리를 무력화 혹은 무효화하도록 해서는 안 된다'라는 것이라면 기꺼이 인정하겠다. 진리의 어느 한 부분을 사용해서 다른 부분을 무효화해서는 안 된다. 로마서 11:36과 갈라디아서 6:7 양쪽 각각에게 적절한 위상을 부여하지 않으면 안 된다. 하나님의 주권성과 인간의 책임성에 대해 철학적 설명을 시도할 때 우리의 역량을 벗어난다. 이 둘은 믿음으로 받아들여야 하는 것들이다. 이 둘에 대해 이성으로 추론해서는 안 된다. 하나님의 주권성과 인간의 책임성, 이 두 가지는 각각 성경에서 명백하게 가르치고 강조하는 것이며, 우리는 양자의 "조화"를 파악하든지 아니든지 상관없이 반드시 고수해야 한다.

난점 및 이의를 제기하는 것보다 더 쉬운 것은 없다. "극단주의자들" 가운데 믿음의 행함보다도 추론하기를 더 좋아하는 이들이 있다면 그들을 잠시 동안 그들 자신의 근거에 입각해서 만나도록 하고, 그들의 지성을 발휘할 문제들을 제공하자. 다윗이 하나님께 "그일라 사람들이

나와 내 사람들을 사울의 손에 붙이겠나이까"라고 물었다(삼상 23:12). 이후에 벌어지는 사태에서 명명백백한 사실은 하나님께서 다윗이 도망치도록 예정하셨다는 점이다. 하지만 하나님은 다윗의 질문에 대해 그일라 사람들이 다윗을 사울에게 넘겨줄 것이라고 답하셨다.

여기에서 '그일라 사람들이 어쩔 도리가 있었을까? 하나님께서 달리 작정해놓으셨는데'라는 의문이 생긴다. "하나님의 사람이 노하여 가로되 왕이 오륙 번을 칠 것이니이다 그리하였더면 왕이 아람을 진멸하도록 쳤으리이다 그런즉 이제는 왕이 아람을 세 번만 치리이다 하니라"(왕하 13:19)에서는 '왕이 그 땅을 친 횟수가 그 결과에 차이를 만들어 낼 수 있을까?'라는 의문이 발생한다. 만일 하나님이 아람의 "진멸"을 예정하셨다면 요아스 왕이 믿음에 실패한 때문에 아람이 진멸되지 못하거나 변경되거나 할 수 있었을까? 반면에, 선지자 엘리사의 말은 요아스 왕이 아람을 이기게 될 정도는 "왕이 아람 사람을 진멸하도록 아벡에서 치리이다"라는 약속을 활용하는 정도에 좌우된다는 의미가 분명하지 않은가? 이성적 추론가는 딜레마의 어떤 뿔을 더 좋아하는가?

다시 말하자면, 사악한 하만이 아하수에로 왕을 꼬드겨 왕국 전역에 흩어져 있는 모든 유대인들을 어떤 특정한 날에 죽이라는 칙령에 날인하도록 했을 때 모르드개가 그 소식을 듣고 비탄에 잠겼다. 에스더는 궁중의 시종을 보내 모르드개가 비탄에 잠긴 원인을 알아보게 했다. 그러자 모르드개는 에스더에게 보여주라고 그 칙령의 사본을 시종에게 맡겼다. 그리고 에스더에게 "왕에게 나아가서 그 앞에서 자기의 민족을 위하여 간절히 구하라"라는 부탁을 전했다(에 4:8). 에스더는 그 시종을 다시 보내 모르드개에게 "왕의 신복과 왕의 각 도 백성이 다 알거니와 무론 남녀하고 부름을 받지 아니하고 안뜰에 들어가서 왕에게 나아가면 오직 죽이는 법이요 왕이 그 자에게 금홀을 내어 밀어야 살 것이라 이제 내가 부름을 입어 왕에게 나아가지 못한 지가 이미 삼십일이라"고 답했다(4:11). 이에 대해 모르드개는 "이 때에 네가 만일 잠잠하여 말이 없으면 유다인은 다른 데로 말미암아 놓임과 구원을 얻으려니와 너와 네 아비 집은 멸망하리라 네가 왕후의 위를 얻은 것이 이 때를 위함이 아닌지 누가 아느냐"라고 대꾸했다(4:14). 여기에서 '만일 하나님이 유대인들이 에스더의 중재를 통해 구원받도록 영원 속에서 작정해 놓으셨다면 "다른 데로 말미암아 놓임과 구원을 얻으려니와 너와 네 아비 집은 멸망하리라"는 것이 어떻게 가능할 수 있는가'라는 의문이 발생한다.

우리의 생각이 우리의 인생관에 의해 지배당하고 우리의 시각이 신적 작정의 확고부동함을 고찰하는 것으로 좁혀진다면, 필연적으로, 무책임의 정신이 나온다. 우리가 관심을 기울일 필요가 있는 것은 하나님의 비밀 의지가 아니라 계시된 의지이다.

> "오묘한 일은 우리 하나님 여호와께 속하였거니와 나타난 일은 영구히 우리와 우리 자손에게 속하였나니 이는 우리로 이 율법의 모든 말씀을 행하게 하심이니라"(신 29:29)

우리가 주의를 기울여야 하는 것은 하나님의 계명들과 약속들이다. 그리스도께서는 '하나님께서 **작정**하신 대로 될지어다'가 아니라 "너희

믿음대로 되라"고 선언하셨다(마 9:29). 지금 필자가 믿음이 하나님의 작정을 밀어낼 수 있다거나 하나님의 작정보다 더 우월한 지위를 획득할 수 있다고 암시하고 있는가? 단연코 아니다. 오히려 필자는 저 위대한 선생께서 강조한 그 지점을 지적하고 있다. 우리는 하나님께서 우리를 다루시는 모든 것을 그저 주권성일 뿐인 것에 몰아넣어서는 안 된다. 이렇게 하는 것은 하나님의 의로움을 시야에서 놓치는 것이다. 고등칼빈주의의 균형을 상실한 가르침은 몹시 위험한-그러면서도 고등칼빈주의자들이 감지하지 못하지만 "구경꾼들"의 눈에는 분명히 보이는-무기력을 낳았다. 하나님의 작정을 부적절하게 고찰하는 이들은 운명론이라는 마비상태에 빠질 위험에 처한다. 필폿 선생조차도 이 점을 감지할 때가 있었다. 이 점에 대해서는 필폿의 저술에서 발췌한 아래의 인용문이 확인해줄 것이다.

> "하나님의 통치행위들이 아무리 주권적일지라도 하나님의 위대한 이름을 경외하는 사람이라면 하나님의 주권성 아래에 숨어서 일체의 비난을 모면하려고 해서는 안 된다. 하나님께서 '이것은 네 스스로 초래한 것이 아니냐?'고 물으실 때 영혼은 반드시 '맞습니다. 분명히 제가 했습니다'라고 대답하지 않으면 안 된다. 이것이 좁은 길이다. 그러나 양심이 부드러운 경우에 모든 사람의 경험이 확실하게 확증해줄 노선이다. 비록 우리 자신의 영혼을 위로하기 위해, 우리 자신의 양심에 평화를 말해주기 위해, 하나님의 사랑을 우리의 마음에 전해주기 위해, 길르앗의 향유를 피가 흘러내리는 상처에 발라주기 위해, 저 위대한 의사를 우리의 병상으로 불러들이기 위해 우리가 할 수 있는 것이 아무것도 없더라도 그 다음 것을 끌어들일 것처럼 볼 것을 지금 쫓아버리기 위해 많은 일을 할

수 있을 것이다…우리는 우리 자신을 모든 선한 말과 행위로 열매를 많이 맺도록 만들지 못한다. 그러나 불순종과 방종으로 말미암아 우리 영혼을 메마르게, 우리의 육신을 황폐하게, 우리의 마음을 말라 죽게 만들 수 있고 결국에는 우리의 양심이 많은 죄책에 시달리게 만들 수 있다."(예레미야 8:22 설교)

필폿은 무(無)-징벌의 오류를 폭로하면서 "이것은 선과 악의 영원한 구별을 무효화하고, 신자가 순종의 삶을 사느냐 아니면 불순종의 삶을 사느냐 하는 것을 실질적으로는 거의 중요하지 않은 것으로 만든다"라고 말했다. 필폿의 뒤를 잇는 사람들은 하나님의 계명들을 하나님의 백성들에게 밀어부치는 데, 순종적 삶의 필요성과 중요성 그리고 가치를 역설하는 데, 불순종이 초래하는 심각한 손실을 신실하게 입증하는 데 더욱 헌신하자.

반론 #2 하나님의 복주심이 우리에게 있는 것은 하나님을 기쁘시게 한 결과라고 단언하는 것은, 그리스도의 가치를 손상시키는 즉, 그리스도의 공로를 약화시키는 것처럼 보일 수가 있다. '신자는 모든 복락을 그리스도의 유일한 가치성에 돌려야 하지 않는가?'라는 의문이 제기된다.

답변 이에 대한 답변은, '그 의문은 **서로 다른 것들을 혼동**하는 것이다'라는 것이다. 발생적 원인인 하나님의 주권적 의지, 공로적 원인인 그리스도의 사역, 유효적 원인인 성령의 활동과 적용, 도구적 원인인 그리스도인의 참회와 믿음과 순종을 반드시 구별해야 한다. 이 네 원인 각각의 순서와 위상을 유지하라. 그러면 혼란을 겪지 않을 것이다. 이 구별이 지나치게 난해하다면 다음과 같이 설명하겠다.

그리스도께서 자신이 구속한 자들에 의해 가장 영광을 받는 때는 이들이 그리스도께서 남긴 모범을 따르고 그리스도께서 행한 것처럼 행할 때가 아닌가?(요일 2:6) 만일 이렇게 한다면, 하나님은 이런 신자들을 향해 통치적 미소를 짓지 않으실까? 반대로, 하나님의 섭리가 주님께 복종하는 자들보다는 제멋대로 행하는 이들에게 유리하다면 하나님은 독생자 그리스도를 영화롭게 하는 것일까? 좀 더 나아가서, 만일 우리의 순종에 대한 하나님의 현재적 포상이 그리스도의 공로를 배격하는 것이라면 하나님께서 약속하신 미래적 포상에 대해서도 마찬가지일 것이다. 시간이나 장소는 사물의 본질적 특성에 차이를 만들어내지 못하기 때문이다.

진리의 정당한 조화를 훼손하고 그 완벽한 균형을 파괴하기는 아주 쉽다. 우리의 열정 속에는, 진리의 한 측면을 취하고, 그 측면을 다른 측면을 제거하는 지경에 이를 때까지 밀어부치는 성향이 항상 존재한다. 이런 식으로, 하나님의 주권성을 인간의 책임성을 몰아내도록 사용할 뿐만 아니라 그리스도의 공로를 이 세상에 대한 하나님의 현재적 통치에서 하나님 자신의 완전성을 발휘하지 못하도록 막는 데 사용한다.

하나님께서 자신의 자녀들에게 매를 드신다는 것을 맹목적으로 부인하는 데까지 나아간 사람들이 있다. 이들은 그리스도께서 자신들의 모든 죄악을 감당하시고 제거하셨고 따라서 하나님은 독생자의 속죄의 충분성을 무효화하지 않고는 자녀들의 범법을 징계하실 수 없다고 주장한다. 그리하여 시편 89:30~32과 히브리서 12:5~11을 거부한다. 여기에서도 서로 다른 것들을 반드시 구별해야 한다. 하나님은 신자의 죄악들이 야기한 형벌적이며 영원한 귀결들을 그리스도께서 속죄하셨기 때문에 용서하셨다.

하지만 그 귀결들의 치리적이며 현세적인 결과들은 제거되지 않는다−만일 제거되었더라면 신자는 결코 병들거나 죽지 않을 것이라−는 사실을 이해하는 것이 중요하다. 하나님은 자신의 백성을 결코 형벌적으로 혹은 보복적으로 징벌하지 않으신다. 자신의 섭리적 원칙에 따라 사랑으로, 의로움으로, 자비로 징벌하신다. 순종에 대해서는 상을 주시고 불순종에 대해서는 징벌하신다. 그리고 이 원칙에 의해 그리고 이 원칙 안에서 그리스도는 불명예가 아니라 영광을 받으신다.

반론 #3 하나님께서 자신의 백성들에게 행하신 모든 것들은 하나님의 은혜, 원인이 없으며 경이롭고 지극히 풍성한 은혜에서 나오는 것들인데 어떻게, 자신의 백성들에 대한 하나님의 다루심을 그 백성들의 행위에 따라 통제하신다는 주장을 옹호할 수 있는가?

답변 쉽게 말하자면, 이 둘 사이에는 양립불가능한 것이 없다. 즉, 이 둘은 상호보완적이지 모순적인 것이 아니다. 하나님의 모든 속성들을 하나님의 주권성에 억지로 밀어넣으면 안 되는 것처럼 하나님의 은혜 속으로 모조리 합쳐 넣어도 안 된다. 하나님은 관대하신 것만큼이나 거룩하시다. 그리고 하나님의 은총은 하나님의 순결성을 무시한 채 주어지는 법이 없다. 하나님의 은혜는 하나님의 의가 요구하는 조건들을 결코 배제하지 않는다. 어떤 사람이 은혜로 말미암아 참으로 구원받았을 때는 경건치 않음과 세속적인 탐욕을 부인하라는 가르침을 받는다. 만일 이렇게 하는 데 실패한다면 하나님께 매를 맞는다. 다윗은 은혜에 의해 믿음으로 말미암아, 여하한 선행과는 별개로 구원을 받았다. 사도 바울도 마찬가지였다. 그러나 다윗 역시 신약 성도들과 마찬가지로 "모든 행실에 거룩한 자가 되라"는 요구를 받았다(벧전 1:15). 다윗이 이런 사람이 되는 데 실패했을 때 혹독한 징계를 받았다. 다윗을 이렇게 혹독하게 다루신 것이 바로 은혜였다. 비록 거룩하고 의로운 은혜이긴 했지만 다윗이 "세상과 함께 죄 정함을 받지 않게 하려" 할 목적의 은혜였다(고전 11:32).

그리스도인을 하나님의 택자 가운데-하나님께서 지극히 사랑하시는 사람들 가운데-한 사람으로 바라볼 뿐만 아니라, 성부의 가족구성원으로 바라볼 뿐만 아니라, 하나님 아버지로서의 징계를 흔쾌히 받아들이는 자녀일 뿐만 아니라, 하나님의 통치를 받는 한 인간으로 즉, 도덕적 행위주체로 바라볼 필요가 있다. 그러므로 그리스도인은 이 세상을 다스리는 통치자에 의해 이에 상응하게 다뤄지는 존재다. 이와 같이 하나님은 행위와 그 행위가 일으키는 귀결들 사이에 불가분리적인 연관관계를 정해놓으셨다. 그러므로 하나님은 우리의 행위에 대한 하나님 자신의 승인 혹은 불승인을 자신의 섭리에 의해 나타내는 것을 기뻐하셨다. 의의 길로 행하는 자는 이렇게 해서 하나님을 채무자로 만드는 것이 아니다. 하나님은 자신을 낮춰 은혜의 상호관계성이라는 원리에 따라 우리에게 행하신다. 하나님의 손에 선한 것을 공로로 쌓을 수 있는 피조물은 없을 것이다. 만일 피조물이 완벽하고 영속적인 순종을 드렸더라도 단지, 자신의 의무를 이행한 것일 뿐이고 하나님께―본질적으로 고찰했을 때―도무지 어떤 유익을 끼쳐드린 것이 아니기 때문이다. 게다가 포상 그 자체가 값없는 선물, 순수한 은혜의 행동이다. 하나님께는 포상을 베풀 책임도 없고 포상을 할 수밖에 없는 강요상태에 있지 않기 때문이다.

반론 #4 "저희의 믿지 않음을 인하여 거기서 많은 능력을 행치 아니하시니라"는 구절(마 13:58)과 연계해서 "불신앙은 그리스도의 은총을 가로막는 커다란 장애물이다"라는 것(매튜 헨리) 즉, 그리스도의 자비행위들에 대해 문을 닫았다는 것을 지적할 때 어떤 사람들은, 피조물이 창조주를 좌절시킬 능력을 갖고 있다는 끔찍한 불경건을 필자가 인정하고 있다고 생각할 수도 있다. 그리고 필자가 이러한 관념을 강력하게 거부할 때 반론제기자들은 '그러나 당신이 이러한 귀결을 어떻게 피할 수 있을까?'라고 의문을 제기할 여지가 있다.

답변 필자는 이러한 귀결들을 쉽게 피할 수 있다. 믿음은 하나님이 정하신 규정이다. 그러므로 하나님은 자기 자신이 정한 방식에 반하는 행동을 거부할 때 전혀 궁지에 빠지지 않는다. 분명코, 하나님은 불신앙에 더 높은 가중치를 주거나 하나님의 수단에 대한 경멸을 장려할 필요가 결코 없다. 마가복음 6장은 이 점을 "거기서는 아무 권능도 행하실 수 없어…"라는 말로 더욱 강력하게 표현한다(5절). 하나님은 거짓말을 하실 수 없고 악에게 현혹될 수 없다고 말할 때 이 말은 하나님의 능력에 한계가 있다는 뜻이 아니다. 하나님의 거룩하심이 완전하다는 뜻이다. 그리스도의 경우도 마찬가지다. 예수는 자신을 "목수"로 간주하여 "배척한" 이들에게 경이로운 능력을 눈부시게 과시함으로써 도덕적 목적이 증진된 적이 없었다. 그러므로 자신의 진주를 돼지에게 던지지 않으셨다.

반론 #5 또 다른 부류의 독자들이 있다. 이들은 "세대주의"라는 독소에 중독된 자들로서, 필자의 이 강론을 율법주의적이라고 불평하고 옛 언약과 새 언약을 혼동하고 하나님께서 야곱을, 다윗을, 이스라엘 족속을 다루신 것들은 이 시대의 우리를 향한 하나님의 조치들과 결코 유사점이 없다고 말할 것이다.

답변 그러나 이러한 반론은 심각하게 잘못된 생각이다. 칼빈이 오래 전에 『기독교강요』에서 논증한 것처럼, 저 두 경륜의 집행 사이에는 우발적인 갈라짐보다는 본질적인 하나 됨이 훨씬 더 크다. 칼빈의 『기독교강요』에서 "구약과 신약의 유사점"이라는 장과 "두 언약의 차이점"이라는 장을 확인해보라. 모세시대와 기독교시대의 주된 차이점은 "구원의 방법," 하나님 자녀들의 영적 분깃, 하나님의 통치원리에 있는 것이 아니다. 오히려 옛 시대에는 영적인 것들을 모형과 그림자를 통해 보여줬던 반면에 현 시대에는 실체 그 자체가 우리 앞에 공공연하게 제시되어 있다는 사실에 있다.

모든 사소한 대조점들 밑에는, 근본적인 통일성이 있고, 저 대조점들을 과장하기를 즐거워하는 반면에 기본적인 하나 됨을 무시하거나 부인하는 매우 피상적인 지성들의 약점을 드러낸다. 그러나 필자가 확인한 것처럼, 현 주제에 대한 신약성경의 가르침은 구약성경의 가르침과 동일하다. "이는 각 사람이 무슨 선을 행하든지 종이나 자유하는 자나 주에게 그대로 받을 줄을 앎이니라"는 말씀은 율법과 선지자들의 울림인 동시에 요약이다(엡 6:8).

구약과 신약의 저변에 깔려있는 통일성은 "무엇이든지 전에 기록한 바는 우리의 교훈을 위하여 기록된 것"이라는 하나님의 선언에 분명하게 암시되어 있다(롬 15:4). 그러나 하나님께서 지금 백성을, 옛 백성을 다루실 때와는 철저하게 다른 원리에 따라 다루신다면 하나님께서 옛 백성을 다루신 것에서 우리가 무엇을 배울 수 있을까? 하나도 없다.

그렇다. 이런 경우라면, 구약성경을 적게 읽을수록 그만큼 더 좋을 것이라는 결론을 도출하게 될 것이다. 구약성경을 읽으면 혼란을 겪을 뿐이기 때문이다. 사실상, 하나님의 통치원리들은 하나님 그 자신처럼 불변적이다. 즉, 모든 시대에 동일하다. "의와 공평"은 하나님께서 저 배역한 천사들을 하늘에서 쫓아낼 때만큼이나, 대홍수 이전-모세보다 훨씬 오래 전 시대-의 사람들을 멸망시킬 때만큼이나 오늘날에도 참으로 하나님의 "보좌의 기초"이다(시 97:2).

하나님은 이스라엘 자녀들을 다루신 것과 엄밀하게 동일한 기초에 입각해서 지금 그리스도인들을 다루신다는 사실은 고린도전서 10:6이 명확하게 확증해준다. 이 구절에서 바울은 이스라엘 자녀들이 누렸던 특권들을 묘사하고 이들의 불신앙 때문에 광야에서 뒤엎으신 것을 묘사한 뒤에 우리를 향해, "그런 일은 우리의 거울이 되어 우리로 하여금 저희가 악을 즐겨 한 것같이 즐겨 하는 자가 되지 않게 하려 함"이라고 말한다. 즉, 옛 이스라엘 자녀들의 실패담은 우리가 마음에 새겨야할 실질적이며 엄숙한 경고들, 만일 우리가 옛 이스라엘 자녀들의 소행을 흉내 낸다면 우리에게 닥칠 심판에 대한 본보기들일 뿐이다.

그렇다. 성경은 우리에게 더 멀리 나아가라고 요구한다. 이 기독교 시대의 더 높은 복락은 우리의 책임을 줄여주지 않고 오히려 훨씬 더 늘려준다. 우리의 특권이 더 클수록 우리의 책임은 그만큼 더 커진다. "무릇 많이 받은 자에게는 많이 찾을 것"이다(눅 12:48). 마치 다섯 달란트를 받은 종이 한 달란트 혹은 두 달란트를 받은 종들보다 더 많이 내놓을 것을 요구받는 것과 같다. 우리는 "모세의 법을 폐한 자도 두세 증인을 인하여 불쌍히 여김을 받지 못하고 죽었거든 하물며 하나님 아들을 밟고 자기를 거룩하게 한 언약의 피를 부정한 것으로 여기고 은혜의 성령을 욕되게 하는 자의 당연히 받을 형벌이 얼마나 더 중하겠느냐"라고 생각해야 한다(히 10:28-29). 이 성경구절의 원리가 명확하게 가리키는 것은, 우리가 더 많은 빛을 누리는 은택을 입은 만큼 우리의 책무는 그만큼 더 커진다는 것이며 이 책무에 부응하지 못할 때 죄책은 그만큼 더 커진다는 것이다.

"그러나 사유하심이 주께 있음은 주를 경외케 하심이니이다"(시 130:4). 그렇다. "경외케" 하기 위한 것이다. 우리의 탐욕을 자유롭게 풀어주어 함부로 굴지 않도록 하기 위한 것이다. 하나님의 자비에 대한 참된 깨달음은 대담하게 죄를 범하게 만들지 않고 오히려 죄에 대한 우리의 증오심을 더 깊게 만들어줄 것이며, 죄에 맞서서 더욱 열심히 투쟁하도록 만들어줄 것이다. "참으로 하나님의 은혜를 깨달은"(골 1:6) 이들은-하나님의 은혜를 단지 이론적으로만 아는 이들과는 대조적으로-자신들의 방식에 결코 소홀하지도 그 결과에 무심하지도 않다. 오히려 자신들에게 그토록 선을 베풀어주신 하나님을 기쁘시게 하고 영화롭게 하려고 지극히 열심을 다해 노력한다.

반론 #6 우리의 교훈이 지나치게 이상주의적이며 실천 불가능하다고 불평하는 이들이 있을 것이다. 즉, 실현 불가능한 표준을 제시했다는 것이다.

답변 이들의 주장은 만일 하나님을 정말 기쁘시게 하는 우리의 일상적 삶에 좌우되는 것이라면 하나님의 가장 좋은 것을 향유하기란 우리의 현재 상태에서는 불가능하다는 것이다. 완벽한 사람은 단 한 분뿐이었으며 그리스도인 안에 육이 남아있는 동안에는 실패와 악화는 불가피하다는 사실을 우리에게 상기시켜줄 것이다. 우리는 이 퇴폐적인 시대에 기독교적 경험의 수준이 낮다는 책망에서 흠을 찾는 것에 놀라지 말자. 시온에서 편안히 거하는 이들은 양심을 들쑤시고 개탄스러운 무관심을 일깨워주도록 계획된 것을 환영하지 않는다.

그러나 우리 각자가 관계를 가져야하는 그분은 "내가 거룩하니 너희도 거룩할지어다"라고 선언하신다(벧전 1:16). 그러므로 그는 우리에게 "깨어 의를 행하고 죄를 짓지 말라"고(고전 15:34), "오직 주 예수 그리스도로 옷입고 정욕을 위하여 육신의 일을 도모하지 말라"고(롬 13:14), "저 안에 거한다 하는 자는 그의 행하시는 대로 자기도 행할지니라"고(요일 2:6) 명령하신다. 그러나 필자는 하나님의 미소를 우리가 향유하는 것은 우리가 그 표준에 실제로 도달하는 것에 좌우된다고 말한 적이 없다. 비록 그 표준에 못 미치는 어떤 것이 우리의 지속적인 목표여서는 안 되고 진지한 노력이어서도 안 되지만 말이다. 이 표준에 상대적으로 못 미치는 것과 패배의 삶 사이에는, 매일 죄를 범하는 것과 현저한 탐욕에 예속되어 있는 것 사이에는 커다란 차이가 있다.

사람이 하나님의 가장 좋은 것을 누리기 위해서는 무죄한 삶을 살지 않으면 안 된다고 필자가 말한 적이 있다면 위에 제기된 불평은 적절했을 것이다. 그러나 필자는 그렇게 말한 적이 없다. 마음이 하나님께 진실하다면, 우리의 진정한 갈망과 근면한 노력이 모든 것에서 하나님을 기쁘시게 한다면, 분명코 하나님은 우리를 인정하시고 복을 주실 것이다. 그리고 만일 우리의 의도와 노력이 실제로 이와 같다면 필연적으로, 우리는 그 표적을 명중시키지 못한 것을 슬퍼할 것이며 바로 그 사실을 즉각적으로 그리고 뉘우치며 고백할 것이다. 바로 이 점에 의해, 우리의 진정성이 진짜인지를 시험하고 입증하자. 축복의 통로를 막아버리고 그토록 많은 사람들로 하여금 하나님의 가장 좋은 것을 놓치도록 만드는 원인은 그리스도인의 죄악들이 아니라 고백하지 않은 죄악들이다.

방금 진술한 내용을, "자기의 죄를 숨기는 자는 형통치 못"할 것이라는 말씀이 명확하게 확증해준다(잠 28:13). 성도가 죄를 범하는 것은 언제나, 변명의 여지가 없으며 서글픈 것이다. 하지만 그 죄를 인정하기를 거절하는 것은 훨씬 더 나쁜 것이다. 이것이 "죄에 죄를 더하"는 것이다(사 30:1). 맞다. 반항의 정신을 분명히 드러내는 것이다. 이런 사람은 형통하기는커녕 하나님의 은총이 임하지 않도록 문을 닫는다(렘 5:24). 질병을 숨기는 것이 치료의 기회를 막는 것과 마찬가지로 죄에 대한 깨달음을 질식시키는 것, 깨달음을 머릿속에서 몰아내려고 애를 쓰는 것, 잘못된 것은 아무것도 없다고 우리 자신을 설득하는 것은 사태를 한층 더 악화시킬 뿐이다.

뉘우치는 고백자 이외의 어떤 누구도 용서받지 못한다(시 32:5, 요일 1:9). 거의 대부분의 경우에, 신자들이 하나님의 가장 좋은 것을 놓치는 가장 주된 이유는 하나님께 충실하게 해명하는 데 실패하기 때문이다. 이들은 세상이 무죄한 오점이라고 간주하고 공허한 신앙고백자들이 "사소한 결함"이라고 둘러대는 것을 꺼림칙하게 여기지 않는다. 그래서 그 결과는, 양심이 마비되고 나태가 조장되고 성령이 슬퍼하고 사탄의 득세하고 회개치 않은 죄악들이 자신을 향한 하나님의 얼굴을 가리는 것이다(사 59:2).

반론 #7 "우리의 죄를 따라 처치하지 아니하시며 우리의 죄악을 따라 갚지 아니하셨으니"라는 말씀을 읽을 때(시 103:10) 떠올릴 수 있는 의문이 하나 있다. '하나님의 백성이 자기의지와 자기만족의 방침을 추구하는 동안에 하나님께서 이 백성을 향해 불쾌한 표정을 짓는다는 당신의 주장이 어떻게 조화를 이루는가?'라는 의문이다.

답변 조화를 시켜야할 것이 아무것도 없다. 이 두 가지는 전혀 충돌하지 않기 때문이다. 시편 103:10은 현재 집행하는 하나님의 섭리적 처결들에 대해서가 아니라 회심할 때 발생하는 것 즉, 우리의 모든 형벌적 후과들을 면제하셨다는 것을 언급하고 있다. 이 점은 바로 그 다음 구절에서 명백하게 드러난다.

시편 기자는 하나님의 자비가 "하늘이 땅에서 높음 같이…크심이로다"라고 찬양한 뒤에 "동이 서에서 먼 것같이 우리 죄과를 우리에게서 멀리 옮기셨으며"라고 선언했다(11-12절). 하나님은 복음을 믿어 구원에 이르는 사람을 그 "죄악을 따라" 다루지 아니 하셨다. 왜냐하면 하나님은 그 죄인의 담보물에 입각해서 다루셨기 때문이고, 무한히 정의로운 재판장이신 하나님은 형을 두 번 집행하지 않으시기 때문이다. 그러므로 그 죄인의 불법행위에 따라 응징하는 대신에 구속자의 공로에 따라 보상하신다.

만일 시편 103:10의 의미가 이런 것이 아니라면, 우리는 성경을 충돌시켜야 한다. 그러나 이것은 우리가 항상 경계해야 하는 악이다. 시편 89:30~32은 하나님께서 불순종적인 자녀들을 그 죄악들에 따라-이 생에서, 징계의 방법으로-처결하신다는 사실을 "내가 지팡이로 저희 범과를 다스리며 채찍으로 저희 죄악을 징책하리로다"라고 명백하게 선언하여 보여준다. 그러나 103:10의 원리가 바로 여기에서도 적용된다는 매우 실질적이며 복된 의미가 있다.

왜냐하면 **첫째**, 하나님은 모든 범과를 모질고 준엄하게 낙인찍는 분이 아니기 때문이다. 만일 우리의 사랑이 뜨겁고 행실의 전반적인 방침이 하나님을 기쁘시게 한다면 하나님은 우리가 고의로 저지르지 아니한 죄악들을 간과하신다. **둘째**, 하나님은 우리가 하나님을 노엽게 할 때 즉각적으로 응징하지 않으시고 은혜롭게도, 매를 거두시기 위해 회개할 기회를 베푸신다. **셋째**, 하나님은 우리가 마땅히 받아야할 응보에 따라 충분하게 징계하시지 않으시기 때문이다. 하나님은 자신의 의를 '자비'로 조절하신다. 우리에게 매를 대실 때조차도 "자비와 긍휼"을 무한히 베푸신다. 그래서 우리는 "진멸되지 아니"한다(애 3:22). 하나님은 옛 경륜 하의 백성들을 이렇게 다루셨다. 에스라 9:8~13과 시편 130:3~8을 보라.

반론 #8 방금 지적한 것에도 불구하고 '당신의 이러한 가르침은 하나님의 괴로움을 겪는 백성들 가운데 일부에게 매우 "차가운 위로"를 줄 것 같다. 당신은 단지 욥을 위로하는 친구와 같은 역할을 할 뿐이다'라는 반론이 제기될 것이다.

답변 배교자가 "우리에게 정직한 것을 보이지 말라 부드러운 말을 하라 거짓된 것을 보이라"고 부르짖으며 항변하는 시대에 이런 반론을 들을 때 놀랄 필요가 없다(사 30:10). 이런 항변이 비록 거듭나지 않은 자들의 언어이기는 하지만 그리스도인들도 다소 실족한 상태에 있을 때는 이렇게 갈구하는 마음이 될 때가 아주 잦다. 하나님께 매를 맞을 때 사랑의 신실성보다는 동정과 연민을 갈망한다. 이런 사람들에게 가장 필요한 것은 도움 즉, 실질적 도움이다. 눈물 적시는 감상이 아니다. 쓴 변통약이 필요한 사람에게 진정제를 주는 것은 친절한 행위가 아니다. 징벌을 받는 사람에게, 하나님께서 "인생으로 고생하며 근심하게 하심이 본심이 아니시로다"라는 말씀을 상기시켜주고(애 3:33), 참된 고백에 입각하여 죄 용서를 받을 것이라고 확신시켜줄 필요가 있다.

반론 #9 '다윗이 밧세바와 우리아 사건에서 깊이 뉘우치고 통회자백하고 자신의 죄악을 진정으로 버리지 않았는가? 하지만 하나님은 다윗과 다윗의 가정을 매질하셨다'라고 이의를 제기할 수도 있다.

답변 이것은 대답하기가 훨씬 더 어려운 의문임에 분명하다. 하지만 하나님의 절대주권에서 해답을 찾아서는 안 되는 문제이다. 하나님의 주권에서 이 문제의 답을 찾는 것은 매듭을 풀려고 노력하는 것이기보다는 오히려 칼로 끊는 셈일 것이다. 다윗의 밧세바 사건은 일반적인 사례가 아닌 것이며, 다윗의 범죄는 모세의 율법은 사형을 그런 범죄라는 점은 모두에게 분명할 것이다.

게다가 다윗의 범법은 다윗이 차지하고 있는-선지자, 이스라엘의 감미로운 시편기자, 왕-지위 때문에 몹시 커졌다. 고위 공직자 신분을 가진 이들이 저지른 범죄는 동일한 범죄를 사사로운 신분의 인물들이 저지른 경우보다 훨씬 더 가증스럽고 더 무거운 후과를 초래한다. 그러므로 하나님은 다윗의 죄악을 사하셨을지라도(시 32:5) 칼이 다윗의 집에서 영영히 떠나지 아니 할 것이라고 선언하셨다(삼하 12:10). 죄책과 형벌적 결과들은 용서받았다. 그러나 그 통치적 귀결들은 남았다.

선지자 나단이 다윗에게 "이 일로 인하여 여호와의 원수로 크게 훼방할 거리를 얻게 하였으니 당신의 낳은 아이가 정녕 죽으리이다"라고 대답했다(삼하 12:14). "다윗이 그 아이를 위하여 하나님께 간구하되 금식하고 안에 들어가서 밤새도록 땅에 엎드렸"지만 소용이 없었다. 아버지의 죄 때문에 아들을 벌주셨다. 이것은 하나님은 왕이 관련된 경우든 하나님께서 사랑하시는 자가 포함된 경우든 "사람의 외모를 취하지 아니"하신다는 것을 보여줬다.

그리고 다윗의 집에서 결코 칼이 떠나지 않았다. 다윗의 아들들이 차례대로 폭력적인 종말을 맞이했다. 이스라엘 왕의 이러한 범법은 하나님에게서 일반적인 징벌을 받지 않았다. 이러한 행위들을 묵인하지 않으실 것임을 보여준다. 오히려 하나님은 범법에 대한 혐오를 드러내어 자신의 명예를 천명하신다. 이처럼 다윗의 죄악들이 초래한 통치적 귀결들은 다윗의 통회자복에 입각해서 용서를 받지 못한다는 것을, 다윗의 공적 신분에 근거해서 해명할 수 있다. 바로 이 원리에 대한 또 하나의 사례 혹은 실례를 모세와 아론의 사건에서 찾을 수 있다. 이스라엘의 지도자들인 모세와 아론은 므리바 사건에서 보여준 불신앙 때문에 가나안 땅에 들어가지 못하게 되었다(민 20:12, 24).

반론 #10 독자들이 필자가 전술한 생각들을 깊이 고찰하면서 적잖은 이들이 욥의 경험을 되새겼을 것이며 필자가 여기에서 강론한 내용과 욥의 경험이 어떻게 조화를 이룰 수 있을지 궁금하게 여겼을 것이다.

답변 명백하게도, 거룩한 족장이 겪은 엄혹한 시련을 서술한 책을 충분하게 논의하는 것은 현재 우리의 범위를 전적으로 벗어나는 일이다. 틀림없이 여기에서는 다음 네 가지 간단한 진술이면 충분할 것이다.

첫째, 욥기는 예외적이며 아주 독특한, 게다가 심오하게 신비롭기까지 한 어떤 것 즉, 사탄이 차지하고 있는 위상과 하나님께 대한 도전을 우리에게 제시한다.

둘째, 그러므로 이 맥락에서 욥의 경험에 호소하는 것은 타당하지 않다. 욥의 경험은 전적으로 미증유의 사건이었기 때문이다. 여기에 관련된 문제는 하나님께서 욥과 나눈 말다툼이 아니었다. 사탄이 거짓말 장이라는 것을 입증하는 싸움이며, 욥이 하나님을 섬기는 것은 약탈로부터 보호를 받아 얻는 이익 때문이라고 사탄이 제기한 혐의가 틀렸다는 것을 입증하는 싸움이었다.

사탄은 욥을 공격한 것이 아니라 주 하나님을 겨냥했던 것이다. 사탄은 '당신은 당신 자신의 됨됨이로는 사람의 확신과 사랑을 얻을 수 없다. 사람을 거칠게 다루고 힘들게 만들어봐라. 그러면 사람은 당신을 즐거워하지 않고 당신께 충성을 다하기는커녕 당신의 얼굴에 대고 저주를 퍼부을 것이다'라는 내용에 해당하는 말을 했다. 이런 식으로 사탄은 하나님의 탁월한 성품을 모독했고 하나님의 명예에 도전했다.

하나님은 자신을 낮춰 사탄의 도전을 받아들이셨다. 그 후속조치로, 하나님은 자신의 종 욥을 사탄의 손아귀에 넘겨주시고 사탄으로 하여금 욥의 재산과 가족과 욥 자신의 신상에 혹독하게 고통을 가하도록 허용하심으로 사탄의 혐의제기가 헛된 것임을 입증하셨다. 만일 우리가 욥기의 내용을 욥의 사랑과 신실성을 분명히 드러냄으로써 하나님의 명예를 확증하고 사탄의 고발이 거짓임을 증명하는 것이 아니라 하나님께서 욥을 죄악(혹은 "자기의") 때문에 징벌하는 것에 대한 서술이라고 생각한다면 욥기의 중심적인 주제와 목적을 놓치는 것일 뿐만 아니라 전적으로 왜곡하는 것이다. 욥은 하나님을 저주하기는커녕 "여호와의 이름이 찬송을 받으실지니이다"라고 말했고 사탄이 가장 악한 짓을 가했을 때에도 욥은 하나님이 나를 죽이실지라도 나는 하나님을 신뢰하겠다고 말했다(욥 13:15).

셋째, 주 하나님은 사탄으로 하여금 욥에게 손을 대도록 허용하시기 전에 욥에 대해 "그와 같이 순전하고 정직하여 하나님을 경외하며 악에서 떠난 자가 세상에 없느니라"고 명백하게 선언하셨다(욥 1:8). 따라서 욥의 도덕적 상태가 불확실하다고 주장할 근거는 처음부터 모두 제거된다. 욥기의 첫 부분에 이러한 단언이 포함된다는 바로 그 사실 때문에, 욥이 하나님을 불쾌하게 만드는 어떤 행위를 했다는 근거에 입각해서 하나님께서 욥을 다루신다고 결론내릴 빌미는 전적으로 제거된다. 오히려 성령은 욥을 성경 전체에 등장하는 다른 어떤 성도보다 훨씬 더 높게 평가한다.

넷째, 욥기는 끝부분에서 "여호와께서 욥의 곤경을 돌이키시고 욥에게 그전 소유보다 갑절이나 주신지라"는 말씀과 "여호와께서 욥의 모년에 복을 주사 처음 복보다 더 하게 하시니"라는 말씀을 주셨다는 사실을 명심해야 한다(욥 42:10, 12). 따라서 욥의 사례는 의인이 형통한다는, 하나님을 기쁘시게 행하는 자들에게 하나님께서 섭리적 미소를 짓는다는 우리의 논제와 갈등을 일으키거나 모순을 일으키기는커녕 바로 그 논제를 입증해주는 현격한 증거다.

반론 #11 우리의 복되신 주님께서 십자가 사건 이전에 받으신 고난은 이 맥락에서 몇몇 사람에게 어려움을 야기할 수도 있다. 주 하나님을 항상 자기 앞에 모시고(시 16:8) "나를 보내신 이가 나와 함께 하시도다 내가 항상 그의 기뻐하시는 일을 행하"는(요 8:29) 이가 있었다. 그렇다면 우리는 이 사람이 "간고를 많이 겪었으며 질고를 아는 자"(사 53:3)라는 사실과, 그가 이 세상에 태어날 때부터 죽을 때까지 시련과 환란 고난과 역경이 그의 몫이라는 사실을 어떻게 설명해야 하는가?

답변 분명코, 이것은 문제거리가 아니고 많은 해명이 요구되는 것도 아닐 것이다. 그리스도의 고난 전체는 죄 때문이었다. 그러나 그 자신의 죄 때문이 아니라 교회의 죄 때문이었다. 하나님은 무죄한 자가 고통을 받도록 허용하기를 원치 않으신다. 하물며 자신의 사랑하는 아들이 악인들의 손에서 불의하게 고통을 당하는 것은 말할 것도 없다. 베들레헴에서 갈보리에 이르기까지 그리스도는 자기 백성들의 승리의 희생제물이었고 백성들의 죄악을 짊어지고 백성들이 지은 불법들이 초래한 정당한 보응을 감수하였다는 사실을 우리가 인식할 때까지는 그리스도의 섬김의 삶 이전과 그 과정 양쪽에서 그리스도께서 경험한 부당한 처우와 모욕들을 결코 올바르게 바라보지 못한다. 그리스도는

"율법 아래" 나셨다(갈 4:4). 따라서 범법자들의 보증물로서 율법의 저주 아래에 나셨다. 그리스도께서 탄생하신 그 순간에, 하나님은 정의의 칼을 뽑으셨다. 그리고 그 칼을 아직 칼집에 꽂지 않으셨다.

반론 #12 '사도 바울의 혹독하고 연장된 고난은 뭔가?'라고 묻는 이들도 있을 것이다(고후 11:23-27).

답변 사도 바울이 겪은 고난은 욥의 고난처럼 예외적인 것도 그리스도의 고난처럼 대속적인 것도 아니었다. 정말이지. 바울이 겪은 고난은 우리로 하여금 다음과 같은 중요한 주장을 하도록 만든다. 즉, 어떤 누구도 모든 고난을 보복적인 고난이라고 간주할 수 있다고 결론 내리지 말라. 이런 결론은, 또 다른 극단으로 치우쳐서는 성도의 모든 고난은 치유적이며 정화 및 은사의 발전을 위해 기획된 것이라고 가정하는 사람들이 저지르는 실책 못지않게 실질적인 실책일 것이다. 그런데도 이런 관점은 많은 불편한 양심이 환영할만한 떡 조각을 제공해왔다. 고난이라는 주제는 일련의 여러 논고에서 다뤄진 것보다 훨씬 광범위한 주제이다. 이 광범위한 주제에서 보복적 고난이라는 것은 단 하나의 국면일 뿐이다. 인간이 겪는 고통의 문제 전체를 조직적으로 논의하다 보면 지나치게 멀리 벗어날 것이다. 하지만 몇몇 중요한 구별점들을 지적할 필요는 있다. 하나님의 주권에 속하는 고난이 있다(요 9:2-3). 하지만 이런 종류의 사례는 적다.

상속되는 고난이 있다(출 20:5). 아간의 가족 전체가 아버지의 죄 때문에 돌에 맞아 죽었다(수 7:24-25). 나아만의 나병은 게하시와 그 자녀들에게 사법적으로 부과되었다(왕하 5:7). 많은 고난은 보복적이다. 우리가 씨 뿌린 것을 개인적으로 거두는 것이다. 치유적인 것도 있고 교육적인 것도 있다(고후 4:16-17, 약 1:2-3). 하나님과 더욱 친밀한 교제를 나누기에 적합한 것도 열매를 더욱 풍성케 하려는 것도 있다. 의를 위한 고난, 복음을 위한 고난, 그리스도를 위한 고난도 있다(마 5:10-11). 이것이 사도 바울이 경험한 고난이었고, 허다한 그리스도인들이 이교도 로마의 손에 붙잡혀 사자들에게 던져져 고귀한 순교의 길을 갔을 때, 로마 교황주의자들의 손에 붙잡혀 지독하게 고문을 당하고 화형에 처해졌을 때 경험한 고난이기도 했다. 이런 고난은 만일 교황과 추기경들이 권력을 잡는다면 "셈페르 이뎀"("언제나 동일함")이 저들의 교만한 자랑거리 가운데 하나이기 때문에 오늘날에도 반복될 것이다. 그렇다면 의 때문에 받는 "환란" 혹은 핍박(요 16:33, 딤후 3:12)과, 우리 자신의 죄악들로 인해 하나님께 받는 징벌을 날카롭게 구별하지 않으면 안 된다.

이 구별에 의해 그리스도인이 지적으로 혼란을 겪을 타당한 이유가 없다. 해당 성경본문을 세심하게 살펴보면 헷갈리지 않을 것이다. 이렇게 구별하는 목적은 이러한 발상을 완벽한 것으로 만들기 위해서만이 아니라 설교자들에게 "고난"이라는 주제를 좀 더 넓은 범위에서 개략적인 윤곽을 잡아주기 위한 것이었다. 그러나 일차적인 목적은, 경계사항을 강조하기 위한 것이었다. 성도가 고통을 받는 모습을 보고 그 성도는 하나님의 가장 좋은 것을 놓쳤다거나 지은 죄가 있어서 벌을 받고 있다고 결론을 내릴 정당성이 우리에게는 전혀 없다. 비록 이런 결론이 의심의 여지없이 사실인 경우가 아주 종종 있더라도 말이다.

그러나 우리 자신의 개인적인 경험에서 볼 때, 하나님의 섭리적 미소가 더이상 우리 위에 있지 않을 때, 그리고 특별히 성령의 위로가 우리에게서 물러갔다면, 하나님께서 우리 삶 속에 있는 어떤 것에 대해 불쾌함을 드러내고 계신다고 추정하는 것이 언제나 가장 현명한 정책이다. 그러므로 우리가 어디에서 잘못을 저질렀는지를 깨닫게 해달라고 그리고 그 죄를 통회자백하고 단호하게 내버리도록 은혜를 달라고 하나님께 분명하게, 겸손하게, 열렬하게 간구해야 한다.

거의 대부분의 그리스도인들이 매우 흔하게 겪는 고난은 두 가지 형태다. 그 잘못을 범한 탓에 받는 보복적 고난이 있고, 진리 때문에 받는 명예로운 고난이 있다. 이 두 형태 가운데 어느 한 쪽 형태가 강한 경우에 다른 쪽 형태가 강한 경우는 거의 없다. 따라서 이 두 가지 형태 각각을 명확하게 식별하는 데에는 어려움이 없을 것이다. 다만 예외가 있다면, 우리 자신의 야비함 때문에 친구들이 냉담해지고 멀어지는 것을 진리 때문에 고난을 겪는다고 오판해서는 안 된다는 점이다. 실제로는 자신들의 무자비함 때문에 혹은 "남의 일을 간섭하는" 것(벧전 4:15) 때문에 책망을 당하고 외면을 당하면서도 신실함 때문에 고난을 당한다고 자랑하는 사람들이 적지 않다.

하나님과 친밀하고 겸손하게 동행하는 것, 하나님의 계명이라는 길을 타협 없이 고수하는 것은 거듭나지 못한 자들, 특히 공허한 신앙고백자들의 적대감을 자극하고 반대를 촉발시킬 것이 틀림없다. 이로써 이들의 속됨과 육욕이 정죄 받는다. 그러나 하나님과 친밀하고 겸손하게 동행하는 것, 하나님의 계명의 길을 타협 없이 고수하는 것 때문에 직면하게 되는 핍박과 환란이 어떤 것이든 그것은 특권이며 영예이다. 왜냐하면 이것은 "그리스도의 고난에 참예하는 것"(벧전 4:13)이며, 그리스도의 "이름을 위하여 능욕 받는 일에 합당한 자로 여기심을" 받으니 "기뻐"해야 할 일이다(행 5:41). 이런 유형의 고난이 없다는 것은, 인기를 잃지 않기 위해 우리 자신의 색채를 숨기고 있다는 증거다.

결론

기쁨이 담겨 있지 않는 그릇(호 8:8)과, "거룩하고 주인의 쓰심에 합당하며 모든 선한 일에 예비"된 "귀히 쓰는 그릇"(딤후 2:21)에 대한 거룩하신 하나님의 태도는 아주 다를 것이 틀림없이 자명하다. 앞의 논고에서 지적한 것처럼, 하나님의 가장 좋은 것을 받아 누린다고 해서 일상적 삶에서 악덕들과 부침이 제거되지 않고 오히려 그 악덕들과 부침이 거룩하고 복된 것들이 되도록 만들 것이다. 많은 그리스도인들이 어리석은 짓을 해서 끌어들인 환란과 고초에서 건져주기 때문이다. 청교도 카릴(Joseph Caryl, 1602~1673)은 "너희는 의인에게 복이 있으리라 말하라 그들은 그 행위의 열매를 먹을 것임이요"(사 3:10)라는 이 구절에 대해 다음과 같이 말했다.

"저들은 자신들이 행한 선(善) 때문에 혹은, 자신들이 행한 선에 따라, 선을 얻을 것이다. 만일 어떤 사람이 '그러나 선을 행하는 선한 사람들에게 나쁜 일이 일어날 수도 있지 않느냐? 주님은 언제나 그 사람의 의에 따라 보응하시는가?'라고 반론을 제기한다면 나는 다음과 같이 대답한다. 첫째, 선을 행하는 대부분의 사람들은 현재 잘 지내고 있다. 인류를 살펴보라. 그러면 전반적으로 관측되는 사실은 일반적으로 더 선하게 하는 사람들일수록 그 만큼 더 잘 산다는 것이다. 둘째, 선을 행하는 모든 사람은 최종적으로, 그리고 영원토록 잘 지낼 것이다."(제 10권, 439쪽)

마지막으로, 필자가 젊은 그리스도인들에게 거듭 촉구하는 것은 하나님께 간명하게 해명하는 습관을 기르라는 것이다. 비록 동일한 죄를 거듭 반복한다할지라도 그 죄를 지을 때마다 하나님께 즉각적으로 고백하라는 것이다. 필자가 요한일서 1:9보다 더 유익하게 사용하고 그만큼 자주 찾는 성경구절은 달리 없다. 이 지점에서의 실패는 곤란의 전조이다. 그리스도인들이 특히, 세속적 번영을 구가할 때 자신의 마음과 삶을 면밀히 살펴서 거룩한 하나님을 불쾌하게 만드는 것들을 색출하는 데 시간과 수고를 기울이지 않는 경우가 너무나 많다.

바로 이런 이유 때문에 하나님께서는 고집 센 자녀들을 세상에서 떼어놓거나, 병상에 눕히시거나 "자기의 소위를 살펴 볼" 상황에 몰아넣으실 때가 종종 있다(학 1:5). 만일 하나님의 이 조치를 거절한다면 영원한 손실을 겪을 것이다(고전 3:15). "우리 주 곧 구주 예수 그리스도의 영원한 나라에 들어감"을 은혜로 얻지만 자기 자신들의 어리석은 짓들 때문에 "넉넉히" 얻지 못하게 될 자들이 적지 않다는 것은 매우 두려워해야 할 일이다(벧후 1:11). 오호라, 필자든 독자든 주님께서 강림하실 때에 부끄럽지 않게 주님 앞에 설 수 있기를(요일 2:28). 바로 지금 우리의 영혼과 하나님 사이에 놓인 모든 것을 올바른 상태에 놓는다면 우리는 주님께서 강림하실 때 주님 앞에 부끄럽게 서게 되지 않을 것이다!

하나님의 권능을 누려라
2장 The Power of God

"하나님이 한두 번 하신 말씀을 내가 들었나니 권능은 하나님께 속하였다 하셨도다"(시 62:11)

하나님의 능력이라는 이 주제를 다룬 적이 있다. 그때 필자는 옛 창조 전반에 걸쳐 드러나는 하나님의 전능성에 주의를 집중했다. 이 장에서는 새로운 창조에서 발휘되는 하나님의 능력을 고찰하고자 한다. 에베소서 1:19에 따르면, 하나님의 백성은 새 창조에서 드러나는 능력을 옛 창조에서 드러나는 전능성보다 훨씬 늦게 감지한다. 그래서 바울은 성도들이 "그의 힘의 강력으로 역사하심을 따라 믿는 우리에게 베푸신 능력의 지극히 크심이 어떤 것을" 알 수 있게 해달라고 기도했다. 정말이지, 대단히 놀라운 기도다. 바울은 창조에서 분명히 드러나는 하나님의 능력을 가리켜 "능력과 신성"이라는 말을 언급한다(롬 1:20). 그러나 은혜와 구원의 사역을 다룰 때에는 "능력의 지극히 크심"이라고 언급한다.

하나님은 자신의 능력을 자신의 사역의 본질에 맞춰 배분하신다. 마귀들을 쫓아내실 때는 손가락을 사용하신다(눅 11:20). 이스라엘을 이집트에서 구원해내실 때에는 "손"을 사용하셨다(출 13:9). 그러나 주님께서 죄인을 구원하실 때에는 자신의 "거룩한 팔"로 승리를 획득하신다(시 98:1). 에베소서 1:19의 언어는 택자에게 미치는 하나님 은혜의 전 사역을 포괄하는 표현이라는 사실에 충분히 주의를 기울여야 한다. '~따라 믿었다'라는 것 즉, 과거에 국한되는 것이 아니다. '장차 우리 안에 역사할 능력'에 즉, 미래에 국한된 것도 아니다. 본문은 '지금 믿고 있는 우리를 향한 하나님 능력의 지극히 크심'으로 되어 있다. 이 표현은 택자들에게 빛을 비쳐주시고 죄를 깨우쳐주시는 첫 순간부터 그 택자들이 성화 및 영화에 도달할 때까지 발휘되는 하나님의 힘이 "유효적으로 작동하는 것"을 가리킨다.

지금 인류를 덮은 어둠은 심지어 "교회" 안에 있는 거의 대부분의 사람들조차도 그리스도인이 되는 것이 결코 어려운 일이 아니라고 여길 정도로 캄캄하다. 이런 사람들은 사람의 마음을 정화하는 것이 손을 씻는 것만큼이나 쉽다고 여긴다(약 4:8). 하나님의 진리의 빛을 영혼 속에 비쳐주는 것이 아침에 커튼을 걷어 햇빛이 방안에 들어오게 하는 것만큼이나 단순한 일이라고 생각한다. 마음을 악에서 선으로, 세상에서 하나님께로, 죄에서 그리스도께로 돌이키게 하는 것은 방향타의 도움으로 배의 방향을 바꾸는 것에 다름없다고 생각한다. 그리스도께서 이것은 사람이 할 수 없는 일이라고 강조적으로 말씀하셨음에도 불구하고 사람은 이런 식으로 생각한다(마 19:26).

육체의 정욕을 억누르는 것(골 3:5), 죄에 대해 매일 십자가에 못 박히는 것(눅 9:23), 온유하고 상냥한 것, 인내하고 친절한 것—한마디로 말하자면, 그리스도를 닮는 것—은 우리의 능력을 전적으로 뛰어넘는 과제이다. 우리가 도전하기를 결코 원치 않을, 혹은 도전을 했더라도 이내 포기하고 싶어질 그런 과제이다. 그러나 하나님은 자신의 힘을 우리의 약함 속에서 완성하기를 기뻐하시고 구원할 능력이 있으시다(사 63:1). 이 사실을 그만큼 더 명확하게 드러내기 위해, 하나님이 자기 백성을 구원할 때 전개하는 강력한 활동이 지닌 특색들을 고찰하겠다.

1. 중생에서

진짜 그리스도인들이 거의 깨닫지 못하는 사실이지만 하나님은 옛 창조에서보다 새로운 창조에서, 영혼을 처음 만드실 때보다 영혼을 새롭게 다듬고 그리스도의 형상에 부합시키실 때 훨씬 더 큰 능력을 발휘하신다. 죄와 의(義), 부패와 은혜, 악행과 거룩 사이의 거리는 무(無)와 유(有) 혹은 비존재와 존재 사이의 거리보다 훨씬 더 멀다. 둘 사이의 거리가 멀면 멀수록 무엇인가를 산출할 때 소용되는 힘은 그만큼 더 크다. 변화가 더 크면 기적은 그만큼 더 크다. 병든 사람을 건강한 사람으로 바꾸는 것보다 죽은 사람을 산 사람으로 바꾸는 것이 능력이 더 크게 발휘되는 것이다. 마찬가지로 불신앙을 신앙으로, 적대감을 사랑으로 바꾸는 것이 단지 무로부터 창조하는 것보다 훨씬 더 놀라운 성취다. 바울은 그리스도의 "복음은 모든 믿는 자에게 구원을 주시는 하나님의 능력이 됨이라"고 말한다(롬 1:16).

복음은 전능자가 자신의 모든 행함 가운데 가장 경이롭고 복된 것을 성취할 때 예를 들자면, 흙속을 기어 다니는 비참한 벌레를 집어 들어 "빛 가운데서 성도의 기업의 부분을 얻기에 합당하게" 만드실 때 사용하는 도구이다(골 1:12). 하나님이 흙으로 사람을 빚으실 때, 하나님이 사람을 만드신 행동에 그 흙은 아무런 기여를 하지 않았다. 하지만 그 흙속에는 하나님의 기획에 반대되는 원리가 전혀 없었다. 그러나 죄인의 마음을 하나님께로 돌리는 것에는, 하나님의 이 사역을 돕는 어떤 원리가 그 죄인에게서 나오지 않을 뿐만 아니라 죄인의 본성의 전체 힘이 단합하여 하나님 은혜의 능력을 상대로 항쟁을 벌인다. 복음을 죄인에게 제시할 때, 그 죄인의 오성은 복음의 은혜로운 내용물에 대해 완벽하게 무지할 뿐만 아니라 의지는 복음에 전적으로 완악하다. 오로지 하나님의 전능한 능력만이 육적 마음의 적대감을 극복할 수 있다. 대양(大洋)의 흐름을 바꾸는 것조차도 인간의 사악한 마음의 광포한 성향을 변화시키는 것만큼 강력한 행위가 아닐 것이다.

2. 우리의 죄를 깨우쳐주는 것에서

사람들은 "이성의 빛"을 대단히 자랑한다. "양심의 빛"을 대단히 높게 평가하는 사람들도 있다. 그러나 '이성의 빛'과 '양심의 빛'은 하나님께 속한 것을 아는 사고력을 부여하는 것에 관한한 전적으로 무가치하다. 그리스도께서 "그러므로 네게 있는 빛이 어두우면 그 어두움이 얼마나 하겠느뇨"라고 말씀하셨을 때 바로 이 엄숙한 사실을 가리켰던 것이다(마 6:33). 그렇다. 이 어두움은 정말 크다. 그래서 사람들은 "악을 선하다 하며 선을 악하다 하며 흑암으로 광명을 삼으며 광명으로 흑암을 삼으며 쓴 것으로 단 것을 삼으며 단 것으로 쓴 것을 삼는"다(사 5:20). 이 어두움은 정말 크다. 그래서 사람들은 하나님의 성령에 속한 것들을 미련한 것으로 본다(고전 2:14). 이 어두움은 정말 크다. 그래서 사람들은 영적인 것에 전적으로 무지하며(엡 4:18) 자신들의 실제 상태를 전혀 파악하지 못한다. 자연인은 이 어둠 속에서 자신을 구원해내지 못한다. 이뿐만 아니라 이러한 구원을 도무지 갈망하지도 않는다. 자연인은 영적으로 죽어 있는 상태이기에 구원받을 필요성을 전혀 의식하지 않는다.

자연인은 바로 이 무서운 상태에 빠져 있기 때문에, 성령이 실제로 중생을 일으킬 때까지는 복음을 들어도 그 복음을 영적으로 이해하는 것이 전적으로 불가능하다. 복음을 듣는 사람들의 대다수는 자신은 이미 구원받았다고, 자신은 진짜 그리스도인이라고 상상한다. 그래서 설교자가 제시하는 어떤 논증도 세상의 어떤 권능도 이런 사람들에게 실상은 정반대라고 깨우쳐주지 못한다. 이런 사람들에게 "스스로 깨끗한 자로 여기면서 오히려 그 더러운 것을 씻지 아니하는 무리가 있느니라"고 말해보라(잠 30:12). 오리의 등에 물을 한 바가지 끼얹는 정도의 인상만 줄 뿐이다. "너희도 만일 회개치 아니하면 다 이와 같이 망하리라"고 경고해보라(눅 13:3). 물보라를 뒤집어쓰는 암초만큼이나 꿈쩍도 하지 않는다. 그렇다. 이런 사람들은 자신은 회개할 것이 하나도 없다고 생각한다. 자신의 회개는 "후회할 것이 없는" 회개라고 알고 있다(고후 7:10). 이들은 자신들의 종교적 신앙고백에 대한 식견이 아주 대단히 높아서 자신들은 지옥의 위험에 처하지 않을 것이라고 생각한다. 따라서 이들의 내면에서 은혜의 강력한 이적이 일어나지 않는다면, 하나님의 능력이 이들의 자기만족을 박살내지 않는다면, 이들에게 희망이 조금도 없다.

사람이 죄를 구원적으로 깨닫는다는 것은 악취를 풍기는 샘이 달콤한 물을 내는 것보다 더 큰 기적이다. 사람이 "사람의…마음의 생각의 모든 계획이 항상 악할 뿐임"을 깨닫게 되기 위해서는, 전능한 능력이 발휘되어야 한다. 본성적으로 인간은 독립적, 자기-충분적, 자기-확신적이다. 그런 인간이 자신이 절망적임을 실감하고 인정할 때 정말 은혜의 이적이 일어난 것이다! 본성적으로 인간은 자신을 좋게 생각한다. 그런 인간이 "내 속 곧 내 육신에 선한 것이 거하지 아니하는 줄을 아노니"라고 인정할 때 정말 은혜의 이적이 일어난 것이다(롬 7:18). 본성적으로 인간은 "자기를 사랑"한다(딤후 3:2). 그런 인간이 자신을 미워할 때 정말 은혜의 이적이 일어난 것이다(욥 42:6). 본성적으로 인간은 자신이 그리스도의 복음을 옹호하고 그리스도의 대의를 보호함으로써 그리스도를 위해 애를 쓰고 있다고 생각한다. 이런 인간이 자신은 그리스도의 거룩한 임재 앞에 서기에는 전적으로 부적절하다는 사실을 발견하고, "주여 나를 떠나소서 나는 죄인이로소이다"라고 외칠 때 정말 은혜의 이적이 일어난 것이다(눅 5:8). 본성적으로 인간은 자기 자신의 능력, 성취, 재능에 대해 자부심을 갖는다. 그런 인간이 "또한 모든 것을 해로 여김은 내 주 그리스도 예수를 아는 지식이 가장 고상함을 인함이라 내가 그를 위하여 모든 것을 잃어버리고 배설물로 여김은…"이라고 진실로 선언할 수 있을 때 정말 은혜의 이적이 일어난 것이다.

3. 마귀를 쫓아내는 것에서

"온 세상은 악한 자 안에 처한 것이며"(요일 5:19), 미혹당하고 속박당하고 절망적이다. 복음의 기사들을 훑어보고 귀신들린 여러 사람들에 대해 읽어볼 때 저 불행한 피해자들이 불쌍하다는 생각이 일어난다. 구원자가 이 비참한 피조물들을 구원하는 모습을 목도할 때 우리는 경탄과 기쁨으로 충만해진다. 그러나 그리스도인 독자는 우리도 과거에 바로 저 무서운 곤경에 빠져 있었다고 깨닫는가? 우리는 회심하기 전에는 사탄의 종이었다. 사탄은 우리 안에서 자신의 뜻을 이루었다(엡 2:2). 그래서 우리는 "공중의 권세 잡은 자를 따라" 행했다. 우리 자신을 구원할 어떤 능력이 우리에게 있었는가? 내리는 비를 그치게 하거나 부는 바람을 멈추게 할 능력도 없다. 사탄의 권세로부터 자신을 구원하지 못하는 무기력에 대한 묘사를 그리스도께서 누가복음 11:21에서 "강한 자가 무장을 하고 자기 집을 지킬 때에는 그 소유가 안전하되"라는 비유로 제시한다. 여기에서 "강한 자"는 사탄이고, 그의 "소유"는 무기력한 포로들이다.

주의 이름을 찬양하라. 하나님의 아들이 "마귀의 일을 멸하려"고 나타나셨다(요일 3:8). 이 모습 또한 그리스도께서 누가복음 11장의 바로 그 비유에서 "더 강한 자가 와서 저를 이길 때에는 저의 믿던 무장을 빼앗고 저의 재물을 나누느니라"는 말로 나타냈다(22절). 그리스도는 사탄보다 더 강력하다. 그리스도는 자신의 권능의 날에 사탄을 이기고(시 110:3), 사탄에게 "포로 된 자에게 자유를" 주신다(사 61:1). 계속해서 그리스도는 주의 성령에 의해 임하여 "눌린 자를 자유케" 하신다(눅 4:18). 그러므로 성경은 하나님에 대해 "우리를 흑암의 권세에서 건져내사" 즉, 다른 어떤 방법으로도 자신의 먹잇감을 내놓지 않을 권세에서 우리를 뽑아내거나 낚아채서 "그의 사랑의 아들의 나라로 옮기"신 분이라 말한다(골 1:13).

4. 회개를 만들어내는 것에서

사람은 그리스도 없이는 회개할 수 없다. 베드로와 사도들은 그리스도에 대해, "이스라엘로 회개케 하사 죄 사함을 얻게 하시려고 그를 오른손으로 높이사 임금과 구주를 삼으셨느니라"고 증거했다(행 5:31). 이 증언에 따르면, 그리스도는 "임금" 자격으로 회개를 주셨다. 그러므로 그리스도의 신복들 즉, 그리스도의 나라에 있어 그리스도의 통치를 받는 이들에게만 회개를 주셨다. 다른 어떤 것도 사람을 회개로 이끌지 못한다. 그리스도의 중생케 하는 능력 이외에는 없다. 그리스도는 이 능력을 하나님의 우편에서 발휘한다. 회개의 행위는 죄를 미워하는 것, 죄를 슬퍼하는 것, 죄를 버리겠다고 결단하는 것, 죄를 찾아내 죽이겠다고 열정적이며 지속적으로 노력하는 것이다. 그러나 죄는 그리스도 밖에 있는 사람이 초월적으로 사랑하고 좋아하는 것이다. 그래서 무한한 능력 이외의 어떤 것도 방금 언급한 이 행위들을 행하도록 만들지 못한다. 거듭나지 않은 영혼에게 죄는 하늘과 땅에 있는 다른 어떤 것보다 더 보배로운 것이다. 자유보다 더 소중한 것이다. 왜냐하면 거듭나지 않은 영혼은 죄에 전적으로 굴복하고 죄의 종복이 되기 때문이다. 거듭나지 않은 영혼은 건강, 힘, 시간, 혹은 부보다 죄를 더 소중하게 여긴다. 사람은 죄악을 상실하려들까? 아니면, 자신의 영혼을 상실하려 들까? 100명 가운데 99명은 후자를 택하고 그 때문에 자신의 영혼을 상실한다.

죄는 인간의 자아이다. "나"는 "죄"의 중심 문자인 것처럼 죄가 자아의 중심, 동력, 생명 바로 그것이다. 그러므로 그리스도께서 "아무든지 나를 따라 오려거든 자기를 부인하고…"라고 말씀하셨다(마 16:24). 사람은 자기 자신의 자아를 사랑한다(딤후 3:2). 그런데 이 말씀은 사람의 마음은 죄와 결혼했다고 말하는 셈이다. 사람은 불법을 물처럼 마신다(욥 15:16). 사람은 죄 없이는 존재하지 못한다. 항상 죄를 목말라 한다. 죄를 들이켜 채우지 않으면 안 된다. 지금, 사람은 죄를 이렇게 맹목적으로 사랑하는데 도대체 무엇이 죄를 즐거워하는 마음을 슬퍼하는 마음으로, 죄에 대한 사랑을 혐오로 바꿔줄 것인가? 전능한 능력 이외에는 없다.

그렇다면 여기에서 우리가 주목해야할 것은, 자신이 회개하고자 마음먹을 때는 언제든지 회개할 수 있다는 망상을 품고 있는 사람들의 어리석음이다. 복음적 회개는 피조물이 마음대로 주물러댈 수 있는 것이 아니기 때문이다. 하나님의 선물이다. "혹 하나님이 저희에게 회개함을 주사 진리를 알게 하실까" 하는 바울의 말처럼 말이다(딤후 2:25). 그렇다면 회개를 위한 노력을 죽음에 직면할 때까지 미뤄도 된다고 수많은 사람을 설득하는 것은 얼마나 정신나간 짓인가? 자신의 몸을 더 이상 뒤척이지 못할 정도로 약해졌을 때 자신의 영혼을 죄로부터 돌이킬 힘이 있을 것이라고 상상하는가? 그렇다면 하나님께서 구원의 회개를 우리 안에 일으키셨다면 우리는 하나님께 놀라운 찬양을 드려야 마땅하다.

5. 하나님의 백성 안에 믿음을 일으키는 것에서

그리스도를 믿어 구원을 받는 믿음은 대단히 많은 사람들이 헛되이 상상하는 그런 단순한 문제가 아니다. 주 예수를 믿는 것이 카이사르 혹은 나폴레옹을 믿는 것만큼이나 단순하다고 가정하는 이들이 허다하게 많다. 비극적인 것은, 수많은 설교자들이 이 거짓말을 진작시키고 있다는 사실이다. 그리스도를 자연적인, 역사적인, 지적인 방식으로 믿는 것은 쉽다. 그러나 영적이며 구원에 이르게 하는 방식으로 믿는 것은 그렇게 쉽지 않다. 나는 과거의 모든 영웅을 믿을 수도 있다. 그러나 이런 믿음은 내 삶에 어떤 변화도 일으키지 않는다. 나는 조지 워싱턴의 역사성에 대해 흔들림 없는 확신을 가질 수도 있다. 그러나 조지 워싱턴에 대한 나의 믿음은 세상에 대한 나의 사랑을 줄여주는가? 그리고 육체에 의해 손상된 의복조차도 미워하게 만드는가? 그리스도를 믿되 초자연적이며 구원적인 믿음은 삶을 정화해준다. 이런 믿음은 손쉽게 획득되는 것인가? 아니다. 정말 아니다! "너희가 서로 영광을 취하고 유일하신 하나님께로부터 오는 영광은 구하지 아니하니 어찌 나를 믿을 수 있느냐"라고 하신 그리스도의 말씀에 주목하라(요 5:44). 그리스도는 저희가 믿을 수 없었다는 말씀도 하셨다(요 12:39).

그리스도를 믿는다는 것은 그리스도를, 하나님께서 우리에게 제시하신 혹은 제공하신 대로 받아들이는 것이다(요 1:12). 자, 하나님은 우리에게 그리스도를 제사장일 뿐만 아니라 왕으로, 구원자일 뿐만 아니라 "임금"으로 제시하신다(행 5:31). "임금"이라는 단어가 "구원자"라는 단어 앞에 나온다는 점에 주목하라. 그리스도의 멍에를 메는 것이 우리 마음이 쉼을 얻는 것보다 앞에 있다(마 11:29). 사람들은 그리스도께서 자신들을 구원해주시는 것만큼 통치해주시기를 원하고 있는가? 죄용서를 구하는 것만큼 정결을 간절하게 구하는가? 지옥의 불구덩이로부터 구원받는 것만큼 죄의 권세로부터 구원받기를 열망하는가? 천국을 갈망하는 것만큼 거룩을 갈망하는가? 죄가 야기하는 죄책과 저주 때문에 슬퍼하는 것만큼 죄의 불결 때문에 슬퍼하는가? 하나님께서 그리스도를 우리에게 제공하실 때 하나로 묶어놓으신 것을 헤치는 사람은 그리스도를 결코 영접하지 않은 사람이다.

믿음은 하나님의 선물이다(엡 2:8-9). "하나님의 역사"에 의해 택자들 속에 만들어지는 것이다(골 2:12). 죄인을 불신앙에서 그리스도를 구원적으로 믿는 믿음으로 옮기는 것은 하나님께서 그리스도를 죽음에서 일으키신 것만큼이나 대단한 기적이며 경이로운 기적이다(엡 1:19-20). 불신앙은, 하나님의 구원의 도리에 대한 잘못된 개념을 갖는 것 그 이상이다. 훨씬 뛰어넘는 것이다. 불신앙은 하나님에 대한 일종의 증오이다. 그래서 그리스도를 믿는 믿음은 성경에서 그리스도에 대해 언급된 모든 것에 대해 지성이 동의하는 것을 훨씬 뛰어넘는다.

지적 동의는 마귀들도 한다(약 2:19). 그러나 이런 믿음은 마귀들을 구원해주지 않는다. 구원의 믿음은, 확신의 다른 모든 대상을 내가 하나님께 받아들여진다는 근거로 붙들기를 단념하는 것이다. 그 뿐만 아니라 나의 애정을 얻기 위해 하나님과 경합을 벌이는 다른 모든 것을 단념하는 것이다. 구원의 믿음은 그리스도의 계명을 준행함으로써 입증된(요 14:23) 그런 "사랑으로 역사하는" 것이다(갈 5:6). 그러나 본성적으로 모든 사람은 그리스도의 계명을 미워한다. 그러므로 그리스도께 헌신적이고 그리스도를 자신의 자아보다 그리고 세상보다 높이는 믿음의 마음이 있는 것은, 영혼 속에서 은혜의 강력한 이적이 일어난 경우이다.

6. 죄용서에 대한 지각을 전달하는 것에서

영혼이 "전능자의 화살"에 심하게 상처를 입었을 때(욥 6:4), 거룩한 삼위일체 하나님의 형언할 수 없는 빛이 우리의 어두운 마음에 비춰 들어와 우리의 말할 수 없는 더러움과 부패를 드러냈을 때, 우리의 무수한 불법행위들이 우리를 정면으로 응시하여 마침내 유죄선고를 받은 죄인이 자신은 오직 지옥에 던져져야 마땅할 뿐이라는 사실을 깨닫게 되었을 때, 자신은 도저히 용서받을 수 없을 정도로 죄를 지어 하나님의 분노를 크게 촉발했다고 느끼게 되었을 때(그리고 나의 독자들이여, 그대들이 이러한 경험들을 겪지 않았다면 그대들은 결코 거듭나지 않았다), 그럴 때 오직 하나님의 능력만이 그 영혼을 비참한 절망에서 꺼내줄 수 있고 그 영혼 속에 자비의 소망을 창조해줄 수 있다. 고통에 시달린 죄인을 그토록 공포에 떨게 만든 저 어두운 물 위로 건져 올리는 것, 이집트의 어두움보다 더 심한 것으로 가득 찬 마음속에 깨달음의 빛과 더불어 위로의 빛을 비춰주는 것, 이것은 전능한 행위이다. 하나님께서 상하게 하신 마음을 치유해줄 수 있고, 내면의 맹렬한 광풍을 잠재울 수 있는 존재는 오직 하나님뿐이다.

사람은 므두셀라만큼 나이가 들 때까지 하나님의 약속들을 헤아리고 평화에 대해 논의할 수도 있다. 하지만 그래봐야 하나님의 손이 "길르앗의 향유"를 부어줄 때까지 아무 소용이 없다. 죄인이 하나님의 법을 두려워하고 죄를 일깨우는 성령의 공격을 받아 괴로움에 몸부림치고 있을 때는 하나님의 위로의 말씀을 자신에게 적용하지 못한다. 이것은 공동묘지에 안치된 썩어가는 시체들을 그 죄인이 부활시키지 못하는 것과 마찬가지다. 구원의 기쁨을 회복하는 것은 "정한 마음을 창조"하는 것과 대등한 주권적 능력의 행동이라는 것이 다윗의 판단이다(시 51:10). 의사들이 시체를 회생시키는 약을 만들지 못하는 것처럼 신학박사들을 모조리 모아도 상처 입은 영혼을 치유하지 못한다. 맹렬하게 요동치는 양심을 가라앉히는 것은 구세주께서 돌풍과 격랑을 잠잠케 하신 것보다 더 강력한 성취이다. 물론 이런 경험을 전혀 겪어보지 못한 사람이 이 사건의 진실성을 인정할 것이라고 예상하지 못할지라도 말이다. 오직 무한한 능력만이 죄책을 제거할 수 있는 것처럼 오직 무한한 능력만이 죄에 대한 절망감을 제거할 수 있다.

7. 영혼을 실제로 회개시키는 것에서

선지자가 "구스인이 그 피부를, 표범이 그 반점을 변할 수 있느뇨"라고 물었다(렘 13:23). 불가능하다. 비록 그 구스인이 전신을 다른 색으로 칠하거나 덮을 수는 있겠지만 실제로는 불가능하다. 그리스도 밖에 있는 사람이 죄의 외적 행위들을 그렇게 억제할 수는 있겠지만 죄의 내적 원리를 죽이지 못한다. 물을 포도주로 바꾸는 것은 정말이지 기적사건이다. 그러나 불을 물로 바꾸는 것은 더 큰 기적이다. 흙으로 사람을 창조하는 것은 하나님의 능력이 일으킨 사건이었다. 그러나 죄인을 재창조하여 성도(聖徒)가 되게 하는 것은 사자를 양으로 바꾸는 것이며, 원수를 친구로 바꾸고 증오를 녹여 사랑으로 바꾸는 것은 전능자의 훨씬 더 큰 이적이다. 회심이라는 이적은 성령이 복음을 통해 맺은 결과물인데 바울은 다음과 같이 묘사한다.

> "우리의 싸우는 병기(즉, 설교자)는 육체에 속한 것이 아니요 오직 하나님 앞에서 견고한 진을 파하는 강력이라 모든 이론을 파하며 하나님 아는 것을 대적하여 높아진 것을 다 파하고 모든 생각을 사로잡아 그리스도에게 복종케 하니"(고후 10:4-5)

이 말씀에 대해 스테판 차녹(1628~1680)이 다음과 같이 잘 설명했다.

> "사람에게서 자아존중과 자기충분성을 박탈하는 것, 자기 자신만큼 소중하게 여기는 죄를 위한 자리밖에 없는 마음속에 하나님을 위한 자리를 마련하는 것, 본성의 교만을 팽개치는 것, 억센 상상력을 십자가 앞에 굽히는 것, 자기를 진보시킬 기획들을 하나님께 영광을 돌리겠다는 열정과 하나님을 명예롭게 하겠다는 압도적인 기획 아래에 가라앉히는 것, 이런 것은 성령의 검을 휘두르는 편 팔 이외의 어떤 것에도 돌릴 수 없는 것이다. 과거에는 하나님에 대한 경멸로 가득 차 있던 마음을 하나님에 대한 경외로 채우는 것, 하나님의 능력을 지각하고 하나님의 영광을 목도하고 하나님의 지혜로운 생각들을 찬양하는 것, 자신을 많은 감각적 쾌락에 빠뜨렸던 체질적인 욕망들을 증오하는 것, 그 욕망들을 혐오하는 것, 구속자에 대한 믿음과 순종으로 말미암아 사는 것, 전에는 사탄과 자아의 통치를 그토록 진정으로 받아들였던 죄인이 이렇게 되는 것은 '만물을 자기에게 복종케 하실 수 있는' 무한한 능력의 위풍당당한 행위이다."

8. 자기 백성을 보존하는 것에서

사도 베드로가 "너희가 말세에 나타내기로 예비하신 구원을 얻기 위하여 믿음으로 말미암아 하나님의 능력으로 보호하심을 입었나니"라고 말했다(벧전 1:5). 그런데 무엇으로부터 보호받는 것인가? 죽을 운명을 지닌 어떤 인간이 충분한 답변을 내놓을 수 있을까? 우리 주제의 이 측면에 하나의 절 전체를 할애하더라도 유익할 것이다. 우리 안에 지속적으로 거주하는 죄의 지배로부터 보호받는 것이다. 세상의 꼬드김을 받아 좁은 길을 버리지 않도록 보호받는 것이다. 사방팔방에서 수많은 사람을 올무로 사로잡는 끔찍한 이단설로부터 보호받는 것이다. 우리의 멸망을 항상 추구하는 사탄에게 압도되지 않도록 보호받는 것이다. 살아계신 하나님을 떠나 믿음에 파선한 자가 되지 않도록 보호받는 것이다. 하나님의 은혜를 방종거리로 바꾸지 않도록 보호받는 것이다. 비록 우리 안에 있는 불이 연약하더라도 보이지 않는 하나님을 보는 것처럼 하여 견딜 수 있기를. 이것이 주의 행함이고, 주의 행함은 우리 눈에 기이한 것이다.

죄는, 그 어떤 신하도 저항하지 못하는 강력한 군주이다. 아담이 무죄상태에 있던 동안에는 타락 이후에의 다른 어떤 경우에서보다 죄에 더 강력하게 저항할 수 있었다. 죄는 타락한 피조물의 내부에서 동맹을 체결하여, 그 피조물을 외부로부터의 유혹에 빠뜨릴 준비를 항상 하고 있다. 그러나 죄는 아담보다 이런 식으로 유리한 위치에 있지 않았다. 그럼에도 불구하고 죄는 아담을 압도했다. 타락한 천사들은 죄를 견뎌내는 능력에 있어서 아담보다 더 나았다. 더 탁월한 본성을 가지고 있었고 하나님께 더 가까이 있었다. 하지만 죄가 그 천사들을 압도했고 천국에서 지옥으로 처넣었다. 그렇다면 죄를 억누르기 위해서는 정말 강력한 권능이 필요하다. "사로잡힌 자를 사로잡"는 그분만이 자기 백성을 정복자들보다 크게 만드실 수 있다(시 68:18, 엡 4:8). 차녹이 다음과 같이 말했다.

> "하나님의 섭리는 하나님의 능력이 계속된 창조에서 드러난 것이다. 마찬가지로 은혜의 보존은 하나님의 능력이 계속된 중생에서 드러난 것이다. 하나님의 힘이 유혹의 폭력성을 약화시키고 바로잡는다. 하나님의 지팡이가 하나님의 백성을 밑에서 지탱해준다. 하나님의 능력이 사탄의 권세를 깨뜨린다. 내주(內住)하는 부패의 반발작용, 영의 숨결에 대한 육의 거리낌, 감각기관들의 오류와 지성의 방황은 은혜를 질식시키고 꺼뜨려버릴 것이다. 먼저 은혜를 불어넣은, 전적으로 강력한 폭발이 은혜를 지탱해주지 않는다면 말이다. 능력은 심는 데에서만이 아니라 완성하는 데에서도 나타난다(벧후 1:3). 능력은 믿음의 말씀을 접붙이는 데에서만이 아니라 믿음의 역사를 성취하는 데에서도 나타난다(살후 1:11)."

하나님이 이 세상에서 자기 백성을 지키심으로써 하나님의 능력이 영화롭게 된다. 내면에서 나오는 대단히 많은 부패와 외부에서 들어오는 대단히 많은 유혹으로부터 하나님이 자기 백성을 지키는 것은 하나님의 형언할 수 없는 능력을, 자기 백성이 믿음을 갖는 즉시 천국으로 옮겨놓는 경우보다 더 크게 높여준다. 고통과 슬픔의 세상에서, 하나님이 자기 백성을 그토록 많은 쓰라린 시험, 시련, 충돌, 실망, 그리스도 안에 있는 친구들 및 형제라고 하는 이들의 배반의 와중에서 보존하여 믿음을 견지하게 만든다는 것은 태풍이 몰아치고 있을 때 바람막이 없이 촛

불을 들고 개활지를 똑바로 건너가는 데 성공하는 경우보다 무한히 더 경이로운 것이다. 필자는 만일 전능한 은혜가 없었더라면 복음을 전하는 설교자인 척하는 사람들로부터 받았던 대접의 결과로 이미 오래 전에 불신자가 되었을 것이라고 하나님의 영광을 위해 증언한다. 그렇다. 하나님이 자신의 미약한 백성에게 힘을 공급해주시고 "시작할 때에 확실한 것을 끝까지 견고히" 붙잡아주시는 것(히 3:14)은 대양(大洋)의 한가운데서 불이 계속해서 타오르도록 만드는 경우보다 더 경이로운 것이다.

하나님의 능력을 깊이 고찰하면 하나님에 대한 우리의 확신과 신뢰가 정말 더 깊어질 것이다. 이사야가 "너희는 여호와를 영원히 의뢰하라 주 여호와는 영원한 반석이심이로다"라고 말했다(사 26:4). 하나님의 능력이 아브라함이 가졌던 확신의 기초였고(히 11:19), 바벨론에 있던 세 히브리 청년이 가졌던 확신의 기초였고(단 3:17), 그리스도가 가졌던 확신의 기초였다(히 5:7). 하나님은 모든 은혜를 우리에게 넘치게 하실 수 있는 분이라는 사실을 지속적으로 명심해야 한다(고후 9:8). 믿음이 하나님의 충분성을 전유하는 것만큼 우리의 마음을 잔잔하게 하고 우리의 두려움을 가라앉히고 우리를 평화로 채워줄 만한 것이 없다. "하나님이 우리를 위하시면 누가 우리를 대적"할 수 있는가?(롬 8:31) 하나님의 형언할 수 없는 약속은 "두려워 말라 내가 너와 함께 함이니라 놀라지 말라 나는 네 하나님이 됨이니라 내가 너를 굳세게 하리라 참으로 너를 도와 주리라 참으로 나의 의로운 오른손으로 너를 붙들리라" 하신 것이다(사 41:10). 민족을 배 한 척 없이 홍해를 건네 주고 떡도 물도 없는 사막을 40년 동안 다니게 하신 하나님은 아직 살아계시며 통치하신다.

사적 판단의 권리, 양심의 자유를 누려라
Private Judgment 3장

"나는 지혜 있는 자들에게 말함과 같이 하노니 너희는 내 이르는 말을 스스로 판단하라"(고전 10:15)

본 장에서 필자는 각 개인이 자신의 이성, 양심, 의지를 특히 자신의 영혼에 관련한 문제들에서 자유롭게 발휘할 권리, 필요성, 의무를 다루겠다. 누구든 정치적, 도덕적, 영적 사안에 대해 스스로 생각하고 자신의 생각을 표명하거나 주장하고 그 때문에 여하한 시민적 혹은 교회적 형벌이나 불편을 당하지 않을 권리를 갖는다. 역으로, 어떤 누구도 타인들에게 자신의 생각을 강요하고 승복을 요구할 권리를 갖지 않는다. 마찬가지로, 자신의 생각을 퍼뜨려 공적 평화를 어지럽힐 권리를 갖지 않는다. 이것은 오늘날 선포하고 강조할 필요가 있는 진리이다. 이 진리를 확고하게 견지하는 것에 대해 폭넓게 퍼진 반감 때문이다. 게다가 영어권 주민들이 값비싼 댓가를 치르고 얻어 대단히 오랫동안 향유한 자유가 오늘날 날치기 당할 위험에 처했기 때문이다. 한편에서는, 주민들의 생각과 몸을 기계에 불과한 것으로 다루는 "전체주의"라고 불리는 것이 지속적으로 성장하고 있다. 다른 편에서는, 그 구성원들의 영혼을 냉혹하고 무자비한 폭정의 노예로 삼는 로마의 권력과 오만이 급속하게 커지고 있다.

개인의 자유에 대해 글을 씀에 있어서 필자는, 분파정치의 기미가 있는 것을 가능한 피하고자 한다. 하지만 현재 다루는 주제의 범위가 시민적 자유의 권리에 대해 최소한 몇 마디라도 언급할 것을 요구하기 때문에 필자는 인간의 통치에 속하는 것을 전적으로 피할 수 없다. 그러나 필자의 개인적인 관점을 주창하는 대신에 모든 국가들과 모든 시대에 적용할 수 있는 폭넓고 일반적인 원리들만을 다루고 이에 대해 성경이 가르치는 바로 그것에 국한하겠다.

국가의 존립목적 : 국민 전체의 복지 증진

하나님은 자신의 백성들을 혹은, 심지어 인간들 전체를, 자신들의 시민적 및 영적 의무들과 특권들에 대한 명확한 교훈 없이 내버려두지 않으셨다. 우리 각자는 그 교훈에 의해 배우고 규율을 잡아야 마땅하다. 폭넓게 말하자면, 국가의 목적은 국민 전체의 복지를 증진하는 것이며 각 개인이 자신의 현세적 권리를 향유하도록 보호하는 것이다. 그러나 국민의 종교를 규정하는 것은 전적으로 국가의 영역 밖의 것이다. 시민정부의 통치자이든 교회의 통치자이든 오직 위임받은 권력만 가질 뿐이며, 자신의 직무 및 의무를 이행하는 데 필요한 만큼의 권력을 맡긴 그 공동체의 대리인이며 종복이다.

인간의 어떤 정부도 완벽하지 않다. 특정한 통치형태의 입법부가 어리석게 작동하고 행정부가 제멋대로 작동하고 있는 것처럼 보이기도 한다. 그러므로 '기독교인 시민은 잘못된 통치체제 하에서 어떻게 행동해야 하는가?'라는 의문이 발생한다. **첫째**, 하나님의 말씀은 그 자체들에는 죄가 없는 법규들 전체에 대한 충분한 복종 및 순종을 그 개인에게 요구한다. 정부는 개인의 선택사항이기 때문이거나 정부의 정책은 개인의 승인을 받는 것이기 때문이거나 한 것이 아니다. 하나님 자신이 "권세는 하나님께로 나지 않음이 없나니 모든 권세는 다 하나님의 정하신 바라 그러므로 권세를 거스리는 자는 하나님의 명을 거스림이니," "각 사람은 위에 있는 권세들에게 굴복하라"고 명령하셨기 때문이다(롬 13:1-2). 어떤 특정한 형태를 가진 것이든 간에 정부는 하나님의 다스림에 속한 것이며, 하나님의 섭리가 우리를 그 정부의 다스림을 받게 하신 것이다. 이것 역시 그리스도의 가르침과 개인적인 모범에서 분명히 드러난다. 그리스도는 "가이사의 것은 가이사에게…바치라"고 말씀하셨다(마 22:21). 그러나 **둘째**, 만일 정부가 하나님의 계시된 의지에 반하는 것에 대해 순응할 것을 내게 요구한다면 순종을 거부하는 것은 내게 주어진 본분이다. 하지만 이런 경우에 하나님은 순응하기를 거절한 탓에 내게 부과되는 형벌에는 온유하게 승복할 것을 내게 요구하신다.

하나님의 자녀가 정부의 명령이 하나님의 뜻에 반하는 것을 명령할 때 그 명령을 반드시 거절해야 한다는 사실은 세 히브리 청년(단 3:18), 그리고 바빌론에서의 다니엘(5:10-13) 사례에서 명확하게 드러난다. 이들은 왕의 우상숭배적 요구에 순응하기를 단호하게 거절했다. 사도들의 사례에서도 마찬가지로 명확하게 드러난다. 사도들은 "도무지 예수의 이름으로 말하지도 말고 가르치지도 말라"는 당국의 명령을 받자 "하나님 앞에서 너희 말 듣는 것이 하나님 말씀 듣는 것보다 옳은가 판단하라"고 대답했다(행 4:18-19; 비교 5:29). 하지만 특히 주목할 점은, 자신들의 영적 권리를 주장하면서도 어떤 경우에도 폭력에 의존하여 최고 행정권자에 맞서서 자신을 정당화하거나 명분을 세우지 않았다. 확고하게 명심해야할 점은, 무능하거나 부당한 정부가 그나마 정부가 없는 것보다는 낫다는 사실이다. 역사가 명확하게 그리고 비극적으로 입증하는 것처럼, 유일하게 다른 대안은 무정부상태이며 공포통치이다. 프랑스 대혁명 때에 파리에서 자행된 공포들이 그 증거다. 당시에 파리의 거리들은 문자 그대로 유혈이 낭자했다. 좀 더 최근에는, 러시아에서 짜르 정권이 전복되었을 때 대량학살과 재난이 발생한 것이 그 증거다. "선을 행함으로 고난 받는 것이 하나님의 뜻일진대 악을 행함으로 고난 받는 것보다 나으니라"(벧전 3:17).

최종판단권은 시민 자신에게 있다

이제 '정부의 어떤 법령들이 죄악된 것인지를 누가 판단할 수 있는가?'라는 질문을 고찰할 차례다. 분명코, 최종적으로는, 시민 그 자신이다. 이것은 지상의 법이 요구하는 것을 하나님의 법에 의거해서 검증한다는, 사적 판단의 권리라는 성경적이며 개신교적인 교리이다. 하나님의 엄연한 말씀은, 하나님이 금지하신 혹은, 도덕적으로 잘못된 것을 행하지 말라고 내게 명령한다. 만일 어떤 형태의 정부가 그 자체에 대한 절대적인 판단권한을 가진다고 주장한다면 개인의 독립성과 자유는 거기에서 끝장이다.

모든 이성적 존재는 하나님께 대한 도덕적 책무들을 진다. 직접적이며 불가피한 책무들이다. 어떤 정부도 어떤 인간 피조물도 양심의 문제에서 하나님 앞에서 자신을 책임지지도 못하고 자신과 자신의 죄책을 갈라놓지도 못한다. 그러므로 하나님의 권세 이외의 어떤 권세가 양심에게 명령을 내리는 것은 가장 기괴한 부정의이며 불법이다. 위험한 교리라고 말할 수도 있다. 무질서와 폭동으로 이어질 것 같다고 말할 수도 있다. 그 두 부분-하나님 말씀이 금지하는 것을 요구받을 때만 정부의 그 요구를 거절할 권리와, 이에 대한 형벌을 온순하게 받아들일 의무-을 견지하는 곳에서는 그렇게 되지 않을 것이다. 후자가 전자의 남용을 견제할 것이다.

스스로 생각하고 판단할 권리는 양도불가능한 것이다

상상할 수 있는 어떤 경우에도 스스로 생각하고 결정할 권리를 양도해서는 안 된다. 이성, 의지, 양심은 하나님의 선물이다. 그리고 하나님은 이성과 의지와 양심을 올바로 사용할 책임을 그 당사자에게 지우신다. 만일 사람이 자신의 달란트들을 땅속에 파묻는다면 하나님은 그 사람을 정죄하실 것이다. 그러나 하나님의 은총들 가운데 다른 많은 달란트들의 경우처럼, 이 달란트를 그 진정한 가치에 따라 평가하지 않는다면 비록 전적으로 빼앗기지는 않더라도 곧 전혀 상을 받지 못하게 되고 "어두운 시대"의 속박으로 되돌아갈 수도 있다.

수 백 년에 걸쳐, 심지어 영국에서도, 시민적 자유와 영적 문제들에 대한 사적 판단의 권리가 국가와 교회 양쪽에 의해, 국민 위에 군림하는 정치가들과 주교들에 의해 대중들에게서 부정되었다는 사실을 비록 전체는 아닐지라도 현 세대의 거의 대다수가 대체로 깨닫지 못하고 있다. 전제적 통치권력은 쉽게 혹은 신속하게 파괴되지 않았다. 많은 고통과 오랜 투쟁을 치른 뒤에야 충분한 자유가 확보되었다. 오호라! 이처럼 비싼 값을 치르고 힘들게 얻는 특권을 지금은 하찮게 여기고 다시금 상실할 실제적인 위험에 처해 있다니! 거의 2백 년 전에 토플레디 (Toplady)가 "독재는 채워지지 않는 심연임이 늘 입증되었다. 그 속으로 제아무리 많이 던져 넣더라도 여전히 더 많은 것을 갈구할 것이다"라고 지적했다. 그 다음에 "만일 영어권의 어떤 지역에서 자유가 무너진다면 곧 영어권 전체가 독재권력의 검은 바다에 수몰될 것이다"라는 말을 덧붙였다.

종교개혁이 추구한 세 원리 가운데 하나인 사적 판단의 원리

그러나 이제 필자는 우리의 주제 가운데, 하나님의 자녀 및 그 영적 이해관계에 더욱 특별한 관계를 갖는 부분을 다뤄야 한다. 종교개혁의 투쟁이 기독교 세계를 위해 회복한 세 개의 기본진리가 있다. 그 **첫째**는 성경의 충분성 및 수위성이다. **둘째**는 사적 판단의 권리이다. **셋째**는 율법의 행위 없이 믿음으로 의롭다함을 얻는다는 것이다. 교황주의는 이 세 기본진리 각각을 단호하게 부인했다. 교황측은 인간의 "전통"은 하나님의 말씀과 동등한 권위를 갖는다고, 오직 로마교회만이 성경을 설명하거나 그 내용을 해석할 자격을 갖는다고, 인간의 공로는 우리가 하나님께 받아들여지는 데 반드시 필요한 것이라고 가르쳤고 여전히 주장한다.

교황 측의 첫 번째 주장에 대해서는 최근 수년에 걸쳐, 길게 다뤘다. 그러므로 이제는 두 번째 주장을 고찰하겠다. 루터는 사람은 자신의 종교적 관점들 및 신념들에 대해서는 오직 하나님께만 책임을 진다고, 지상의 어떤 권세도 영혼의 종교적 관심사에 간섭할-양심을 주재하거나 신앙을 통제할-권리가 없다고 올바르게 주장했다. 그러나 종교개혁가들이 각 개인이 스스로 성경을 읽을, 그리고 성령의 조명과 인도를 받아 성경이 가르치는 것에 대해 자기 자신의 의견을 가질 권리 및 특권을 활발히 옹호하는 동안에도 교황측은 이 원리를 실제적 실천에 적용하고 성취하는 데에 상당한 제한을 가했다. 종교개혁의 다음 세기 즉, 흔히 "청교도 시대"라고 부르는 세기에서도 마찬가지였다.

초기 개혁가들과 많은 청교도들은 예배방식과 세속 정부의 형태에 대해 하나로 일치했다. 개인적인 확신 및 의견이 어떠하든 간에 외적으로는 반드시 순응해야 한다고 보았다. 이러한 일반적인 통치제도가 아무리 바람직하더라도 이에 대해 복종을 요구하는 것은 기독교의 바로 그 본질과 정신에 반하는 것일 뿐만 아니라 사적 판단의 권리에 직접적으로 충돌하는 것이었다.

어떤 사람도 보상에 의해서든 처벌에 의해서든, 어떤 기독교적 사회단체의 일원이 되거나 그 일원이 되도록 혹은, 자신의 의무라고 스스로 생각하는 것 이상으로 계속해서 그 일원으로 머물러 있도록 강요받아서는 안 된다. 일치를 강요하는 시도는 사적 판단의 권리에 대한 공격이며, 성도들의 유일한 머리인 그리스도의 직무를 침해하는 것이다.

그러나 오호라! 권위의 수단을 적절하게 맡은 이들은 정말로 적었다! 앵글리칸주의가 16세기 말에 절정이었을 때 교구교회에 출석하지 않은 사람은 벌금형을 받았다. 그 다음 세기에, 장로주의자들이 득세했을 때에도 마찬가지였다. 장로주의자들은 자신들과 다른 의견을 가진 자들에게 불관용했다.

> "공적 예배를 통일할 필요성과, 자신들의 원리들을 지지하고 방어하기 위해 군주의 칼을 사용할 필요성에 대한 각 파의 의견은 너무나 잘 일치했다. 그래서 양자는 권력을 장악할 수 있을 때마다 잘못 사용했다. 주교들에 따르면 통일성의 기준은 국왕의 수위권과 국법이었다. 청교도들에 따르면, 대회와 총회가 작성하고 세속 권력가들이 인정하고 집행하는 교령들이었다. 그러나 양쪽 어디도 시민 정부의 평화와 조화를 이루는 한에서 모든 사람의 권리인 양심의 자유를 인정하는 것에 찬성하지 않았다."(Daniel Niel, History of the Puritans, 제2권, 92)

이 신실하고 공평한 역사가는 "그리스도는 교회의 유일한 입법자이며, 세상이 끝날 때까지 자신의 교회가 반드시 준수해야할 모든 것을 지정하셨다. 그러므로 그리스도가 자신의 추종자들에게 자유를 주셨을 때 그에 상응하여 추종자들에게 주어진 본분은 그리스도의 다른 계명들을 준수하는 것만큼이나 그 자유를 유지하는 것이다"라고 잘 지적했다. 견해차이들 특히, "교회 통치방식"에서의 견해차이는 곧 분열을 심화시키고 분파 분열을 일으켰다. 많은 경우에 개신교도들은 교황주의자들이 그랬던 것만큼이나 독재적이고 전제적이었다. 자신들의 신조와 예배형식에 무조건적으로 복종할 것을 요구했다. 격렬한 박해와 많은 고초를 겪은 뒤에야 실질적인 종교적 자유가 점진적으로 출현했다. 하지만 결코 개신교주의에서는 종교적 자유를 충분하고 보편적으로 획득하지 못했다.

독일, 스위스, 네덜란드, 영국, 미국에서 종교적 자유가 속박에서 점진적으로 출현한, 그리고 다양하고 종종 예기치 못하게 좌절을 경험한 역사를 더듬는다면 틀림없이 흥미롭게 여길 독자들이 많을 것은 의심의 여지가 없다. 그러나 이런 역사의 단순한 개관조차도 지나치게 긴 곁길일 것이다. 그러나 전혀 필요치 않은 것이 아니다. 인간의 본성은 어떤 나라에서든 어떤 시대에서든 동일하다. 자신들과 자신의 동료들 안에 있는 바로 그 인간 본성에 대한 작동 가능한 지식을 소유하고 있는 이들은 그 사건들의 본질을 자신의 뇌리 속에 쉽사리 그려낼 수 있다.

만일 우리가 정직하다면 우리들의 대부분은 자기 안에 교황이 상당히 많다는 사실을 인정하지 않을 수 없다. 그러므로 기독교 세계의 대부분의 영역에 교황적인 사람이 많았다는 사실, 그리고 불관용과 무자비의 정신이 진정한 그리스도인들의 성격을 더럽힌 경우가 많았다는 사실을 인정하지 않을 수 없다. 걸출한 사람들이 "신앙양식과 예배양식을 달리 한다는 이유로 온갖 종류의 차별을 적극적으로 가하는 것은 반(反)-기독교적인 동시에 졸렬하고 불합리하고 부정의한 것이다. 어떤 종교단체 구성원들이 국가의 충실한 국민으로 처신하고 무해한 구성원으로 처신하는 동안에는, 그들이 개신교인들이든 교황주의자들이든 유대인들이든 무슬림이든 이교도들이든 시민적 저항을 하고 사회적 존경을 받을 자격을 갖추고 있다"라고 주장하는 것은 상대적으로 회귀했다(토플레디). 이것 그리고 이에 상응하는 것이 참으로 기독교적이고 공교회적 정신이다.

성경을 읽고 판단하는 것은 모든 개인의 의무인 동시에 권리이다

"너희는 여호와의 책을 자세히 읽어 보라." 오직 이렇게 할 때에만 하나님의 뜻을 알게 되고, 하나님께서 예비하신 구원의 길이 드러나고, 행위의 완전한 규칙 및 표준이 우리에게 놓여진다(사 34:16). 여호와의 책은 신성한 의사소통이며, 권위있는 "주 만군의 여호와께서 가라사대"이다. 이 책은 온 인류에게 주신 책이며, 인류의 모든 구성원에게 구속력을 갖는다. 이 책에 의거해서 우리 각자는 다가오는 그 날에 심판을 받을 것이다. 그러므로 이 책을 스스로 읽는 것은 모든 사람의 의무인 동시에 특권이다. 모든 사람은 이 책의 내용을 친숙하게 알고 그 의미를 깨닫고 이 책의 요구조건들에게 자신의 행위를 일치시켜야 한다. 이 책을 경건하게 읽어야 한다. 지극히 높은 곳에서 말씀하시는 지극히 높으신 이의 음성이기 때문이다. 이 책을 공평하게 읽어야 한다. 개인적인 편견과 선입견을 버리고 읽어야 한다. 의심이나 의문 없이 받아들여야 한다. 겸손하게 읽어야 한다. 오성에 빛을 비춰주시고 하나님의 도를 가르쳐 달라고 이 책의 저자께 갈구해야 한다. 매일, 지속적으로 읽어야 한다. 이 책의 정신에 취하고 이 책을 우리의 상담자로 삼도록 해야 한다. 이 책을 읽어야 할 뿐만 아니라 이 책에서 구해야 한다. 한 부분과 다른 부분을 비교하는 수고를 기울여야 한다. 그렇게 해서 각각의 특정한 주제와 세부사항을 비춰주는 충분한 빛을 얻도록 해야 한다. 이러한 수고를 통해, 성경은 스스로 해석한다는 사실을 발견하게 될 것이다.

나를 향한 하나님의 뜻을 내가 올바로 이해하는 그런 엄청난 문제에서, 그리고 영혼의 영원한 이해관계에 관련한 문제에서, 그 일차적 정보를 획득하는 것 그리고 다른 사람들이 말하고 행동하는 것을 맹목적으로 수용하지도 않고, 어떤 교회가 가르치는 것을 의문의 여지가 없는 것으로 받아들이지 않는 것은 나와 깊은 관련이 있는 것이다. 내가 듣고 읽은 모든 것을 하나님 말씀에 의거해서 엄격하게 검토하고 검증하지 않으면 안 된다. 우리는 각자 자신에 대해 하나님께 설명해야할 것이다(롬 14:12). 종교는 대리자에 의해 집행될 수 없는, 강렬하게 개인적인 것이다. 종교는 개인의 영혼과 그 조물주 사이의 직접적으로 맺는 관계로 구성된다. 어떤 누구도 나를 대신해서 회개할 수도, 나를 대신해서 믿을 수도, 나를 대신해서 하나님을 사랑할 수도, 나를 대신해서 하나님의 계명들을 순종할 수도 없다. 이것들은, 이행할 책임을 하나님께서 내게 지워주신 개인적인 행위들이다.

모든 사람은 자신의 신념에 대해 책임을 져야 한다. 무지도 오류도 단지 불행한 재난일 뿐인 것이 아니다. 진리는 우리가 모국어로 이용할 수 있는 것이기 때문에 죄성이 매우 큰 것이다. 만일 어떤 사람들이 거짓 예언자들에게 속더라도 그 책임은 전적으로 그들 즉, 속는 자 자신에게 있다. 설교자들 사이에 차이와 모순이 크다고 불평하는 사람들이 많다. 무엇을 믿어야할지 무엇을 해야할지를 거의 모르는 사람들이 많다. 그런 사람들은 하나님께서 명령하신 그대로 해야 한다 즉, "여호와의 책을 자세히 읽어 보라"는 말씀 그대로 행해야 한다.

하나님은 내가 무엇을 믿어야 하고 행해야 하는지를 내게 알려주실 바로 그 목적을 위해 저 고귀한 책을 내게 주셨다. 이 책의 의미를 이해하고 이 책이 가르치는 교훈에 의해 통제되기를 진정으로 갈망하는 마음으로 읽고 자세히 살핀다면 나는 어둠 속에 남겨지지 않을 것이다. 만일 내가 이렇게 행한다면 종교계에서 일어나는 언어의 혼란 때문에 겪는 당혹스러움은 더 이상 겪지 않을 것이다. 하나님의 말씀에는 모순도 없고 불일치도 없기 때문이다.

하나님은 설교자들이 말하는 모든 것을 검증할 책임을 내게 지우셨다. 즉, "마땅히 율법과 증거의 말씀을 좇을지니 그들의 말하는 바가 이 말씀에 맞지 아니하면" 그들 안에는 빛이 없는 것이다(사 8:20). 하나님의 말씀은 믿음과 실천의 유일한 표준이다. "어두운 데 비취는 등불"에처럼 우리가 마땅히 주의를 기울여야하는 예언의 확실한 말씀이다(벧후 1:19). 믿음은 어떤 사람의 증언에 의존하지 않는다. 어떤 사람에게 종속된 것도 아니다. 믿음은 하나님의 말씀에 의존한다. 오직 하나님께만 순종한다. 존 오웬은 "자신의 믿음을 설교자들 위에 세우는 사람은, 비록 그 설교자들이 오직 진리만을 전파하고 그 진리를 믿는 모습을 보여줄지라도 실제로는 전혀 믿음이 없다. 단지 썩은 토대 위에 구축된, 흔들리는 견해를 가지고 있을 뿐이다"라고 말했다. 그래서 "너희는 인생을 의지하지 말라," 인생은 고려할 가치도 없다고(사 2:22), "너는 마음을 다하여 여호와를 의뢰하고 네 명철을 의지하지 말라"고 말한다(잠 3:5).

우리 각 사람은 자신이 하나님의 말씀을 사용한 것에 대해 그리고 하나님의 말씀에 드린 순종에 대해 하나님께 직접적으로 책임을 진다. 하나님은 하나님의 계시된 의지가 무엇인지를 하나님의 살아있는 말씀에서 확인할 책임과 거기에 부합할 책임을 모든 이성적 피조물에게 지우신다. 어떤 누구도 대가를 지불하여 자신을 대신해서 그 과업을 수행토록 함으로써 이 의무를 합법적으로 피하지 못한다.

하나님의 종들로부터 어떤 도움을 받더라도 우리는 그들을 의존하지 않는다. 성경을 이해하는 것과 해석하는 것은 교회 성직계급직의 특권이 아니다. 우리에게는 우리 자신의 모국어로 된 성경이 있다. 은혜의 보좌를 향하여 겸손히 "여호와여 주의 율례의 도를 내게 가르치소서…나로 깨닫게 하소서…나로 주의 계명의 첩경으로 행케 하소서"라고 요청하면 된다(시 119:33-35). 의존할 수 있는 그리스도의 약속 즉, "사람이 하나님의 뜻을 행하려 하면 이 교훈이 하나님께로서 왔는지 내가 스스로 말함인지 알리라"는 약속이 우리에게 있다(요 7:17). 그러므로 하나님께서 우리에게 믿고 행하라고 요구하시는 것을 모르는 영적 무지에 대해서든 오해에 대해서든 타당한 변명은 없다. 은혜롭게도 하나님은 자신의 자녀들에게 성령을 나눠주셨다. 이는 자녀들로 하여금 "하나님께서 우리에게 은혜로 주신 것들을 알게 하려 하심"이다(고전 2:12). 하나님의 말씀이 믿는 자들 속에서 유효적으로 역사하는 것은 오직, 하나님의 말씀을 개인적으로 마음속에 받아들이기 때문이다(살전 2:13).

자신의 영혼과 그 영원한 이해관계를 소중히 여기는 각 사람은 하나님의 거룩한 말씀을 철저하게 숙달하고 그 가르침을 이해하기 위해 기도하며 노력할 절박한 필요성이 있다. 위에 진술한 절실한 이유 때문만

이 아니라 지금 기독교계에 횡행하는 헛소리 때문이다. 경솔한 사람들과 나태한 사람들을 미혹할 준비를 한 채 길목마다 기다리고 있는 사탄의 무수한 밀정들을 생각해보면 특히 그렇다. 앞에서 지적한 것처럼, 갈등을 야기하는 교훈이 오늘날 교회들에서 만연하기에, 우리 각자는 자신에 대한 강력하고 성경적으로 형성한 확신들을 가져야할 절박함이 더한층 크다. 우리 주님께서 우리에게 "거짓 선지자들을 삼가라 양의 옷을 입고 너희에게 나아오나 속에는 노략질하는 이리라"라고 분명하게 말씀하셨다(마 7:15). 이 엄숙한 경고는 명확한 의무를 지적한다. 그리고 또한 이 의무를 이행할 자격을 우리가 갖추고 있음을 암시한다. 이 의무는 설교자들과 교사들의 말과 글에서 읽고 듣는 모든 것을 하나님의 말씀에 의거해서 면밀하게 살피고 주의 깊게 검증하는 것이다. 반면에 이 의무는 우리가 하나님의 말씀에 통달할 것을 전제한다. 어떤 글이나 설교가 성경적이냐 비성경적이냐를 정말 달리 판단할 수 있기 때문이다.

  진리를 변질시키는 자들의 정체를 확인시켜주는 외적인 징표는 없다. 진리를 변질시키는 자들 가운데는, 흠 잡을 데 없이 도덕적인 성품과 유쾌한 개성을 가진 이들이 많다. 게다가 그리스도와 그리스도의 대의에 깊게 헌신하는 모습을 갖춘 이들도 많다. 그 숫자가 결코 적지 않다. 요한은 "많은 거짓 선지자가 세상에 나왔음이니라"고 말한다. 그런데 이 말을 하기 직전에 "사랑하는 자들아 영을 다 믿지 말고 오직 영들이 하나님께 속하였나 시험하라"고 당부한다(요일 4:1). 즉, 그들의 교훈을 지성소의 거울에 근면하게 달아보라고 명령한다. 영혼을 미혹에 빠뜨리는 이들은 입술로는 자신들이 진짜 그리스도인이라고 말한다. 그리고 종종 정통주의 진영에도 가담한다. 마음속에는 탐욕스러운 이리들이지만 겉에는 양의 털을 쓰고 있다. 영혼들을 향해 큰 사랑을 품고 있는 것처럼 꾸미지만 많은 양들을 올무에 빠뜨린다. 이들은 자신의 실체에 정반대되는 모습으로 가장한다. 그리스도의 종이 아니라 "의의 일군으로 가장"한, 사탄의 하수인들이다(고후 11:15). 이들은 "사람의 궤술과 간사한 유혹"에 의지하고(엡 4:14), "공교하고 아첨하는 말로" 사람들을 속이고 "순진한 자들의 마음을 미혹"한다(롬 16:18).

사적 판단의 권리에 대한 성경의 가르침

각 사람이 하나님의 말씀이 무엇을 가르치는지를 스스로 판단해야 할 매우 실질적인 필요성이 있음을 지금까지 설명했다. 이제는 하나님께서 그렇게 하도록 부여하신 권리를 고찰할 차례다. 이것을 분명하게 시사하거나 명확하게 제시하는 구절이 많다. "입이 식물의 맛을 변별함 같이 귀가 말을 분별하나니"(욥 34:2-3). 이 구절에 대해 청교도 조셉 카릴(Joseph Caryl, 1602~1673)이 매우 적절하게도 "검증을 완료할 때까지는 말을 곧이곧대로 받아들이지 말라. 이외에 다른 어떤 방법으로, 우리에게 들을 귀가 생기는가? 사물들을 판단하는 도구인 이성을, 혹은 사물들을 판단하는 기준인 규칙을 왜 우리에게 맡기셨는가? 어떤 사람들에게 다른 사람들이 믿는 것처럼 믿으라고 (맹목적 신앙을 가지라고) 명령하는 것보다 혹은, 우리의 의견과 주장을 청취자들에게 강요하고 그 의견과 주장을 시험할 자유를 주지 않는 것보다 세상에서 더 큰 폭정이 없다"라고 말했다. 나의 독자여! 영적인 것들에 대해 어떤 누구도 당신에게 명령하도록 허용하지 말라. "주 안에서 부르심을 받은 자"는 "주께 속한 자유자요." 따라서 도출되는 결론은 "값으로 사신 것이니 사람들의 종이 되지 말라"는 것이다(고전 7:22-23).

모든 사람은 자신의 생각으로 충분히 확신하라(롬 14:5). 바울이 이런 말을 한 엄밀한 의도를 확인하기 위해서는, 그 말을 하게 된 배경을 면밀히 살피지 않으면 안 된다. 일차적으로, 로마에 있던 성도들에게 한 말이었다. 이들은 개종한 유대인들과 이방인들로 구성되어 있었고, 양측은 사소한 문제들에 대해 의견차이가 있었다. 이 유대인들은 그리스도를 자신들의 약속된 메시아요 구원자로 진심으로 받아들였다. 하지만 정결한 음식과 불결한 음식에 대한 구별과 금식과 절기의 준수와 더불어 레위법전이 여전히 자신들에게 구속력을 갖는다는 관념을 고수했다. 열렬히 옹호했을 뿐만 아니라 동료 그리스도인들을 유대교로의 개종자로 간주하여 이 규범들을 부과하기를 강력하게 갈망했다. 반면에, 이방인 신자들은 모세의 제의를 받아들이지 않았다. 이뿐만 아니라 유대교를 제의적으로 준수하는 것은 주 예수께서 출범시킨 새롭고 더 나은 처방에 의해 폐기되었다고 확신했다. 이러한 문제에 대해 각 분파가 확고하게 확신을 가짐으로써 빚어진 견해차이가 성도들의 교제의 통일성과 서로에 대한 형제우애의 발휘를 위협했다. 유대인 신자들은 자신들이 이방인 신자들을 나태하고 방종한 정신을 가진 부류로 간주하고 있다는 것을 깨달을 필요가 있었다. 반면에 이방인 신자들은 유대인 신자들을 완고하고 미신적인 부류로 보는 시각을 삼가야 했다.

중차대한 것들이 위험에 처한 것이 아니었다. 오늘날, 보석으로 치장하고 담배를 피우는 것이 기독교계에서 문제로 부각될 때처럼 말이다. 그러나 로마 회중의 평화가 위협을 받고 있었고 각 진영이 형제들에게 양심의 자유를 충분히 허용하는 데 실패함으로써 불관용이 득세하기 시작했기 때문에, 바울이 이 상황을 다뤄야할 필요가 있었다. 믿음과 실천의 비본질적인 것들에 대한 이러한 견해차이들로 인해 평화가 심각하게 훼손되지 않도록 만들어줄 교훈을 각 진영에게 제시해줄 필요가 있었다. 따라서 바울은 성령의 인도함을 받아서 양 진영에 조언을 주었다. 동시에, 모든 세대에서 유사한 사례들에 대해서도 지극히 고귀하고 본질적이며 적절한 교훈을 주고자 했다.

바울은 이 과제를, 모든 그리스도인이 마땅히 준수해야하는 폭넓고 일반적인 원칙들을 제시함으로써 수행하고자 했다. 그렇다. 그리스도인을 업신여기는 것은 죄를 짓는 것이다. 모든 그리스도인은 신성한 권위로 덧 씌워졌기 때문이다. 인간의 본성이 그대로 남아있는 동안에도, 상이한 체질로 구성된 사고방식들이 통일된 시각을 제공하지 않더라도, 기독교적 박애정신을 발휘해야 하고 하나님의 백성들 사이에 조화를 이뤄야 한다면, 그 원칙들을 이해하고 실천하는 것이 가장 필요하다.

첫째, 바울은 우리에게 "먹는 자는 먹지 않는 자를 업신여기지 말고 먹지 못하는 자는 먹는 자를 판단하지 말라 이는 하나님이 저를 받으셨음이니라"라고 권면한다(롬 14:3). 바울은 이 말씀을 통해, 양 진영 모두에게 형제우애에 반(反)하는 생각과 정서로 넘어가지 말라고 명령한다.

둘째, "남의 하인을 판단하는 너는 누구뇨"라고 묻고 "그 섰는 것이나 넘어지는 것이 제 주인에게 있으매 저가 세움을 받으리니 이는 저를 세우시는 권능이 주께 있음이니라"고 단언한다(4절). 이것은 어떤 그리스도인이든 재판석에 올라앉아 그리스도 안에 있는 형제를 정죄하는 판결을 내리는 것은 오만함의 절정이라고 말하는 셈이다.

셋째, 그 다음 구절에서 바울은 어떤 사람은 어느 한 날을 다른 날보다 낫게 여기고 또 한 사람은 모든 날을 똑같다고 말한 뒤에, 모든 사람은 자신의 생각으로 충분히 확신하라고 당부한다(5절). 여기에 '**그리스도인의 자유**'라는, 즉 '어떤 누구도 이 자유를 빼앗기지 말라'는 헌장이 있다. 바울의 진술은 모든 그리스도인에게는 스스로 생각할, 성경이 무엇을 가르치느냐에 대해 스스로 의견을 가질, 하나님을 가장 즐겁게 하고 영화롭게 하는 것이 무엇인지를 생각할 천부(天賦)의 권리가 있다는 말에 다름 아니다.

로마서 14:5이 얼마나 강조적이며 결정적인지를 잘 따져보라. "모든 사람" 즉, 설교자만이 아니라 각각의 교인에게 해당된다. "충분히 확신하라"고 명령한다. 즉, 강요를 받아서도 확신이 없어도 안 된다. 자기 나름의 의견을 갖는 대신에 지금 사방팔방에서 쏟아져 나오는 온갖 말에 주목하다보면 타인의 의견에 끌려 다니거나 확신을 잃게 될 것이다. 그러니 "자기 자신의 생각으로" 생각해야 한다. 대중적인 관습을 맹목적으로 추종해서도 안 되고 다른 사람들의 "입세 딕시트"('ipse dixit' 즉, 증명되지 않는 내용이지만 말하는 사람이 자신의 권위로 밀어부치는 주장)에 굴복해서는 안 된다. 의심스러운 부분에서는 각자가 성경에서 지침을 찾아야 하고 스스로 세심하게 검토해야 하고 자기가 무엇을 해야할지에 대한 자신의 최선의 판단에 따라 처신해야 한다.

하나님의 계시된 의지로 여겨지는 것에 의해 통제를 받는 것은 우리 각자를 구속하는 책무이다. 이것이 삶과 행함으로서의 기독교의 본질-즉, 내 안에 그리고 나의 형제들 안에 있는 그리스도의 속성, 내 위에 그리고 나의 형제들 위에 있는 그리스도의 권위에 대한 개인적인 인식-을 구성하는 것이다. 나는 내 형제들을 지배해서는 안 되고 내 형제들의 권세가 나를 지배하도록 복종해서도 안 된다. 우리가 할 수 있는 모든 것으로 서로를 도와야 한다.

그러나 그리스도께서 우리의 심판자로 남아 계시도록 해야 한다. 오직 그리스도만이 그런 권능을 가지셔야 한다. 그렇게 할 권리는 오직 그리스도께만 있기 때문이다. 너는 너 자신의 의무라고 확신하는 것을 이행하라. 마찬가지로 다른 사람들의 의무는 다른 사람에게 맡겨라. 이것이 개인의 권리를 보존하고 공동체의 평화를 보존하는 방법이다.

부차적인 문제들에 대한 상이한 의견들은 예측되는 것들이다. 하지만 부차적인 문제들에서 의견이 다르다는 것이, 동일한 의견을 갖는 사람들이 우호적으로 공존하고 믿음의 위대한 근본적인 교리들에서 교제를 향유하지 못할 근거가 아니다. 어떤 사람이 '절기'를 준수해야 만족스럽다면, '성탄절'이나 '부활절' 의식을 엄숙하게 치르는 것에는 신적 근거가 있다고 여긴다면, 그러면 그 사람은 그렇게 하도록 허용하라. 그러나 만일 또 한 사람이 이러한 절기는 인간이 발명해낸 것이며 신적 권위가 없다고 확신한다면, 그러면 그 사람은 절기 준수를 거부하도록 허용하라. 각 사람은 종교적 확신에 따라 처신하게 하고, 그 확신을 단념하라고 다른 사람들로부터 비난을 받거나 경멸을 받을 두려움을 갖지 않도록 하라.

　동료들의 평가에 영합하려는 욕망 때문에 자신의 양심에 반하여 처신해서는 안 된다. 각각의 그리스도인은 자신이 하나님께 받은 최선의 빛을 따라 믿고 행동하고 계속해서 하나님의 말씀을 면밀히 살피고 더 많은 빛을 달라고 기도해야할 책임이 있다. 양심의 명령을 소홀히 해서는 안 된다. 사적 판단의 권리는 항상 내가 발휘해야 하고 타인들에게서 존중받아야 하는 것이다. 오직 이렇게 함으로써만이 서로 오래 참아야 한다는 그리스도인의 의무가 유지되고, 관용과 자선의 정신이 발휘된다.

　"나는 지혜 있는 자들에게 말함과 같이 하노니 너희는 내 이르는 말을 스스로 판단하라"는 말에서(고전 10:15), 바울은 자신이 그 주제에 관해 더 깊이 발전시켜야 하는 것이 고린도 성도들이 계속해서 우상의 성전에게 축제를 벌이는 것 때문에 정죄를 받는 것인지를 신중하게 판단하라고 요구했다. 바울은 이러한 행위가 우상숭배에 대한 성경적 정의에 해당되는지 아닌지를 다루고 있었다. 고린도 교인들에게 "지혜로운 자들"이라고 지칭할 때 바울이 암시한 것은 고린도 교인들에게는 논증을 평가할 능력이 충분하며 따라서 바울이 말한 것을 면밀하게 검토하고 신실하게 고찰할 의무가 있다는 것이었다. 바울은 "(너희가) 판단하라"는 말을 통해, 그 성도들이 모든 거듭난 사람이 갖고 있는 영적 "지각(들)"을 사용하여 개인적으로 확신을 갖기를 바라는 바람이다(히 5:14). "너희는 스스로 판단하라 여자가 [머리에 수건을] 쓰지 않고 하나님께 기도하는 것이 마땅하냐"(고전 11:13).

바울은 그들이 하나님의 요구사항에 순순히 복종하도록 만들고자 했을 뿐만 아니라 적절성에 대한 자신들의 지각에 의거해서 스스로 무엇이 합당할지를 알아채도록 만들고자 했다. 그래서 "본성이 너희에게 가르치지 아니하느냐"라는 질문을 추가했고(고전 11:14), 다시 "예언하는 자는 둘이나 셋이나 말하고 다른 이들은 분변할 것이요"라는 말을 추가했다(고전 14:29). 여기에서 바울은 성도들에게 자신들의 분별력을 발휘하라고 한 번 더 요청했다. 이 경우는, 자신들이 "예언자들"이라고 주장하는 사람들이 내놓은 메시지들이 진짜로 하나님의 말씀인지 아닌지를 스스로 분별하라는 요청이었다.

사적 판단의 권리에 대한 로마 가톨릭의 반대

사적 판단의 권리, 그리고 하나님의 말씀이 무엇을 가르치는지를 각자 스스로 판단할 의무를 로마 가톨릭은 절대적으로 부정한다. 로마 가톨릭은 "무지는 헌신의 어머니"라고 단언하고 봉사의 최고 형태는 "맹목적 복종"의 형태라고 단언한다. 교황은 교회가 기독교 신앙의 모든 문제에서 절대적으로 무오류하다고 주장한다.

트렌트 공의회는 제4차 회기 중에(1563년), "어떤 누구도 자신의 기량에 의존해서는 신앙의 문제에서 그리고 기독교 교리를 함양하는 덕목의 문제에서 자신의 지각에 따라 거룩한 성경을 붙들고 씨름해봐야, 거룩한-신성한 성경의 참된 의미와 해석을 판단할 수 있는 권한을 가진-교회가 견지해왔고 견지하고 있는 의미에 반대하여, 혹은 심지어 교부들이 만장일치로 동의한 것에 반대하여 해석할 권한이 없다"라고 포고했다. 이것을 제 1차 바티칸 공의회(1869~1870)의 교의헌장 제2장('계시에 대해')에서 다음과 같이 비준하고 반복했다.

"우리는 상기한 교령을 갱신하면서 그 의미는 다음과 같다고 선언한다. 신앙과 덕목의 문제에서, 기독교 교리를 구축하는 것에 관련해서, 성경의 참된 의미를 판단할 권한을 가진 우리의 거룩한 어머니 교회가 견지해왔고 견지하고 있는 그것을 성경의 참된 의미라고 주장해야 한다는 것이며, 따라서 성경을 이 의미에 반해서 해석하는 것은 어떤 누구에게도 허용되지 않는다는 것이다."

최고의 협잡꾼이요 영혼들을 노예로 만드는 이는 그때 이후로 그 위치에서 머리카락 한 올의 넓이만큼도 후퇴하지 않았다. 교황은 다음과 같은 명제들을 부정했다. "모든 부류의 사람들이 성경을 연구하는 것과, 성경의 정신과 경건과 신비를 잘 아는 것은 언제든 어느 곳에서든 유익하다"(명제 79). "사업을 하는 사람과 재정을 다루는 사람의 손으로 성경을 읽는 것(행 8:28)은 모든 사람이 읽도록 하려는 뜻임을 보여준다"(명제 80). "주의 날은 경건서적들 그리고 특히, 성경을 읽음으로써 거룩케 해야 한다. 성경은 우리의 마음을 아시는 하나님 자신이 우리의 마음을 위해 공급해주신 젖이다"(명제 81).

교황의 조치는 그리스도인들을 향한 그리스도의 입을 틀어막는 것, 그리스도인들의 손에서 성경을 빼앗거나 성경의 목소리를 듣는 수단을 그리스도인들에게서 박탈함으로써 성경과 그리스도인들의 사이를 갈라놓는 것에 해당한다. 비슷한 다른 많은 전제들과 더불어 이 명제들을 로마교황 클레멘트 11세가 1713년 9월 8일자로 발행한 '교서'(교황이 옥새를 찍어 인증한 교황칙령) '우니게니투스'(Unigenitus)에서 "거짓되고 수치스러운" 것이라고 영원한 저주로 정죄했다.

1824년에, 교황 레오 12세의 회칙교서는 성서공회에 대해 "성서공회들은 교부들의 전통과 트렌트 공의회를 위반한다. 모든 나라의 통속어로 된 성경을 유포시킨다"라고 불평했다. 이 가엾은 피조물은 "이 전염병을 피하기 위해, 짐의 전임자들은 여러 헌장들을 공표했다…이 반역적 도구[즉, 성서공회]는 신앙에 대해 그리고 덕목에 대해 얼마나 해로운지를 입증해주는 경향이 있다"라고 말했다.

바티칸의 사절들이 지배한 그런 나라들에서 하나님의 말씀은 항상 그리고 지금도 여전히 백성들에게 주어지지 않았다. 백성들은 성경을 읽거나 듣는 것이 금지되었다. 성경을 읽을 때는 교황의 파문을 감수했다. 발견된 모든 성경책은 압수되어 불구덩이에 던져졌다. 바로 이 시간에도, 스페인에 있는 주의 백성들은 성경에 대한 충성심 때문에 박해를 받고 있다. 로마주의자들은 세속적 권력을 충분히 확보할 수만 있다면 오늘날 영어권 국가들에서도 그렇게 할 것이다. 자비롭게도 주님께서는 이러한 재앙이 두 번 다시 일어나지 않도록 하셨다.

로마 가톨릭의 입장을 반박하는 성경구절들

(1) 베드로후서 1:20~21

우리 주제의 다음 국면으로 넘어가기 전에, 로마주의자들이 자신들의 주장 즉, 평신도는 하나님의 말씀이 무엇을 가르치는지에 대한 독자적 관점을 가질 권리가 없다는 주장을 뒷받침하는 데 사용하는 성경구절 하나를 간략하게 살펴보자.

그것은 "먼저 알 것은 경의 모든 예언은 사사로이 풀 것이 아니니"라는 구절이다(벧후 1:20). 이 구절에 입각한 로마 가톨릭의 주장은, 성경은 반드시 공적으로 해석되어야 하며 오직 "거룩한 어머니 교회"만이 이 의무를 이행하고 이 봉사를 드릴 권한과 자격을 갖추고 있다는 것이다.

그러나 이 구절은 로마 가톨릭의 오만한 주장을 조금도 뒷받침해주지 않는다. 그 문맥이 명확하게 보여주는 것처럼, 베드로후서 1:20은 예언의 의미가 아니라 예언의 원천을 다룬다. 바로 그 다음 구절 즉, "예언은 언제든지 사람의 뜻으로 낸 것이 아니요 오직 성령의 감동하심을 입은 사람들이 하나님께 받아 말한 것임이니라"는 말씀이 20절의 의미가 무엇인지를 설명해준다. 따라서 20절의 취지는 명백하게도 '그 예언자들이 전달하는 것이 그들 자신의 생각에서 나오는 것이 아니라는 사실을 처음부터 확신하라'이다. "사사로이"로 번역된 헬라어 형용사 "이디오스"는 신약성경에서는 오직 이곳에서만 이렇게 번역된다. 그러나 "그 자신의"라고 번역된 경우는 수십 차례나 된다. 결과적으로, "풀 것"이라고 번역된 '에필뤼시스'는 예언에 대한 해설을 가리키는 것이 아니라 그 예언자들이 내놓은 것을 가리킨다. 그 예언자들이 전달한 "해석"이 그 예언자들 자신들에게서 발생한 것이라면 "사람의 뜻으로" 낸 것이고, 이에 대해서는 21절에서 아주 분명하게 반대한다.

20절과 21절을 하나로 묶어보면, 예언자들의 절대적 영감을 더할 나위 없이 강조적으로 단언한다. 예언자들의 말은 그들 자신에게서가 아니라 하나님에게서 나왔다. 그렇다면 20절의 취지는 어떤 예언의 말도

인간적 기원을 갖지 않았다는 것이다. 20절에서 염두에 두고 있는 것은 예언자들의 메시지에 대한 설명이 아니라 예언자들이 한 말의 신적 기원이다. 즉, 제시되는 예언에 대한 설명이 아니라 예언을 제공하는 행위를 염두에 둔 것이다.

    20절은 성경의 의미를 확정할 권한이 로마 가톨릭과 그 사제들에게 생득적으로 부여되어 있다는 관점을 결코 지지하지 않는다. 오히려 20절은 흠정역에 번역되어 있는 것처럼 그 관점을 명백하게 반박한다. 어떤 사람-로마 가톨릭의 교황이든 개신교의 감독-이든 하나님 말씀의 의미를 결정한다는 것은 '사사로운 해석'에 속할 것이기 때문이다. 오호라, 예언을 사사로이 푸는 일은 기독교 전반에 걸쳐 벌어져왔다. 각 교회나 교단이나 분파나 "교제권"이 하나님 말씀에 자기 나름의 의미를 부과하고, 진리 그 자체에 반하는 경우도 많다. 베드로후서 1:20 어디에도 그리스도인이 성경 말씀을 숙고하고 성경 말씀이 무엇을 의미하는지를 성령의 인도와 은혜 아래에서 판단하는 것을 전혀 금지하지 않는다는 것을 그리스도인 독자는 충분히 확신하자.

(2) 마태복음 23:8~9

    사적 판단은 하나님께서 자신의 자녀들 각각에게 부여하신 권리일 뿐만 아니라 반드시 이행해야할 의무이다. 이 특권을 충분히 사용할 것을, 그리고 이 특권을 유지하기 위해 합법적이며 평화적인 모든 수단을 활용할 것을, 주님께서 우리에게 요구하신다. 오류가 있는 교훈을 모두 거절할 책임이 우리에게 있다. 이뿐만 아니다. 우리는 교회적 전체

정치의 노예가 되어서는 안 된다. 마태복은 23:8~9의 "그러나 너희는 랍비라 칭함을 받지 말라 너희 선생은 하나이요 너희는 다 형제니라 땅에 있는 자를 아비라 하지 말라 너희 아버지는 하나이시니 곧 하늘에 계신 자시니라"는 말씀은 사람들을 일치시킬 교회적 권한에 대한 금지보다 훨씬 더 큰 내용을 담고 있다.

그렇다. 이 구절에 이런 개념이 담겨있는지 지나치게 의심스럽다. 오히려 이 구절에서 그리스도는 우리에게 어떤 누구에게든지 영적으로 속박되지 말라고 명령하신다. 2절에서 그리스도는 "서기관들과 바리새인들이 모세의 자리에 앉았으니"라고 말씀하셨다. 즉, 서기관들과 바리새인들은 종교적 입법 권력을 찬탈했고 자신들의 지지자들에게 전적 복종을 요구한다. 이어지는 구절들에서 우리 주님은 그들의 권한 찬탈과 자신을 민중의 지도자로 내세운 것을 꾸짖으셨다. 주 예수께서는 이런 사실을 염두에 두고, 제자들에게 영적 자유를 견지하고 이런 어떤 폭군들에 조금도 충성하거나 복종하지 말라고 명령하셨다.

"그러나 너희는 랍비라 칭함을 받지 말라 너희 선생은 하나이요 너희는 다 형제니라"(마 23:8). 나서기를 좋아하고 동료들에게 존경을 요구하는, 참견을 좋아하는 정신을 가진 이들은 어떤 세대에나 있다. 이런 사람들은 보통 사람들보다 뛰어난 천부적 재능을 부여받으면, 새로운 종파 및 분파를 창설하고 추종자들에게 무조건적으로 복종하라고 주장하는 그런 부류이다. 이런 사람들의 성경해석은 결코 도전을 받아들일 리 없다. 이들의 언설이 최종적이다. 이들은 반드시 "랍비"로서 인정을 받아야 하고 "아버지"로서 복종을 받아야 한다. 모든 사람은 이들이 가르치는 것을 반드시 엄격하게 믿어야 하고, 이들이 규정하는 행위규칙에 의거해서 삶의 상세한 모든 부분을 통제해야 한다. 만일 이렇게 하지 않으면 이단자로 낙인이 찍히고, 육체의 욕망을 채우는 사람이라고 탄핵받는다. 기독교계에는 이렇게 스스로 높아져서는 자신들은 맹목적인 신임과 순종을 받을 자격이 있으며 자신의 판단을 반드시 의문의 여지 없이 받아들여야 한다고 믿는 작은 교황들이 항상 많이 있었고 여전히 많다. 이들은 우쭐거리는 찬탈자들에 불과하다. 오직 그리스도만이 그리스도인들의 랍비 혹은 스승이시기 때문이다. 그리스도의 제자들은 모두 "형제들"이기 때문에 동등한 권리와 특권을 소유한다.

9절의, "땅에 있는 자를 아비라 하지 말라 너희 아버지는 하나이시니 곧 하늘에 계신 자시니라"는 이 당부는 하나님의 백성이 항상 필요로 하는 것이었다. 하나님의 백성들 대부분이 단순하고 소박하고 잘 믿고 잘 속는 사람들이기 때문이다. 이 일련의 구절을 통해 주 예수께서는 사적 판단의 의무를 역설하고, 신자들로 하여금 어떤 누구도 자신들의 신앙을 쥐락펴락하거나 삶을 통제하도록 허용하지 말라고 명령하신다. 영적인 문제에서, "하나님께서 가라사대"라는 분명하고 결정적인 말을 자신의 호소력의 토대로 내놓을 수 있는 사람보다 더 주목을 받을 수 있는 사람은 없다. 성경이 보증해주지 않는 어떤 교회적 권세에 복종하는 것, 사람들의 덧없는 생각에 순응하는 것은 당신의 기독교적 자유를 부인하는 것이다.

오직 하나님의 말씀이 가르치는 것에 의해서만 통제를 받아라. 그리고 "사람들의 계명과 교리"에 예속되는 것을 확고하게 거절하고 "붙잡지도 말고 맛보지도 말고 만지지도 말라"(골 2:21-22). 반대로, "그리스도께서 우리로 자유케 하려고 자유를 주셨으니 그러므로 굳세게 서서 다시는 종의 멍에를 메지 말라"(갈 5:1). 그리고 "그 자유로 악을 가리우는 데 쓰지 말고 오직 하나님의 종과 같이 하라"(벧전 2:16). 즉, 하나님의 권위에 무조건적으로 복종하라. 그리스도께서는 바리새인들의 규칙에 순응하기보다는 차라리 안식일을 범하는 자로 간주되기를 원하셨다.

(3) 고린도후서 1:24

나의 독자여! "우리가 너희 믿음을 주관하려는 것이 아니요 오직 너희 기쁨을 돕는 자가 되려 함이니 이는 너희가 믿음에 섰음이라"(고후 1:24)는 이 구절을 깊이 생각하라. 그리고 이 구절은 "지극히 큰 사도들보다 부족한 것이 조금도 없는" 바울이 쓴 글귀라는 사실을 기억하라. 바로 여기에서, 성도들의 신앙을 주관하려는 모든 권위를 부정하라고 말했다. 그리고 바로 앞 구절(고후 1:23)에서 바울은 이 원칙들을 사용하지 않은 것에 대해 언급했다. 그리고 여기(24절)에서, "자신과 자신의 동료들이 교회들을 지배할 전제적 권력을 취하거나 하나님의 유업을 주재할 생각을 갖지 않도록 하기 위해, 이 진술을 덧붙였다"(존 길).

24절의 "믿음"이라는 단어를 믿음의 은사 혹은 믿음의 대상이라고 이해할 수도 있다. 전자의 의미로 받아들이자. 그러면 '복음 사역자들은 믿음을 발생시키지도 격동시키지도 지배하지도 못한다, 성령이 믿음을 만들고 증진시키고 주관하신다'는 뜻이 된다. "믿음"이라는 단어가 믿음의 대상이라고 받아들이자. 그러면 '사역자들은 어떤 새로운 신조를 발명할 어떤 신적인 근거가 없다, 성경에서 분명하게 가르치지 않는 어떤 것에 동의하라고 요구할 근거도 없다'라는 뜻이 된다. 베드로는 "만일 누가 말하려면 하나님의 말씀을 하는 것같이" 하라고, 하나님 말씀에 계시된 것을 빼지도 말고 자기 자신의 것을 하나님 말씀에 더하지도 말라고 권면한다(벧전 4:11).

바울의 사역은 훈육하고 확신을 주는 것이었지 개종자들을 주재하고 그들에게 믿음을 강요하는 것이 아니었다. 바울은 고린도의 성도들이 보내온 질문들에 답하여 첫 서신을 써서 보냈고, 이제 이 두 번째 서신을 시작하면서 자신이 고린도 교회를 다시 방문하기를 미룬 까닭을 설명한다. 이때 바울은 고린도 교인들이 자신들의 회중에 있는 악덕을 바로잡을 때까지는 방문하지 않기로 결심했다고 밝힌다(고후 2:1). 바울은 고린도 교인들을 압박하기를 거절했다.

> "믿음은 사람의 증언에 의존하지 않는다. 하나님의 증언에 의존한다. 우리가 성경을 믿을 때, 우리가 믿는 것은 사람이 아니다. 하나님이다. 그러므로 믿음은 사람에게가 아니라 오직 하나님께만 복종한다…사도들은 성령의 발성기관에 불과했다. 사도들은 자신들이 이렇게 말한 것을 철회하거나 수정할 수 없었다. 사도들은 복음을, 말하자면, 지배하는 군력자들이 아니었다…그러므로 바울은 자신을 형제들 옆에 나란히 세운다. 군주처럼 그들 위에 군림하지 않는다. 자신이 가르친 복음 안에서 형제들과 연합한 한 사람의 신자요 형제들의 기쁨의 조력자로 나란히 서서, 형제들과 협력하여 형제들의 영적 복락을 증진한다."(찰스 핫지)

바울도 그렇게 하지 않는데, 만일 어떤 사람이 믿음 혹은 실천의 문제에서 영적 지배권을 행사하려고 시도하는 것은 정말 터무니없다!

(4) 베드로전서 5:1~3

"너희 중 장로들에게 권하노니…너희 중에 있는 하나님의 양 무리를 치되…더러운 이를 위하여 하지 말고 오직 즐거운 뜻으로 하며 맡기운 자들에게 주장하는 자세를 하지 말고 오직 양 무리의 본이 되라"(벧전 5:1-3). 이 구절은 베드로가 하나님의 종들은 자신들의 거룩한 직무를 어떻게 수행해야 하는지에 대해 하나님의 종들에게 준 교훈의 일부분이다. 그래서 필자는 이 글을 읽는 모든 목사로 하여금 이 구절에 주의를 기울이라고 촉구하는 바이다.

하나님은 자신의 종들이 지위를 남용하는 것과 성도들에게 절대적 권위를 행사하거나 오만하게 군림하는 것을 금하셨다. 종의 임무는 진리를 전하는 것이고, 자신에게가 아니라 그리스도께 대한 순종을 요구하는 것이다. 종은 제멋대로 혹은 군림하는 정신으로 처신해서는 안 된다. 하나님의 종은 신자들 위에 있고(살전 5:12) 말씀과 성례를 합법적으로 시행하여 다스리고 복종을 받아야 한다(히 13:17). 하지만 사람들의 양심을 다스리는 권세를 참칭해서도 안 되고 자기 자신이 꾸며낸 것을 강제해서도 안 된다. 오히려 반대로, 자신에게 맡겨진 양떼에게 그리스도께서 명령하신 모든 것을 가르쳐 지키게 해야 한다(마 28:20).

복음의 일군은 다른 사람들에게 명령할 혹은, 자신이 말하는 것을 자신의 주장 그대로 받아들이지 않으면 안 된다고 위압적인 태도로 주장할 권리가 없다. 이런 정신은 기독교의 체질에 반하고, 자신의 양떼와 맺고 있는 관계에 부적합하고, 그리스도의 제자에게 전혀 어울리지 않는다. 독단적 통제권을 어떤 성직자에게 부여한 적이 없다. 참된 목회적 권위 혹은 교회 통치는 독재적 권위가 아니다. 그리스도 아래에서의 영적 집행이다. 설교자들은 하나님께 속한 이들을 주재하는 대신에, "양 무리의 본"이 되어야 한다. 선행, 거룩, 자기희생에 대한 인격적인 모범이 되어야 한다. 경건, 겸손, 자선의 모형이 되어야 한다. 스스로 베드로의 후계자들이라고 칭하는 자들의 오만과 불관용과 포악한 정신은 베드로가 명령한 행위에 얼마나 엄청나게 다른 것인지! 이들만이 이 명령을 어긴 것이 아니다. 권력을 사랑하는 것은 돈을 사랑하는 것만큼이나 설교자들이 흔하게 저지르는 죄악이었다. 기독교를 타락시킨 가장 나쁜 악덕들 가운데 많은 것이 지배권과 교회적 명예를 좇는 욕망에서 나왔다.

선량한 사람들은 일정한 권위가 자신들에게 주어질 때 우쭐대지 않고 오용하지 않기가 힘들고 그 권위를 가지고 유익보다 해를 더 끼치지 않도록 하기 힘들 정도로 사람의 본성은 빈약하다. 야고보와 요한조차도 주의 영광의 날에 권세와 영광의 요직에 앉혀달라고 그리스도께 요청한 일이 있었을 정도로 분수를 잃었다(막 10:35-37). 이때 그리스도께서 하신 답변 가운데 주목해야할 부분은 "이방인의 소위 집권자들이 저희를 임의로 주관하고 그 대인들이 저희에게 권세를 부리는 줄을 너희가 알거니와"라는 부분이다(42절). 즉, 이방인들은 지배하기를 좋아하고, 하만처럼 모든 사람을 자기에게 굽실대게 만들기를 좋아한다.

그러나 그리스도는 사역자들에게 "너희 중에는 그렇지 아니하니"

라고 말씀하신다(43절). 즉, 군림하는 정신을 삼가고, 아첨 받고자 하는 욕구를 죽이고, 직무 때문에 명예를 얻고자 하는 욕구를 죽이라고 당부하신다. 그 뒤에 "너희 중에 누구든지 으뜸이 되고자 하는 자는 모든 사람의 종이 되어야 하리라"고 말씀하신다(43절). 즉, 그리스도의 영적 왕국에서 가장 큰 자로 여겨질 자들은 온유하고 낮은 심장이라는 특징을 가진 이들이다. 장차 영광의 면류관을 받을 자들은 다른 사람들의 유익을 지극하게 추구한 이들이다. "인자의 온 것은 섬김을 받으려 함이 아니라 도리어 섬기려 하고 자기 목숨을 많은 사람의 대속물로 주려 함"이다(45절). 그렇다면 자기를 부정하는 것 그리고 자기를 높이지 않는 것을 당신의 지속적인 목표로 삼아라.

모든 것을 시험하라, 선한 것을 견고히 붙들라(살전 5:21). 데살로니가전서 5:21은 사적 판단의 권리를 명확하고 필수적인 함축에 의해 가르치고, 그 권리를 발휘해야할 의무와 범위를 알려주는 또 하나의 구절이다. 선행하는 문단들에서 전개된 내용과 이 구절을 연결해서 살펴보면, 그리스도의 종들이 절대권력을 찬탈하는 것이 근거가 없는 것이라면, 이들에게 돌보도록 맡겨진 이들이 굴복하는 것도 똑같이 잘못된 것이다. 정말이지 교회의 통치와 치리는 필수적인 것이며 영적인 것이다. 하지만 군주적 권위가 아니라 거룩과 사랑의 통치이며, 서로 오래 참는 정신에 의해 성취하는 것이다.

하나님은 자녀들의 지성과 양심이 어떠한 교회적 권세에 의해 예속될 것을 요구하지 않으신다. 하나님의 자녀들 각자는 자신이 속한 지역 회중에 관련된 모든 문제에 대해 자신의 판단력을 행사하고 발언하고 표결할 권리를 갖고 있다. 만일 이런 권리가 없다면 책임을 이행하는 데 실패할 것이다. 옛날의 어떤 신학자가 시편 110:1을 언급하면서, "그리스도가 주님이시다. 그리스도께서 원하는 사람을 그리고 원하는 것을 사용하고 명령하신다. 우리는 오직 그리스도께만 '주여, 나를 구원해주십시오. 내가 죽습니다'라고 말하지 않으면 안 된다. 오직 그리스도께만 '주여, 주께서 내게 시키실 일이 무엇입니까?'라고 말하지 않으면 안 된다"라고 말했다.

사적 판단의 권리가 하나님 말씀을 인간의 이성과 취향의 법정에 세울 자유를 갖는다는, 따라서 무엇이든 간에 우리의 지성에 부합하지 않거나 우리의 성향에 맞지 않는 것은 어떤 것이든 거절해도 좋다는 그런 의미가 분명히 아니라는 말을 할 필요는 거의 없다. 성경은 우리의 의견에 굴복하지 않는다. 성경의 내용에서 취사선택할 선택권을 우리에게 주지 않는다. 오히려 성경이 우리를 비평한다(히 4:12). 하나님의 법은 완전하고, 우리 가운데 가장 좋은 사람조차도 매우 불완전하기에 하나님의 법을 비평한다는 것은 미친 짓이다.

그러나 우리가 설교를 들을 때 우리는 우리가 전달받은 말이 하나님 말씀에 일치하는지 아닌지 그리고 그 해석이 타당한지 부당한지를 따지지 않으면 안 된다. "그리스도 예수께서 죄인들을 구원하기 위해 세상에 오셨다"는 것은 근본적인 진리이다. 하지만 그리스도 예수를 단지 구원자로만 인정하고 할례 없이는 구원이 없다고 가르친 이들이 사도들의 시대에서조차 있었다. 따라서 교회가 예루살렘에 모여 이 문제를 "의논"했다(행 15:4-11). 그러므로 우리는 우리가 듣고 읽는 모든 것을, 어떤 것도 당연하게 여기지 말고, 하나님의 규칙에 부합하는지를 반드시 "의논"해야 한다.

"범사에 헤아려…라"(살전 5:21). 이것은 선택사항이 아니라 의무사항이다. 모든 것을 검증하는 것은 하나님께서 우리에게 명령하신 것이다. 하나님의 말씀은 진리와 의무의 유일한 기준이다. 우리가 믿고 행하는 모든 것을 반드시 하나님 말씀에 의해 시험해야 한다. 이 의무를 로마와 연합하여 로마 체제가 자신들을 위해 모든 것을 판단하도록 허용함으로써 회피하려고 애쓴 사람들이 아주 많다. 비(非)-교황주의적 교회들의 구성원들 가운데서도 교황주의보다 더 낫지 않은 이들이 대부분이다. 너무나 나태한 탓에 스스로 성경을 살펴보고 연구하지 못한다. 설교자들이 말해주는 어떤 것이라도 믿어버린다.

나의 독자여! 그대의 영혼과 하나님 말씀 사이에 끼어들어오는 영향력을 경계하라. 동반자 정신과 완고함에 굴복했던 어떤 초대교회에게 성령이 "그런즉 아볼로는 무엇이며 바울은 무엇이뇨…"라고 말씀하실 기회가 정말 일찍 찾아왔다. 지성이 인간적인 도구에 의존할 때, 진리에서의 영적 진보가 즉각적으로 억제될 뿐만 아니라 진리가 기왕에 성취한 것의 생명력이 예속된 마음 때문에 죽고 인간적 권위에 입각해서 수용된 도그마에 의해 대체된다. 그 다음에는 신성한 진리는 퇴락하여 당파적 특성으로 변질된다. 많은 사람들이 편협한 정신에 불과한 것에 빠져 그 당파적 특성을 열성적으로 옹호한다.

모든 분파의 기원은 인간에 대한 복종이다. 하나님의 권위를 인간의 권위로 대체하고, 설교자가 독재자가 되는 것이다. 어떤 인간이 성령의 자리와 직무를 가로채는 것을 내버려두어서는 결코 안 된다. 인간적인 어떤 체계도 영혼을 먹여 살리지 못한다. 영혼은 영적 자양분을 공급받기 위해서는, 하나님의 살아있고 강력한 말씀과 즉각적이며 소생케 하는 접촉을 가져야 한다. 진정한 그리스도인들조차도 회심하기 전에 형성된 종교적 신념들을 그대로 간직한 이들이 많았다. 이들의 신념은 하나님과 하나님의 말씀에서 직접적으로 나온 것이 아니라 부모들 혹은, 출석하는 교회로부터 물려받은 것이었다.

그러므로 진정한 그리스도인들 또한 "범사에 헤아려 좋은 것을 취하고"라는 명령에 주의를 기울일 필요가 있다. 그대의 신념을 성경의 시험대로 가져오라. 그러면 그대는 새로운 것을 배우는 것보다 기존의 것들을 버리는 것이 훨씬 힘들고 훨씬 고통스럽다는 사실을 알게 될 것이다. 스스로 생각하는 사람은 극히 드물다. 그 값이 어떠하든지 간에 정말로 기꺼이 대가를 치르고 진리를 사고 자신의 옛 의견을 버리는 사람은 훨씬 더 드물다. 이렇게 하기 위해서는 많은 은혜가 필요하다. 우리 영혼들의 영원한 이해관계가 관련되어 있기 때문에, 다른 사람들의 판단에 의존하는 것은 최고로 어리석은 짓이다. 가장 유능한 사역자들조차도 실패할 수 있고 오류를 일으킬 수 있기 때문이다.

"베뢰아 사람은 데살로니가에 있는 사람보다 더 신사적이어서 간절한 마음으로 말씀을 받고 이것이 그러한가 하여 날마다 성경을 상고하므로"(행 17:11), 베뢰아 사람들은 사도들의 가르침에 대해 판단했다. 베뢰아 사람들은 이렇게 한다고 칭찬을 받는다! 판단하는 것은 베뢰아 사람들의 특권이며 의무였을 뿐만 아니라 자랑거리로 기록되었다. 그러나 베뢰아 사람들이 이 의무를 어떻게 이행했는지에 주목하라. 귀로 들은 모든 것을, 기록된 말씀의 시험대로 가져갔다. 기존에 가지고 있던 개념들, 관념, 편견, 느낌 혹은 편애에 의해 판단하지 않았다. 하나님 말씀에 의거해서 판단했다. 자신들이 들은 것이 하나님 말씀에 일치한다면 반드시 받아들이고 순종했다. 그러나 만일 하나님 말씀에 반하는 것이라면 마찬가지로 반드시 거부했고 그렇게 가르친 사역자도 거부했다. 이것을 기록하여 우리의 모범으로 삼도록 했다.

이것은 사적 판단이라는 이 특권을 어떻게 발휘해야 하는지를 보여준다. 사도들은 하나님의 보내심을 받았다고 주장했다. 그러나 사도들은 실제로 진리를 전하고 있었는가? 베뢰아 사람들은 이들의 가르침에 기꺼이 귀를 기울였다. 그러나 이들의 가르침을 성경에 의거해서 검토하고 시험하는 수고를 기울였다. 이들의 가르침이 성경에 부합하는지를 매일 낱낱이 살폈다. 독자여, 그대도 이런 식으로 하라. 그리스도께서 에베소 성도들이 "자칭 사도라 하되 아닌 자들을 시험하여 그 거짓된 것을 네가 드러낸 것" 때문에 칭찬하신 것을 기억하라(계 2:2).

사적 판단의 권리는 각각의 그리스도인은 자신에게 법이 되어도 좋다는 뜻이 아니다. 하물며 자신을 지배하는 군주가 되어도 좋다는 뜻도 아니다. 자유를 방탕에 빠질 빌미로 삼지 않도록 경계하지 않으면 안 된다. 그렇다. 사적 판단의 권리는 우리 자신의 관점을 성경으로부터 형성할, 어떤 교회적 권세에 속박되지 않을, 오직 하나님께만 굴복할 권리를 의미한다. 두 극단-즉, 인간의 권위 및 전통에의 예속이라는 극단과 자기의지 및 교만의 정신이라는 극단-에 빠지지 않도록 해야 한다. 한편으로, 우리는 맹목적 신뢰를 피해야 한다.

다른 한편, 독자성에 대한 애착 혹은, 독창성이라는 값싼 평판을 획득하기 위해 다른 사람들이 믿는 것을 경멸하는 새로운 것에 대한 애착에 빠지지 않도록 해야 한다. 사적 판단은 개인적인 상상이 아니라 성경에 입각한 신중한 확신을 의미한다. 비록 내가 내 생각과 양심을 다른 사람들에게 맡기거나 내 이성과 신앙을 맹목적으로 교회에 넘겨줘서는 결코 안 되지만 하나님의 옛 종들의 공인된 판단을 거절하는 데에는 대단히 더뎌야 한다. 청교도들 및 다른 사람들이 가르친 것에 자신을 한정하는 것과, 이들이 내게 제공해줄 수 있는 도움을 경멸하는 것 사이에는 행복한 중간이 있다. 자기기만을 엄격하게 제한해야 한다. 사적 판단을 겸손하게, 온전하게, 불편부당하게, 어떤 쪽에서 오는 빛이든 기꺼이 받아들이는 마음으로 발휘해야 한다. 그대 스스로 하나님 말씀을 깊이 생각하라. 그러나 거만한 자기충분성이라는 정신을 억제하라. 진리를 더 잘 깨닫게 해줄 수 있을 것 같은 것을 기꺼이 이용하라. 무엇보다도, 가르쳐달라고 매일 성령께 구하라. "모든 것을 헤아리라." 그대가 가장 좋아하는 설교자에게 귀를 기울일 때, 혹은 이 책을 읽을 때에도 모든 것을 살펴라. 그대가 자신의 권리로 주장하는 바로 이 권리와 특권을 그대의 형제들에게도 주라.

위대한 변화를 누려라
4장 Great Change

"그런즉 누구든지 그리스도 안에 있으면 새로운 **피조물**이라 이전 것은 지나갔으니 보라 새것이 되었도다."(고후 5:17)

1. 옛 것은 지나갔다

'옛 것은 지나갔다'는 표현에 대한 흔한 오류

우리의 오랜 독자들 가운데 몇몇 분은 대략 40년 전에 종교계를 발칵 뒤집어놓은 한 권의 책 특히, 아르미니우스주의에 관한 절들을 기억할지도 모르겠다. 그 책의 제목은 『두 번 태어난 사람들』이었다. 해롤드 벡비(Harold Begbie)라는 저명한 저널리스트가 다소 선정적이고 자극적인 문체로 저술한, 이 책의 취지는 악명 높은 난봉꾼들과 범죄자들이 구세군과 시티 복음선교회의 복음전도적 노력들을 통해 놀랄만하게 "회심"한 사건들을 묘사하는 것이었다. 이 특정한 책자를 알든 모르든 우리의 독자는 변화된 사람을 다룬 이와 유사한 글들을 읽어봤을 것이다. 해롤드 벡비처럼, 독자는 비범한 사례들에 대한 "증언"들을 개인적으로 들어봤을 것이다. 대략 25년 전에 뉴욕에서 있었던 사례를 회상해보자. "감옥에서 크리스마스를 스무 번이나 보낸" 중년의 남자가 있었다. 이 사람은 범죄자의 삶에서 구원받았다. 자신의 구원을, 하나님이 베푸신 놀라운 은혜와 그리스도의 속죄의 피가 발휘하는 효력에 돌렸다. 이 사람이 사용한 성구 인용 가운데 하나는, "화관을 주어 그 재를 대신하며 희락의 기름으로 그 슬픔을 대신하며 찬송의 옷으로 그 근심을 대신하시고"였다(사 61:3).

오류 (1) 옛 본성은 완전히 제거되었다

변화된 사람들 전부는 아닐지라도 많은 사람이, 자신들 안에 이뤄진 은혜의 역사가 무척 철저해서 자신들의 옛 습관과 성향들이 완전히 제거되었고, 더 이상 자신들의 옛 방식으로 돌아가고 싶은 욕구는 조금도 없고, 한때 자신들을 매료시켰던 것들에 대한 모든 욕망이 없어졌다고 증언한다. 그리고 하나님이 자신들을 그리스도 안에서 새로운 피조물로 만드셨고, 옛 것은 지나갔고 모든 것이 새롭게 되었다고 선언한다(고후 5:17).

개인적으로 우리는 이러한 사례들에 대해 의견을 제시할 능력이 있다고 여기지 않는다. 분명코 우리는 하나님의 이적을 일으키는 능력을 감히 제한하려들지 않겠다. 그럼에도 불구하고 우리는 이런 간증을 하는 사람들을 상당한 기간에 걸쳐 밀접하게 접촉하고 일상을 상세하게 관찰할 필요가 있다. 이런 사람들이 보여주는 좋은 것은 해가 뜨면 순식간에 사라지는 아침 안개와 새벽이슬과 같은 것보다는 낫다는 확신을 얻기 위해서다(호 6:4). 한편으로는, 우리는 다소의 흉포한 박해자에게 일어난 이적적인 변화를 염두에 둬야 한다. 다른 한편으로는, 마태복음 12:43~45를 잊지 말자.

그러나 위에서 언급한 사람들과 같은 사례들은 일반적이지 않거나 심지어 평범하지 않으며 우리 자신의 회심이든 다른 사람의 회심이든 회심의 진정성을 확인할 때 표준으로 삼아서는 결코 안 된다고 단언해도 문제가 없을 것이다. 죄를 억제하고 제한하는 은혜를 하나님께서 사람에게 주권적으로-어떤 사람들에게는 더 많이, 다른 사람들에게는 더 적게-베푸시는 것은 복되게도 진실이다. 하지만 하나님은 중생할 때 옛 본성을 제거하거나 "육체"를 박멸하지 않으신다는 것도 마찬가지로 진실이다.

이 세상에서 살았던 사람들 가운데 오직 한 분만이 "이 세상 임금(사탄)이 오겠음이라 그러나 저는 내게 관계할 것이 없으니"라고 진실하게 단언하실 수 있는 분이고(요 14:30), 사탄의 맹렬한 불화살이 불을 붙일 수 있는 가연성 소재가 전혀 없으신 분이다. 세상에서 가장 경건한 성도조차도 사도 바울과 함께 진정으로 "선을 행하기 원하는 나에게 악이 함께 있는 것이로다"라고 서글프게 고백할 근거가 있었다. 모든 외적 죄악들로부터 자신을 지키는 것은 정말이지 그리스도인의 의무이며 특권이다. 바울은 "너희는 성령을 좇아 행하라 그리하면 육체의 욕심을 이루지 아니하리라"고 말했다(갈 5:16). 하지만 바로 그 다음 구절에서, 육체가 여전히 존재하고 작동하고 성령을 대적하고 있다고 말한다.

그러나 좀 더 나아가자. 위에서 언급한 그런 사람들이 고린도후서 5:17을 가져다가 자신들의 "경험"을 묘사하는 데 이용할 때, 그 구절의 언어가 자신들의 사례에 아무리 적절한 것처럼 보여도 그 구절을 활용할 정당한 근거가 없으며 오용하고 있는 것이다. 그 오용의 결과는, 하나님께서 사랑하시는 자녀들 가운데 많은 사람을 서글픈 속박에 가둬

놓았다는 것이다. 무수히 많은 사람들이 그리스도를 자신들의 개인적인 구세주로 참으로 영접하면 이처럼 급격한 변화가 자신들에게 성취되어 그 이후부터 자신들은 악한 생각들, 더러운 상상들, 사악한 욕망들, 속된 탐욕들에 대해 면역이 될 것이라는 믿음을 갖게 되었다.

그러나 그들이 그리스도를 자신들의 구세주로 영접한 뒤에 멀지 않은 때에, 내면에 있는 것들이 기대했던 것과 전혀 다르다는 사실을, 옛 성향들이 여전히 존재한다는 사실을, 내적 부패들이 여전히 자신들을 괴롭히고 어떤 경우에는 과거보다 더 맹렬하게 괴롭힌다는 사실을 발견하였다. "다 각각 자기의 마음에 재앙"에 대한 고통스러운 의식 때문에 자신은 결코 건전하게 회심하지 않았다고, 자신이 하나님의 자녀라고 믿는 것은 잘못이라고 결론내린 사람들이 아주 많다. 이들의 고통은 크다.

하나님께서 자신의 종들에게 소명으로 주신 사역의 지극히 중요하고 필수적인 부분은 "내 백성의 길에서 거치는 것을 제하여 버리라"는 것이다(사 57:14; 비교, 62:10). 만일 하나님의 종이 이 부분에 신실하게 주의를 기울이고자 한다면, 하나님은 복음을 믿는 사람에게서 그 내적 죄를 제거해주시겠다는 약속을 어디에서도 한 적이 없다는 사실을 자신의 청중에게 즉, 신자들과 불신자들에게 명명백백하게 밝히지 않으면 안 된다. 하나님은 회개하고 믿음을 갖는 죄인을, 죄에 대한 애착과 죄책과 형벌 그리고 통치권에서 구원해주신다. 그러나 이생에서 하나님은 죄의 현존에서 구원해주시지는 않는다.

하나님의 구원의 은혜라는 기적은 그 은혜를 받는 모든 사람들에게 실질적인, 근본적인, 지속적인 변화를 실제로 일으킨다. 어떤 사람들은 바로 이 변화를 더 많이 의식하고 더 명확하게 입증한다. 그리고 (그전에 도덕적, 그리고 어쩌면 종교적 삶을 살았던) 사람들은 이렇지 않을 것이다. 그러나 하나님이 그 사람의 존재에서 "육체"를 혹은 그 사람이 이 세상에 태어날 때부터 지녔던 악한 원리를 제거해주시는 경우는 단 한 번도 없었다. 육체로 태어난 그 존재는 여전히 육적이다. 성령으로 태어난 그 존재가 영적일지라도 말이다(요 3:6).

오류 (2) 옛 본성을 이길 수 없다

복음을 전하는 사람은 정반대 극단으로 건너가서는 결코 안 된다. 그리스도인은 이 장면에 머물러 있는 동안에는 패배의 삶을 기대할 수밖에 없다고, 내적 및 외적 원수들은 너무나 강력해서 싸워서 이길 수 없다고 가르치거나 심지어 이런 인상을 전달해서는 결코 안 된다. 하나님은 사랑하는 자녀를 저 원수들과 독자적인 능력으로 맞붙어 싸우도록 내버려두지 않으신다. 오히려 하나님은 성령으로 말미암는 능력으로 속사람을 굳세게 해주신다. 하지만 성령을 슬프게 하지 않고 성령이 활동을 중단할 여지를 주지 않도록 지속적으로 경계할 것을 요구하신다.

하나님은 성도에게 "내 은혜가 네게 족하도다"라고 말씀하신다(고후 12:9). 그러나 그 은혜를 구해야만 하고(히 4:16) 사용해야만 한다(눅 8:18). 그리고 그 은혜를 겸손하게 구하고 올바르게 사용한다면 하나님은 "더욱 큰 은혜"를 베푸신다(약 4:6). 이렇게 성도는 믿음의 선한 싸움을 싸울 능력을 갖는다. 사탄은 정말이지 강력하다. 그러나 훨씬 더 강한 이가 있다. "너희 안에 계신 이가 세상에 있는 이보다 크"시다(요일 4:4). 그러므로 그리스도인에게 "주 안에서와 그 힘의 능력으로 강건"하라고 요구한다(엡 6:10). 그리스도인이 그리스도로부터 분리되어 있는 동안에는 열매를 맺지 못한다(요 15:5). 하지만 그리스도에 의해 강화되었을 때는 모든 것을 할 수 있다(빌 4:13). 그리스도인이 이긴다(요일 2:13, 5:4, 계 2:7).

따라서 우리는 지켜야할 균형점이 있다는 사실을 한 번 더 확인한다. 한쪽 극단에서, 무죄한 완전주의라는 오류를 피하는 동시에 반대쪽 극단에서 영적 패배주의라는 오류를 피해야 한다. 진리를, 성경적 명제로 제시해야 한다. 그 음울한 면이나 밝은 면을 부적절하게 고집해서는 안 된다. 사람이 거듭날 때 유효적 소명을 받아 어둠에서 하나님의 "기이한 빛"으로 들어간다(벧전 2:9). 만일 이 성경구절들을 읽는 회심하지 않은 영혼이 하나님께서 자신에게 생명을 주시면 모든 무지와 오류가 즉각적으로 자신의 영혼에서 축출될 것이라는 관념을 형성한다면, 부당한 결론을 내리는 것이며 조만간 자신의 실수를 발견하게 된다.

주 예수께서는 무거운 짐을 진 자들이 자기에게 오면 쉼을 주겠다고 약속하신다. 그러나 쉼을 얻은 이런 사람의 마음과 생각이 그 이후로 완전한 평온을 누릴 것이라는 취지로 하신 말씀이 아니다. 주 예수는 자기 백성을 죄악으로부터 구원해주신다(마 1:21). 하지만 범법들을 매일 용서해달라고 구할 필요가 없는 그런 방식의 구원이 아니다(눅 11:4). 주 예수의 구원은 불완전한 구원이 아니다. 로마서 13:11과 베드로전서 1:5과 같은 구절들이 보여주는 것처럼 주 예수의 구원은 이생에서 완벽하게 경험되지 않는 혹은 완벽하게 들어가지지 않는 것이다. 가장 좋은 포도주는 마지막까지 남겨둔다. 영화는 아직 미래적이다.

고린도후서 5:17을 올바로 해석해야 한다

우리가 지금까지 언급한 것은, 본 장의 서두에서 언급한 인물들이 자신들의 "경험"을 고린도후서 5:17을 이용하여 묘사할 때 이 구절을 부당하게 그리고 잘못 사용한다는 사실이다. 단지 이 사람들만 성경구절을 이렇게 잘못 사용하는 것이 아니다. 고린도후서 5:17을 올바르게 이해하는 데 있어서 돌부리에 걸려 넘어진 사람들이 많기 때문에 세심한 주석이 요청된다. "어떤 사람이 그리스도 안에 있다면 그 사람은 새로운 피조물이다. 옛 것들은 지나간다. 보라. 모든 것이 새로운 것이 된다"라는 이 진술은, 사람이 거듭날 때 그 악한 성향들과 더불어 옛 본성이 제거되는 은혜의 이적이 그 사람 속에서 일어났다는 주장에 결정적으로 유리한 진술이라고 인정하는 것이 공정한 판단임에 틀림없다. 그러나 지난 2천 년 동안의 하나님의 자녀들 가운데 신뢰할만하다고 알고 있는 엄청나게 많은 사람들이 겪은 아주 다른 경험을 고려할 때, 우리는 "그 해석이 정말로 고린도후서 5:17의 의미인가?"라고 즉각적으로 묻지 않을 수 없다. 어쩌면 우리 독자들 중에서도 그 말에 당혹스러워하지 않을 사람이 거의 없을 것이다.

세심한 연구자는 필자가 고린도후서 5:17의 도입구를 생략하고 제시했다는 사실에 주목할 것이다. 이 구절을 인용하는 사람들이 열에 아홉 번은 이렇게 한다. 이 구절의 의미를 만족스럽게 설명해주는 강해에 대해서도 잘 모른다. 고린도후서 5:17은 "그런즉"(그러므로)이라는 말로 시작한다. 바로 이 구절에 대한 비판적 검토는 바로 이 "그런즉"이라는 단어에서 시작하지 않으면 안 된다는 사실에 주목하라. 고린도후서 5:17에서 도출되는 결론은 선행하는 전제에서 도출된다는 뜻이며, 이 구절을 선행구절과 분리된 것으로, 그 자체로 완결된 것으로 간주해서는 안 되며 오히려 선행하는 구절과 밀접하게 연결되어 있다고 간주해야 한다는 뜻이다. 16절로 거슬러 올라가보면, 16절도 "그러므로"라는 단어로 (모두 동일한 헬라어 단어 '호스테'로) 시작한다. 이것은 16절을 분류하는 데 즉각적으로 기여한다. 이 구절은 교훈적 혹은 교리적 구절이며, 바울이 생각의 논리적 맥락 혹은 논증을 제시하고 있다는 뜻이다. 즉, 의무를 상기시키는 권고적 구절이 아니고 영혼의 경험을 묘사하는 전기적 구절도 아니라는 뜻이다. 이 열쇠를 사용하지 않는다면 이 구절은 열리지 않는다.

고린도후서 5:17을 잘못 해석하는 경우들

구절의 의미를 풀어주는 열쇠는 17절의 "그런즉" 혹은 16절의 "그러므로"라는 도입부에 꽂혀 있다. 만일 이 열쇠를 무시하면, 이 열쇠를 돌리는 대신에 문을 억지로 열면, 자물쇠가 틀어지거나 그 틀과 경첩이 망가진다. 다른 말로 하자면, 이 구절에 가해지는 해석은 비틀리고 불만족스럽게 될 것이다. 이 구절이 의존하고 있는 바로 그 "그러므로"라는 단어를 활용하지 않고 즉, 적절한 비중을 부여하지 않고 이 구절의 의미를 설명하기를 추구한 사람들에게 실제로 이런 일이 일어났다.

일반적으로, "그러므로"라는 도입구를 무시한 채 고린도후서 5:17은 중생의 기적을 언급하고 있으며 사람이 중생을 경험할 때 중생으로 인해 야기되는 것을 기술하고 있다고 추정했다. 그러나 "그러므로"의 의미를 참작하는 사람들은 자신들이 몇 가지 어려움에 부딪혔다는 사실을 즉각적으로 감지했다. 용어를 다듬거나 언어를 제한해야 했다. "옛 것" 중에는 거듭나지 않은 상태에 있는 사람들의 특성을 규정해준 몇몇은 "지나갔"지만 지나가지 않은 것들도 몇몇이 있고 따라서 중생한 사람들 안에 있는 "모든 것"이 새것이 되지 않았다는 것은 부인할 수 없는 사실이며 그리스도인들이 고통스럽게 의식하는 것이다.

다른 책에 대해서는 탁월하게 주석한 어떤 주석가가 고린도후서를 주석하면서 다음과 같이 말했다.

"구약(사 43:18-19, 65:17)은 메시아가 오심으로써 야기되는 결과들은 모든 것이 새롭게 되는 것이라고 묘사한다. 하늘에서 구속주의 나라가 최종적으로 완성되는 것을 동일한 말로 즉, '보좌에 앉으신 이가 가라사대 **보라 내가 만물을 새롭게 하노라**…'라고 묘사한다. 모든 신자에게 일어나는 내적인 영적 변화를 동일한 말로 표현한다. 왜냐하면 이 위대한 우주적 변화의 모형이며 필수적인 조건이기 때문이다. 만일 마음이 더러운 새장 안에 그대로 갇혀 있다면 외적인 것들에서 어떤 상상할 수 있는 변화가 일어난들 무슨 소용이 있겠는가? 그러므로 바울은 만일 어떤 사람이 그리스도 안에 있다면 그 사람은 선지자가 예언한 것과 유사하고 땅이 하늘이 될 때 기대되는 것과 유사한 변화를 경험한다고 말한다. 즉, 옛 것들은 지나가고 보라 모든 것이 새롭게 되었다. 옛 견해들, 계획들, 바람들, 원리들, 정서들은 지나갔다. 그리고 진리에 대한 새로운 관점들, 새로운 원리들, 인간의 운명에 대한 새로운 판단들, 새로운 감정들과 목적들이 영혼을 채우고 지배한다."

위에서 언급한−교계에서 영향력 있는 위치를 차지한 다른 많은 선량한 사람들이 내놓은 진술들에 대한 멋진 사례인−것과 같은 터무니없는 진술들을 공인하는 것이야말로 하나님의 그토록 많은 작은 자들을 잔인하게 속박하게 했다. 저들은 하나님께서 우리에게 "무엇이든지 속된 것이나 가증한 일 또는 거짓말 하는 자는 결코 그리로 들어오지 못하되"(계 21:27)라고 그리고 "다시 사망이 없고 애통하는 것이나 곡하는 것이나 아픈 것이 다시 있지 아니하리니 처음 것들이 다 지나갔음이러라"(계 21:4)라고 다짐한 것 즉, 새 땅에서 획득될 그런 커다란 변화가 내면에서 전혀 일어나지 않았다는 것을 충분히 잘 알기 때문이다.

저 주석가의 기독교적 경험이 주석가 자신의 주장들이 틀렸음을 입증해주었다고 우리는 담대하게 말한다. "옛 견해들과 계획들" 가운데 많은 것은 건전하게 회심할 때 정말로 사라진다. 반면에 남아서 활동하며 그 사람의 인생행로가 끝날 때까지 오염시키는 것들도 있다. 그렇지 않다면 그 사람이 저항해야할 부패, 억제하라고 권면 받는 욕구는 존재하지 않을 것이다.

정말로 놀라운 것은, 전반적으로 몹시 유익하고 기념비적인 저술을 남긴 탁월한 인물들조차도 고린도후서 5:17을 해석할 때 이런 불합리한 진술들을 한다는 점이다(이것은 그런 탁월한 저술가들도 우리처럼 연약함으로 갇혀 있었다는 설명이다). 이런 사람들 가운데 또 다른 한 사람이 그리스도인에 대해 다음과 같이 언급했다.

"그리스도인은 '자신이 새로운 피조물이기' 때문에 그리스도 안에 있다고 결론 내린다. 옛 것들이 지나갔고 모든 것이 새롭게 되었다는 사실을 발견한다. 안정되고 마비되고 부정한, 옛 양심은 지나갔다. 왜곡되고 완고하고 반역적인, 옛 의지는 지나갔다. 이제, 새로운 의지를 갖고 있다. 강하고 감각적이며 부패하고 불신앙적이며 회개치 않는, 옛 마음은 없어졌다…무질서하고 착오를 일으키고 무절제해진, 옛 정서도 없어졌다. 새로운 생각들, 새로운 성향들, 새로운 갈망들, 새로운 기쁨들, 새로운 일거리들을 갖고 있다."

정말이지, 이 주석가는 자신의 글을 "때때로(즉, 과거에) 육적이었지만 이제는 어느 정도 영적이고, 때때로 세상적이었지만 이제는 어느 정도 천상적이고, 때로는 속되었지만 이제는 부분적으로 거룩하다"라는 말로 마무리한다. 이 결론은, 자신이 앞에서 늘어놓은 문장들과 실질적으로 모순을 일으킬 뿐만 아니라, 인간에 대해 우리가 위에서 언급한 내용을 즉, 성경구절에 맞는 열쇠를 무시할 때 스스로 난제들을 초래한다는 것과 그 난제들을 자신들의 해석들에 들어맞게 하기 위해 용어들을 멋대로 변경해야 한다는 것을 예증하는 데 기여한다.

"지나갔다"라는 부분의 헬라어 원문은 매우 강력한 단어이다. 이 점은 마태복음 5:18, 24, 34, 야고보서 1:10, 베드로후서 3:10에서 확인해 볼 수 있을 것이다. 이 단어는 (어원이 아니라 용례에 따르면) 제거, 종식을 의미한다. 고린도후서 5:17에서 언급된 "옛 것들"이 무엇이든지 간에 억압되거나 일시적으로 잠들었다가 다시 새로운 활력을 갖고 깨어나는 것일 뿐만 아니라 "지나간"-끝장난-것들이다. 그러므로 고린도후서 5:17의 "옛 것"들을 다른 신학자가 정의하는 대로 "아담의 옛 정서들,

옛 성향들"로 정의한다는 것은 전적으로 잘못이다. 사람은 이러한 주장을 하는 것보다 자기 자신의 영적 편력을 통해 더 잘 배웠다고 가정했다. 더 나이 든 저술가가 "옛 것은 일체의 저 부패한 원리들, 육적 상태 혹은 옛 사람에게 속하는 자기 목적들과 육적 욕구들을 가리킨다. 이 모든 것은 단순히 그리고 완벽하게가 아니라 현재에는 단지 부분적으로만 그리고 이후의 소망과 기대 속에서는 전적으로 '지나갔다'"라고 말했을 때 좀 더 만족스럽다. '지나갔다'라는 말을 이처럼 박살내는 것이 필수적이라고 여겨진다는 바로 그 사실 때문에 우리는 "옛 것"에 대한 그의 정의를 몹시 의심스러워하게 된다. 그래서 대안적 정의를 모색해야 한다.

2. 경륜의 변화

"지나갔다"는 말은 섭리적 경륜의 위대한 변화를 가리킨다

어떤 사람이 그리스도 안에 있는 새로운 피조물이 될 때 "지나간" 것들 즉, "옛 것"이 "옛 갈망들, 원리들, 욕구들"을 가리킨다고 말하면 로마서 7:14~25과 정면으로 충돌한다. 옛 본성 즉, "육신" 혹은 악한 원리는 전적으로든 부분적으로든 거듭날 때에든 혹은, 그리스도인이 중생 이후에 여기 지상에 머물러 있는 동안에 겪는 어떤 후속적인 단계에서든 지나가지 않았다는 것은 지극히 확실하다. 오히려 "육체"가 성도 안에 남아있고 "육체의 소욕은 성령을 거스"린다(갈 5:17). 그래서 그리스도인이 주님과 함께 행하고 주님을 기쁘시게 하기를 추구할 때 지속적인 갈등을 일으킨다. 은혜의 이적이 그리스도인의 내면에서 일어날 때 영혼 속에서 실질적이며 근본적인 변화가 일어난다는 것은 정말이지 복된 진실이다. 그러나 이적적인 변화를 죄악된 옛 본성 혹은 내주하는 부패의 제거로 구성되거나 수반하는 것으로 묘사하는 것은 전적으로 근거가 없으며 순전히 비성경적이다. 이 오류에 의해 혼란에 빠지고 상당한 영향을 받은 사람이 대단히 많다는 바로 그 이유 때문에, 우리가 지금 이 주제를 다루고 있다.

고린도후서 5:17은 하나님의 자녀들 가운데서도 총애를 받는 소수만이 획득하는 어떤 비범한 경험을 묘사하고 있지 않다는 점에 각별히 유념해야 한다. 이 구절은 가족구성원 모두에게 공통적인 것을 전제하고 있다. 즉, 만일 어떤 사람이 그리스도 안에 있다면 새로운 피조물이다. 여기에서 "만일 어떤 사람이"라는 말은 우리가 지금 다루고 있는 명제는 일반적인 명제 즉, 중생한 사람에게 보편적으로 적용되는 명제라는 것을 보여준다.

따라서 그 문장은 마치 '만일 어떤 사람이 그리스도 안에 있다면 그의 죄악들은 용서 받았다'라고 말하는 것과 같다. 이것은 장성한 신자들이라면 도달할 것처럼 보이는 표준에 어떤 그리스도인이 도달하지 못하는 것은 그 사람이 가지고 있는 어떤 결함 때문이 아니라는 확신을 즉각적으로 제공해준다. 이 구절은 그리스도인이 성숙단계에 도달할 때 획득하게 되는 것을 설명해주는 것도 아니다. 그리스도인이 천국에 도달할 때에만 갖게 될 특성을 설명해주는 것도 아니다. 오히려 이 구절은 한 사람의 그리스도인이 그리스도와 생명의 연합을 하는 바로 그 순간에 발생한 사실을 서술한다. 정말이지, 영문판에 등장하는 "그는"이라는 주어는 번역자들이 삽입한 것이다. 하지만 번역자들이 이렇게 대명사를 삽입할 합법성 혹은 오히려 필수불가결성은 그 뒤에 따라오는 문구인 "이전 것은 지나갔으니 보라 새것이 되었도다"에서 분명하게 드러난다.

"그런즉"이라는 첫 단어는 문맥을 신중히 고려할 것을 요구한다. 직전 구절로 눈을 돌려보자. 그러면 "그러므로 우리가 이제부터는 아무 사람도 육체대로 알지 아니하노라 비록 우리가 그리스도도 육체대로 알았으나 이제부터는 이같이 알지 아니하노라"라는 구절이 눈에 들어온다. 이 구절이 지금 문맥을 관통하고 있는 주제에 대해 어떤 관념을 형성해냈는지를 우리의 독자들이 얼마나 이해하고 있는지 궁금하다.

우리의 독자들이 주석가들을 참조하면 도움을 얻기는커녕 훨씬 더 혼란을 겪게 될 것 같다. 구절의 의미에 대해 주석가들마다 의견이 다르기 때문이다. 주석가들 가운데 몇몇 사람은 무의미한 단어를 무수히 나열하여 분별력을 어둡게 만드는 대신에 차라리 모르겠다고 솔직하게 인정했다면 훨씬 정직했을 것이다. 그 구절의 의미를 올바르게 파악하기 위해서는 다음과 같은 질문을 상정하고 해답을 모색해야 한다는 사실이 명백하지 않은가? '여기에서 바울이 누구에게 교훈을 주고 있었는가?' '어떤 특정에 주제에 대해 저술하고 있었는가?' '이 주제를 거론하는 이유가 무엇이었나?' 혹은 다른 말로 하자면, 이 사안에서 바울이 품었던 특별한 의도는 무엇이었나? 이런 질문만이 우리에게 참된 관점을 제공해줄 것이다.

고린도전후서의 저술동기 및 배경: 거짓 교사들과 유대주의

필자가 앞에서 지적한 것처럼, 고린도전·후서들의 세부사항들에 대한 통찰력을 얻고자 한다면 바울이 이 두 서신을 저술하도록 계기를 제공한 환경을 아는 것은 필수적이다. 바울이 고린도를 떠난 직후(행 18장) 거짓 교사들이 고린도교회 성도들을 파고들었다. 거짓 교사들은 바울의 영향력을 파괴하고 바울의 사역을 불신하게 만들려고 노력했다. 그 결과, 고린도 교인들이 분열하여 대립하게 되었다. 상대 당파를 논박하고, 육적 행함의 죄를 짓게 되었다(고전 1:11-12). "나는 바울에게, 나는 아볼로에게 속한 자라"고 말하는 이들은 이방인 개종자들일 개연성이 아주 높다. 반면에 "나는 게바에게, 나는 그리스도에게 속한 자"(그리스도와 갖고 있는 육적 연관성 즉, 이방인들이 결코 가질 수 없는 관계성을 자랑하는 자)라고 말하는 이들은 개종한 유대인들임에 틀림없다. 따라서 복음의 원수들은 고린도 회중 속에 불화의 씨를 뿌리는 데, 인종적 편견에 호소함으로써 질투와 증오를 싹틔우는 데, 유대주의에 대한 고대의 반목과 반(反)-유대주의를 영속화하려는 노력에 성공했다.

거짓 교사들은 아마도 예루살렘성전 당국이 발행했을 가능성이 아주 높은 "추천서"를 가지고 고린도에 왔다(고후 3:1). 이 거짓 교사들은 "히브리인들"이었으며(고후 11:22), "그리스도의 일군"들(23절) 즉, 메시야의 사역자들이라고 자처했다. 하지만 사실상 그들은 "거짓 사도, 궤휼의 역군," "사탄의 일군"들이었다(11:13-15). 이방인들은 할례를 받고 모세종교의 개종자가 되지 않는다면 하나님 백성의 언약적 축복들 및 특권들에 참여할 수 없다고 주장함으로써, 이방인 성도들을 유대화하려고 시도했다. 바로 이 점 때문에, 바울이 고린도 교인들에게 보낸 편지에서 "할례 받는 것도 아무 것도 아니요 할례 받지 아니하는 것도 아무 것도 아니로되 오직 하나님의 계명을 지킬 따름이니라"고 가르쳤다(고전 7:19). 이것은 정말로 놀라운 주장이었다. 할례를 제도화한 것은 다름 아닌 하나님이셨기 때문이다(창 17:10). 그 후로 참으로 오랫동안 독특한 특권이 수반되었다(출 12:48). 주 예수 자신도 할례를 받았다(눅 2:21). 그러나 이제 할례는 아무것도 아닌-쓸모없는, 무가치한-것이었다. 어째서 그런가? 지상에서의 하나님 나라 혹은 경륜에서 섭리적으로 발생한 커다란 변화 때문이다. 유대주의는 퇴물 즉, 과거의 것이 되었다. 새롭고 더 좋은 것이 할례의 자리를 대체했다.

거짓 교사들은 바울이 그리스도의 참된 사도라는 점을 명백하게 부인했다. 거짓 교사들은 (사도행전 1:21-22에 기록된 것에 입각해서) 바울은 그리스도께서 육체로 거하시던 동안에 (열한 사도들처럼) 그리스도와 함께 다닌 자가 아니기 때문에 사도가 될 수 없다고 주장했다. 이 때문에 바울은 사도권의 신적 권위를 입증하는 글을 써서 고린도 교회에 보내야 했다(고전 9:1-3). 이 첫 서신이 고린도 교인들에게 유익한 결과를 낳았다는 것은 고린도후서 1~2장에 분명히 드러난다.

하지만 바울의 고린도전서는 "거짓 사도들"을 침묵시키지 못했고, 거짓 사도들 때문에 믿음이 흔들린 신자들을 완벽하게 붙잡아주지도 못했다. 그래서 바울은 두 번째 서신을 고린도 교인들에게 보내야 했다. 한편, 고린도 회중의 대다수는 바울을 향해 가장 따뜻한 애정을 표현했다(1:14, 7:7). 반면에, 바울에게 적대적인 자들의 대범함과 영향력이 커져갔다. 바울의 사도적 권위를 부인하기 위한 거짓 혐의들과 단호한 노력들 때문에 바울이 분개했다(10:2, 11:2-7, 12-15절). 고린도 교회에 있던 이 상충적인 두 요소들이 어떤 주제에서 또 다른 주제로 갑작스럽게 바뀐 것을, 그리고 고린도후서의 언어가 주목할 만하게 바뀐 것들을 설명하는 데 대단하게 기여한다.

고린도후서 3장과 4장의 맥락

고린도후서 3장에서 바울은 자신의 사도권을 옹호했다. 여기에서 바울은 비방자들이 제기한 반대론의 부적절성과 무가치성을 입증했고, 하나님께서 바울 자신과 동료들을 "새 언약의 일군 되기에 만족케 하셨으니"(6절) 즉, 유능한 혹은 충분한 사역자로 만드셨다고 주장함으로써 바울의 개종자들의 믿음을 확고부동한 토대 위에 세웠다. 여기에서 바울은 추종자 모두에게 기본방침을 제시했다. 고린도후서 3장을 끝맺는 과정에서, 옛 언약과 새 언약을 연속적으로 대조하고, 새 언약이 옛 언약보다 헤아릴 수 없이 우월함을 과시했다. 이렇게 함으로써 고린도 교인들을 괴롭히는 자들의 입지 전체를 전적으로 제거했다. 바울이 3년 반에 걸친 그리스도의 공생애 활동에 동참했느냐 안 했느냐, 바울의 개종자들이 할례를 받았느냐 안 받았느냐 하는 것은 아무 문제가 안 된다. 옛 명령 즉, 유대주의는 "제거"되었기 때문이다(7절). 태양이 한낮의 찬란함 속에서 빛나고 있는데 도대체 누가 별들이 보이지 않는다고 불평을 늘어놓을까?

바울은 높은 곳에서 내려오는 틀림없는 지혜를 사용하여, 바울 자신을 옹호하는 변론이라는 직물에, 기독교가 유대교보다 탁월한 다양한 측면들을 사랑스럽게 그려낸 그림을 엮어 넣었다. 유대교는 "돌비"에 쓰인 것 그리고 옛 언약에 수반된 의식법에 그 기초를 두었다. 그러나 기독교는 "살아계신 하나님의 영"이 "육의 심비에" 기록하는 것으로써 정당한 것이며 생명이 있는 것이다(3절). 유대교는 문자에 속하는 것이며 "죽이는" 것인 반면에 기독교는 영에 속한 것이며 "살리는 것"이다(6절). 이 표현들은 두 언약 혹은 경륜의 주도적인 특성들을 가리킨다(비교, 롬 7:6). 유대교는 "문자"에 비견된다. 왜냐하면 유대교는 외적이며 객관적인 것이었기 때문이다. 유대교는 신성한 의무에 대한 규칙을 제시했다. 하지만 유대교는 그 규칙을 순종할 성향도 능력도 전달해주지 않았다. 그러나 기독교는 영혼에 관계를 갖고 효과적이 된다(롬 1:16).

> "유대교는 외적이었고 기독교는 영적이다. 유대교는 외적 교훈이었고 기독교는 내적 능력이다. 유대교에서 율법은 돌 판에 새겨졌지만 기독교에서는 마음 판에 새겨진다. 그러므로 유대교는 문자였고 기독교는 영이다."(찰스 핫지)

고린도후서 3:7~11에서, 바울은 두 경륜의 사역들 즉, 구약시대와 신약시대의 사역들을 대조한다. 그러나 세대주의자들이 잘못 가르치는 것처럼, 여기에서 바울이 (고린도후서 3장에서는 결코 등장하지 않는 단어인) 은혜를 모세의 율법에 대립시키지 않는다. 기독교를 유대교에 대항시킨다. 바울이 여기에서 십계명을 이런 식으로 언급한다고 가정하는 것은 커다란 잘못이다. 바울이 염두에 두고 있는 것은 모세의 체계 전체이다. 즉, 15절의 "모세의 글을 읽을 때"라는 표현은 일차적으로 의식법을 참조한다. 의식법에는 그리스도를 예시하고 그리스도의 구속 사역을 모형화한 것이 많았다. 그러나 이 점을, 유대인들은 육에 사로잡혀 있었기 때문에 알아채지 못했다. 유대교는 "죽음의 성직"이었다. 도덕법은 모든 자기의를 근절시킬 목적이었다. 도덕법은 세상 전체를 유죄라고 정죄하고 하나님 앞으로 데려온다. 이렇게 함으로써 죄인에게 구원이 극도로 필요하다는 사실을 드러낸다. 제사장제도와 의식을 갖춘 의식법은 인간의 죄책과 오염을, 그리고 동시에 하나님의 형언할 수 없는 거룩과 굽힐 수 없는 정의를 밝혔고, 피 흘림 없이는 죄 사함도 없다는 사실도 밝혔다. 희생제물을 죽였던 바깥뜰에 놓인 놋 제단은 유대교는 '죽음의 성직'이라는 이 사실을 큰 목소리로 입증해줬다.

옛 언약이 수행한 직무는 "죽음"에 속한 것이었다. 그럼에도 불구하고 "영광"된 직무였다. 유대교는 인간의 발명품이 아니라 하나님께서 세우신 제도였다. 이 제도에는 하나님의 도덕적 완전성들이 엄숙하지만 영광스럽게 계시되어 있었다. 구속자의 인격, 직무, 사역이 경이롭고 복되게 예시되었다. 기독교의 시작과 확립을 위한 길을 지혜롭고 필수적으로 닦았다. 그 "영광"의 윤곽이 옛 언약의 중보자가 산 위에서 여호와와 대화를 한 뒤에 이스라엘 백성에게 돌아올 때 그 얼굴에 나타났다(신 5:5, 갈 3:19). "얼굴 꺼풀에 광채"가 났다(출 34:29). 모세의 얼굴에 나타난 광채는 옛 언약에 속하는 영광을 상징했다. 두 가지 주목할 만한 측면에서 그랬다. **첫째**, 그것은 단지 외적일 뿐인 영광이었다. 반면에 은혜의 영광된 사역은 새 언약의 수령자들 안에서 이뤄진다. **둘째**, 그것은 단지 일시적일 뿐인 영광이었다. 모세의 얼굴에 상징적으로 나타난 빛은 빠르게 사라졌기 때문이다. 반면에 새 언약에 연결된 광채는 "쇠하지 아니하는" 것이었다(벧전 1:4). 그리스도인들은 "주의 영광을 보매 저와 같은 형상으로 화하여 영광으로 영광에 이르니 곧 주의 영으로 말미암음이니라"(고후 3:18).

고린도후서를 3장과 4장까지 주의를 기울여 읽는 사람이라면 바울이 5:17에서 "이전 것은 지나갔으니"라고 말할 때 무엇을 가리키고 있었는지를 이해하는 데 어려움이 전혀 없을 것이다. **첫째**, 바울은 3:7에서 옛 언약과 연관된 영광이 "없어질" 것이었다고 말한다. 그러나 바울은 여기에서 한 걸음 더 나아갔다. **둘째**, "없어질 것도 영광으로 말미암았은즉 길이 있을 것은 더욱 영광 가운데 있느니라"고 말했다(11절). 옛 언약시대와 그 시대에 속한 사역은 단지 일시적이었고 심지어 그때에도 옆으로 밀쳐졌다. 짐승을 제물로 드리는 제사는 더 이상 타당하지 않다. 원형이 출현했기 때문이다. **셋째**, 바울은 13절에서 "장차 없어질 것" 혹은 '장차 파괴될 것'이라는 더 한층 강력한 언어를 사용한다. 고린도전서 13:10에서는 "온전한 것이 올 때에는 부분적으로 하던 것이 폐하리라"는 교훈을 제시했었다. 바로 여기 고린도후서 3:13에서도 새 언약이 옛 언약을 폐기했다고 선언한다. 옛 언약은 일시적 존립을 뛰어넘는 어떤 것을 내포하도록 기획된 것이 결코 아니었기 때문이다. 지나간 옛 것들은 할례, 성전 의식, 레위기의 제사장제도, 전체 의식법이다. 한마디로, 유대교와 하나의 체계로서 유대교의 특징을 이루던 모든 것이 폐기되었다.

고린도후서 4장에서 바울은 동일한 주제를 계속 다룬다. 1절의 "이 직분"은 3:6에서 언급한 "새 언약"에 속한 것이며, 8절에서 "영의 직분" 그리고 9절에서 "의의 직분"이라는 용어로 나타낸 것이다. 14절에서는 유대민족 전체를 가리키면서 "저희 마음이 완고하여…"라고 말했다. 그리고 4:3~4에서는 "만일 우리 복음이 가리웠으면 망하는 자들에게 가리운 것이라 그 중에 이 세상 신(즉, 세상의 종교들을 감독하는 자인 사탄)이 믿지 아니하는 자들의 마음을 혼미케" 하였다고 선언한다. 옛 언약에 연결된 "영광"이 실제로 존재하지만 새 언약에 속한 것이 더 뛰어난 것이라고 3:9~10에서 단언한다. 새 언약에 속한 영광의 거룩한 확충이 4:6에서 이뤄진다. 광야 여정을 인도해준 구름기둥과 불기둥은 단지 외적이며 일시적인 것이었다. 그러나 여호와는 지금 "예수 그리스도의 얼굴에 있는 하나님의 영광을 아는 빛을 우리 마음에" 비춰주셨다. 신자의 내면에서 영원토록 헤아릴 수 없이 우월하게 거하는 내적 조명이 옛 것을 대체한 "새로운 것"이다. 고린도후서 4:8~18에서 바울은 자신이 받은 위임을 충실하게 이행할 때 수반된 시련들 가운데 몇몇을 언급했다.

고린도후서 5장 전반부의 내용분석

바울이 고린도후서 5:1~10에서 본론을 벗어나 독특한 여담을 늘어놓으면서 하나님께서 자신의 종들에게 그리고 자신의 백성 일반에게 제공하신 풍부한 보상을 묘사했다. 그 뒤에 자신이 사도직분을 수행한 것과 그 직분수행이 솟아난 원천이라는 본론으로 돌아간다(11-14절). 자신의 사도직을 옹호한 3장에서와 마찬가지로 여기에서도 중요한 교리적 가르침을 엮어 넣었다.

첫째, 세심하게 주의를 기울여야하는 것은 바울은 여전히 반대자들의 입을 막는 데 전념하였다는 사실이다. 그렇다. 바울은 적대자들의 입을 막아버릴 내용을 자신의 개종자들에게 제공해주고, 적대자들을 "마음으로 하지 않고 외모로 자랑하는" 자들이라고 언급한다(12절). 그 다음에는 부정할 수 없는 것을, "우리가 생각(판단 혹은 추론하)건대 한 사람이 모든 사람을 대신하여 죽었은즉 모든 사람이 죽은 것이라"는 말씀을 인용하여 예증한다(14절).

그런데 14절의 이 인용구는 오해의 소지가 몹시 크다. 이 문장은 "한 사람이 모든 사람을 위해 죽었다. 그러므로 모든 사람이 죽었다"라고 번역해야 정확하다. 그리스도께서 대신 죽어주신 사람들은 영적으로 죽었다는 사실은 아주 참된 사실이다. 그러나 여기에서 언급하고 있는 저들이 거듭나지 않았다는 것은 저들을 위해 죽으시는 그리스도 밖에 있다는 사실이 아니다. 오히려 바울은 그 법적 효과 즉, 그리스도께서 저들을 위해 죽으신 결과로서 뒤따라오는 것을 제시하고 있었다.

'이렇게 판단해보았을 때, 만약 한 사람이 모든 사람을 위해 죽었다면 그렇다면 모든 사람이 죽었다'라고 번역하면 바울이 어떤 신학적 공리를 명백하게 선언하는 것이 된다. 즉, 연방적 대표라는 원리를 나타낸다. 법률적 관점에서, 한 사람의 행위는, 그 사람이 대변하기로 계약한 모든 사람들의 행위이다. 은혜의 택자들 전체가 그 대리인의 죽음에서 사법적으로 "죽었다." 하나님의 법의 권리주장들 혹은 하나님의 통치의 목적에 관한한, 그리스도의 죽음은 택자들 모두가 개인적으로 죽은 것과 동일한 것이다. 그렇다면 무엇에 대해 '죽었'는가? 택자들이 지은 죄악의 귀결들? 율법의 저주? 맞다. 비록 그것이 바로 여기에서 고려하고 있는 주된 것은 아닐지라도 맞다. 정확하게 말하자면, 육체로서는 옛 방식에 대해 죽었던 것이다. 택자들은 그 영역에서 유대인과 이방인과 같은 구분이 획득하는 지위를 더 이상 갖지 않게 되었다. 택자들은 죄에 대해 죽었을 뿐만 아니라 모든 자연적 관계들에 대해서도 죽었다. 죽음은 모든 차별을 없앤다. 그러나 이것은 단지 부정적인 측면일 뿐이다.

둘째, 바울은 더 나아가 적극적인 측면을 제시한다. 바울은 "저가 모든 사람을 대신하여 죽으심은 산 자들로 하여금 다시는 저희 자신을 위하여 살지 않고" 그 요구사항들 전부를 성취한 "자를 위하여 살게 하려 함이니라"고 말한다(15절). 그리스도와 그리스도의 교회는 부활에 입각해서 법률적으로 하나다. 저주를 짊어졌기 때문에 법적으로 죽었다. 이제는 그리스도의 부활을 통해 살아났기 때문에 그리스도를 위해 살지 않을 수 없다. 택자들은 그리스도와 법률적으로 하나이기 때문이다. 그리스도의 부활은 그리스도의 죽음과 마찬가지로 대리적이었다. 동일한 개인이 죽음과 부활 양자의 대상이다. 사도 바울의 경우에, 이 추론의 타당성, 이 복된 진리와 사실은 즉각적으로 명백할 것이다. 그리스도께서 유대교와 맺고 있던 관계는 그리스도의 죽음에서 종결되었다. 그리스도께서 무덤에서 나올 때 부활이라는 전적으로 새로운 토대에 입각해서 관계가 형성되었다. 따라서 그리스도께서 법률적으로 대표한 모든 사람도 그와 같다.

지금까지 언급한 내용은 16절에서 훨씬 더 분명해진다. 16절에서 바울은 자신이 방금 입증한 것에서 도출될 수밖에 없는 결론을, "그러므로 우리가 이제부터는 아무 사람도 육체대로 알지 아니하노라 비록 우리가 그리스도도 육체대로 알았으나 이제부터는 이같이 알지 아니하노라"는 말로 제시한다. 어떤 사람을 육체를 따라 안다는 것은 그 사람의 자연적 상태 즉, 인종적 특징을 따라 인정한다는 것이다. 그리스도를 "육체대로" 안다는 것은 그리스도를 "다윗의 자손," 유대인의 메시아라고 인정한다는 것이었다. 그러나 그리스도의 죽음은 이러한 연관성들을 폐기했다. 즉, 그리스도의 부활은 그리스도로 하여금 새롭고 더 고차원적인 관계를 갖도록 만들었다. 그러므로 바울은 사역활동을 하면서 어떤 사람을 단지 유대인이기 때문에 존중하지 않았다. 그리스도가 다윗의 자손이기 때문에 높이지도 않았다. 오히려 유대인과 이방인 모두의 구원자이기 때문에 찬양했다. 따라서 고린도교회 성도들을 유대화하려고 애를 쓰는 이들의 죄악된 편파성을 결정적으로 노출시켰다. 17절은 이 문맥을 통해 확립해놓은 것에서 도출되는 대 결론을 진술한다.

3. 위대한 변화

(1) 종교의 변화

"그런즉 누구든지 그리스도 안에 있으면 새로운 피조물이라 이전 것은 지나갔으니 보라 새것이 되었도다"(고후 5:17)라는 이 구절에서 사용된 단어들은 익숙한 단어들이다. 단어들의 의미는 단순하고 평이해

보인다. 하지만 바울서신들에 있는 거의 모든 구절과 마찬가지로 이 구절도 그 문맥과의 연관성을 확인해야만 올바르게 이해할 수 있다. 아니, 더 멀리 나가야 한다. 이 구절을 구절이 놓인 배경과 엄밀하게 조화시켜 해석하지 않는다면 이 구절에 대한 우리의 파악에 오류가 발생한다는 것은 분명한 사실이다. "그런즉"이라는 단어로 17절을 시작한다는 바로 그 사실은 17절이 그 앞부분과 불가분리적으로 연결되어 있다는 것과, 17절은 앞부분에서 도출되는 추론을 소개하거나 결론을 도출한다는 것을 보여준다. 이 점을 무시한다면 그 내용을 열어줄 유일한 열쇠를 거부하는 것이다. 비록 우리가 선행하는 구절들에 대한 충분한 해석을 제공하려는 시도를 결코 하지 않았더라도 그 선행구절들을 이미 거론했다. 우리의 의도는 단지, 독자가 바울의 취지를 알아챌 수 있을 만큼 용어들을 설명해주는 것에 있었다. 이 목적에 따라 우리는, (어째서 바울이 고린도교회 회중에게 그런 식으로 편지를 썼는지를 이해하기 위해) 고린도교회 회중을 지배하고 있는 전반적인 상태를 지적해야 했고, 그 다음에는 바울이 고린도후서 3장과 4장에서 언급한 것의 흐름을 나타내야 했다.

고린도후서 5:12에서 바울은 "우리가 다시 너희에게 자천하는 것이 아니요(3:1-2를 보라) 오직 우리를 인하여 자랑할 기회를 너희에게 주어 마음으로 하지 않고 외모로 자랑하는 자들을 대하게 하려 하는 것이라"고 말한다. 외모로 자랑하는 사람들은 유대주의자들이었다. 이들은 아브라함의 후손이라는 것과 할례를 받았다는 것을 자랑했다. 이 뒷부분에서 바울은 자신의 개종자들에게, 유대주의의 배타성을 제거하는 용어를 활용해서 그 거짓 교사들이 대답하지 못할 논증을 제공해준다.

첫째, 바울은 "한 사람이 모든 사람을 대신하여 죽었은즉 모든 사람이 죽은 것이라"고 지적했다(14-15절). 14절과 15절에서 "모든 사람"을 세 차례 반복했다. 그리스도의 연방적 사역의 범위가 초민족적임을 강조한 것이다. 즉, 그리스도는 유대인 택자들을 위해서만 죽으셨을 뿐만 아니라 이방인들 사이에 있는 하나님의 택자들을 위해서 그리고 대신해서 죽으셨다. 그리고 15절이 보여주는 것처럼, 양자가 그리스도의 죽음으로부터 똑같이 혜택을 입는다. 그리스도의 십자가는 하나님 나라에 커다란 변화를 초래하고 일으켰다. 유대인들이 그전에는 어떤 독특한 명예로운 위상을 차지했더라도, 모세적 경륜 아래에서 어떤 특별한 특전을 누렸더라도, 그 이상의 것을 획득하지 못했다. 그리스도께서 획득하신 영광스러운 유업은, 그리스도께서 율법의 저주를 제거해주고 율법의 보상을 획득해주는 은택을 입은 모든 사람의 몫이 되어야 했다.

둘째, 바울은 14절과 15절에서 확립한 것에서 도출될 수밖에 없는 논리적 추론들을 제시했다. 그 첫 번째 추론이 "그러므로 우리가 **이제부터는** 아무 사람도 육체대로 알지 아니하노라 비록 우리가 그리스도도 육체대로 알았으나 이제부터는 이같이 알지 아니하노라"이다(16절). 먼저, "이제부터는"이라는 말에 주목하라. 이 말은 시대적 경계 표식이다. 혁명적 변혁기를 규정해주고, 그리스도의 구속사역이 커다란 시대적 변화에 주의를 환기시켜준다. 이 변화는, 그 이전의 1천 5백년에 걸쳐 육적 관계가 장악하고 주도해온 옛 질서의 완벽한 제거로 구성되었다. 그리스도는 유대인과 이방인, 종과 자유인, 남자와 여자와 같은 차이점이 전혀 효과가 없고 어떤 특별한 특권을 제공해주도 않는 질서를 도입했다. 구속을 받은 사람에게는, 그리스도 안에 있는 형제자매들이 그 전까지 유대민족의 일원이었느냐 아니면 이스라엘 민족 밖의 이방인이었느냐 하는 것은 조금도 중요치 않았다. 바울은 어떤 사람도 자연적 혈통에 따라 알거나 평가하지 않았다. 참된 할례당은 하나님을 영으로 예배하고 그리스도 예수를 기뻐하고 육체-혹은 자신의 계보-를 신뢰하지 않는 이들이다(빌 3:3).

그리스도의 죽음과 부활은 유대교 즉, 아브라함의 육적 혈동에 의존하고 할례의 언약적 표지를 자신의 몸에 지니고 있는 자들만이 특권을 누리는 종교를 폐기하는 결과를 낳았다. (유대교를 기독교가 대체했다. 기독교는 그리스도와 맺는 영적 관계에 입각하고, 새 언약의 표지요 인(印)인 성령이 내주하는 자들이 그 특권을 누리는 종교이다.) 이 뿐만 아니라 그리스도 자신이 더 고차원적인 다른 방식을 따라 알려지거나 평가받는다. 그리스도는 유대인들에게 약속된 메시야로서 나타났고, 그리스도의 제자들은 그리스도를 그런 존재라고 믿었다(눅 24:21, 요 1:41, 45). 따라서 그리스도께서 사도들에게 "이방인의 길로도 가지 말고 사마리아인의 고을에도 들어가지 말고 차라리 이스라엘 집의 잃어버린 양에게로 가라"고 명령하셨다(마 10:5-6). 그리스도의 부활 이후의 명령인 마태복음 28:19과 대조적이다! 결코 그리스도를 유대인의 메시아로 알지 않는다. 모든 정사와 권세 위에 높이 들리신 그리스도를 경배한다. 예수 그리스도는 "할례의 수종자"이셨다(롬 15:8). 하지만 지금은 "하늘에서 위엄의 보좌 우편에" 앉아계시고 "(하늘의) 성소와 참 장막에 부리는 자"이시다(히 8:1-2).

17절에서 바울은 15절에서 진술한 것에서 한걸음 더 나아가 "그런

즉 누구든지 그리스도 안에 있으면 새로운 피조물이라"고 결론을 내린다. 그렇다. 유대인이든 이방인이든 상관없이 "누구든지"이다. "새로운 피조물"이라는 표현의 설득력을 확인할 수 있기 전에 먼저, 문장의 첫 단어 "그런즉"을 세심하게 따져봐야 한다. "그런즉"이 있느냐 없느냐가 그 문장의 성격을 전적으로 달라지게 만들기 때문이다. "누구든지 그리스도 안에 있으면 새로운 피조물이라"는 문장은 사실에 대한 단순한 진술이다. 그러나 "그러므로 만일"이라는 의미의 문구는 선행하는 것에서 도출되는 결론이다. 한번만 숙고해도 본문은 중생을 다루고 있지 않다는 사실이 충분히 드러날 것이다.

만일 그 문구가 "그리스도와 생명의 연합을 이루고 있는 사람은 거듭난 사람이다"라는 뜻이라면 그 "그러므로"라는 말은 전혀 불필요한 단어일 것이다. 즉, 그 사람은 영적으로 살아난 영혼이거나 아니거나이고, 어떤 논증도 어떤 추론도 그 사실을 바꾸지 못한다. 중생을 끌어낼 수 있는 어떤 것도 문맥에 없다. 왜냐하면 사도는 성령의 은사 및 활동이 아니라 그리스도의 연방적 사역의 사법적 귀결들을 다루고 있기 때문이다. 바울은 17절에서 그리스도인의 경험을 묘사하는 대신에, 그리스도께서 자신의 백성을 위해 행하신 것으로부터 필연적으로 귀결되는 법률적 결과들 가운데 하나를 진술하고 있다.

13절과 14절에서는 그리스도를 먼저 죽음에서 그 다음에는 부활에서, 교회의 연방적 머리라고 설명한다. 사실에 대한 이 교리적 진술로부터, 이중적 추론이 적절하다. [**첫째**요 부정적인 추론으로는(16절),] 그리스도께서 대표한 사람들은 자신들의 옛 신분 혹은 자연적 입장에 대해 그리스도 안에서 죽었다. 따라서 그 이후로부터 이 사람들은 육체적 관련성에 의해 더이상 영향을 받지 않는다. [둘째요 긍정적인 추론으로는(17절),] 그리스도께서 대표한 사람들은 그리스도 안에서 부활했고 새로운 신분 혹은 영적 입장을 갖게 된다. 그리스도는 자신의 백성의 언약적 머리로 처신하고 있었고, (마치 아담이 옛 창조의 머리였던 것처럼) 새로운 창조의 머리로 부활했다. 그러므로 만일 내가 부활하신 그리스도 안에 연방적으로 존재한다면 나는 법률적으로 "새로운 피조물"임에 틀림없고 법률적으로 "사망에서 생명으로" 옮겨졌다. 로마서 8:1이 "그러므로 이제 그리스도 예수 안에 있는 자에게는 결코 정죄함이 없나니"라고 선언하는 것과 같다. 그렇다면 무엇 때문인가? 왜냐하면 그리스도 안에 있는 자들은 법률적으로 그리스도와 하나인 탓에 그리스도 안에서 죽었기 때문이다. 마찬가지로, 그렇기 때문에 그리스도 안에 있는 새로운 피조물이다. 그러면 무엇 때문인가? 왜냐하면 그리스도 안에 있는 자들은 법률적으로 그리스도와 하나인 탓에 "(새로운 창조의) 근본"(계 3:14)이며 "죽은 자들 가운데서 먼저 나신"(골 1:18) 그리스도 안에서 부활했다. 그리스도 안에 있는 자들은 법률적으로 그리스도와 함께 부활했다(골 3:1).

문맥과 첫 단어인 "그런즉" 때문에 우리는 고린도후서 5:17을 중생할 때 영혼 속에서 발생하는 것을 묘사하는 구절이라고 간주하지 못한다. 게다가 고린도후서 5:17의 내용 그 자체가 이렇게 해석하지 못하게 막는다. 은혜의 이러한 이적은 그 대상자 안에 지극히 복된 변화를 낳기는 하지만 여기에서 사용된 용어에는 해당되지 않는다는 것은 정말이지 참이다. 거듭나기 이전에 사람의 성품과 행위에 영향을 미치는 주요한 것은 무엇인가? 그것은 "육체"가 아닌가? 논란의 여지가 없이 그렇다. 똑같이 의문의 여지가 없는 것은, 영적으로 죽은 영혼을 하나님이 살리실 때 옛 본성은 "지나가지" 않는다. 중생은 새 생명의 시작점이라는 사실도 참이다. 하지만 모든 것이 새롭게 된다는 것은 사실이 아니다. 새로운 기억을 받은 것도 새로운 몸을 받은 것도 아니기 때문이다. 만일 17절이 그리스도인이 겪는 경험의 어떤 측면을 묘사하는 것이라면, 그것은 영화이다. 17절의 언어가 중생에 적합하지 않는다는 것이 지극히 확실하기 때문이다.

"모든 것이 하나님께로 났나니 저가 그리스도로 말미암아 우리(새 언약의 일꾼, 3:6)를 자기와 화목하게 하시고 또 우리에게 화목하게 하는 직책을 주셨으니"라는 18절 역시 17절에 대한 대중적인 해석을 완전히 반대한다. 18절은 "그리고"라는 접속사로 시작한다는 점에 적절한 주의를 기울이자. "그리고"라는 접속사는 18절은 17절의 사상을 계속해서 이어간다는 뜻이다. 하나님께 속하는 "('그', 헬라어) 모든 것"은 하나님으로부터 나오는 것으로서의 우주를 가리키지 않는다. 모든 사건을 통제하는 섭리적 행위를 가리키지도 않는다. 13절부터 지금까지 계속해서 언급된 특정한 것들을 가리킨다. 그 특정한 것들이란 그리스도께서 성취한 모든 것 즉, 그리스도의 죽음과 부활 그리고 새 언약의 사역자들이 행하는 복음전파로부터 야기된 저 커다란 시대적 변화이다. 이 모든 것은 하나님이 저자이시다. 그리스도가 행한 것의 결과는, 그리스도가 대표한 자들은 하나님과 화목하게 된 것이다. 특별히 언급하자면, 화목은 칭의처럼 전적으로 객관적인 것이며, 중생처럼 주관적인 것이 아니다. 화목 교리를 다룬 저술에서 충분히 입증한 것처럼, 화목은 전적으로 관계-하나님이 분노를 거두고 우리와 화평을 이루는-문제이다.

"우리에게 화목하게 하는 직책(하나님의 사절)을 주셨으니 이는 하나님께서 그리스도 안에 계시사 '어떤'(헬라어) 세상을 자기와 화목하게 하시며 저희의 죄를 저희에게 돌리지 아니하시고…"(18-19절)라는 구절에서부터 6:10의 끝까지에 걸쳐 바울은 이 "직책"이 무엇으로 구성되었는지를 우리에게 알려준다. **먼저**, 하나님이 '그리스도 안에서 화목케 하시는' 것은 배교적인 유대교뿐만 아니라 소원해진 "세상" 즉, 은혜의 택자들 전체, 혹은 14절과 15절의 "모든 사람"이었다. **그 다음에**, 바울은 "화목"의 부정적 측면을 즉, "저희의 죄를 저희에게 돌리지 아니"한다는 것을 진술한다. 화목의 긍정적 측면은 21절에서 "우리로 하여금 저의 안에서 하나님의 의가 되게 하려 하심이니라"는 말로 진술한다. 이 측면은 전적으로 객관적이며 사법적이다. 어떤 의미에서도 주관적이며 경험적인 것이 아니다. 바울이 "세상을 자기와 화목하게 하시어 저희에게 새로운 본성을 나눠주시고" 혹은 "저희의 불법행위들을 없애주시고"라고 말했을 경우와 비교해보면 정말 엄청나게 다른 말이다. 하나님이 자기 백성 속에서 만들어내는 것이 아니라 하나님이 저희를 위해 그리스도로 말미암아 이루신 것이라는 바로 이 사실이 문맥이 다루고 있는 사실이다.

17절로 되돌아가 "그런즉"이라는 단어에 주목하자. 선행구절들에서 확립된 것을 고려할 때 필연적으로 도출되는 결론은, 만일 어떤 사람이 그리스도 안에 있다면 그 사람은 새로운 피조물이라는 것이다. 그 사람은 하나님 앞에서 새로운 입장을 갖는다. 대표원리에 의해 그리스도와 하나가 되었기 때문에 부활의 땅으로 옮겨졌다. 그리스도를 연방적 머리로 삼는 새로운 창조의 한 지체가 된 것이다. 결과적으로, 그 사람은 전적으로 새로운 언약 아래에 놓인다. "이전 것은 지나갔으니 보라 새것이 되었도다"라는 이것은 도출될 수밖에 없는 위대하고 논란의 여지가 없는 결론이다. 옛 언약 하에서 획득한 자연적이며 민족적인 차이점들은 부활의 땅에는 결코 들어서지 못한다. 이 차이점들은 육체와 연계되어 있다. 반면에 새로운 언약 하에서 획득하는 관계들과 향유하는 특권들은 전적으로 영적이다. 일단 이 사실을 명확하게 파악하고 믿음에 의해 붙잡으며 유대주의자들의 주장들은 무효화 되었다.

    이 시대를 살아가는 우리로서는 **유대교에서 기독교로의 이 혁명적 변화**가 유대인과 이방인 양자에게 어떤 영향을 끼쳤는지를 파악하기란 결코 쉽지 않은 일이다. 유대교에서 기독교로의 변화는 이 세상이 목도한 것 중에 가장 큰 변화였다. 15세기에 걸쳐 지상의 하나님 나라는 하나님이 총애하는 한 민족에 국한되어 있었고, 그 동안에 다른 모든 민족은 제 나름대로의 길로 다니도록 방치되었다. 유대교와 이방종교를 가른 심연은 로마교와 정통 기독교 사이에 존재하는 간극보다 훨씬 더 실질적이었고 훨씬 더 넓었다. 유대인과 이방인 사이에 있는 불화의 영은 인도의 계급들 사이에 자리잡은 것보다 더 강렬했다. 그러나 십자가에서 모세적 경륜은 "지나갔다." 중간에서 탄원을 가로막았던 담은 허물어졌다. 그리스도의 부활에 입각해서, '이방인의 길로 가지 마라'는 '온 세상으로 가서, 모든 피조물에게 복음을 전하라'로 대체되었다. 유대교에 매우 두드러진 특성을 부여한 육적 관계들은 이제 영적인 것들에게 자리를 내주었다. 하지만 지극한 어려움을 거친 뒤에야, 개종한 유대인들에게 이 사실을 깨닫게 해줄 수 있었다. 신약성경의 많은 부분이 바로 이 사실을 입증하는 데 할애되었다. 히브리서 전체의 주된 목적은 "이전 것은 지나갔으니 보라 새것이 되었도다"라는 것을 입증하는 것이었다. 히브리서에서 사도는 여호와가 시내 산에서 이스라엘과 체결한 "옛 언약" 그리고 옛 언약과 연계된 그 모든 예배규정들 및 독특한 특권들이 무효화되었다는 사실, 그리고 새롭고 더 좋은 경륜이 옛 언약을 대체했다는 사실을 명백히 한다. 히브리서에서 사도는 그리스도께서 "더 좋은 약속으로 세우신 더 좋은 언약의 중보"이신 것에 비례하는 "더 아름다운 직분을 얻으셨"다고 선언한다(히 8:6). 새로운 언약을 소개한 예레미야 31장을 인용한 뒤에, 옛 언약은 "낡아지게 하신 것이니 낡아지고 쇠하는 것은 없어져 가는 것"이라고 지적했다(히 8:6-13). 옛 언약을 능가하는 새 언약의 초월적 우월성을 상세하게 많이 드러낸다. 즉, 옛 언약은 단지 일시적인 데 반해 새 언약은 영원하다. 옛 언약은 다가올 선한 것들의 그림자만을 담았지만 새 언약은 그 실체를 담았다. 아론의 제사장직을 그리스도의 제사장직으로 대체했다. 지상의 유업을 하늘의 유업으로 대체했다. 옛 언약과 새 언약의 복된 대조를 히브리서 12:18~24에서 몹시 충분하게 설명한다.

    개종한 유대인들은 새 언약이 옛 언약을 대체함으로써 야기된 커다란 변화에 적응하기가 힘들었다. 이 뿐만 아니라 개종하지 않은 유대인들이 기독교 회중들을 많이 괴롭혔다. 이들은 아브라함의 혈통이기 때문에 특별한 특권이 주어졌으며 이방인들은 할례를 받고 의식법을 받아들임으로써만 이 특권에 참여할 수 있다고 주장했기 때문이다. 바울은 서신서들에서 이러한 오류들을 반박하는 데 적지 않은 분량을 할애한다. 고린도 교인들을 이러한 유대주의자들이 괴롭히고 있었다는 것을 우리는 이미 확인했다. 그리고 이것을 고린도후서 11:18이 더욱 확증해준다. 여기에서 바울은 많은 사람이 "육체를 따라" 즉, 자연적 혈통을 자랑한다고 언급한다. 그러나 유대주의자들의 모든 토대는 바울이 고린도후서 3장에서 선언한 것 그리고 5:13~18에서 전개한 결정적인 논증에 의해 파괴되었다. 그리스도의 죽음과 부활은 '옛 것들'을 지나간 것으로 만들었다. 옛 언약, 모세적 경륜, 유대교는 더 이상 존재하지 않았다. 모든 것이 새롭게 되었다. 새로운 언약, 기독교, 더 좋은 관계들 및 특권들, 하나님 앞에서 더 우월한 지위, 상이한 예배규정들이 도입되었다.

갈라디아서도 마찬가지다. 갈라디아서에는 고린도전서·후서에서 확인한 것과 유사한 것들이 많다. 갈라디아의 교회들도 거짓 교사들에 의해 시달렸다. 갈라디아 교회들을 유대교로 만들려고 했다. 그래서 바울은 동일한 방법을 많이 구사해서 거짓 교사들의 궤변을 들춰냈다. "너희는 유대인이나 헬라인이나 종이나 자주자나…다 그리스도 예수 안에서 하나이니라"는 말은 "그러므로 우리가 이제부터는 아무 사람도 육체대로 알지 아니하노라"는 말의 반향이다(갈 3:28, 고후 5:16). 몇몇 측면에서, 갈라디아서 4:21~31의 내용은 고린도후서 3장에서 발견되는 것과 유사하다. 갈라디아서 4장에서 두 언약을, 하갈과 사라 그리고 이 두 여인의 아들들에 대한 비유를 통해 대조하고, 둘 가운데 사라 쪽의 우월성을 드러낸다. "율법 아래 있고자 하는 자들"은 옛 언약 아래에 있기를 원하는 자들이라는 뜻이다(갈 4:21). 23절에 있는 "육체를 따라 났고"라는 말은 '자연적으로'라는 뜻이고, "약속으로"라는 말은 '초자연적으로'라는 뜻이다. "이것은 비유니 이 여자들"이라는 말은 "이 두 여자는 두 언약을 나타낸다"라는 뜻이다(24절). 4:30의 "계집 종과 그 아들을 내어 쫓으라"는 말은 옛 것들이 지나갔다는 사실에 부합하는 행동에 대한 설득력을 갖는다. (신약성경에서 이 표현이 등장하는 유일하게 다른 곳인) 갈라디아서 6:15의 "(그리스도 안에서는) 할례나 무할례가 아무 것도 아니로되 오직 새로 지으심을 받은 자뿐이니라"는 표현은 고린도후서 5:17과 동일한 진리를 강화하고 있다.

일단 고린도후서 5:16의 의미를 파악하면 바로 뒤에 오는 것의 의미에 대해서는 논란의 여지가 전혀 없다. 고린도후서 5:12, 10:7, 11:18에 비춰볼 때 오해의 여지없이 분명해지는 사실은, 바울이 육적이며 죄악된 편파성 즉, 사람을 "외모" 혹은 육적 혈통에 따라 판단하는 편파성을 버리라고 고린도 교인들을 설득하고 있었고, 형제들을 아브라함이 아니라 그리스도와의 관계에 의해 평가하라고 명령하고 있었고, 그리스도 자신을 '할례의 사역자'가 아니라 모든 것을 새롭게 만드신 '더 좋은 언약의 중보자'로 바라보라고 명령하고 있었다는 점이다.

옛 언약은 오직 한 민족과만 체결된 것이다. 반면에 새 언약은 모든 민족의 신자들과 체결된 것이다. 옛 언약의 희생제물은 어떤 것도 완벽한 것으로 만들어주지 못했다. 그러나 우리의 희생제물은 우리를 영원토록 완전케 했다(히 10:1, 14). 할례는 야곱의 자연적 자손을 위한 것이었다. 반면에 세례는 그리스도의 영적 자녀들을 위한 것이다. 오직 레위인들만 성소에 들어가도록 허용되었다. 하지만 이제 하나님의 모든 자녀가 하나님께 직접 나아갈 권리를 갖는다. 시내 산 법체제 하에서는 일곱번째 날이 안식일이었다. 하지만 첫째 날이 부활하신 그리스도께서 도입한 질서를 기념한다. 옛 것은 지나갔고 보라 모든 것이 새롭게 되었다.

고린도후서 5:13~21은 하나님의 백성 내부에서 성령이 일하시는 것이 아니라 그리스도께서 하나님의 백성을 위해 행하신 것에서 도출되는 법률적 결과를 묘사한다는 사실을 입증함으로써 양심적인 영혼들의 행로에서 장애물을 제거하고자 한 것이다. 그래서 우리는 초자연적으로 생명을 얻는 사람에게 무엇이 일어나는지를 고찰함으로써 상이한 종류의 것을 시험하고 찾아내고자 노력해야할 필요가 있다. 다른 말로 하자면, 그리스도의 죽음과 부활이 낳은 거대한 시대적 변화를 먼저 다뤘고 이제는 구속자가 자신의 보배로운 피를 흘려준 자들 각각 속에서 적당한 때에 만들어내는 거대한 경험적 변화를 고찰할 차례이다. 자신들이 이러한 변화의 당사자가 되었다는 증거를 내놓지 않는, 그럼에도 불구하고 자신들이 하늘나라를 향하여 가고 있다고 충분히 확신하는 사람들이 오늘날 기독교계에는 많다. 이 위대한 변화가 무엇으로 구성되어 있는지를 잘 모르기 때문에 당혹스러워하는 사람들이 적지 않다.

(2) 은혜의 이적: 사람의 변화

이제 다루겠다고 제시하는 것에 "은혜의 이적"이라는 명칭을 붙이는 것이 가장 좋을 것이다. **첫째**, 이것은 하나님의 초자연적 활동이 낳는 것이기 때문이다. **둘째**, 하나님의 이 초자연적 활동들은 은총을 받는 당사자들 안에 어떤 가치성이 있기 때문이 아니라 전적으로 하나님의 주권적 은혜에 속한 것이기 때문이다. **셋째**, 하나님의 이 초자연적 활동들은 인간의 이해력이 감당하지 못하는 심오한 신비이기 때문이다. 게다가 "은혜의 이적"이라는 표현은 "거듭남," "회심"과 같이 사실상 오직 하나의 국면 혹은 측면만을 가리키는 이런 모든 용어들을 포괄할 정도로 충분히 추상적이며 일반적인 표현이다. 게다가 "은혜의 이적"이라는 이 표현은 강조점을 적절히 강세를 둬야할 곳에 두는, 그리고 영광을 오직 영광을 받아 마땅한 이에게만 돌리는 이점을 갖는다. 하나님은 유일하며 독력적인 조물주이시다. 죄인을 구원할 때, 그 구원을 성취할 때, 어떤 도구든 혹은 수단이든 즐거이 사용할 수도 있고 사용하지 아니할 수도 있는 분이다.

> "그런즉 원하는 자로 말미암음도 아니요 달음박질하는 자로 말미암음도 아니요 오직 긍휼히 여기시는 하나님으로 말미암음이니라"(롬 9:16)

"은혜의 이적"이라는 표현에 우리는 단지 하나님이 자신의 백성을 살리는 초기 행동만이 아니라 자신의 백성 안에서 행하시는 역사 전체를 포함시킨다.

은혜의 이적에 미치지 못하는 어떤 것도 "육에 속한 사람"을 "신령한 자"로 변화시키지 못한다(고전 2:14-15). 전능(全能)의 힘만이 사탄의 노예를 해방시켜주고 그리스도의 나라로 옮겨줄 수 있다. 성령의 활동보다 약한 어떤 것도 '불순종하는 자녀'를 '순종하는 자녀'로 변화시키지 못한다(엡 2:2, 벧전 1:14). 하나님께 적대적인 육적 생각을 가진 사람을 하나님을 사랑하고 충성스러이 복종하게 만드는 것은 인간의 설득력을 전적으로 초월한다. 은혜의 이적은 초자연적인 것이기 때문에 충분히 파악한다는 것은 필연적으로 우리의 능력을 초월한다. 은혜의 이적을 실제로 경험한 사람들조차, 하나님께서 자신의 말씀 전체에 흩뿌려 놓은 단서들에 비춰볼 때에만 은혜의 이적에 대한 올바른 개념을 획득할 수 있다. 하지만 그 조차도 부분적이며 불완전한 개념에 불과하다.

우리의 눈은 태양을 길게 응시하지 못할 정도로 너무나 약한 것처럼 우리의 지성은 너무나도 조잡해서 여기저기로 흩어지는 진리의 빛줄기들을 겨우 몇 가닥밖에 붙잡지 못한다. 우리는 유리창 너머로 희미하게 바라본다. 그래서 부분적으로만 알 뿐이다. 우리는 우리 자신의 무지를 자각하게 될 때 우리에게 유익하다. 우리가 지금 다루고 있는 주제인 '위대한 변화'는 이적을 일으키는 하나님의 능력이 만들어내는 것이라는 바로 그 사실은 그 '위대한 변화'란 다소 불가해한 것이라는 뜻이다. 하나님이 행하신 모든 것은 우리의 감각기관들이 인식할 수 있을 때조차도 불가해한 신비에 둘러싸여 있다. 생명 즉, 자연적 생명은 그 기원도 그 본질도 그 과정도 가장 유능하고 세심한 연구자를 당혹케 만든다. 영적 생명에 대해서는 더 한층 사실이다. 하나님의 존재 및 본체는 유한한 지성의 이해력을 측량할 수 없이 초월한다.

그러면 우리는 우리를 하나님의 자녀로 만들어주는 과정을 어떻게 충분히 파악할 수 있는가? 우리 주님 자신이 거듭남을 신비한 것이라는 취지로, "바람이 임의로 불매 네가 그 소리를 들어도 어디서 오며 어디로 가는지 알지 못하나니 성령으로 난 사람은 다 이러하니라"고 말씀하셨다(요 3:8). 바람은 가장 박식한 과학자도 거의 알지 못하는 것이다. 바람의 본성, 바람을 통제하는 법칙들, 그 인과관계, 이 모든 것이 인간의 연구능력을 뛰어넘는다. 신생(新生)도 이와 같다. 신생은 심오하게 신비로우며, 교만한 이성(理性)의 진단을 허용하지 않으며, 신학적 분석의 대상이 되지 않는다. 자신은 하나님이 어떤 사람을 마치 화로(火爐)에서 불붙은 장작을 꺼내는 것처럼 꺼낼 때 어떤 일이 영혼 속에서 일어나는지를 명확하고 적절하게 파악한다고 가정하는 사람은 크게 착각한 것이다. "만일 누구든지 무엇을 아는 줄로 생각하면 아직도 마땅히 알 것을 알지 못하는 것"이다(고전 8:2).

교훈을 가장 잘 받은 그리스도인은 자신의 순례 여정을 끝낼 때 "나의 깨닫지 못하는 것을 내게 가르치소서"라고 기도할 이유가 있다(욥 34:32). 신학자와 성경교사조차도 배우는 사람에 불과하고, 그리스도의 학교에 있는 모든 동료들과 마찬가지로 진리를 아는 지식을 점진적으로 – "교훈에 교훈을 더하되 여기서도 조금, 저기서도 조금" – 획득한다(사 28:10). 큰 주제들을 차례로 연구하고 파악하면서 느리게 진보한다. 더 충분한 빛을 받아 진리의 한 쪽 줄기에 대해 알게 될 때 기존의 판단들을 개정하거나 바로잡고 진리의 다른 부분들에 대한 자신의 견해를 수정할 필요에 당면한다. 이것은 필연적인 과정이다. 진리는 한 덩어리이기 때문이다. 그래서 만일 진리의 한쪽 부분을 이해함에 있어서 오류를 일으키다면 그 오류는 진리의 다른 부분들에 대한 우리의 인식에 영향을 미친다.

신학자 혹은 성경교사조차도 배우는 사람에 불과하고 진리를 아는 지식을 점진적으로 획득한다고 우리가 말할 때 예외를 두어도 안 되고 놀라서도 안 된다. "의인의 길은 돋는 햇볕 같아서 점점 빛나서 원만한 광명에 이르"기 때문이다(잠 4:18). 해가 뜰 때처럼 영적 빛이 설교자와 청중에게 점진적으로 비춘다. 하나님이 자기 백성을 먹이고 세우실 때 가장 유용하게 사용하신 사람들은 준비를 철저하게 갖춘 뒤에 사역을 시작한 사람들이 아니다. 오히려 오랜 연구에 의해 진리를 점진적으로 파악한 사람들이다. 실질적 영적 성숙을 경험하는 각각의 설교자는 자신의 첫 설교들의 대부분을 신출내기의 설교로 간주한다. 이런 설교들의 특징을 이루는 자신의 미숙함과 상대적 무지를 지각할수록 부끄러움을 갖게 된다. 비록 자신이 심각한 오류를 범하지 않도록 하나님의 자비가 지켜주었을지라도 성경을 해석하면서 저지른 많은 실수들을 발견하게 되고, 당시에 자신이 내세웠던 그러나 지금은 더 충분한 지식과 성숙한 경험 때문에 바로잡을 수 있게 된 자신의 견해들에 속에서 다양한 모순 및 충돌을 발견하게 되기 때문이다.

필자가 지금까지 지적한 것은, 하나님이 쓰시는 어떤 종의 후기 저술들이 그 이전 것들보다 더 나은 이유를, 그리고 그가 저술의 두 번째나 세 번째 판본에서 초판본의 몇몇 진술들을 바로잡거나 최소한 수정할 필요성을 발견하는 이유를 설명해준다. 단연코 필자도 예외가 아니다. 필자가 과거에 간행한 기사들 및 논고들을 오늘 다시 써야 한다면 많은 부분을 고쳐 쓸 것이다. 비록 수정을 해야 한다는 것은 자존심 상하는 일일 수도 있다. 하지만 하나님께 감사드릴 근거이기도 하다. 필자로 하여금 그렇게 할 수 있도록 하나님께서 더 충분한 빛을 베푸셨기 때문이다.

필자가 첫 목회사역을 하는 동안에 개인적인 문화와 개혁에 의한 구원이라는 오류와 씨름하는 데 많이 몰두했다. 그래서 주된 강조점을 "(네가 반드시) 거듭나야 하겠다"라는 주님의 말씀에 포함된 진리에 두었다(요 3:3, 5, 7). 이 말씀은, 하나님 나라에 들어갈 수 있기 위해서는 인간 자신의 어떤 노력들보다 훨씬 더 강력하고 근본적인 어떤 것이 필요하다는 사실을, 그리고 자연인의 어떤 교육도, 고행도, 종교적인 모습도 거룩한 하늘에서 영원히 거할 자격을 부여할 수 없을 것이라는 사실을 보여준다.

그러나 어떤 오류를 논박하고자 할 때, 정반대 극단으로 치우쳐 또 다른 오류에 빠지지 않도록 대단히 신경 쓸 필요가 있다. 왜냐하면 대부분의 경우에 오류는 진리를 거부하는 것이기보다는 왜곡하는 것이기 때문이다. 즉, 균형 잡기에 실패한 탓에 진리를 비트는 것이기 때문이다. "거듭남"은 은혜의 이적이 낳는 위대한 변화에 대해 성경이 묘사하는 유일한 방법이 아니다. 성경은 다른 표현들도 사용한다. 상이한 표현들을 적절하게 고려하지 않는다면 그 이적을 구성하고 그 이적이 영향을 미치는 것에 대해 부적절하고 흠결이 있는 개념을 생성할 것이다.

필자의 두 번째 목회사역지는 "완전 성화" 혹은 무죄한 완전성이라는 교훈이 만연한 지역에 자리잡고 있었다. 그래서 완전주의에 대항해서 필자는 죄는 어떤 사람도 이생에 존재하는 동안에는 박멸되지 않는다고, 심지어 거듭난 뒤에도 "옛 본성"은 계속해서 내면에 남아있다고 역설했다. 필자가 이렇게 하는 데에는 하나님 말씀에 충분한 근거가 있다. 비록 필자가 오늘날 그와 동일한 과제를 떠맡는다면 "옛 본성"이 무슨 의미인지를 정의하는 데에 더욱 주의를 기울일 것이고, 거듭난 사람은 죄에 대해 그 사람이 그 전에 가졌던 것과는 근본적으로 다른 성향을 갖는다고 더욱 주장할 것이다.

하나님께서 어떤 사람을 거듭나게 하실 때 그 사람에게 그리고 그 사람 내면에 커다란 변화를 만들어내신다는 것은 하나님의 백성 모두가 인정한다. 즉, 개인적으로 경험한 적이 없는 많은 사람이 생각하는 것과는 아주 다른 변화이다. 예를 들면, 신조(信條)의 단순한 변화보다 훨씬 더 깊이 들어가는 변화다. 어떤 사람이 아르미니우스주의자로 양육되었다가 훗날 지적으로 깨닫고는 아르미니우스주의 강령은 타당하지 않다고 확신하게 되는 수도 있다. 그러나 이 사람이 뒤늦게 칼빈주의 신학체계로 돌아선 것은 이 사람이 죄악과 허물 속에 죽은 사람이 더 이상 아니라는 증거가 결단코 아니다. 다시 말해서, 저 위대한 변화는 성향 혹은 취향의 변화보다 더 근본적인 어떤 것이다.

경거망동하는 많은 속물들은 속된 쾌락에 만족해서는, 저 위대한 변화가 주는 맛을 모조리 잃어버렸고, 자발적으로 포기했고, 어떤 수도회 혹은 수도원에 있다고 여겨지는 평화를 환영한다. 마찬가지로 저 위대한 변화는 행동의 변화 이상으로 생명에 관련된 것이다. 악명 높은 주정뱅이들 가운데 몇몇이 이후로 평생토록 술을 입에 대지 않겠다고 금주서약을 하고 철저하게 금주를 실행하며 살았지만 그리스도인으로서의 신앙고백을 결코 한 적이 없다. 이들 가운데 어떤 사람은 생활방식을 완벽하게 바꾸지만 아직 철저하게 육적일 수도 있고, 악덕과 범죄로 물든 삶을 버리고 더욱 존경스러운 삶으로 바꾸지만 영적인 면에서는 과거와 전혀 다를 것이 없을 수도 있다. 많은 사람들이 바로 이 지점에서 속는다.

필자가 지금까지 언급한 말에서 독자는, 사람이 은혜의 이적을 받지만 오성에 빛이 비추는 것, 정서가 정화되는 것, 행위에 변혁이 일어나는 것이 동반되지 않을 수도 있다는 결론을 도출하지 말라. 이런 결론은 필자의 의도가 전혀 아니다. 필자가 분명히 하고 싶은 것은, 은혜의 이적은 많은 사람이 겪는 피상적이며 단지 자연적일 뿐인 변화들과 훨씬 더 우월한 어떤 것으로 구성되어 있다는 것이다. "훨씬 더 우월한 어떤 것"이란 그 수용자 안에 과거의 것과는 전혀 다른 모든 것을 전달해주는 새로운 본성의 교류에만 있는 것도 아니다. 즉, 중생되는 것 혹은 거듭나는 것은 (단지 본성만이 아니라) 바로 사람이다. "사람이 거듭나지 아니하면 하나님 나라를 볼 수 없느니라"는 말은 '사람 안에 어떤 새로운 본성이 태어나지 아니하면 하나님 나라를 볼 수 없다'라는 말과 전적으로 다른 것이다(요 3:3). 성경에서 벗어난 것에는 해악(害惡)이 가득 차 있다. 그래서 만일 인격적인 것을 추상적이며 비인격적인 것으로 축소시킨다면 중생에 대해-오류는 아닐지라도-몹시 부적절한 개념을 형성할 것이 분명하다.

4. 마음의 변화

(1) 로마서 5:5

이제 로마서 5:5을 살펴보자. "우리에게 주신 성령으로 말미암아 하나님의 사랑이 우리 마음에 부은바 됨"이라는 부분에 주목하자. 본성적으로는 어떤 사람도 결코 하나님을 사랑하지 않는다. 하나님의 유일성을 그토록 열렬하게 주장하고 온갖 형태의 우상숭배를 증오한, 따라서 자신들의 잘못된 열정에 사로잡혀 구세주가 "자기를 하나님과 동등으로 삼으심" 때문에 구세주를 죽이려고 애쓴 저 유대인들에게, 구세주께서 "다만 하나님을 사랑하는 것이 너희 속에 없음을 알았노라"고 선언하셨다(요 5:18, 42). 그러나 사람의 내면에서 성령이 은혜의 이적을 일으킬 때 그 사람의 마음은 하나님을 향한 위대한 변화를 경험한다. 그래서 그전에는 두려움에 떨며 자신의 생각에서 쫓아내고자 했던 그 분은 이제는 존경과 기쁨의 대상, 기쁘게 묵상하는 영광스러운 완전성들을 지닌 분, 인생으로부터 영광과 기뻐하심을 받아 마땅한 분이시다.

거듭난 사람의 내면에 이뤄진 저 위대한 변화는 "육체"라는 악한 원리의 박멸에 있는 것이 아니다. 새로운 성향 혹은 성벽(性癖)을 영혼에게 전달하는 거룩한 원리의 교류에 있는 것이다. 즉, 더 이상 하나님을 미워하지 않는다. 이제는 하나님을 사랑한다. 마음이 육체의 악한 지배력에서 자유케 되는 것을 에스겔 36:26에서는 "(돌덩이 같이) 굳은 마음"을 제거하는 것이라는 말로, 그리고 성령이 그 마음속에 하나님의 사랑을 부어 흘러내리게 하는 것을 "(살덩이 같이) 부드러운 마음"을 주는 것이라는 말로 표현한다. 에스겔 선지자가 이처럼 강력한 비유적 언어를 사용한 것은, 사람의 내면에서 이뤄진 변화는 결코 피상적인 것도 일시적인 것도 아니라는 의미를 나타내기 위함이다.

선지자들이 사용한 용어들을 지나치게 속되게("문자적으로") 해석함으로 말미암아, 세대주의자들과 그 지지자들은 자신들만의 어려움을 만들어냈고 그 구절의 취지를 이해하는 데 실패했다. 본래의 취지는 내부의 장기(臟器) 혹은 기능을 제거하고 다른 것을 대신 집어넣는 것이 아니다. 오히려 본질적인 본성 혹은 기능들을 변화시키는 방법이 아니라 원래의 기능에 새롭고 변혁적인 영향을 미치도록 하는 방법에 의해, 더 좋은 쪽으로의 근본적인 변화를 그 원래의 기능에 일으켰던 것이다.

영적 사고방식을 갖춘 사람들에게 아주 단순명쾌한 것을 붙들고 씨름할 필요가 없다. 그러나 무서운 혼란과 전반적인 무지가 만연한 현실을 볼 때 (혼란을 겪는 사람들의 유익을 위해) 좀 더 언급해야 할 것 같다. 어쩌면 단순한 예증이 훨씬 더 깊게 해명할 수 있도록 도움을 줄 것이다. 다음과 같이 가정해보자. 나는 어떤 동료 인간에 대해 오랫동안 지독한 원한을 품고 있었고 경멸적으로 취급해왔다. 그런데 하나님이 내가 그 사람에게 저질러왔던 부정의를 깊게 뉘우치도록 만드셨다. 그래서 나는 내 죄를 그 사람에게 겸손하게 고백했다. 이제부터는 그 사람을 존중할 것이며 내가 그에게 저지른 잘못을 바로잡기 위해 내 온 힘을 다하겠다고 말했다. 그 사람을 향해 내 "마음의 변화"가 실질적이었다고 내가 말한다면 이 말이 무슨 뜻인지를 이해하는 데 어려움을 겪을 사람은 하나도 없을 것이다. 그리고 "지독한 마음"이 내게서 제거되었고 "선량한 마음"이 내게 주어졌다는 말을 오해하지도 않을 것이다. 필자가 그 과정을 설명하겠다고 자처하지 않겠다. 하지만 하나님이 굳은 마음을 제거하고 부드러운 마음을 주시는 것 혹은, 하나님을 증오하는 마음을 제거하고 하나님의 사랑을 마음속에 부어주시는 것의 본질 및 효과에 대해서는 설명하겠다.

(2) 로마서 6:17~18

바울은 "하나님께 감사하리로다 너희가 본래 죄의 종이더니 너희에게 전하여 준 (그래서 너희가 구원을 받은) 바 **교훈의 본**을 마음으로 순종하여 죄(의 지배와 죄책)에게서 해방되어 의에게 종이 되었느니라"고 말했다(롬 6:17-18). 이 구절에서 성령은 죄의 종이 의의 종이 된 저 경이로운 변환을 묘사하고 있다. 이 변환은 '종들'이 마음의 순종을 요구하는 그런 교리 형태로 전달받음으로써 야기된다. 바울은 우리의 연약한 이해력을 돕기 위해, 비유를 하나 더 사용한다. "교훈의 본"을 디도서에서는 "경건함에 속한 진리"라고 부른다. 중생자들의 (성령에 의해 부드러워지고 유연해진) 마음에 주형(鑄型) 혹은 도장의 형상을 찍는 것은, 도장에 새겨진 정확한 문양을 찍는 것과 같다. 원형과 모형은 하나하나 대응하고 그 형태 및 문양이 서로 일치한다. 소생한 영혼은 진리"에 전달된" (헬라어 원문은 마 5:25, 11:27, 20:19의 경우처럼 '넘겨진' 혹은 '내어준') 것이며, 따라서 진리에 부합하게 혹은 일치하게 된 것이다.

사람은 회심하지 않은 상태에 있을 때에는 죄를 자진해서 헌신적으로 섬기는 종이었다. 따라서 죄가 주는 자극에 일관되게 주의를 기울이며 죄의 명령에 순응하고, 하나님의 권위 및 영광을 조금도 고려하지 않은 채 자기 자신의 성향을 만족스러워했었다. 그러나 거듭난 영혼이 된 지금은, 자신을 인수한(넘겨받은) 혹은, 그 형틀과 동일한 모형으로 빚어낸 하나님 말씀에 진정으로 복종했다. 율법과 복음 양쪽이 내놓는 거룩한 요구사항들에 걸맞도록 초자연적으로 갱신 혹은 부합하게 되었다. 거듭난 사람의 마음, 정서, 의지는 하나님의 기준이 제시하는 방침을 따라 형성되었다.

이처럼 상당히 다른 각도에서 볼 때 우리는 저 위대한 변화가 무엇으로 구성되어 있는지를 알게 된다. 위대한 변화는 하나님이 영혼을, 죄를 사랑하는 것에서 거룩을 사랑하는 것으로 옮겨놓는 것이며, 하나님의 뜻에 순응하는 것과 같은 변환 즉, 마음이 새롭게 됨으로써 변환되는 것이다. 마음의 틀을 빚어주고 성품의 틀과 형을 짜주는 원형인 '의로움의 규칙'에 대한 내적 일치이며, 그 결과로 마음으로부터 나오는 순종이다. 이 순종은, 두려움 혹은 자기이익에서 나오는 강요된 혹은 꾸며낸 순종에 상반되는 것이다.

(3) 로마서 7:9

바울은 "전에 법을 깨닫지 못할 때에는 내가 살았더니 계명이 이르매 죄는 살아나고 나는 죽었도다"라고 말한다(롬 7:9). 바로 앞에서 검토한 구절이 하나님의 자녀에게서 일어나는 위대한 변화의 적극적 측면을 묘사하는 데 반해 이 구절은 그 소극적 측면을 더 많이 다룬다. 주석가들이 전반적으로 동의하는 것은, 로마서 7:7~11에서 바울은 자신이 회심할 때 겪은 경험들 가운데 하나를 서술하고 있다는 것이다.

첫째, 바울은 자신이 '율법' 없이 살았던 때가 있었다고 말한다. 바울의 이 말을 절대적으로 받아들여서는 안 된다. 바울은 거듭나지 않았던 시절에는 자부심이 강한 바리새인이었다. 저명한 랍비 가말리엘 문하에서 훈련을 받았다. 당시에 바울은 율법연구에 몰두했었다. 하지만 율법의 정신을 전적으로 몰랐었기 때문에 자신을 율법이 "없이" 살았다고-즉, 율법의 취지에 대한 깨달음 혹은 율법의 능력에 대한 내적 통달 없이 살았다고-생생하고 경험적으로 진술하고 있다. 율법의 요구사항들에 대해 단지 외면적일 뿐인 일치가 필요한 모든 것이라고 가정했다는 것이다. 그리고 율법의 요구에 대한 외면적인 일치를 엄격하게 준수하는 자신을 몹시 흡족하게 여겼고, 자기의에 만족했고, 하나님께서 자신을 영접해주실 것이라고 확신했다.

둘째, 바로 뒤에 "(그러나) 계명이 이르매"라는 말을 붙인다. 7절은 성령이 깨우침의 화살로 사용한 말씀은 바로 제10계명이라는 것을 우리에게 알려준다. "탐내지 말지니라"는 말씀이 바울에게 적용될 때, 이 계명의 말씀이 성령의 조명과 깨우침의 능력으로 바울 자신의 양심에 이르렀을 때, 자기의라는 거품이 터졌고 자기만족이 산산이 부서졌다. '너는 금지된 것을 갈망하(는 것조차도 하)지 말라'는 하나님의 금지명령은 청천벽력처럼 거룩한 율법의 엄격함 및 영성을 기겁할 정도로 강력하게 심장을 파고들었다. 바울은 '너는 자기 의지를 가져서는 결코 안 된다'라는 말씀이 자기를 찔렀을 때 율법은 율법의 거룩한 조건들에 대해 외적으로 일치하는 것뿐만 아니라 내적으로도 일치할 것을 요구한다는 사실을 깨달았다. 바로 이때 죄가 살아났다. 즉, 바울은 자신의 탐욕들이 저 신성한 법규의 거룩하고 광범위한 요구조건들에 맞서 봉기를 일으킨다는 것을 알게 되었다. "탐내지 말지니라"고 하나님께서 말씀하셨다는 바로 그것이 바울 자신이 그 전까지는 알아채지 못하고 있던 부패들을 악화시키고 격동시켜 더욱 활동적으로 만드는 데 기여할 뿐이었다. 율법의 요구에 복종하려고 시도하면 할수록 자신의 무기력함을 그만큼 더 고통스럽게 자각하게 되었다.

셋째, 바울은 죄가 살아나고 "나는 죽었도다"라고 말한다. 바울 자신에 대한 자기 자신의 파악, 지각, 그리고 평가라는 점에서 죽었다는 뜻이다. 자신의 내적 부패를 잘 알게 되기 전에는, 그리고 마음을 감염시킨 역병의 존재를 감지하게 되기 전에는, 자기 자신은 도덕적으로 올바른 삶을 살았고 의식법의 요구조건들을 대단히 꼼꼼하게 이행하기 때문에 자신을 선한 사람이라고 여겼다. 자신은 살아있었으며 율법의 정죄를 받지 않았다고 생각했다. 따라서 다가올 형벌과 심판을 전혀 두려워하지 않았다. 그러나 제10계명이 양심을 때리자 율법의 영성을 알게 되었고 자신은 지금까지 율법에 대해 단지 관념적인 지식만 갖고 있다는 사실을 깨달았다. 자신의 내적 부패 즉, 자신의 죄악된 욕구들과 생각들과 상상들을 깨닫고는 자신은 유죄를 선고받은 범죄자라고 즉, 영원한 죽음을 당해 마땅한 존재라고 느꼈다. 바로 이것이 저 위대한 변화 속에 있는 또 하나의 본질적 요소이다. 이 요소는 만일 우리가 성경에 기록된 순서를 따라 다양한 참조사항들을 추적하기보다는 신학적 순서를 따랐더라면 훨씬 전에 소개했을 것이다. 이 본질적 요소는 죄에 대한 즉, 자신의 파멸된 상태에 대한 개인적인 각성으로 구성되고, 그리고 그 당사자가 자립을 완벽하게 단념하고 자기 자신의 의로움을 완전히 버리는 그런 깨달음으로 구성된다.

(4) 고린도전서 6:11

바울은 고린도 교인들에게 "너희 중에 이와 같은 자들이 있더니 주 예수 그리스도의 이름과 우리 하나님의 성령 안에서 씻음과 거룩함과 의롭다 하심을 얻었느니라"고 말했다(고전 6:11). "너희 중에 이와 같은 자들이 있더니"라는 말은 직전의 두 절(9절과 10절)에서 언급된 방탕하고 악덕한 인물들을 가리킨다. 이들에 대해 매튜 헨리는 "사람이라기보다는 괴물들이다. 주목하라. 회심한 이후에 현격하게 선량한 몇몇 사람들은 그 전에는 사악함으로 유명했었다"라고 말했다. 은혜가 놀랍도록 영광스러운 변화를 일으켜, 사람들로 하여금 자신들을 그토록 비천하고 비열하게 만드는 죄악들로부터 돌이키게 만든다! 이 엄청난 변혁을 11절에서 '씻음', '거룩케 함', '의롭다 함'이라는 세 단어로 묘사한다. 정통주의 옹호자로 자처하는 사람들 중에서도 '씻김'을 명백하게 부인하지 않으면서도 중생할 어떤 일이 발생하는지에 대한 자신들의 개념에서 '씻김'에 어떤 위상도 부여하지 않는 사람들이 대단히 많다는 말을 우리 독자들이 들을 때 매우 이상하다고 여길지 모르겠다. 이들은 자신들의 생각을 새롭게 창조되고 그리스도인에게 전달되는 것에 국한시킨 탓에 자신의 본래적 존재의 변화와 씻김을 시야에서 전적으로 놓친다. 하나님의 자녀들은 거룩케 함과 의롭다 함을 받는 것만큼이나 참으로 '씻김'을 받는다. 문자적으로 씻기는가? 그렇다. 물질적으로 씻기는가? 아니다. 도덕적으로 씻긴다.

(5) 에스겔 36:25

그러나 너희가 '씻음'을 얻었다는 말은 구약의 약속 즉, "맑은 물로 너희에게 뿌려서 너희로 정결케 하되 곧 너희 모든 더러운 것에서와 모든 우상을 섬김에서 너희를 정결케 할 것이며"(겔 36:25)라는 약속의 성취였다. 디도서 3:5은 거듭남은 새로운 본성의 전달 이상의 어떤 것으로 즉, '중생의 씻음'-비교, 에베소서 5:26-으로 구성된다는 것을 명확히 한다. 더욱 깊이 주목해야할 것은, 씻음을 받았다는 것과 의롭다 함을 받았다는 것을 구별한 점이다. 따라서 씻음이라는 것은 죄책의 제거를 가리킬 수 없다. 게다가 씻음은 성령이 산출하는 효과이며, 따라서 씻음은 성령이 우리 안에서 행하는 어떤 것으로 구성된 것임에 틀림없다.

불결한 나병환자가 정화되었다. 성령의 활동에 의해 나병환자의 불결한 것들을 씻어냈고 그 마음이 '청결한' 마음이 되었다(마 5:8). 그러므로 이 '씻음'은 죄를 사랑함과 그 실천으로부터 성품을 도덕적으로 씻는 것 혹은 정화(淨化)이다. 먼저, "씻음"이 있고 그 다음에 "거룩케 함" 즉, 하나님께서 사용하시기에 적합한 그릇으로 구별되고 하나님께 드려진다. 이렇게 해서 우리가 의롭다 함을 얻었다-죄책이 제거되고 의가 우리에게 전가되었다-는 증거를 획득한다. 칭의는 여기에서 성령에게 귀속된다. 왜냐하면 성령은 죄인에게 의롭다 함을 얻어주는 그 믿음의 저자이기 때문이다.

(6) 고린도후서 3:18

바울은 "우리가 다 수건을 벗은 얼굴로 거울을 보는 것같이 주의 영광을 보매 저와 같은 형상으로 화하여 영광으로 영광에 이르니 곧 주의 영으로 말미암음이니라"고 말한다(고후 3:18). "수건을 벗은 얼굴"이라는 표현에는 이중적인 참조 및 대조가 있다. **첫째**, 모세의 얼굴을 수건으로 가린 것을 가리킨다(고후 3:13). 이것은 유대교의 불완전성과 일과성을 상징적으로 표현한 것이다. 대조적으로, 그리스도인들은 하나님의 아들의 인격과 사역에서 충분하게 그리고 최종적으로 계시된 하나님을 바라본다. **둘째**, 개종하지 않은 유대인들의 마음을 덮고 있는 수건을 가리킨다(고후 3:16). 이 유대인들에 대조해서, 주님께로 돌이킨 이들은 앞을 보지 못한 결과들 즉, 오류와 편견이 제거되었다. 그래서 시야를 흐릿하게 만드는 매개체 없이 복음을 바라볼 수 있게 되었다.

"주의 영광" 즉, 주의 완전성들의 총합이 말씀에 계시되고 빛을 발한다. 그리고 복음에서는 더욱 각별하게 계시되고 빛난다. 그 영광을 성령이 만들어내고 활력을 불어넣는 그 믿음에 의해 바라본다. 이때 그 영광을 바라보는 사람은 점차 단계적으로 주님과 "같은 형상"으로 변화되며 주의 성품과 품행을 더욱 더 닮게 된다. 동사 "변화하다"('메타몰프호오')는 로마서 12:2에서도 사용되었고 마태복음 17:2에서는 "변형되다"라는 말로 번역되었다. 고대인들의 "거울"은 금속 표면을 갈고 닦아서 만들었다. 강력한 빛이 그 표면에 비춰질 때 형상들을 대단히 뚜렷하게 반영한다. 이뿐만 아니라 그 형상들을 바라보는 사람의 얼굴에도 빛줄기들을 반사했다. 그래서 그 거울을 만든 재료가 은 혹은 동이라면 그 거울을 바라보는 사람의 얼굴에 흰색 빛 혹은 금색 빛이 돈다.

여기에서 "거울"은 성경이다. 성경에서 주님의 영광을 발견한다. 성령이 영혼에게 빛을 비추어 믿음과 사랑을 할 수 있도록 만들어줄 때 그 영혼은 주님의 형상으로 변화된다. 주님의 영광은 복음에 의해 씨 뿌려진다. 그리고 마음속으로 받아들일 때, 성령의 변형 활동으로 말미암아 그 영광은 그 영광을 바라보는 사람에 의해 반사된다. 우리는 마음을 그리스도의 완전하심으로 채우고 주님의 영광을 깊이 생각하고 주님의 교훈에 복종하게 됨으로써, 주님의 거룩하심에 참여하게 되고 주님의 형상에 부합하게 된다. 이생에서 우리는 그리스도를 불완전하게 바라보기 때문에 불완전하게 변형된다. 그리스도를 직접 대면하여 볼 때에만 그리스도를 완벽하게 닮는다(요일 3:2).

(7) 고린도후서 4:6

"어두운 데서 빛이 비취리라 하시던 그 하나님께서 예수 그리스도의 얼굴에 있는 하나님의 영광을 아는 빛을 우리 마음에 비취셨느니라"라는 바울의 말을 보자(고후 4:6). 만일 우리가 논리적이며 신학적인 순서를 엄격하게 추구했더라면 우리 주제의 이 측면을 먼저 다뤘을 것이다. 이해력에 영적 빛을 비춰주는 것은 타락한 피조물을 회복시키는 작업을 시작하실 때 하나님이 가장 먼저 하시는 일 가운데 하나이다.

본성적으로 인간은 하나님에 대해, 따라서 하나님 앞에서의 자기 자신의 상태에 대해 완벽한 영적 무지상태에, 즉 "흑암에" 그리고 "사망의 땅과 그늘에" 앉아 있다(마 4:16). 이 흑암은 영적인 것들에 대한 단지 지적인 무지보다도 훨씬 더 무서운 것이다. 이 흑암은 적극적이며 활력있는 '능력'(눅 22:53)이며, 하나님을 완고하게 반대하고 타락한 인간의 마음이 사랑하는 악한 원리(요 3:19)이며, 어떤 외적인 수단이나 계몽이 몰아낼 수 없는 것이다(요 1:5). 이 흑암보다 우월한 것은 오로지 하나님의 절대주권적인 명령과 전능한 능력뿐이다. 오직 하나님만이 영혼을 흑암에서 하나님의 경이로운 빛 속으로 옮겨줄 수 있다.

하나님은 빛에게 옛 창조를 뒤덮었던 흑암에 빛을 비추라고 명령하신 것처럼(창 1:2-3), 각 택자의 내면에서 새로운 창조를 일으키실 때도 그렇게 하신다. 이 초자연적 조명은 꿈과 환상에 있는 것이 아니다. 진리의 성경에서 알려주지 않은 것을 영혼에게 계시하는 것에 있는 것도 아니다. 주의 말씀에 들어가는 바로 그것이 빛을 비춰준다(시 119:130). 그렇다. 말씀에 들어가는 것이다. 그러나 주의 말씀에 들어가기 전에 먼저, 앞을 보지 못하는 죄인의 두 눈을 성령이 기적적으로 열어주지 않으면 안 된다. 그렇게 해야 죄인은 영적인 빛을 수용할 수 있게 된다. 즉, 우리는 오직 하나님의 빛 속에서만 빛을 본다(시 36:9). 우리 마음속에 하나님의 빛이 비췰 때 우리 영혼의 저 무서운 무지, 오류, 편견, 불신앙이 부분적으로 그리고 점진적으로 축출된다. 이럼으로써 우리의 지성은 진리를 (얼마간) 파악할 채비를 갖추고 우리의 정서는 진리를 포용할 채비를 갖춘다. 이 초자연적 조명에 의해 영혼은 사물을 실제로 있는 그대로 볼 능력을 갖게 된다(고전 2:10-12). 그래서 자신의 부패, 죄의 엄청난 죄성, 율법의 영성, 진리의 탁월성, 거룩의 아름다움, 그리스도의 사랑스러움을 지각할 수 있게 된다.

다시 말하자면, 성령은 기록된 말씀에서 찾을 수 없는 빛을 거듭난 영혼에게 전달하지 않는다. 성령은 기록된 말씀에 들어가지 못하도록 가로막는 장애요소들을 제거해주고, 진리에 집중하고픈 마음을 주고(행 16:14), 진리를 사랑하는 마음으로 받아들이게 한다(살후 2:10). 하나님의 빛이 죄인의 마음속에 비췰 때 그 죄인은 자신이 처한 끔찍한 곤경을 지각하고 자신의 죄책과 파멸적 상태를 의식하게 되고 자신의 죄악이 머리카락보다 더 많다고 느낀다. 자기 안에는 "성한 곳"이 없다는 것(사 1:6), 자신의 모든 의는 더러운 걸레와 같다는 것, 전적으로 무능력하다는 것을 이제는 알고 있다. 그러나 그 죄인의 마음에 하나님의 빛이 비취는 그것이 전적으로 충분한 치료책도 계시해준다. 하나님의 빛은 죄인의 가슴에 소망을 일깨워준다. 하나님의 빛은 중보자의 얼굴에서 빛나는 그대의 "하나님의 영광"을 알려준다. 의의 태양이 죄인의 어두운 영혼 위로 떠올라 그 날개로 혹은 광선으로 치료해준다. 죄, 자기 자신, 하나님, 구세주에 대한 이러한 지식은 지성적 노력에 의해 획득하는 것이 아니라 성령의 은혜로운 활동에 의해 전달되는 것이다.

(8) 고린도후서 10:4~5

이제 바울이 자신의 사역을 염두에 두며 말한, "우리의 싸우는 병기는 육체에 속한 것이 아니요 오직 하나님 앞에서 견고한 진을 파하는 강력이라 모든 이론을 파하며 하나님 아는 것을 대적하여 높아진 것을 다 파하고 모든 생각을 사로잡아 그리스도에게 복종케 하니"라는 말씀을 보자(고후 10:4-5). 이 진술에서 사역의 본질, 어려움들, 그리고 성공을 언급한다. 바울은 진리와 오류 사이의 갈등에 견주었다. 바울이 사용한 "병기" 혹은 수단은 세상 사람들이 의존하는 그런 것들이 아니었다. 그리스 철학자들은 논리적 논증 혹은 웅변술의 견인력에 의존했다. 모하메드는 군사력에 의해 정복했다. 로마는 감각에 호소했다. 그러나 그리스도의 사절들은 오직 말씀과 기도만을 사용한다. 이 두 수단이 하나님으로 말미암는 "강력"이다(고후 10:4). 십자가에 못 박힌 그리스도에 대한 설교가 죄인들을 회심시킨다. 인간의 지혜, 설득력 혹은 토론이 회심시켜주지 않는다. 그리스도의 복음은 구원에 이르게 하는 하나님의 능력이다(롬 1:16).

고린도후서 10:4~5은 죄인들이 "견고한 진" 안에서 보호를 받고 있다고 묘사한다. 죄인들은 마음의 강퍅함, 의지의 완고함, 편견의 강력함에 의거해서 자신들을 강화하여 하나님께 대항하고, 거짓말이라는 피난처에 의지한다(사 28:15). 그러나 성령이 진리를 죄인의 가슴에 효과적으로 적용해줄 때 죄인의 견고한 진은 뒤엎어지고 죄인의 거만한 상상과 교만한 추론은 파괴된다. 죄인은 더 이상 '나는 정의로운 하나님이 어떤 그릇은 존귀하게 사용하고 또 다른 그릇은 천하게 사용한다는 말을 믿지 못하겠다' 혹은 '나는 자비로운 하나님이 어떤 사람에게든 영원한 고통을 가할 것이라고 믿을 수 없다'라고 외치지 않는다.

모든 반대주장은 잠잠해지고, 반역자들은 진압되고, 자아에 대한 거만한 평가는 부서지고, 교만은 낮춰지고, 경외와 뉘우침과 겸손과 믿음 그리고 사랑이 제자리를 찾는다. 모든 생각은 사로잡혀 그리스도를 복종한다. 죄인은 은혜에 의해 정복되고, 사랑에 의해 포획된다. 이후로부터는 그리스도가 죄인의 마음속 왕좌를 차지한다. 영혼의 모든 기능은 이제 하나님이 접수한다. 은혜의 이적을 경험하는 영혼 속에서 일어나는 위대한 변화는 이와 같다. 불법행위자는 사랑이 넘치며 충성스러운 순종의 자녀가 된다.

5. 우리는 하나님의 작품

(1) 갈라디아서 4:19

바울은 "나의 자녀들아 너희 속에 그리스도의 형상이 이루기까지 다시 너희를 위하여 해산하는 수고를 하노니"라고 말했다(갈 4:19). 갈라디아 사람들에게 복음을 열심히 전했고, 분명코 바울의 노고는 상당한 성공을 거뒀다. "십자가에 못 박힌 그리스도"를 죄인들의 유일한 소망이라고 갈라디아 사람들에게 분명하게 제시했고(갈 3:1), 그리스도를 복음에 제시된 그대로 영접한다고 고백한 사람들이 많았다. 갈라디아 사람들은 우상숭배를 버렸다. 건전하게 회심한 것처럼 보였다. 자신들의 영적 아버지를 향해 커다란 애정을 품었다(갈 4:15). 한동안은 "달음질을 잘" 했지만 장애물을 만났다(갈 5:7).

바울이 갈라디아를 떠난 뒤에 거짓 교사들이 와서 믿음을 저버리도록 미혹했다. 할례를 받아야 하며 의식법을 준수해야 구원을 받는다고 꼬드겼다. 갈라디아 교인들은 바울이 의심할 정도로까지 유대주의자들에게 귀를 기울였다(갈 4:20). 바울은 갈라디아 교인들 전부가 참된 거듭남을 경험한 적이 없는 것은 아닌가 하고 염려하기까지 했다(갈 4:21). 여기에서 세심하게 주의를 기울여야할 것이 있다. 바울은 운명론에 의존하지 않았다. '만일 하나님이 갈라디아 교인들 안에서 선한 일을 시작하셨다면 하나님께서 그 일을 완성하실 것이 분명하다, 그러니 내가 부당하게 걱정할 필요가 없다'라고 말하지 않았다. 정반대의 태도를 취했다.

그렇다. 사도는 갈라디아 교인들의 상태에 대해 크게 고민했고 갈라디아 교인들의 복락을 진심으로 걱정했다. 사도는 '다시 해산하는 수고를 한다'라는 강력한 비유적 표현에 의해 자신의 깊은 관심과 의지를 즉, 갈라디아 교인들의 회심 이후에 사역의 수고와 고통을 감수하겠다는, 갈라디아 교인들을 지금 갖고 있는 망상에서 구제하여 복음 진리에 철저하게 세우기 위해 어떤 수고라도 감수하겠다는 깊은 관심과 의지를 암시했다.

바울은 저 위대한 변화가 갈라디아 교인들에게 일어났다는 사실을 확실히 하고 싶었다. 그 변화를 "너희 속에 그리스도의 형상이 이루기까지"라는 말로 바울이 언급한다. 그리고 우리는 이 말을, 갈라디아 교인들은 그리스도를 아는 구원적 지식에 의해 참으로 복음적 존재가 될 수도 있다는 뜻으로 이해한다. **첫째**, 진리를 영적으로 파악함으로써 그리스도가 갈라디아 교인들의 오성에 계시될 것이다. **둘째**, 그리스도를 믿는 믿음을 발휘함으로써 그리스도가 갈라디아 교인들의 마음에 거하게 될 것이다(엡 3:17). 즉, 믿음은 믿음을 발휘하는 그 대상의 실체 및 실재를 영혼 안에 부여한다(히 11:1). **셋째**, 모세도 혹은 다른 어떤 누구도 따를 수 없을 정도로 그리스도를 사랑하게 될 것이다. **넷째**, 갈라디아 교인들이 자신들의 의지를 굴복시킴으로써 그리스도가 교인들의 마음이 보좌를 차지하고 다스리게 될 것이다. 따라서 우리 안에 이뤄진 그리스도의 형상은 그리스도의 의가 우리에게 전가되었다는 증거이다.

(2) 에베소서 2:10

"우리는 그의 만드신 바라 그리스도 예수 안에서 선한 일을 위하여 지으심을 받은 자니 이 일은 하나님이 전에 예비하사 우리로 그 가운데서 행하게 하려 하심이니라"(엡 2:10)에서, 바울은 8절과 9절에서 제시한 복된 선언을 완성하고, 따라서 진리의 균형을 보존한다. 8절과 9절은 복음의 오직 한 측면만을 제시한다. 따라서 다른 측면을 추가하지 않은 상태에서 8절과 9절을 인용해서는 결코 안 된다. 주권적 은혜를 선포하는 것에 바울만큼 열정적인 사람이 없다. 실천적 경건을 주장하는 것에 바울보다 더 끈질긴 사람이 없다.

하나님은 세상을 창조하시기 전에 그리스도 안에서 자기 백성을 선택하셨는가? 거룩하게 하시려고 그렇게 하셨다(엡 1:4). 그리스도는 우리를 위해 자신을 내어주셨나? "모든 불법에서 우리를 구속하시고 우리를 깨끗하게 하사 선한 일에 열심하는 친 백성이 되게 하려 하"시려고 그렇게 하셨다(딛 2:14). 여기에서도 마찬가지다. 값없는 은혜를 찬양한 직후에 하나님의 구속 능력의 도덕적 결과들을 똑같이 선명하게 진술한다. 그 결과들은 하나님의 백성의 삶에서 다소간 명확하게 드러나기 때문이다. 은혜로 말미암는 구원은 거룩한 행실에 의해 입증된다. 우리의 삶이 "선한 행실"이라는 특징이 없다면 우리 자신을 하나님의 자녀로 간주할 정당한 근거가 없다.

우리는 하나님께서 "만드신" 존재다. 우리 자신이 아니라 하나님이 우리를, 현재의 영적 존재로 만드셨다. "그리스도 예수 안에서…지으심을 받은"이라는 말은 그리스도 예수와 생명의 결합을 이뤄 하나가 되었다는 뜻이다. "그리스도 예수 안에서"라는 말은 언제나, 그리스도와의 연합을 가리킨다. 즉, 신비적 혹은 선택적 연합(엡 1:4), 연방적 혹은 대표적 연합(고전 15:22), 생명의 혹은 삶의 연합(고전 6:17, 고후 5:17)을 가리킨다. (성령이 우리를 소생케 하신 결과인) 구원의 믿음은 우리를 살아있는 포도나무의 가지로 만들어주고 열매를 맺게 해준다(호 14:8). "그리스도 예수 안에서 선한 일을 위하여 지으심을 받은"이라는 말은 하나님께서 솜씨를 발휘한 취지 및 효력을 표현하는 말이며, "이 백성은 내가 나를 위하여 지었나니 나의 찬송을 부르게 하려 함이니라"는 말씀과 짝을 이룬다(사 43:21).

하나님은 피조물을 그 창조목적에 맞춰 지으신다. 태우도록 하기 위해서는 불을, 양식을 생산하도록 하기 위해서는 땅을, 선행-성도의 영혼이 경사(경시)되어 있고 추구하는 하나님의 일-을 하며 살도록 하기 위해서는 성도를 지으셨다. 하나님은 그리스도 안에서 우리를 창조하신다. 즉, 그리스도는 모든 의의 열매를 낳는 뿌리이기에 우리를 그리스도와 생명의 연합을 갖게 하여 우리로 하여금 새로운 삶을 살도록 해주신다. 우리는 거룩한 분과 연합을 이뤘기에 거룩한 행실이 우리의 특징을 이룬다. 죄 가운데 사는 사람들은 결코 그리스도와 구원적으로 연결되지 않았다. 하나님은 우리로 하여금 순종의 삶에 의해 하나님께 영광을 돌리도록 하기 위해 우리를 구원하신다.

(3) 에베소서 4:24

바울은 "하나님을 따라 의와 진리의 거룩함으로 지으심을 받은 새 사람을 입으라"고 말한다(엡 4:24). 이 구절은 에베소서의 실천적 부분에서 나오며, 22절에서 시작하는 훈계의 일부이다. 전체적으로 볼 때, 로마서 13:12~14에 유사하다. 이 구절의 취지는 '네가 거듭난 피조물이라는 사실을 너의 행위에 의해 명백하게 드러내고, 하나님의 자녀들의 성품을 네 동료들 앞에 나타내라'는 것이다. 지금 우리가 가장 관심을 기울이는 것은, 거듭난 사람에게 야기된 커다란 변화에 대해 이 구절이 제시하는 특정한 묘사 즉, "하나님을 따라 의와 진리의 거룩함으로 지으심을 받은 새 사람"이라는 묘사다.

바로 이 구절을 골로새서에 있는 병행구절과 세심하게 비교해야 한다. 왜냐하면 전자는 후자를 설명하는 데 도움을 주고 보충해주기 때문이다. 골로새서 본문은 "새 사람을 입었으니 이는 자기를 창조하신 자의 형상을 좇아 지식에까지 새롭게 하심을 받는 자니라"로 기술되어 있다(골 2:10). 두 본문 모두에 "새 사람"이라는 표현이 있다. "새 사람"이라는 이 어구를, 새로운 개인이 존재하게 되었다고 즉, 이전에는 결코 존재하지 않았던 어떤 사람이 이제 등장했다고 이해해서는 안 된다. 물질계에서 사용하던 용어를 가져다가 영적인 것들 및 사물에 적용하여 사용할 때에는 그 용어의 의미를 이해하고 설명하는 데 대단히 주의를 기울여야 한다.

거듭난 죄인은 영혼 속에 위대한 변화가 일어났다할지라도 그 전과 동일한 개인이다. 태양이 하늘에 떠있을 때의 풍경은 칠흑같은 어둠이 뒤덮고 있을 때의 풍경과 정말 다르다. 똑같은 풍경이지만 똑같지가 않다! 심각한 질병에 의해 건강과 활력이 아주 나빠졌다가 충분히 회복한 사람의 상태는 정말 다르다! 하지만 동일한 그 사람이다. 부활의 아침에 성도의 몸은 현재의 몸과 정말 다르다! 무덤에 눕혀진 바로 그 몸이지만 똑같지 않다! 구속주가 재림할 때 지상에 살고 있던 성도들의 경우도 마찬가지다. 즉, 구속주는 "우리의 낮은 몸을 자기 영광의 몸의 형체와 같이 변케" 하실 것이다(빌 3:21). 중생할 때, 적절하게 변화한다. 즉, 영혼은 하나님이 일으키는 변혁 및 변형의 사역을 겪는다. 새로운 빛이 오성에 비췬다. 새로운 대상이 애정을 일으킨다. 새로운 능력이 의지를 움직인다. 동일한 그 사람이지만 동일하지 않다. '과거에 나는 소경이었지만 지금은 본다'라는 것은 죄인이 겪은 복된 경험이다(요 9:25).

(4) 골로새서 3:10

에베소서 4:24은 새 사람은 "하나님을 따라 의와 진리의 거룩함으로 지으심을 받은" 사람이라고 언급하는 반면에 골로새서 3:10은 "자기를 창조하신 자의 형상을 좇아-즉, 원래의 형상으로-지식에까지 새롭게 하심을 받는" 사람이라고 말한다. 두 본문을 비교해보면, "하나님을 따라"라는 말은 하나님 자신에 부합함을 가리킨다는 뜻이다. "하나님의 형상을 좇아"라는 표현에 대응한다. 새 사람을 "지으심을 받은"이라고 말하는 것은, 이 영적 변형은 하나님이 하시는 일 즉, 인간 개인이 공헌에 의해서든 협력에 의해서든 의견일치에 의해서든 어떤 역할도 하지 못하는 신성한 사역이라는 뜻이다. 전체적으로 이것은 초자연적 작용이다. 즉, 이 사역을 경험하는 당사자는 전적으로 수동적이다.

골로새서 3:10의 "새롭게 하심을 받는"이라는 말은, 그 존재는 그때까지는 전혀 존재하지 않았던 것이 아니라 그 영혼이 영적으로 소생케 되고 혁신된다는 뜻이다. 타락 사건에서 아담 안에서 상실한 하나님의 도덕적 형상이 중생에 의해, 그리스도인의 영혼에 회복된다는 뜻이다. 이 '형상'은 영혼에게 나눠지는 "의와 진리의 거룩함"에, 혹은 골로새서 3:10의 표현대로 말하자면, 하나님을 아는 영적 지식에 있다. 이제 하나님을 알고, 사랑하고, 경외하고, 충성스럽게 섬긴다. 이제 하나님과 교제를 나누기에 적합한 존재가 되었다.

(5) 빌립보서 1:6

"너희 속에 착한 일을 시작하신 이가 그리스도 예수의 날까지 이루실 줄을 우리가 확신하노라"는 말씀을 보자(빌 1:6). 이 구절은 "새로운 창조"라는 그림을 지나치게 강조하지 말라는, 비록 간접적인 혹은 암시적인 경고이긴 하지만, 명백한 경고를 담고 있다. "창조"는 하나의 행위이지 "일"이 아니다. 창조는 완료된 혹은 완성된 목표이다. 미완성의 불완전한 목표가 아니다. 하나님이 말씀하시고, 말씀하신 대로 이뤄진다. 전체적으로, 완벽하게, 즉각적으로 이뤄진다. 하나님이 영혼 속에서 행하는 구속사역을 묘사하기 위해 성령이 '낳다' 혹은 '태어남' 과 같은 비유적 언어를 사용하였다는 바로 그 사실은, 그 언급은 하나님 은혜의 초기 경험만을 가리킨다는 뜻이다. 이때 새로운 생명이 나눠진다. 그러나 이 생명은 양육과 성장발달이 필요하다.

우리가 지금 다루는 구절에서 알게 되는 사실은, 우리 안에 만들어진 위대한 변화는 아직 충분히 성취되지 않는다는 것, 그렇다, 단지 시작일 뿐이라는 것이다. 은혜의 사역을 "착한 일"이라고 부른다. 왜냐하면 은혜의 사역은 그 자체로 선한 일이기 때문이며, 은혜의 사역이 낳는 결과 때문이다. 은혜의 사역은 우리를 하나님께 부합하도록 만들고, 하나님을 즐거워할 자질을 갖춰준다. "일"이라는 용어를 사용한다. 지속적인 과정이기 때문이다. 성령은 이 장면에서 자기에게 맡겨주는한 성도 안에서 계속해서 수행해나가기 때문이다.

영혼의 내면에서 진행되는 이 착한 일은 하나님이 시작하시는 일이다. 우리의 의지가 이루는 일도 우리의 행위가 이루는 일도 아니다. 이것이 이 선한 일을 시작하신 분이 그 일을 실행 혹은 완성하실 것이라는 바울의 설득력 혹은 확신의 근거였다. 즉, 만일 이 일의 기원이 사람에 있었다면 바울은 이러한 확신을 결코 가질 수 없었을 것이다. 하나님이 이 선한 일을 시작하셨을 뿐만 아니라 오직 하나님이 이 일을 계속하고 완성하신다. 만일 이 일을 우리가 맡는다면 이 일은 재빨리 수포로 돌아갈 것이다.

"그리스도 예수의 날까지 이루실 줄을"이라는 표현은, 그 일은 이생에서는 완성되지 않을 것이라고 우리에게 말해준다. 이 표현을, "영혼을 구원함에 이르는 믿음을 가진 자"라는 표현과 비교하자(히 10:39). 영혼의 구원(완성된 구원)에 이르도록 믿은(과거의 행동) 사람이 아니라 영혼을 구원하는-계속적인 과정- 데에 도달하도록 믿는(현재의 행동) 사람이라고 표현했다는 점을 세심하게 관찰하라. 그리스도께서 우리를 중재하기 위해 사시는 것처럼 성령도 우리 안에서 유효적 영향력을 발휘하신다. '이루신다'라는 동사는 목적지까지 계속해서 수행한다는 의미의 강조적 동사이다. 끝까지 성취해줄 것이라는 바로 이 약속을 명확하게 밝힌 말씀이 "여호와께서 내게 관계된 것을 완전케 하실지라"이다(시 138:8).

(6) 디도서 3:5~6

"우리를 구원하시되 우리의 행한 바 의로운 행위로 말미암지 아니하고 오직 그의 긍휼하심을 좇아 중생의 씻음과 성령의 새롭게 하심으로 하셨나니 성령을 우리 구주 예수 그리스도로 말미암아 우리에게 풍성히 부어 주사"라는 바울의 진술을 살펴보자(딛 3:5-6). 만일 우리가 우리의 성향을 따른다면 그 문단 전체(딛 3:4-7)를 주석해야 한다. 그러나 현 주제에 머물면서 직접적으로 관련이 있는 것에 우리 자신을 한정시키지 않는다면 이 주제는 우리의 독자들 가운데 몇몇 분들이 감당할 수 없을 정도로 지나치게 확장될 것이다. 여기에서 확인해야할 것은, 삼위일체의 세 위격이 구원사역에서 어떤 식으로 협력하느냐와 구원 그 자체가 경험적 측면과 법률적 측면 양쪽에서 어떻게 관련을 맺느냐는 것이다.

이 분문은 성령의 유효적 활동을 '말미암아 구원한다'라는 표현으로 나타낸다. 따라서 그리스도인은 자신의 개인적인 구원을 주 예수 덕택으로 돌리는 것만큼이나 성령 덕택으로 돌린다. 만일 복된 성령이 이 세상에 내려와 활동하지 않았더라면 그리스도의 죽으심은 헛되었을 것이다. 성령을 주시는 것과 성령의 은사들을 그리스도께서 획득하신 것은, 바로 그리스도께서 수행한 구속사역의 중재 및 공로에 의해서다. 이것을 이 본문에서는 "성령을 우리 구주 예수 그리스도로 말미암아 우리에게 풍성히 부어 주사"라는 말로 표현한다.

아버지의 뜻은 우리가 받는 구원의 발생적 원인이며, 성자의 구속이 갖는 가치는 우리가 받는 구원의 공로적 원인이며, 성령의 사역은 우리가 받는 구원의 유효적 원인이다. 경험적 구원은 영혼에서 "중생의 씻음"에 의해 시작된다. 이때 죄에 대한 압도적인 사랑과 죄의 권세가 마음에서 씻기고 그 정결한 순수성을 회복하기 시작한다. "성령의 새롭게 하심"에 의해 즉, 영혼을 하나님의 형상으로 새롭게 하는 것에 의해, 혹은 더욱 특수하게 말하자면, 심령을 새롭게 함으로써(엡 4:23) 즉, 영혼의 성향을 새롭게 함으로써 시작한다. 이 전체를 하나님께서 압축하여 우리에게 제시해주신 표현이 "근신하는 마음"(딤후 1:7), "우리로 참된 자를 알게 하신" 지각(요일 5:20)이다. 지성이 혁신되고 활기를 되찾는다. 그래서 자연인은 아무리 교육을 잘 받더라도 혹은 종교적으로 양육을 받더라도 분별할 수 없는 것들 즉, 성령에 속한 것들을 "영적으로 분별"할 능력을 갖추게 된다(고전 2:14).

그러나 독자들의 주의를 특별히 집중시키고 싶은 것은 "중생의 씻음과 성령의 새롭게 하심"이라는 동작의 시점이다. 고린도후서 3:18과 빌립보서 1:6처럼, 위대한 변화가 새로운 탄생의 시점에서 완성되는 것이 아니라 계속적인 하나의 과정 즉, 실현과정을 거친다고 가르치는 또 하나의 구절이다. 하나님께서 영혼 안에서 시작하신 "착한 일" 즉, 성령의 씻음과 새롭게 하심은 우리의 지상생애 과정 전체를 관통하며 진행하고, 우리 구속주가 재림하실 때까지는 완성되지 않는다.

오직 구속주가 재림하는 그 시점에서만, 성도는 하나님 아들의 형상에 완벽하게 그리고 영원토록 부합할 것이다. 하나님은 자신의 유업에 대해 "나 여호와는 포도원지기가 됨이여 때때로 물을 주며 밤낮으로 간수하여 아무든지 상해하지 못하게 하리로다"라고 말씀하신다(사 27:3). 오직 성령의 계속적이며 은혜로운 영향력에 의해서만 영적 생명이 영양분을 공급받고 성장한다. 종종 신자는 그 결핍을 자각한다. 그리고 갈급함 속에서 '주의 말씀을 따라 나를 소생케 하소서'라고 부르짖는다. 그러면 하나님께서 채워주신다. 우리의 겉 사람은 부패하지만 속 사람은 날마다 새롭게 된다(고후 4:16). 이 속 사람을 베드로는 "마음에 숨은 사람"이라고 칭한다(벧전 3:4).

(7) 히브리서 8:10

바울이 예레미야 31:31~34에서 인용하여 "또 주께서 가라사대 그날 후에 내가 이스라엘 집으로 세울 언약이 이것이니 내 법을 저희 생각에 두고 저희 마음에 이것을 기록하리라 나는 저희에게 하나님이 되고 저희는 내게 백성이 되리라"라고 말했다(히 8:10). (어떤 누구라도 겸손한 망설임 없이는 언급하지 않을) 이 구절의 예언적 의미를 여기에서는 다루지 않겠다. "이스라엘 집"이라는 표현을 "하나님의 이스라엘"(갈 6:16) 즉, 여기에서 나타난, 은혜의 택하심을 받는 전체라고 이해하는 것으로 충분하다. 히브리서 8:10의 '내가 두겠다'와 '내가 기록하겠다'라는 표현은 하나님의 백성 안에서 일어난 위대한 변화의 또 하나의 필수적인 부분을 가리킨다. 즉, 하나님의 은총을 받은 당사자들을 근본적으로 변형시키는 성령의 막을 수 없고 이적적인 활동을 가리키는 표현이다.

"하나님은 자기 백성들을 일일이 다루신다. 자신의 율법을 새겨 백성들에게 주신 적이 있다. 그런데 지금 백성들 안에 자신의 율법을 새겨주신다. 즉, 율법을 알고 믿을 이해력을 주신다. 율법을 고백할 용기와 실행할 능력을 주신다. 영혼들의 기질 및 구성틀 전체가 율법을 새긴 판이 될 것이다."(매튜 헨리)

"내 법을 저희 생각에 두고 저희 마음에 이것을 기록하리라"는 문장은 어떻게 반역도들을 고쳐서 하나님을 향하도록 만들 수 있는지를 보여준다. 칼빈은 다음과 같이 말했다.

"하나님께서 우리에게 말씀하시는 것을 오로지 사람의 목소리라는 방법으로만 볼 때는 아무 소용이 없다. 정말이지 하나님은 무엇이 올바른 것인지를 우리에게 가르치시고 명령하신다. 그러나 귀머거리에게 말씀하시는 것이다. 우리가 올바르게 듣는 것처럼 보일 때 우리의 두 귀를 때리는 것은 공허한 소리뿐이다. 부패와 심술로 가득 찬 마음은 모든 건전한 교리를 거부한다. 간단히 말하자면, 하나님의 말씀은 결코 우리의 마음속으로 파고들지 않는다. 우리의 마음은 하나님에 의해 부드러워질 때까지는 쇠와 돌이기 때문이다. 아니다, 우리의 마음에는 정반대의 법이 새겨져 있다. 완악한 욕구들이 안쪽에서 흘러나와, 우리를 반역질로 이끈다. 하나님께서 율법을 우리의 마음에 성령으로 말미암아 새겨넣을 때까지는 인간의 목소리로 율법을 선언해봐야 헛일이다. 순종할 수 있도록 우리의 틀을 짜주고 준비시켜주실 때까지는 그렇다."

"내 법을 저희 생각에 두고 저희 마음에…기록하리라"에서 사람의 "마음"은 "생각"과 구별되며, 정서와 의지를 포함한다. 마음이 생각을 실제로 효과적인 것으로 만든다. 자연인의 마음은 하나님께로부터 멀어져 있고, 하나님의 권위에 반한다. 바로 이 이유 때문에, 하나님이 십계명을 돌 판에 기록해 주셨던 것이다. 돌 판에 써주신 것은 율법의 외적인 문자들을 보존하기 위해서라기보다는 율법을 수여받은 사람들의 마음이 강퍅하다는 뜻이다. 그러나 거듭날 때 하나님은 "굳은 마음을 제하고 부드러운 마음을" 주신다(겔 36:26). 돌 판에 하나님의 손가락이 파고들고 율법을 담은 문자와 단어들이 새겨진 것처럼 "부드러운 마음"에 하나님의 율법이 오래토록 새겨지고, 정서와 의지가 하나님의 계시된 의지 전체에 부응하게 되고 율법의 요구사항들에 부합하게 된다. 순종의 원리가 나눠지고, 하나님의 권위에 대한 복종이 우리 안에서 이뤄진다.

그렇다면 하나님 은혜의 커다란 승리가 바로 여기에 있다. 불법을 일삼는 반역자가 충성스러운 신하로 바뀐다. 율법을 반대하는 적개심(롬 8:7)은 율법을 향한 사랑으로 대체된다(시 119:97). 마음은 이제 하나님을 사랑하고 하나님을 기쁘시게 하겠다는 진정한 욕구와 결심을 품을 정도로 변화된다. 새롭게 된 마음은 "하나님의 법을 즐거워"하고 하나님의 법을 섬긴다(롬 7:22, 25). 그것이 "본성"이기 때문이다.

독자 각자가 자신에게 진정으로 다음과 같은 질문을 던져보자. 하나님의 거룩한 법에 호응하는 것이 지금 내 안에 있는가? 하나님의 뜻에 전적으로 통제받는 것이 참으로 나의 갈망이며 결단인가? 하나님께 영광을 돌리며 높이는 것이 내 영혼의 가장 깊은 갈망이며 최고의 목표인가? 하나님께서 내 안에서 행하시어 자신의 기쁘신 뜻을 위하여 소원을 두고 행하게 해달라고 매일 기도하는가?(빌 2:13) 나의 이 갈망을 충분히 실현하지 못한다는 서글픈 실패를 느낄 때 나의 가장 통렬한 슬픔이 일어나는가? 만일 그렇다면 저 위대한 변화가 내 안에서 일어난 것이다.

(8) 베드로후서 1:3~4

베드로는, "그의 신기한 능력으로 생명과 경건에 속한 모든 것을 우리에게 주셨으니 이는 자기의 영광과 덕으로써 우리를 부르신 자를 앎으로 말미암음이라 이로써 그 보배롭고 지극히 큰 약속을 우리에게 주사 이 약속으로 말미암아 너희로 정욕을 인하여 세상에서 썩어질 것을 피하여 신의 성품에 참예하는 자가 되게 하려 하셨으니"라고 말한다(벧후 1:3-4). 이 진술은 경험적 구원의 어떤 특정한 부분에 대한 상세한 설명이라기보다는 일반적 묘사에 더 가깝다. 하지만 베드로의 이 진술에는 다른 어떤 곳에도 나오지 않는 표현이 있다. 그래서 별도로 고찰할 필요가 있다. 3절의 첫 단어는 헬라어 '호스'인데 '~처럼' 혹은 '~이기 때문에'라고 번역되는 것이다. 이것은 이 부분이 비교의 기준이라기보다는 3~4절이 5~7절에 있는 훈계의 근거를 형성한다는 것을 가리킨다.

첫째, 우리는 그것들을 영적으로 부여받는다. '하나님의 능력'에 의해서다. 에베소서 1:19에 있는 표현을 그대로 옮기자면, "그의 힘의 강력으로 역사하심을 따라 믿는 우리에게 베푸신 능력"에 의해서다. 이보다 열등한 능력은 죄와 범법으로 죽은 영혼들을 소생시키거나 죄와 사탄의 종들을 해방시켜주지 못할 것이다. 하나님의 능력이 "생명과 경건에 속한 모든 것을 우리에게 주셨"다(그것들을 단지 복음 안에서 제안했을 뿐만 아니라 은혜스럽게 베풀었고 실제적으로 전달해주었다). 즉, 하나님의 택자들의 영혼 속에 영성을 생성하고 보존하고 완성하는 데 필요한 것이라면 어떤 것이든 주셨다. 그 수령자들이 완벽하게 수동적일지라도 말이다. 하나님의 은혜의 이 초기 활동을 의식하지 못할지라도 이 수동적 상태는 지속되지 않는다.

둘째, 생명과 경건에 속한 모든 것을 우리에게 수여할 때, "영광과 덕으로써" 혹은 활력으로써 "우리를 (유효적으로) 부르신 자를 앎으로 말미암음"이 수반되고 그 "앎으로 말미암아" 성취되기 때문이다. "부르신 자를 앎" 즉, 하나님을 아는 지식은 하나님의 탁월성에 대한 참되고 영적이고 감동적이고 변혁적인 지각과 통달을 나눠주는 인격적인 계시 즉, 영혼에게 하나님 자신을 인격적으로 드러내 밝혀주는 계시로 구성된다. 이 지식은 그 은총을 받는 자로 하여금 찬양 및 자녀로서의 인식을 갖고 "내가 주께 대하여 귀로 듣기만 하였삽더니 이제는 눈으로 주를 뵈옵나이다"라고 말하도록 만들어줄 수 있는 그런 지식이다(욥 42:5). 하나님은 이제 저 새롭게 된 영혼에게 경외를 낳는, 그러나 살아 있으며 복된 실체가 되었다.

셋째, "이로써 그 보배롭고 지극히 큰 약속을 우리에게 주사 이 약속으로 말미암아 너희로…신의 성품에 참예하는 자가 되게 하려 하셨으니"라는 말씀에 따르면, 하나님께서 영혼에게 나눠주신 그 영적 "지식"을 통해 모든 은혜로운 혜택들과 사랑의 은총들을 받는다. 이 어구에서 "이로써"라는 말은 그 앞 부분의 "자기의 영광과 덕"을 가리킨다. 더 좋은 말로 표현하자면, "하나님의 영광과 활력" 혹은 "힘"을 가리킨다. 하나님은 "약속"을 단지 말로만 우리에게 주신 것이 아니라 현실적으로 성취해주신다.

"하나님의 영광과 힘으로 말미암아"라는 표현은 그 앞 구절의 "그의 신기한 능력"과 동일한 것이다. "그 보배롭고 지극히 큰 약속을 우리에게 주사 이 약속으로 말미암아 너희로…신의 성품에 참예하는 자가 되게 하려 하셨으니"라는 말씀도 마찬가지다. 즉, 전자가 후자를 상세히 설명해준다. "그 보배롭고 지극히 큰 약속"이라는 말은 구약성경에서 주신 약속들이다. 즉, 근원적(창 3:15), 기초적, 중심적, 모든 것에 스며들어 있는 약속이며, 인격적인 구세주에 대한 약속이며, 일차적으로 성령을 은사로 주시는 것과 성령이 오시는 것에 관련된 약속이다. "아버지의 약속"이라는 분명한 명칭으로 지칭한 약속이다(행 1:4).

자, 이 두 개의 약속-즉, 신성한 구세주에 대한 약속과 신성한 영에 대한 약속-은 옛 선지자들이 자신들이 아니라 우리들을 위해 섬긴 것들이다(벧전 1:12). 그래서 이 두 약속을 "보배롭고 지극히 큰 약속"이라고 부르는 것은 정말이지 대단히 적절할 것이다. 이 구세주와 이 성령을 부여받은 이들은 "생명과 경건에 속한 모든 것"을 유효적으로 받는다. 그리스도가 이 사람들의 생명이 되고 성령이 이 사람들을 거룩케 하는 이가 되기 때문이다.

베드로후서 1:4의 표현대로 말하자면, 이 지식(과 이 지식에 수반되는 축복들)을 수여하는 **첫 번째 목적**은, "이로써(즉, 그 두 약속을 경험 속에서 이행하고 성취함으로써) 신의 성품에 참예하는 자가 되게 하려"는 것이다. 이 구절에서 우리가 경계해야할 것은, "하나님의 본질이 아니라 공유적 속성들 즉, 피조물도 참여할 수 있을 도덕적 속성들, 다른 말로 하자면, 절대적 완전성으로 고려되지 않는 속성들이며 우리의 현재 상태 및 능력에 어울릴 수 있는 속성들"이라는 말의 표면적인 소리에서 잘못된 결론을 도출하지 않도록 하는 것이다(토마스 맨튼).

4절의 "신의 성품" 혹은 도덕적 속성을 "하나님의 생명"이라고 부르기도 한다. 왜냐하면 생명에 관계된 행동원리이기 때문이다. 때로는 "하나님의 형상"이라고 부르기도 한다. 왜냐하면 본질적으로 "의와 진리의 거룩함"으로 구성되는, 하나님의 형상을 지니기 때문이다(엡 4:24). 혹은, 베드로후서 1:3에서처럼 "생명과 경건"-즉, 영적 생명, 영적 은사들, 착한 일을 행하는 능력들-이라고 부르기도 한다. 4절에서는 "신의 성품"이라고 부른다. 왜냐하면 하나님이 자신의 자녀들에게 전달해주는 생명에 관계된 활동원리의 교류이기 때문이다.

구원을 얻어주는 신지식을 제공해주는 **두 번째 목적**은 "정욕을 인하여 세상에서 썩어질 것을 피하여"라는 말로 표현되어 있다. 개인적 차원에서 우리는 (필자가 앞에서 서술한 내용의 일부를 빛진) 저 유명한 주석가 토마스 맨튼이 한 것처럼, 그리고 지극히 유능한 존 릴리(John Lillie)가 한 것처럼, "신의 성품에 참예한 자"보다 먼저 이 표현을 거론할 필요가 없다. 왜냐하면 사도는 (롬 13:12, 엡 4:22-24에서 그랬던 것처럼) 여기에서 인간의 책임성 측면에 역점을 두고 있지 않기 때문이다. 여기에서는 하나님의 활동 및 그 효과를 다루고 있다.

새 사람을 실제적으로 입을 수 있기 전에 먼저 반드시 옛 사람을 벗어버려야 한다는 것, 그리고 우리의 성화에서 진보를 이룰 수 있기 전에 먼저 반드시 죄를 억제하는 일에 주의를 집중해야 한다는 것은 전적으로 참이다. 그러나 진리의 이 측면은 사도가 여기에서 펼치고 있는 측면이 아니다. 우리의 도덕적 기능에 복음의 소명이 주어질 때, 약속은 "저를 믿는 자마다 멸망치 않고 영생을 얻게 하려 하심이니라"이다(요 3:15-16).

그러나 영적인 것들이 관련된 경우에는, 거듭나지 않은 사람은 자신의 도덕적 기능을 결코 이행하지 않는다. 반드시 은혜의 이적이 발생한 뒤에야 도덕적 기능을 이행한다. 그러므로 하나님은 (우리가 구하지 않은) 주권적 방식으로 생명을 나눠주신다. 죄인으로 하여금 믿도록 하기 위해 그리고 믿기를 원하도록 하기 위해서다(요 1:12-13, 요일 5:1). 즉, "성령의 거룩케 하심"이 구원과 "진리를 믿음"보다 선행한다(살후 2:13). 마찬가지로, 우리가 '하나님의 성품에 참예하는 자'가 되는 것이 (시간적으로가 아니라 본질적 순서에서 그리고 비록 우리가 의식하지 않더라도 실제적인 경험 순서에서) 우리가 "정욕을 인하여 세상에서 썩어질 것"에서 도망치는 것보다 선행한다.

젊은 설교자는 지금까지 지적한 것으로 인해 혼란에 빠져서는 안 된다. 하나님의 진행순서는 분명하다. 즉, 구원받지 못한 자들에게 접근해서는 책임을 강제하고, 의무를 이행하라고 압박하고, 죄를 용서받기 위해서는 그 "길"과 "생각"을 버리라고 명령한다(사 55:7). 그리고는 만일 구원받기를 원한다면 "회개하라" 그리고 "믿으라"고 요구한다.

그러나 만일 말씀 전하는 것을 하나님이 인정하고 불붙은 나무를 불구덩이에서 꺼내주기를 기뻐하신다면 이것은, 하나님이 청취자 속에 일으키신 그래서 복음을 구원적으로 받아들이도록 만든 그 은혜의 이적의 본질 가운데 어떤 것을 설교자가 (그리고 나중에는, 그 설교자를 통해 구원받은 청중이 교리교육에 의해) 이해하는 것과는 전혀 다른 문제다. 바로 이것이 필자가 위에서 전개한 문단들을 통해 다루고자 애를 쓴 문제다. 즉, 새롭게 된 영혼 안에서 벌어진 신적 은혜의 활동들을 베드로후서 1:3~4에 묘사된 범위 안에서 설명하고자 했다.

베드로후서 1:4의 "정욕을 인하여 세상에서 썩어질 것을 피하여"라는 부분을 보자. 먼저, 하나님의 활동에 의해 그 다음에 우리 자신의 기능에 의해서다. "자기의 기쁘신 뜻을 위하여 너희로 소원을 두고 행하게 하시"기 위해 "너희 안에서 행하시는 이는" 바로 하나님이시다(빌 2:13). 내주하는 죄(부패)를 여기에서는 "썩어질 것"이라고 표현한다. 왜냐하면 우리의 원시적 순결성을 훼손했고, 우리의 원상태를 퇴보시켰기 때문이다. 그리고 그 본성 및 영향력을 통해 계속해서 오염시키고 황폐케 하기 때문이다. 그 "썩어질 것"에는 그 공급원이 있고, 자리잡고 있는 곳이 있다. 즉, 우리의 "정욕"-부패한 정서 및 욕구-이다.

베드로가 "썩어질 것"이라고 지칭한 그것을 바울은 "악한 정욕"이라고 부른다(골 3:5). 왜냐하면 마음속에서, 최고선인 하나님의 사랑에만 드려야 마땅한 그 곳을 차지하기 때문이다. "정욕"은 언제나 "본성"을 따른다. 본성의 상태에 따라 그 욕구의 상태가 결정된다. 만일 본성이 부패한다면 그 욕구가 악해진다. 만일 본성이 거룩하다면 욕구가 순결하다. 세상에 있는 모든 "썩어질 것"은 "정욕" 때문이다. 즉, 무절제한 욕구 때문이다. 정욕이 모든 불법적 사고, 모든 악한 상상력의 밑바닥에 놓여 있다.

만일 어떤 사람이 자기 마음속에 있는 "정욕" – 이해력 혹은 환상 속에 있는 무절제한 욕구, 어떤 것에 집착하게 만드는 갈망 – 이 세상을 따라 작동하지 않는다면 세상은 그 사람에게 해를 끼치지 못할 것이다. 잘못은 금덩어리에 있는 것이 아니라 사람을 장악하고 있는 탐욕의 정신에 있다. 포도주에 잘못이 있지 않고 포도주에 대한 지나친 갈망에 잘못이 있다. "오직 각 사람이 시험을 받는 것은 자기 욕심에 끌려 미혹됨" 때문이다(약 1:14). 비난은 사탄보다는 우리가 받아야 마땅한 것이다!

주목해야할 것은 사도 요한이 "세상에 있는 모든 것"이라는 표현을 "육신의 정욕과 안목의 정욕과 이생의 자랑"이라고 정의하여 설명한 점이다(요일 2:16). 이제 그리스도인들에 대해 베드로후서 1:4 본문은 "정욕을 인하여 세상에서 썩어질 것을 피하"였다고 언급한다. 이것은 롯이 소돔에서 달아날 때 하나님의 손이 개입함으로써, 하지만 전능자의 단순한 행위에 의해서가 아니라 전능자의 손이 가져다주는 은혜로운 베풂에 의해서다. 전능자가 심령 속에서 만들어내는 거룩함에 의해서다. 다른 말로 하자면, 우리가 이미 검토한 구절(딛 3:5)의 표현처럼 "중생의 씻음과 성령의 새롭게 하심"에 의해서다. 우리가 우리의 내적 부패로부터 도망치는 것은, 우리로 하여금 우리 자신의 악한 정욕을 미워하게 만들어주고 악한 정욕에 저항하게 만들어주는, "우리 안에 있는 신의 성품"에 의해서다.

따라서 하나님께서 이 구절을 배열한 순서를 철저하게 고집함으로써 우리는 본문의 마지막 부분의 의미를 이해할 수 있게 된다. 우리가 "신의 성품"에 참예하는 자가 될 때 즉, 하나님의 형상을 따라 새롭게 될 때, 은혜와 거룩함이라는 원리가 영혼에게 전달된다. 영혼은 성령에게서 태어났기 때문에 "영"이라고도 불린다(요 3:6). (많은 사람이 "새로운 본성"이라고 부르는) 거룩함이라는 원리는 생명에 관련된 작동원리이며, "부패" 혹은 내주하는 죄의 활동에 반대한다.

육체의 욕구는 성령을 거슬리는 반면에 성령은 육체를 거슬린다(갈 5:17). "신의 성품"은 우리 안에 "경건"을 만들어냈고, 그 마음을 세상에서 끄집어내 천국으로 옮겨놓고, 거룩함을 갈망하게 만들고 하나님과의 교통을 열망하게 만들었다. 베드로후서 1:3~4에 묘사된 것과 베드로후서 2:20에 묘사된 것 사이의 근본적인 차이가 바로 여기에 있다. 베드로후서 2:20은 "신의 성품에 참예하는 자"가 되는 것에 대한 언급이 없다. "세상의 더러움을 피한" 것은 외적인 불결과 고약한 죄악들로부터의 단지 일시적일 뿐인 변형이었다. 더러운 것으로 되돌아감을 분명히 하는 것처럼 말이다(22절).

(9) 요한일서 3:14

사도 요한의 "우리가 형제를 사랑함으로 사망에서 옮겨 생명으로 들어간 줄을 알거니와 사랑치 아니하는 자는 사망에 거하느니라"는 진술을 보자(요일 3:14). 이 본문은 그리스도인이 이 위대한 변화가 자기 안에 이뤄졌는지 아닌지를 가늠하게 해주는 또 하나의 표준을 우리 앞에 세워준다.

먼저, (본 서신서 요한일서 2:3, 4:13 등과 같은 곳에서처럼) 여기에서 명확하게 함축된 것처럼 보이는 것은, 은혜의 이적은 그 발생 순간에는 우리의 감각기관이 지각할 수는 없지만 나중에 우리가 그 효과들 및 열매들로부터 인식할 수 있다는 것이다. 성도가 소생케 되는 동안에 거듭남을 의식한다고 명백하게 선언하거나 심지어 분명하게 암시하는 진술은 성경에 하나도 없다. 자신의 죄를 최초로 자각하고 자신의 파멸상태를 깨닫고 구속의 피를 신뢰하고 마음의 짐이 떨어져나갔다고 느낀 바로 그 시점을 기억하고 정확하게 특정할 수 있는 사람들이 정말 많다(필자도 그 가운데 한 사람이다).

그럼에도 불구하고 언제 생명-즉, 자신들로 하여금 그 전에는 결코 경험해 보지 못했던 방식으로 숨을 쉬고 느끼고 보고 듣고 행동하도록 만드는 생명-이 자신들의 영적으로 죽은 영혼 속으로 나눠졌는지 알지 못한다. 생명은 생명의 기능들 및 활동들 가운데 어느 하나가 존재할 수 있기 전에 먼저 현존하지 않으면 안 된다. 죄 가운데 죽은 사람은 구원에 이르도록 회개하고 믿을 수 없다.

거듭난 사람은 영원한 생명이 자기에게 나눠줬다고 확신할 수 있다는 것은 요한일서를 저술한 목적 가운데 하나이다(요일 5:13). 따라서 요한일서 전반에 걸쳐 이 생명의 몇몇 다양한 징후 및 발현이 묘사되어 있다. 요한일서 3:14에서 열거한 것은 "형제를 사랑함"이다. 본성적으로 우리는 하나님의 자녀들을 미워하는 성향을 가졌다. 이 방향성에서 벗어날 수 없었다. 우리가 하나님을 미워했기 때문이다. 우리는 하나님이 거룩하고 의로운 분이기 때문에 하나님의 도덕적 완전성들이라는 형상이 나타나는 사람들을 경멸했기 때문이다.

이와는 반대로, 우리는 하나님의 사랑이 흘러내려 우리의 마음을 적시고 그래서 우리가 하나님을 즐거워하게 되었을 때 하나님의 백성을 크게 존중하게 되었다. 그리고 하나님의 백성이 하나님의 형상에 더욱 분명하게 일치할수록 우리는 하나님의 백성을 그만큼 더 사랑했다. 이 "사랑"은 어떤 자연적 정서에서 나오는 것보다 엄청나게 우월한 본성을 가진 것이다. 즉, 거룩한 원리이다. 결과적으로, 이 "사랑"은 어떤 집단 혹은 분파적 정신을 향한 단순한 열정과는 아주 다른 것이다. 심지어 우리 자신과 같은 정서들 및 기질들을 가진 사람들을 향한 애정과도 아주 다른 것이다. 이 "사랑"은 하나님의 권속 전체에게로 뻗어나가는 하나님의, 영적이며 거룩한 사랑이다. 이 "사랑"은 이 형제 혹은 저 형제를 존경하는 것이 아니라 "형제들"을 전체적으로 포용하는 것이다.

요한일서 3:14이 다루는 사랑은 그리스도께서 구원하신 사람들을 향한 특정한 사랑이다. 구속하신 이와 구속받은 이들을 사랑하는 것은, 새롭게 된 영혼에게 전달된 영적 생명에 적합한 것이다. 이 사랑은 성령이 거듭난 영혼들 안에 만들어놓은 저 거룩한 기질이 맺는 열매이다. 이 사랑을, 자연적 영역에서 종종 "사랑"이라고 잘못 지칭되는 것 즉, 단지 감상적인 생각과 상냥함으로만 구성된 그런 것과 구별하지 않으면 안 된다. 거듭난 사람들은 다정다감한 성향이기 때문이거나 자신들의 교제권에 따뜻하게 받아들이기 때문에 "형제들을 사랑하는" 것이 아니다. 그 "형제들을 사랑하는" 것은 지혜롭고 정통주의적이기 때문이 아니라 그 형제들이 경건하기 때문이다. 그 형제들의 경건함이 더 많이 입증될수록 그 형제들을 그만큼 더 사랑할 것이다. 그러므로 거듭난 사람들은 경건한 사람들을 -교단관계를 막론하고- 모두 사랑한다. 거듭난 사람들은 그리스도께서 사랑하는 자들을 사랑한다. 그리스도 때문에 -그리스도께 속한 자들이기 때문에- 사랑한다. 거듭난 사람들의 사랑은 영적이며 사욕이 없으며 신실한 사랑이다. 따라서 사랑하는 대상의 유익을 구하고, 영적 시련과 갈등에 처한 이들에게 공감하고, 기도로 품어서 은혜의 보좌 앞에 데려다 놓고, 이타적으로 친절을 베풀고, 필요할 때에는 훈계하고 책망하는 사랑이다.

그러나 여기에서 우리가 각별히 주의를 집중해야할 지점은 성령이 저 위대한 변화를 묘사하면서 사용한 "사망에서 옮겨 생명으로 들어간"이라는 표현이다. 바로 이 표현을 비록 의미는 상당히 다르지만 주님께서 "내가 진실로 진실로 너희에게 이르노니 내 말을 (내적인 혹은 영적인 귀로) 듣고 또 나 보내신 이를 (구원의 믿음으로) 믿는 자는 영생을 얻었고 (그렇게 듣고 그렇게 믿는다는 바로 그 사실이 영생을 가졌다는 증거이니) 심판에 이르지 아니하나니 사망에서 생명으로 옮겼느니라"고 말씀하실 때 사용하셨다 (요 5:24). "심판에 이르지 아니하나니"라는 표현은 사안의 법정적 측면을 끌어들인다. 그러므로 (만일 적절하게 주의를 기울인다면 바로 앞에 있는 어구인 "영생을 얻었나니"라는 말에 덧붙여진) "사망에서 생명으로 옮겼느니라"라는 어구는 사법적인 표현이다.

자신에게 주권적으로 나눠진 영생을 얻은 사람, 그 결과로 그리스도의 복음을 "듣고" 혹은 경청하고 구원의 믿음으로 믿는 사람은 저주의 장소를 영원히 벗어났다. 더 이상 율법의 저주 아래에 있지 않다. 이제는 자기에게 전가된, 그리스도의 개인적인 순종 혹은 공로적 의로움 덕택에 "생명"을 상급으로 받을 자격을 갖고 있다. 이 때문에 이런 사람은 "이와 같이 너희도 너희 자신을 죄에 대하여는 죽은 자요 그리스도 예수 안에서 하나님을 대하여는 산 자로 여길지어다"라는 권면을 받는다(롬 6:11).

그러나 요한일서 3:14은 사안의 법정적 혹은 법률적 측면을 다루지 않는다. 경험적 측면을 다루고 있다. 하나님의 택자는 이 경험적 측면을 직접적으로 경험하는 주체가 된다. 이것은 관계적 변화(즉, 율법에 관계된 변화)가 아니다. 실제적 변화를 언급하고 있다. 자연적 출생의 저 무서운-하나님의 생명에서 동떨어진(엡 4:18)-상태 즉, 거듭나지 않음의 상태에서 "옮겨"졌다. 죄와 사망의 무덤에서 초자연적으로 및 유효적으로 불러냄을 받았다. 그래서 "생명" 안으로 들어갔다. 이 "생명"이라는 표현은 하나님께서 소생케 하신 결과로서 하나님 앞에 현존하는 상태를 가리킨다. 본성적으로 놓여 있던 영적 죽음이라는 저 무덤을 영원히 떠났다. 그래서 "새 생명 가운데서 행하게" 되는 영적인 영역으로 들어갔다(롬 6:4).

그리고 "형제들을 사랑함"은 하나님의 사랑을 입은 자들이 받은 은혜의 이적이 낳은 결과들 및 증거들 가운데 하나이다. 이 징표가 택자들의 영적인 부활을 입증해준다. 택자들은 그리스도께서 사랑하신 자들을 사랑한다. 택자들의 마음은 그리스도의 멍에를 짊어지고, 그리스도의 형상을 간직하고, 그리스도의 영광을 증진하고자 애쓰는 모든 사람들에게로 자발적으로 이끌리고 이들의 유익을 열렬하게 구한다. 요한일서 3:14은 훈계가 아니라 그리스도의 경험을 사실적으로 진술한 것이다.

이제, 독자는 요한일서 3:14에서 성령이 저 위대한 변화를 표현하기 위해 부활이라는 특색을 활용한 것에 지극히 근면하게 주의를 기울여야 한다. 은혜의 이적을 구성하는 적당한 개념에 근접하는 어떤 것을 형성하려고 노력할 때 우리의 사고는 부활에 적당한 위상을 부여하지 않으면 안 된다는 것에도 지극히 근면하게 주의를 기울이자. 부활이라는 이 특색을 적절하게 고찰할 때 신생이라는 특색을 지나치게 멀리 밀고나가지 못하도록 우리를 억제할 것이다. 부활 비유는 판명한 어떤 것을, 그리고 "새로운 피조물" 혹은 '낳음'(약 1:18) 혹은 '다시 태어남'(벧전 1:23)이라는 용어가 함축하는 것과 몇몇 측면에서 아주 다른 것을 우리에게 제시해준다.

후자의 각 용어는 이전에는 존재하지 않았던 것이 존재하게 되었다는 것을 가리킨다. 반면에 "부활"은 이미 존재하고 있는 것을 소생시키는 것이다. 은혜의 이적은 새로운 생명 혹은 본성의 전달을 훨씬 뛰어넘는 것으로 구성된다. 은혜의 이적은 본래의 영혼을 혁신 및 정화하는 것 역시 포함한다. 그것은 "이적" 즉, 전능한 하나님의 단독적 명령에 의해 성취된 행위이기 때문에 "창조"와 상당히 유사하다. 하지만 은혜의 이적은, 우리 안에 창조되는 어떤 것이 아니라는 사실을 세심하게 명심할 필요가 있다. 왜냐하면 "우리는 그의 만드신 바라 그리스도 예수 안에서…지으심을 받은 자"이기 때문이다(엡 2:10). 다시 태어난 것은 단지 본성만이 아니라 삶 그 자체이다.

소결

(1) 구원의 경험적 측면을 축소해서는 안 된다

지금까지 우리는 어떤 사람의 내면에서 은혜의 이적이 일어날 때 발생하는 위대한 변화의 다양한 측면들을 표현하는 데 사용되는 상당히 다양한 용어 및 특색이 등장하는 적어도 25곳 이상의 성경본문을 검토했다. 필자의 판단에 따르면, 이 모든 본문은 동일한 것을 다루고 있다. 필자는 이 본문들을 모두 동일한 길이로 해설하거나 논평하려고 애쓰지 않았다. 그러나 우리의 일상적인 관습을 따랐다. 가장 적게 이해되는, 평균적인 독자를 극도로 어렵게 만드는, 주석가들이 때때로 최소한의 도움밖에 제공하지 못하는 것들을 설명하려는 시도에 오히려 최대한의 공간을 할애했다.

그 본문들을 비교할 때 즉각적으로 드러나는 사실은, 신학자들이 일반적으로 "거듭남" 혹은 "유효적 소명"이라고 언급하는 것은 성령이 일관된 언어로 표명하는 것이 결코 아니며, 따라서 거듭남 혹은, 다른 한편으로는, "마음의 변화"가 함축하는 것에 자신들의 관념을 제한하여 경험적 구원을 구성하면 매우 일방적이며 부적절하며 결함이 있는 개념을 형성할 것이 거의 확실하다는 사실이다. 그러나 이것이 전부가 아니다. 즉, 부활되고 새롭게 되는 것도 있고, 씻기고 변형되는 것도 있다.

(2) 진리를 더욱 깊고 충분하게 모색해야 한다

성경은 게으른 사람들을 위해 기획된 책이 아니다. 진리는 값을 치르고 구입해야 하는 것이다(잠 23:23). 그러나 나태하고 속된 생각을 가진 사람들은 요구된 값을 치를 마음이 없다. 이 "값"은 잠언 2:1~5에 암시되어 있다. 마음을 근면하게 기울이는 것, 지식을 갈급하게 구하는 것, 영에 속한 것들을 파악하고자 할 때 사람들이 은을 찾을 때처럼 열정과 결단을 기울이는 것이 반드시 있어야 한다. 숨겨둔 보물을 찾아내고자 할 때 사람들이 발휘하는 것처럼 진리를 더 깊이 알고 더 충분하게 아는 지식을 모색해야 한다. 자신들의 탐색이 성공적일 때까지 인내해야 한다. 하나님께 속한 것들을 실제로 이해하고자 한다면 말이다.

이 글이 "지나치게 어려워서" 혹은 "지나치게 깊어서" 이해할 수가 없다고 불평하는 사람들은 자신들의 영혼이 처한 서글픈 상태를 저버릴 뿐이며, 자신들이 실제로는 진리를 얼마나 값을 쳐주지 않는지를 드러낼 뿐이다. 그렇지 않다면 이들은 자신들이 집중할 수 있는 능력을 달라고 하나님께 구할 것이며, 이 논고의 내용을 자신들의 것으로 만들 때까지 참으면서 반복적으로 읽을 것이다. 사람들은 예술 혹은 과학 가운데 한 분야를 숙달하기 위해 힘들게 그리고 오랫동안 기꺼이 작업하고 연구한다. 그러나 영적이며 영원한 것들이 관련되는 경우에는 다른 태도를 취하는 것이 일반적이다.

(3) 다양한 비유적 표현을 고려하라

"성경을 상고하거니와"(요 5:39), "신령한 일은 신령한 것으로 분별하"라(고전 2:13). 이것이 우리가 주의를 기울이라고 요구한 것이다. 25개의 다양한-이 모두가 "은혜의 이적" 혹은 위대한 변화의 이런저런 측면을 다룬다고 필자가 확신하는-본문을 대조했고, 다양한 정도로 주의를 기울였다. 25개의 본문 가운데 일부에서는 이해력의 조명이 나타나고(행 26:18), 다른 본문에서는 양심의 살핌과 자각이 나타나고(롬 7:9), 마음의 혁신이 나타나는 경우도 있다(겔 36:26). 의지의 억제를 강조하는 경우도 있고(시 110:3), 이성적 추론을 깨뜨리고 우리의 생각을 굴복시키는 경우도 있다(고후 10:5). 하나님의 법을 우리의 생각과 마음에 새겨주는 경우도 있다. 은혜의 이적은 완성된 것처럼 보이는 경우도 있고(고전 6:11), 저 위대한 변화가 점진적인 과정인 것처럼 나타나는 경우도 있다(고후 3:18, 빌 1:6). 어떤 것이 전달된 경우도 있다(롬 5:5). 다른 본문들에서는 창조(엡 2:10), "새롭게 하심"(딛 3:5), 부활(요일 3:14)의 비유적 표현을 사용한다.

다양한 비유적 표현을 사용한 까닭

'어째서 성령이 자신의 사역을 그토록 다양하게 묘사하고 이처럼 다양한 용어들 및 비유적 표현을 사용하기를 기뻐하셨는가?'라는 질문이 제기된다면, 몇 가지 답변이 제시될 것이다.

첫째, 성령의 사역 그 자체가 비록 단일한 사역일지라도 매우 많은 측면을 가진 사역이기 때문이다. 성령의 사역을 받는 당사자는 복합적인 피조물이며, 구원의 과정은 그 복합적 존재의 모든 부분에 근본적으로 영향을 미친다. 죄가 우리의 체질을 구성하는 모든 부분을 망가뜨리고 창조주가 우리에게 나눠준 모든 기능을 부패시킨 것처럼 은혜는 우리의 체질을 구성하는 모든 부분을 새롭게 하고 변환시켜주고 우리가 소유하고 있는 모든 기능을 정결케 해준다. 사도가 "평강의 하나님이 친히 너희로 온전히 거룩하게 하시고 또 너희 온 영과 혼과 몸이 우리 주 예수 그리스도 강림하실 때에 흠 없게 보전되기를 원하노라"고 기도할 때(살전 5:23) 사도는 하나님께서 이미 자기 백성 안에 만들어놓으신 것을 은혜롭게 보존하고 완성시켜달라고 요청하고 있었던 것이다. 이 본문에서 바울이 사용한 용어들은 은혜의 위대한 이적의 종합성 및 전체성을 암시했다. 이것은 많은 측면을 소유하고 있는 보석이다. 그래서 이 보석에 대해 평가를 내릴 때, 그 많은 측면 가운데 단 하나의 측면에 우리의 시각을 제한한다면 대단히 잘못된 평가를 내릴 것이 분명하다.

둘째, 다양한 용어를 사용하심으로써, 하나님은 자신이 죄인들을 구원하실 때 진부한 계획 혹은 방법에 따라 행동하신다고 가정하지 않도록 우리에게 경고하시길 원하시기 때문이다. 획일성보다는 다양성이 창조, 섭리, 그리고 은혜에 있어서의 하나님의 모든 방식 및 사역들의 특징을 이룬다. 똑같은 계절은 없다. 어떤 밭이나 나무가 2년에 걸쳐 동일한 수확을 생산하지 않는다. 성경에 있는 모든 책은 똑같이 하나님의 영감된 말씀이다. 하지만 개성과 내용에 있어서 레위기와 시편, 룻기와 에스겔, 로마서와 계시록이 얼마나 다른지! 주 예수께서 다양한 맹인들에게 시력을 회복시켜줄 때 사용한 방법은 얼마나 다양했는지!

사용하신 수단과 야기된 결과가 다양했다. 어떤 맹인이 시력을 회복할 때 처음에는 사람들을 바로보았을 때 마치 나무들이 걸어다니는 것처럼 보였다(막 8:24)! 요한복음 3장에서 종교적인 인물인 니고데모를 다루신 방법과 요한복음 4장에서 간음한 여인을 다루신 방법은 정말 다르다! 니고데모에게는 거듭나야할 절박한 필요성을 역설하셨고, 간음하다 붙잡힌 여인에겐 죄를 깨닫게 해주시고 "하나님의 선물"에 대해 말씀해주셨다. 위대한 하나님은 어떤 규칙에 국한되지 않으신다. 그래서 우리는 하나님의 활동을 우리의 사고 안에 한정시켜서는 결코 안 된다. 만일 우리가 이런 식으로 한다면 분명코 오류를 범한다.

셋째, 다양한 용어를 사용하심으로써 하나님께서 우리에게 가르치시기를 원하는 것은, 비록 은혜가 은혜를 받는 모든 당사자들 안에서 본질적으로 및 실질적으로 동일한 일을 할지라도 그 모든-그 작동에서든 현현에서든- 세부사항이 똑같은 사람이 없다는 사실이다. 하나님의 모든 방식 및 사역활동의 특징은 무한한 다양성이다. 이뿐만 아니라 하나님의 솜씨도 마찬가지로 무한한 다양성을 특징으로 한다. 이것은 보편적으로 인정되는 사실이며, 물질계와 관련해서도 인정된다. 물질계에서도 똑같은 풀잎이나 똑같은 모래알갱이가 없다. 그러나 영적 세계에서는 이 사실은 결코 지각되지도 인정되지도 않는다. 오히려 일반적으로 가정되는 것은, 참되게 거듭난 모든 사람은 하나의 특정한 형태에 엄격하게 부합하며 이 특정한 형태에서 어긋나는 사람들은 모조품이라는 혐의가 즉각적으로 제기된다. 이래서는 안 된다. 어린양의 열두 사도의 이름이 있는, 거룩한 새 예루살렘의 열두 기초는 모두 "보배로운" 돌로 구성되어 있다. 그러나 그 각각은 얼마나 다른지! 첫째는 벽옥, 둘째는 청옥, 셋째는 수정, 넷째는 녹옥 등이다(계 21장). 그 색채와 크기와 광채가 정말 다르다. 각각의 그리스도인은 "그리스도의 선물의 분량대로" 나름대로의 믿음과 은혜를 받는다(엡 4:7).

하나님께서 영혼 속에 일으킨 은혜의 사역을 다루는 특히, 하나님의 초기 활동을 다루는 글을 쓴 사람들이 상당히 다양한 용어들-대개 그들이 속한 특정한 분파에서도 지극히 모호하게 사용하는 용어들-을 사용했다. 교단마다 자신만의-진리 가운데 강조하고 싶은 부분들에 의해 결정된-다소 독특한 용어들이 있다. 모든 정통파가 견지하는 교리를 다룰 때조차도 어떤 특징적인 발성 혹은 강조점을 주면서 다룬다.

어떤 교단은 '유효적 소명'이라는 용어를 몹시 빈번하게 사용한다. '유효적 소명'이라는 용어를 '신생'이라는 용어로 대체해서 사용하는 교단들도 있다. 이런 교단에서는 '유효적 소명'이 무슨 뜻인지 이해하는 사람들이 거의 없을 것이다. 반면에 '마음의 변화'라는 용어를 사용해서 '유효적 소명'을 묘사하고자 하는 교단도 있다. 전문용어를 느슨하게 사용하는 교단들 가운데 '구원 받음'이라는 말을 서로 아주 다르게 사용한다. 사실상, 이 표현들 각각은 정당성을 갖고 있다. 만일 우리가 경험 그 자체에 대한 적절한 개념에 접근하는 어떤 것을 형성해야 한다면 이 모든 용어를 결합할 필요가 있다.

구원의 경험적 측면을 묘사하는 성경구절들

성령은 우리의 연약한 이해력으로 하여금 하나님의 백성 각각에게서 일어나는 위대한 변화의 본질에 속하는 것을 더 잘 파악할 수 있도록, 상당히 다양한 용어들-성격상 비유적인 용어이지만 영적인 실체들을 표현하는 용어들-을 사용했다. 따라서 바로 그 용어들을 성실하게 수집하여 대조하고 그 모든 용어들을 "은혜의 이적"에 포함된 것으로 간주하는 것이 마땅하다. 어쩌면 우리는 용어들을 충분히 나열하지 못할 수 있다. 그러나 경험적 구원을 묘사하는 주요 본문들 가운데 몇몇을 제시하자면 다음과 같다.

(1) "네 하나님 여호와께서 네 마음과 네 자손의 마음에 할례를 베푸사 너로 마음을 다하며 성품을 다하여 네 하나님 여호와를 사랑하게 하사 너로 생명을 얻게 하실 것이며"(신 30:6). 이것은 영혼에게 고통스러운 수술이다. 영혼의 더러움과 어리석음-죄를 사랑함-을 제거할 때 그 마음이 하나님을 참으로 사랑하게 되기 전에 반드시 필요한 수술이다. 마음에 할례를 베푼다는 이 비유는 신약성경에(롬 2:29, 빌 3:3)도 나타난다.

(2) "주의 권능의 날에 주의 백성이 거룩한 옷을 입고 즐거이 헌신하니 새벽 이슬 같은 주의 청년들이 주께 나오는도다"(시 110:3). 택자들이 자아를 자발적으로 부정하고 그리스도의 멍에를 기꺼이 짊어지기를 원하기 전에 먼저 반드시 전능성이 발휘되어야 한다.

(3) "맑은 물로 너희에게 뿌려서 너희로 정결케 하되 곧 너희 모든 더러운 것에서와 모든 우상을 섬김에서 너희를 정결케 할 것이며 또 새 영을 너희 속에 두고 새 마음을 너희에게 주되 너희 육신에서 굳은 마음을 제하고 부드러운 마음을 줄 것이며"(겔 36:25-26). 여기에서 필자는

이 진술의 예언적 혹은 배제적 의미에는 관심이 없다. 교리적 취지에 관심이 있다. 여기에서 필자는 그 의미를 충분히 해설하겠다고 시도하지 못한다. 필자의 판단으로는, 이 구절들은 하나님께서 자기 백성 안에서 실행하는 '은혜의 이적'의 본질적 측면을 묘사한다. 하나님께서 자기 백성의 내면에서 뿌리고 씻기는 "맑은 물"은 하나님의 거룩한 말씀을 가리키는 상징이다. 요한복음 15:3과 에베소서 5:26이 이 점을 아주 분명하게 밝혀준다. 자연인의 마음은 "돌"같이 굳은-생명이 없고, 감각이 없고, 완고한-마음에 비견된다. 자연인이 거듭날 때 사람의 마음은 "살"같이 부드러운-소생해서 새로운 생명을 가진, 따뜻하고, 감각력이 충분한, 성령이 가하는 영향력을 받아들일 능력이 있는-마음이 된다. 중생이 야기한 이 변화는 결코 피상적이거나 부분적인 변화가 아니다. 커다랗고, 생명에 관련되어 있고, 변혁적이고, 완전한 변화이다.

(4) "나무도 좋고 실과도 좋다 하든지 나무도 좋지 않고 실과도 좋지 않다 하든지 하라 그 실과로 나무를 아느니라"(마 12:33). 농부가 이 말씀을 성취하는 방법이 로마서 11:17에 나온다.

(5) "너희가 돌이켜 어린 아이들과 같이 되지 아니하면 결단코 천국에 들어가지 못하리라"(마 18:3). 여기에서 "돌이켜…되는 것"은 근본적인 변화를 경험하는 것이다. 교만이 겸손으로 바뀌는 것, 자아충분성이 매달리는 의존성으로 바뀌는 것이기 때문이다.

(6) "우리가 다 그의 충만한데서 받으니 은혜 위에 은혜러라"(요 1:16). 머리되신 주님의 생명이 그 지체들에게로 전달되고, 주님 안에 있는 모든 영적 은혜가 지체들 안에서 적당한 정도로 재생된다.

(7) "나를 보내신 아버지께서 이끌지 아니하면 아무라도 내게 올 수 없으니 오는 그를 내가 마지막 날에 다시 살리리라"(요 6:44). 그리스도께 나아오는 것은 그리스도를 주(主)요 구원자로 받아들이는 것, 우리의 우상을 버리고 우리 자신의 의를 거부하는 것, 그리스도의 통치에 굴복하고 그리스도의 희생을 신뢰하는 것이다. 하나님의 능력에 의하지 않고는 어떤 누구도 이런 것을 할 수 없다.

(8) "믿음으로 저희 마음을 깨끗이 하사"(행 15:9, 그리고 벧전 1:22의 "너희가 진리를 순종함으로 너희 영혼을 깨끗하게 하여"와 비교할 것). 그리스도인에게는 두 마음이 없다. "깨끗하게" 된 마음 하나뿐이다!

(9) "주께서 그 마음을 열어 바울의 말을 청종하게 하신지라"(행 16:14). 타락한 사람의 마음 문은 하나님께서 열어주실 때까지는 굳게 닫혀있다. 바울의 "내가 네게 나타난 것은 곧 네가 나를 본 일과 장차 내가 네게 나타날 일에 너로 사환과 증인을 삼으려 함이니 그 눈을 뜨게 하여 어두움에서 빛으로, 사단의 권세에서 하나님께로 돌아가게 하고 죄 사함과 나를 믿어 거룩케 된 무리 가운데서 기업을 얻게 하리라"라는 말씀을 보자(행 26:16). 이 본문은 하나님이 자기 백성의 내면에서 실행하는, 그리고 자신의 종들을 사역 도구로 삼기를 기뻐하시는 저 '은혜의 이적'에 대한 또 하나의 묘사를 담고 있다. 이 본문은 하나님의 말씀을 충실하게 전하는 것에 중요한 위상을 부여한다. 비록 말씀을 전하는 이것이 성령의 강력한 활동에 의해서만 효과적인 것이 될지라도 말이다. 이 "은혜의 이적"을 여기에서는 "두 눈을 뜨게 해주는 것"이라고 말한다. 이 언급은 우리의 이해력이라는 눈을 가리킨다. 복음 메시

지의 영적 의미와 우리 자신의 깊은 필요성에 대해 갖는 관련성을 지각할 수 있도록 해주는 것이다. 여태껏 영적 어둠에 갇혀 있던 영혼은 하나님의 "기이한 빛" 속으로 이끌려 들어간다(벧전 1:9). 그래서 이제 우리는 우리의 절망적인 상황에 대한 그리스도의 완벽한 안정성을 발견한다. 이와 동시에 영혼은 "어두움의 권세"인 사탄에 포로 된 상태에서 구원받고(눅 22:53), 하나님과의 새로운 관계를 맺고 하나님을 알게 되고, 하나님을 믿는 믿음이 생기고 죄용서를 받게 된다.

넷째, 다양한 용어를 사용하심으로써 하나님은 자신의 자녀들로 하여금 말씀이라는 거울을 통해 자신들을 더 쉽게 인식하도록 만들기를 원하시기 때문이다. 정직한 심령에 마음을 쏟고 기만당하지 않도록 염려하는 자녀들 가운데 몇몇은 자신들이 저 위대한 변화를 참되게 경험했다고 철저하게 깨닫는 것이 결코 간단한 문제가 아니라는 사실을 발견한다. 필자는 이런 사람들의 걱정을 결코 조롱하지 않는다. 오히려 이들의 경계심을 칭찬한다. 즉, 영혼의 영원한 이해관계가 관련된 경우에 오직 바보만이 무죄추정의 원칙에 자신을 맡길 것이다. 그러나 만일 은혜의 이적이 독자 안에서 일어났다면 그 은혜의 이적을 오랫동안 반신반의하고 있을 타당한 근거가 없다. 물에 얼굴이 그대로 비춰지는 것처럼 새롭게 된 영혼의 성격은 진리의 말씀이 제공하는 이런 묘사에 부합한다.

필자가 지금까지 살펴본 것처럼, 이 묘사는 상당히 다양하게 제시된다. 어떤 한 가지 특색 혹은 측면이 두드러질 때가 있고 다른 측면이 두드러질 때도 있다. 이것은 사진작가가 동일한 인물을 놓고 사진을 다양하고 많이 찍는 것과 같다. 차분한 표정을 담은 얼굴사진을 한 장 찍고, 미소 띤 얼굴사진을 한 장 찍고, 얼굴 전체를 담은 사진을 한 장 찍고, 전신사진을 한 장 찍는다. 어떤 사진은 또 다른 사진보다 '더욱 공정하게' 보여주거나 더욱 손쉽게 '알아볼 수 있게' 한다. 하지만 이 모든 사진은 그 사람의 모습이다.

(4) 말씀의 거울에 자기 자신을 비춰보라

그러면 훈련된 독자는 말씀의 거울에 비친 자신의 모습을 면밀하게 살펴보자. 중생자의 징표들 가운데 몇 가지가 자기에게 나타났는지를 말씀의 거울에 비친 자신의 모습에서 식별해낼 수 있는지 확인해보자. 잘 관찰해보고, 그 징표들 전부가 아니라 그 가운데 "몇 가지"를 말해보자. 비록 당신이 에스겔 36:26이 당신 안에 발생했다고 확신하지는 못하더라도 사도행전 16:14과 로마서 5:5에 기록된 것에 대해 당신이 무엇인가를 알고 있을 것이다. 당신의 첫 번째 의식적인 "경험"이 로마서 7:9의 경험을 닮지 않았기 때문에, 어쩌면 나무에서 내려와 그리스도를 "즐거워하며 영접"한 삭개오의 경험을 매우 닮았을 것이다(눅 19:6).

조지 휫필드가 삭개오가 회심한 그 신속성을 언급하면서, 죄를 자각하는 "무시무시한 경험" 혹은 장래의 진노에 대한 공포를 경험하지 않은 사람이 진짜 그리스도인인지 아닌지에 대해 질문을 던진 사람들에게, "당신은 이웃에게, 당신이 밤새껏 진통을 겪지 않았다면 당신은 아직 자식을 낳지 않았다고 말해줘도 과언이 아니라는 말이 있다. 논점은 진짜 아기가 태어났느냐 아니냐에 있다. 산통이 얼마나 긴가에 있는게 아니다"라고 적절하게 말했다.

성경에는 리디아 혹은 삭개오가 회심하기 전에 율법의 공포 가운데 어떤 것을 느꼈는지 못 느꼈는지를 확인해줄 어떤 것도 없다. 루디아와 삭개오에 대해 그 뒤에 언급된 것에서 우리는 이 두 사람의 회심의 실제성을 의심하지 못한다. 하나님께서 율법을 당신의 생각 속에 집어넣으셨고 당신의 마음에 율법을 새겨주셨는지 어떤지에 대해 당신이 확신하지 못하는 수가 있더라도 당신은 형제를 이와 같이 사랑하는지 아닌지를 지각하는 데 어려움을 전혀 겪지 않을 것이다. 만일 당신이 형제를 사랑한다면 거짓말을 하지 못하는 하나님의 말씀에 입각해서 당신이 "사망에서 옮겨 생명으로 들어간" 것을 충분히 확신해도 좋다.

하나님께서 자신의 형상을 따라 당신을 새롭게 하셨고 당신을 "의와 진리의 거룩함으로" 창조하셨다고 단언하기를 당신이 두려워한다는 사실 그 자체는 당신이 여전히 자연상태에 있다고 추론할 정당한 근거가 아니다. 다른 성경구절들에 의해 당신 자신을 시험하라. 그리고 거듭남의 증표들 즉, 죄를 슬퍼하는 것, 의에 굶주리는 것, 하나님과의 교제를 갈망하는 것, 그리스도를 더욱 충분히 닮는 것과 같은 증표들 가운데 몇몇이 당신의 영혼에서 찾아낼 수 있는지를 확인해보라. 세상은 당신에게 더 이상 매력적인 존재가 아닌가? 당신은 자신에 대한 사랑을 버렸는가? 하나님의 어린양을 바라보는 것이 만족스러운가? 만일 그렇다면 당신은 거듭남을 나타내는 판명한 증표들 가운데 적어도 몇 가지를 소유하고 있다.

6. 타락을 뒤집기

필자는 본서를 하나님의 백성들 가운데 평신도들과 젊은 설교자들의 유익을 위해 저술하고자 노력하고 있다. 따라서 필자가 지적하고자 하는 사실은 이 위대한 변화의 본질은 타락을 뒤집기 시작한 것이라는 관점에서 고찰하는 방법으로도 판단할 수도 있다는 것이다. 여기에서 필자가 "뒤집기 시작한"이라고 표현했다. 이것은 거듭남에서 시작된 것이 우리의 성화(聖化) 전반에 걸쳐 계속되고 오직 우리의 영화(榮化)에서만 완성된다. 성령에 의해 새롭게 된 사람들은 아담이 타락에 의해 상실한 것 이상을 얻는다는 것이 사실이다.

하지만 새로운 창조의 솜씨는, 인간이 원래의 창조를 파멸시킨 것에 대한 하나님의 응답이라고 단언할 명확한 성경적 근거가 있다. 이 논점을 발전시킬 때 특히, 본래적으로 인간의 도덕적 및 영적 상태가 무엇인지를 정확하게 확인하고 인간이 타락했을 때 인간에게 어떤 일이 일어났는지를 엄밀하게 확인할 때 세심하게 주의를 기울여 성경을 철저하게 고수해야 한다. 뒤따르는 것을 인내심을 갖고 숙독할 때 독자는, 자손들이 슬프게도 조상들의 교훈에서 이탈했기 때문에 이 단계에서의 이러한 세부사항들에 대한 필자의 논의가 갖는 중요성과 가치를 그만큼 더 많이 깨닫게 될 것이라고 필자는 믿는다.

아담의 원상태에 대한 오류

기독교계에서 자신들의 신앙이 건전하다고 최고로 자랑하는 분파들조차도 이 문제에서 결함이 있다. 다비(Darby)와 그 추종자들은 아담은 거룩한 상태(적극적 상태)가 아니라 무죄상태(부정적 상태)로 창조되었을 뿐이라고 주장했다. 필폿(Philpot)은 "나는 아담이 영적인 사람이라고 믿지 않는다. 즉, 하나님의 택자들에게 수여되는 저 영적인 은사들과 은총들을 아담이 소유했다고 믿지 않는다. 왜냐하면 이것들은 아담이 받을 몫이 없는 영적 은사들과 은총들이기 때문이다"라고 말했다(『가스펠 스탠다드』, 1861년, 155쪽). 오류는 서로 연관되는 법이다. 타락한 사람에게는 영적 행위들을 이행할 (하나님을 사랑할, 그리스도를 구원적으로 믿을) 책임이 없다고 주장하는 사람들이 일관적이고자 한다면, 타락하지 않은 사람은 영적인 피조물이 아니라고 주장하지 않으면 안 된다.

아담의 원상태에 대한 바른 견해

개혁가들과 청교도들의 가르침은 아주 달랐다. 주요한 청교도들의 입장을 살펴보자.

"바울이 이 형상의 회복을 다루는 곳(고후 3:18)에서 우리가 손쉽게 추론하게 되는 결론은, 사람은 하나님의 실체가 유입함으로써가 아니라 성령의 은혜와 능력에 의해 하나님께 부합했다는 것이다."(칼빈, 『기독교강요』)
"아담은 우리와 마찬가지로 성령을 경험했다. 즉, 성령이 아담을 만들 때 있었고, 하나님의 형상을 아담의 마음에 써넣었다. 우리는 거룩이 존재한 곳에는 성령 또한 존재했다고 확신하자.…바로 그 성령은 아담의 마음속에 있었다. 아담의 은총들을 보조하기 위함이었고, 그 은총들이 흘러나오고 열매를 맺도록 하기 위함이었고, 아담으로 하여금 자기에게 주어진 생명의 원리들을 따라 살도록 자극하기 위함이었다."(토마스 굿윈, 제6권, 54)

그리고 다시, 하나님의 형상과 모양으로 만들어진 아담의 존재에 대해 언급하면서, 그리고 이러한 "형상"은 "항구적이며 본유적인" 것을 의미한다고 지적하면서, "모든 거룩함이 근본적으로 아담 안에 머물러 있었기 때문에 무엇이든 거룩하고 선한 것을 지향하는 습성적 경향 및 기질이 아니고 무엇일까"라고 물었다(202쪽). 스테판 차녹 역시 같은 취지로 말했다.

> "첫 사람의 의로움은 그 첫 사람에게 존재를 부여한 분으로서의 주권적 능력을 입증해줄 뿐만 아니라 그의 사역의 모형으로서의 거룩한 능력을 입증했다…자신의 영혼을 다하고 생각을 다하고 마음과 힘을 다하여 하나님을 사랑하라는 율법은 본래 첫 사람의 본성에 기록되었다. 그 본성의 모든 부분은 하나님의 율법에 부응하고 하나님의 순수성을 모방케 하기 위해, 하나님과 도덕적으로 일치하도록 만들어졌다."(스테판 차녹, 제2권, 205쪽)

존 오웬은 성령론(제4장, "첫 창조에서의 특유한 사역들")에서, 아담을 창조한 원형인 "하나님의 형상"(즉, "하나님의 생각과 뜻을 분간할 능력", "모든 의무를 감당하고자 하는 순정한 기질", "정서에 있어서 기꺼이 순종하는 자세")을 다루면서 다음과 같이 말했다.

> "복음에서 우리를 혁신시켜 하나님의 형상에 일치시킬 때 이러한 능력들을 우리의 지성에 회복시켜줌에 있어서 분명하게 주장되는 사실은, 성령이 그 능력들을 나눠주는 분이며 성령은 그렇게 함으로써 자기 자신의 작품을 회복시킨다는 것이다. 새 창조에서 성부는 권위의 방식으로 기획하고, 모든 것을 그리스도 안에서 하나로 모으고(엡 1:10), 원래의 작품을 회복한다. 따라서 아담은 무죄상태에 있을 때 성령을 받았다고

말할 수 있다. 즉, 아담은 성령의 능력과 선하심의 특유한 영향력에 있어서 성령을 받았다. 그리고 아담은 성령을 전적으로 상실할 수 있게 만드는 언약의 성향에 따라서 성령을 받았다. 그리고 그 언약에 따라 그런 일이 일어났다."

새 언약의 우월성은, 그 은사들이 그리스도 안에서 및 그리스도에 의해서 확보되었기 때문에 몰수될 수 없다는 점에 있다.

"하나님이 사람을 정직하게 지으셨으나"(전 7:29)라는 말씀은 욥기 1:8과 시편 25:8에도 동일한 히브리어로 반복된다. 이에 대해 토마스 보스톤과 토마스 굳윈은 다음과 같이 말했다.

"이것은 아담이 창조될 때 아담을 일치시킨 어떤 법칙의 존재를 전제한다. 어떤 것을 정연한 존재로 혹은 규칙에 따라 만들었을 때 필연적으로 그 규칙 자체가 전제되어 있는 것이기 때문이다. 이 점에서 우리는, 이 법은 의로움에 대한 영원하고 필수불가결하고 둘째 아담이 모든 항목에서 준수한 바로 그 법이었다고 추론할 수 있다.…한마디로, 이 법은 나중에 십계명으로 요약된…우리가 도덕법이라고 부르는 바로 그 법이다. 사람의 의로움은 이 법 혹은 규칙에 대한 일치에 있었다.(토마스 보스톤, 『인간 본성의 사중적 상태』)

"하나님은 처음에 사람을 창조하셨을 때 외적인 법 즉, 문자로 기록되거나 말로 전달된 법을 사람에게 주지 않으셨다. 내적인 법을 사람의 마음에 넣어주셨다. 이 법은 사람과 함께 창조된 것이며 사람의 영혼…영적인 기질과 성형을 구성하는 틀에, 사람의 의지와 정서에 새겨진 것이며, 사람으로 하여금 하나님께 기도하고 하나님을 사랑하고 경외하고, 영적이며 거룩한 방식으로 하나님의 영광을 구하도록 하는 것이다."(토마스 굳윈)

창세기 2:17의 외적인 명령은 아담의 책임성을 검증하는 시험으로 기획된 것이었다. 이와 동시에 그 명령은 아담의 "정직성"이 가변적이라는 사실을 명백히 하는 데 기여했다.

아담이 창조주의 손을 떠났을 때 아담의 마음속에 하나님의 법이 있었다. 왜냐하면 아담은 거룩한 본능과 성향을 부여받았기 때문이다. 이 본능과 성향 때문에 아담은 하나님이 기뻐하시는 것을 행하고, 하나님이 기뻐하시지 않는 것에 대해서는 그것이 어떤 것이든 반감을 품었다. 아담 안에 있는 "하나님의 법"은 아담의 영혼을 구성하는 본래적인 체질 혹은 성품이었다. 자신의 어린 것들을 돌보는 것은 짐승의 성품 혹은 법칙이고, 자신들을 위해 둥지를 짓는 것은 새들의 성품 혹은 법칙인 것과 마찬가지다.

'하나님께서 자신의 법을 타락하지 않은 아담의 마음속에 두셨다고 가르치는 다른 성경본문이 있느냐?'라고 묻는다면, 우리는 '있다. 명확하고 필연적인 함축에 의해 가르친다'라고 대답한다. 그리스도는 "주의 법이 나의 심중에 있나이다"라고 선언하셨다(시 40:8). 그리고 로마서 5:14은 우리에게 "아담은 오실 자의 표상이라"고 말해준다. 다시 말하자면, 우리는 어떤 밭에 있는 그루터기에서 거둬들인 알갱이가 어떤 곡식인지를 알아볼 수 있는 것과 마찬가지로 우리는 타락한 인성 속에서 여전히 식별해낼 수 있는 흔적에 의해, 타락하기 이전 상태의 사람 안에 무엇이 있었는지를 발견할 수 있을 것이다. 즉, 이방인들은 율법에 포함된 것들을 본성적으로 행한다(롬 2:14). 이방인들은 부도덕성과 살인은 범죄라는 양심의 목소리를 듣는다. 아담이 본래적으로 소유한 성품의 흔적이 아직 아담의 후손들 안에 남아있다.

아담의 타락과 그 귀결, 그리고 책임성

그러나 아담은 하나님이 자신을 창조하셨을 때의 상태를 유지하지 않았다. 아담은 타락했다. 그 귀결들은 끔찍했다. 그러나 우리가 그 귀결들의 본질을 올바르게 파악할 수 있는 방법은, 성경에서 사용된 용어들을 철저하게 고집하는 것뿐이다. 그렇다. 그 용어들을 성경 자체가 우리를 위해 해석하도록 하지 않는다면, 우리는 그 용어들을 잘못 이해하게 될 것이 확실하다. 어쩌면 독자는 "그것으로 수수께끼를 만들 필요가 없다. 문제는 아주 단순하다. 즉, 그 귀결들 전부를 '죽음'이라는 한 마디로 요약할 수도 있다"라고 외칠 준비가 되어 있을지 모르겠다.

그렇다. 하지만 우리는 거기에서 "죽음"이라는 단어가 무슨 의미인지를 세심하게 조사하지 않으면 안 된다. 당신은 "영적 죽음"이라고 대답한다. 맞다. 그러면, 영적 죽음은 영적 생명을 전제한다는 사실에, 그리고 그 다음에는 영적인 사람을 전제한다는 사실에 잘 주목하라. 분명코, 영적 생명을 부여받은 어떤 존재를 그런 식으로 서술하지 않으면 안 되기 때문이다. 하지만 우리는 한 단계 더 위쪽에 속하는 질문을 하지 않으면 안 된다. 그 질문은 "'영적 죽음'이라는 단어가 내포하고 있는 것은 정확하게 무엇인가?"라는 것이다. 바로 이 지점에서 그토록 많은 사람들이 잘못 나갔다. 성경의 가르침에서 벗어나 심각한 오류에 빠졌다.

하나님은 아담에게 "선악을 알게 하는 나무의 실과는 먹지 말라 네가 먹는 날에는" **네 영 혹은 네 혼이** "정녕 죽으리라"고 말씀하시지 않고

"네가…정녕 죽으리라"라고 말씀하셨다는 사실에 최대한 주의를 기울여야 한다(창 2:17). 죽은 것은 아담 안에 있는 어떤 것 혹은 아담의 어떤 일부가 아니었다. 아담 그 자신이 죽었다! 이것은 쓸데없는 구별이 결코, 결코 아니다. 이것은 실질적이며 근본적인 차이점이다. 그래서 만일 성경을 함부로 고쳐놓고 성경이 말하는 것을 변경한다면, 진리에서 이탈한다. "죽음"은 소멸이나 멸절이 아니다. 오히려 죽음은 분리이다. 물리적 죽음은 영혼과 육체의 단절 혹은 분리이다. 그리고 영적 죽음은 영혼과 하나님의 분리이다.

탕자는 먼 나라에 머물고 있는 동안에는 "죽은" 사람이었다(눅 15:24). 아버지에게서 멀리 떨어져 있었기 때문이다. 디모데전서 5:6은 "일락을 좋아하는 이는 살았으나 죽었느니라"고 말한다. 즉, 쾌락에 빠진 과부는 영적으로, 하나님께 대해서는 죽은 상태이고 반면에 죄 안에서 살며 활동한다. 똑같은 이유로, "불과 유황으로 타는 못"을 "둘째 사망"이라고 부른다(계 21:8). 왜냐하면 유황불 못에 던져진 자들은 "주의 얼굴과 그의 힘의 영광을 떠나 영원한 멸망의 형벌을" 받기 때문이다(살후 1:9).

사람은 "영과 혼과 육"이라는 세 부분을 가진 존재로 창조되었다(살전 5:23). 이것은 사람을 창조하신 하나님의 기록에 "하나님이 가라사대 우리의 형상을 따라 우리의 모양대로 우리가 사람을 만들고"라고 하신 말씀에서 명백하게 암시된 사실이다(창 1:26). 삼위일체의 하나님이 사람을 통일성 속에 삼위성을 갖는 존재로 만드셨다. 사람은 타락했을 때 삼분적 존재를 계속했다. 그 존재를 구성하는 어떤 부분도 소멸되지 않왔다. 사람이 하나님을 배반했을 때 어떤 기능도 상실하지 않았다. 아담이 타락했을 때 사람의 본래적인 체질을 구성하는 본질적인 요소를 몰수당하지 않았다고, 사람의 복합적인 구성체의 어떤 구성부분도 폐지되지 않았다고 아무리 강력하게 강조해도 지나치지 않다.

바로 이 지점에서 잘못된 개념 뒤에 숨으려고 애를 쓰는 사람이 너무나 많기 때문이다. 이들은 아담이 금지된 열매를 먹었을 때 사람은 그 본성의 어떤 치명적인 부분을 상실했다고, 아담의 후손들에게서 이 부분의 결핍이 후손들이 겪는 모든 실패를 설명(그리고 변명!)해준다고 헛되이 믿고자 한다. 이들은 자신들은 비난받기보다는 동정을 받아야 한다고 자신을 위로한다. 즉, 비난은 자신들의 첫 부모들이 받아야 하고 정말이지 자신들은 의로움을 행할 기능이 박탈되었기 때문에 불쌍히 여김을 받아야 한다는 것이다. 많은 설교가 바로 이 망상을 부추긴다.

진실은, 오늘날 타락한 인간은 아담이 창조된 본래의 기능들과 동일한 기능을 소유하고 있으며 인간의 책임성은 그 기능들을 잘 사용하는 데에 있으며 인간의 범죄성은 그 기능들을 악하게 사용하는 데 있다는 것이다.

다른 방법으로 인간의 책임성을 회피하고자 하는 사람들도 있다. 이들은 사람은 타락 사건 이전에는 소유하지 않았던 본성을 받았고 불법적인 행동에 대한 모든 책임은 그 악한 본성이 져야 한다고 주장하는 사람들이다. 이런 핑계는 마찬가지로 오류가 있는 주장이며 마찬가지로 헛된 주장이다. 타락했을 때 사람의 존재에서 어떤 본질적인 부분이 제거되지 않은 것과 마찬가지로 사람의 존재에 어떤 실질적인 첨가가 이뤄지지 않았다. 타락했을 때 사람이 상실한 것은 아담이 원래부터 갖고 있었던 거룩함이었다. 타락했을 때 사람의 존재에 관여한 것은 죄였다. 죄는 사람의 인격을 구성하는 모든 부분을 더럽혔다.

이런 이유 때문에 우리는 동정이 아니라 비난을 받아야 한다. 타락한 인간은 자신의 책임이 삭제될 정도로 절망적으로 죄의 피해자가 되지 않았다. 오히려 하나님은 악(惡) 쪽으로 치우치는 모든 경향에 저항하고 거절할 책임이 타락한 인간에게 있다고 보신다. 그래서 하나님은 타락한 인간이 그 경향에 저항하고 거절함에 있어서의 실패 때문에 정당하게 처벌하신다. 모든 사람이 인간의 책임성을 부정하고 죄인의 책무성을 파괴하려고 시도한다. 누가 그런 시도를 하든지 간에 우리는 그 시도에 견결하게 저항하지 않으면 안 된다.

사탄은 타락사건에서 영이 죽었다는 확신을, 혹은 타락할 때 어떤 구체적이지만 악한 것이 인간의 체질에 전달되었다는 확신을 사람들에게 심어줌으로써, 대단히 많은 사람들을 속이는 데 성공한다. 사탄의 이 궤변을 폭로하고, 경건치 않은 자들을 그 거짓 피난처에서 몰아내고, 그들 자신이 하나님께 저지른 반역에 대한 변명을 남김없이 벗겨내는 엄연한 사실을 그들에게 지속적으로 들이미는 것은 기독교 사역자의 필수적인 의무이다.

불순종의 날에 아담 자신이 죽었다. 영적으로 죽었다. 그리고 아담의 모든 후손 역시 아담 안에서 영적으로 죽었다. 그러나 그 영적 죽음은 사람 안에 있는 어떤 것을 폐기하는 것이 아니라 하나님으로부터의 분리로 구성되었다. 아담의 존재를 구성하던 어떤 부분도 폐기되지 않았다. 오히려 아담을 구성하는 모든 부분이 열화(劣化)되었다. 죄가 파괴한 것은 사람의 본질이 아니라 영혼의 올바름이었다. 타락에 의해 사람은 자신의 존귀와 영광을 저버렸다. 자신의 거룩을 상실했다. 하나님의 은총을 몰수당했다. 하나님과의 모든 교제에서 단절되었다. 그러나 자신의 인간적 본성을 계속해서 유지했다. 하나님을 향한 갈망 전체, 자신의 조물주를 향한 사랑 전체, 하나님을 실질적으로 아는 지식 전체가 없어졌다. 이제 죄가 사람을 사로잡았다. 죄를 사랑함과 실천하는 데에 자신을 쏟아 부었다. 이런 것 역시 우리의 자연적 상태이다.

위에 나열한 몇 개의 문단을 통해, 필자가 인간의 **"전적 부패"**를 믿지 않는다고 결론내리지 말라. 필자가 어떤 실질적인 의미를 표명하기를 실제적으로 회피하는 그런 방식으로 진술한다고 결론내리지 말라. 필자는 타락한 인성의 전적인 파괴를 일부 독자들보다 더 견고하게 믿고 있을 가능성이 아주 높고, 자연인이 처한 곤경을 일부 독자들보다 더욱 절망적이라고 볼 가능성도 아주 높다. 필자는 거듭나지 않은 모든 영혼의 상태는 하나님 쪽으로 얼굴을 돌리지 못하고 영적인 생각을 단 하나라도 발생시키지 못한다고 주장하며, 그렇게 하려는 소망 혹은 의지조차 품지 않는다고 주장한다.

앞에 나열한 필자의 언급들로부터, 필자가 악한 원리 혹은 "육체"가 자연인 속에 현존하며 지배적이라는 것을 부정한다고 추론하지도 말라. 필자는 악한 원리 혹은 "육체"가 자연인 속에 현존하며 지배적이라고 -진리의 말씀의 증언에 입각해서, 그리고 그 무서운 잠재력과 끔찍한 작용결과들에 입각해서- 믿는다. 그러나 또한 필자는 "육체"가 무엇으로 구성되어 있는지를 우리의 생각 속에서 가시화 혹은 정의하고자 할 때 크게 주의를 기울여야 한다고 주장한다. 육체는 악한 원리이다. 구체적인 혹은 지각할 수 있는 실재물이 아니다. 우리는 육체를 물질적인 것이라고 간주하는 순간, 혼란에 빠진다.

비물질적이지만 실질적인 어떤 것에 대해 분명한 개념을 형성하기가 어렵다는 사실을 발견하는 것은 바로, 우리 모두가 문제의 용어들로 사고하는 데 길들여져 있기 때문이다. 어떤 사람이 비물질적이지만 실질적인 것에 대해 다른 것들과 논리적 일관성을 갖도록 자신의 의견을 표명하는 것은 결코 손쉬운 과제가 아니다. 사람은 타락할 때 자신을 구성하는 세 부분 가운데 어떤 부분도 상실하지 않았다. 타락할 때 네 번째 부분이 사람에게 전달된 것도 아니었다.

오히려 죄-물질적인 실체가 아닌 것-이 사람에게 관여했고, 사람의 존재 전체를 열화(劣化)시키고 부패시켰다. 사람은 자신의 모든 기능들과 지체들을 더럽힌 역겨운 질병에 걸렸다. 그래서 사람의 영과 혼 전체가 엄밀하게 말하자면 "발바닥에서 머리까지 성한 곳이 없이 상한 것과 터진 것과 새로 맞은 흔적 뿐"인 몸을 가진 어떤 사람처럼 되었다(사 1:6). 감자는 꽁꽁 얼려서 비록 더 이상 먹을 수 없는 것이 되었을 때조차도 여전히 감자다. 사과는 속이 썩었을 때에도 여전히 사과다. 사람은 하나님을 배반했을 때, 영적으로 죽고 전적으로 부패했을 때에도 여전히 자신의 인성을 보존했다. 거룩성을 제외하고는 타락하기 전의 모든 것을 그대로 유지했다.

사람은 타락했을 때 영적으로 죽었다. 필자가 앞에서 입증한 것처럼, 죽음은 멸절이 아니라 분리이다. 하지만 "분리"라는 단어는 "영적 죽음"이 가리키는 의미를 충분하게 표현하지 않는다. 성경은 또 다른 용어 "소외"(ASV, 민 14:34; 개역한글 "싫어 버림")를 사용한다. 필자 역시 이 용어를 충분히 고려하지 않으면 안 된다. "소외"는 단절이라는 관념을 포함한다. 또한 이 용어는 대립이라는 생각을 전달한다. 사랑하는 어떤 친구가 내게서 물리적으로 분리되어 있을 수도 있다. 그러나 잔인한 원수는 내게 대해 통렬하게 적대적이다. 타락한 사람의 경우도 이와 같다. 즉, 타락한 사람은 거룩한 분과의 모든 교제가 단절될 뿐만 아니라 그 거룩한 분께 대해 본유적으로 그리고 습성적으로 적대적인-정서적으로 "소원해진"-상태에 있다.

필자는 여기에서 "단어들"을 붙들고 씨름하고 있는 것이 아니다. 지극히 엄숙한 진리와 사실에 주의를 환기하고 있다. 바로 이런 식으로 성경이 타락한 인류의 상태를 묘사하고 있다. 바울은 "저희 총명이 어두워지고 저희 가운데 있는 무지함과 저희 마음이 굳어짐으로 말미암아 하나님의 생명에서 떠나 있도다"라고 선언한다(엡 4:18). 그렇다. "육신의 생각은 하나님과 원수가 되나니 이는 하나님의 법에 굴복치 아니할 뿐 아니라 할 수도 없음이라"라고 엄숙하게 선언한다(롬 8:7). 여기에서 "원수가 됨"은 소극적이며 수동적인 것이 아니다. 적극적이며 능동적인 것이다.

"너희의 허물과 죄로 죽었던 너희를 살리셨도다"라는 말씀은 타락한 사람에 대해 거룩한 의사가 내린 무서운 진단이다(엡 2:1). 하지만 이 진술이 사실에 충실하고 과장이 전혀 없더라도 여전히 비유이다. 만일 우리가 이 진술을 성경에 엄밀하게 조화시켜 해석하지 않는다면 그 의미를 왜곡하게 될 것이다. 자연인의 영적 상태는 묘지에 매장된 시체의 상태와 비슷하다는 말을 종종 듣는다. 어떤 견지에서는 올바른 말이다. 그러나 또 다른 관점에서 보면, 전적으로 잘못된 말이다.

자연인은 썩고 있는 피조물, 거룩한 분의 코에 악취를 풍기는 존재이다. 그래서 자연인은 시체가 사람들을 향해 어떤 물리적 행동을 실행할 수 없는 것과 마찬가지로 하나님을 향해 어떤 영적 행동을 실행하지 못한다. 그러나 이 비유는 여기에서 끝이다! 둘 사이에는 유사점이 있는 것만큼이나 대조점도 있다. 시체에게는 책임이 없다. 그러나 자연인에게는 책임이 있다! 시체는 전혀 움직이지 못한다. 그러나 죄인의 경우는 아주 다르다. 죄인은 적극적이다. 하나님을 적극적으로 반대한다. 죄인은 하나님을 (사랑해야 마땅하지만) 사랑하지 않는다. 오히려 하나님께 대한 적대감과 증오로 가득 차 있다. 이처럼 영적 죽음은 피동성 및 비활성의 상태가 아니다. 하나님께 공격적 적의(敵意)를 갖는 상태이다.

그렇다면 다른 모든 곳에서처럼 바로 여기에, 보존해야 할 균형이 있다. 하지만 이 균형을 좀처럼 유지하지 못한다. 아르미니우스주의자들의 자유의지론을 열정적으로 거부하는 동시에 인간의 도덕적 행위 주체성을 거부하는 칼빈주의자들이 너무 많다. 타락한 인간은 영적인 문제들에 대해 전적으로 무능력함을 열심히 강조하면서, 사실상 인간을 책임이 없는 기계로 격하시킨 칼빈주의자들이 너무 많다.

바울은 에베소서 2:1의 뒷부분 "너희의 허물과 죄로 죽었던"의 바로 다음 구절에, "그 때에(즉, 영적 죽음의 상태에서) 너희가 그 가운데서 (무덤 속에 있는 시체가 할 수 없는 것을) 행하여 이 세상 풍속을 좇고 공중의 권세 잡은 자를 따랐으니 곧 지금 불순종의 아들들 가운데서 역사하는 영이라 전에는 우리도 다 그 가운데서 우리 육체의 욕심을 따라 지내며 ('행하며') 육체와 마음의 원하는 것을 하여 다른 이들과 같이 본질상 진노의 자녀이었더니"라는 진술을 덧붙인다는 점에 충분히 주의를 기울이지 않았던 것이다(엡 2:2-3). 그러므로 자연인은 어떤 의미에서는 (즉, 하나님께 대해서는) 죽은 사람이면서도 (즉, 죄 가운데) 살고 있는 사람이었다. 또 하나의 의미에서는 (자아를 추구하고 하나님께 원수 된 삶을) 사는 사람이면서도 모든 영적인 것들에 대해 죽은 사람이었다.

타락에 의해, 사람은 잃어버린 것도 있고 얻은 것도 있다. 만일 당신이 원한다면, 그것을 가리켜 "본성"이라는 용어를 사용해도 좋다. 그러나 이 경우에, 그것을 물질적인 어떤 것이라고 생각하지는 말라. 사람이 잃어버린 것은 거룩함이었고 획득한 것은 죄였다. 거룩함이라는 것도 죄라는 것도 어떤 실체가 아니다. 도덕적 특성이다. "본성"은 어떤 구체적인 실체가 아니다. 어떤 실체 혹은 피조물에게 특성을 부여하고 강제하는 것이다. 중력의 "본성"은 끌어당기는 것이다. 불의 본성은 태우는 것이다.

"본성"은 지각할 수 있는 사물이 아니라 행동하도록 강제하는 힘, 지배력을 발휘하는 영향력–더 좋은 용어가 없기 때문에 "본능"–이다. 엄격하게 말하자면, "본성"은 우리가 근원적으로 소유하고 있는 것이다. 마치 우리가 인간의 본성을 갖고 있기 때문에 천사의 본성을 갖고 있는 천상의 피조물들과 구별되는 것과 같다. 이런 식으로 우리는 사자의 "본성"(흉폭), 독수리의 본성(썩은 고기를 먹는 것), 양의 본성(온순)에 대해 언급한다. 그렇다면 "본성"은 어떤 피조물이 탄생과 기질에 의해 갖게 되는 실상 그 이상의 것을 묘사한다. 그러므로 거룩함 혹은 나눠진 은총을 "선(善)의 원리"라고, 내주하는 죄 혹은 "육체"를 악(惡)의 원리-그 당사자들을 그 차별적 특성에 일치하게 행동하도록 몰아가는 유력한 기질-이라고 언급하기를 선호한다.

엄격하게 말해서 "본성"은 마치 우리가 인성을 가졌기 때문에 한편으로는 천상적 피조물로부터 구별되는 것이고 다른 한편으로는 땅의 (동물적 본성을 가진) 짐승들로부터 구별되는 것이다. 이처럼 "본성"은 우리가 근원적으로 소유하고 있는 것이라는 사실을 염두에 둔다면 사상의 혼란을 많이 피하게 될 것이다. 게다가 우리 본성이 본질적으로 어떻게 구성되었는지와, "우발적으로"(비본질적으로) 즉, 타락할 때 겪은 변화와 중생할 때 겪는 변화에 의해 어떻게 되었는지를 구별한다면, 주님께서 우리의 본성을 취한다는 말이 무슨 뜻인지를 이해하는 데 어려움을 덜 겪게 될 것이다.

하나님의 아들이 성육신을 하였을 때 인간의 본성을 취했다. 하나님의 아들은 모든 면에서 참된 사람이었다. 즉, 영(눅 23:46), 혼(요 12:27), 몸(요 19:40)을 소유했다. "저가 범사에 형제들과 같이 되심이 마땅하도다"(히 2:17) 즉, 모든 면에서 형제들과 같지 않으면 형제들의 대속물 및 중보자가 될 수 없었다. 이 말씀은 하나님의 성육신의 이적 및 신비를 설명하지 않는다. 불가해한 것이기 때문이다. 그러나 다음과 같이 기초적인 사실을 진술한다. 그리스도는 우리의 부패를 물려받지 않았다. 부패는 인성의 본질적인 구성부분이 아니었기 때문이다. 그리스도는 태어났고 무흠하게 순수하고 거룩한 상태를 유지했다. 그럼에도 불구하고 그리스도는 본질적으로 간주된, 그러나 죄로 오염된 상태가 아닌 우리의 본성을 취했다. 그래서 그리스도를 가리켜 '아담의 아들'이라고 일컫는다(눅 3:38).

그렇다면, 사람이 타락에 의해 "죄악 된 본성"을 소유하게 되었다고 말할 때 그 말을 그 사람의 영 혹은 혼에 비견되는 어떤 것이 그 사람의 존재에 첨가되었다고 이해해서는 결코 안 된다. 악의 원리가 그 사람에게 들어갔고, 그 원리가 그 사람의 존재를 구성하는 모든 부분을 더럽혔다고 이해하지 않으면 안 된다. 마치 열매 속까지 얼어서 그 열매가 망가지는 것과 같다. 이제 그 사람의 기능들은 거룩에 의해 영향을 받고 통제되는 대신에, 죄에 의해 오염되고 지배를 받게 되었다. 영적 성질 및 특성이 그 사람의 행위에 자극을 주는 대신에, 속된 성질이 존재의 법칙이 되었다. 그 전에 사랑했던 대상들 및 사물들을 이제는 미워했다. 미워해야 마땅한 것들을 이제는 갈망한다. 바로 여기에 사람의 부패와 범죄성이 있다.

하나님은 악으로 치우치는 모든 경향을 억제할, 죄에 빠뜨리는 모든 유혹에 저항하고 거절할 책임이 타락한 사람에게 있다고 보신다. 그리고 하나님은 타락한 사람이 억제하고 저항하고 거절하는 데 실패했기 때문에 그 사람을 정당하게 처벌하신다. 이 뿐만 아니다. 하나님은 온 마음을 다해 하나님을 사랑하라고 그리고 하나님을 섬기고 영화롭게 하는데 모든 기능을 활용하라고 그에게 요구하시고 그렇게 할 책임이 있다고 보신다. 사람의 실패는 단지, 자발적인 거절에 있을 뿐이다. 이 때문에 하나님은 사람을 정의롭게 심판하실 것이다.

은혜의 이적은 하나님의 응답이다

(1) 고린도전서 15:45, 시편 69:4, 디도서 3:5

자, 은혜의 이적은 인간의 자기 파멸에 대한 하나님의 응답이다. 타락할 때 사람에게 발생한 것에 대한 거절, 하나님이 시작하신 거절이다. 이제, 이 사실을 성경으로부터 확립하겠다. 그리고 이 개념은 우리가 발명해낸 것이 아니라는 사실을 입증하겠다. 그리스도를 "마지막 아담"(고전 15:45)이라고 명명한 바로 그 사실은 첫째 아담이 저지른 잘못을—비록 하나님의 택자들이 관련된 정도까지만 일지라도—바로잡기 위해 왔다는 것을 의미한다. 그리스도께서 예언의 영에 의해 "내가 취치 아니한 것도 물어 주게 되었나이다"라고 말씀하셨다(시 69:4). 이 포괄적인 진술에 대해 긴 글을 쓰더라도 무리가 아닐 것이다. 아담의 배반에 의해 상실한 것을 그리스도께서 하나님께—하나님이 받으셔야할 명백한 존귀와 영광을—회복해주셨고, 그리고 하나님의 백성에게—백성의 심령 속에 성령과 거룩을—회복해주셨다고 말해도 충분하다. 그리스도께서 하나님의 백성을 위해 행하신 것은, 성령께서 하나님의 백성 속에서 만들어내는 일의 공로적 기초이다. 중생할 때 하나님의 백성은 원시적 순결성을 회복하기 혹은 원래적 상태로 복귀하기 시작한다. 바로 그렇기 때문에 저 위대한 변화를 "성령의 새롭게 하심" 즉, 영혼에 영적 생명을 회복해주고 혁신해주는 것이라고 말한다(딛 3:5).

(2) 골로새서 3:9~10

"너희가 서로 거짓말을 말라 옛사람과 그 행위를 벗어버리고 새 사람을 입었으니 이는 자기를 창조하신 자의 형상을 좇아 지식에까지 새롭게 하심을 받는 자니라"(골 3:9-10)라는 이 말씀의 수신자들은 "옛사람"을 고백과 실천에 의해서는 "벗어버리고" 혹은 부인하고 입술과 삶에 의해서는 새 사람을 맹세하고 입증했었다. 그 새 사람을 이 본문에서는 "지식에까지 새롭게 하심을 받는" 것이라고 말한다. 이것은 사람이 과거에는 소유해본 적이 없던 지식의 획득일 수가 없고 오히려, 하나님에 대해 본래 가지고 있던 영적 지식의 회복 및 복구이다. 이 사실은 태초에 "하나님이 자기 형상 곧 하나님의 형상대로 사람을 창조하시되"라는 말씀에 의해 확증된다(창 1:27).

본래 사람은 "하나님의 형상대로" 창조되었다. 이 명제는 적어도 세 가지 의미를 나타낸다. **첫째**, 사람은 삼위일체적 하나님에 의해 삼분적 존재로 구성되었다. 타락 이후에도 이 체질로 계속해서 존재했다. **둘째**, 사람은 하나님의 본래적 형상대로 창조되고, 도덕적 행위주체로 만들어졌고, 합리성과 의지적 자유를 부여받았다. 이 특성 역시 그대로 보존되었다. **셋째**, 사람은 하나님의 도덕적 형상을 따라 만들어졌다. 정직한 존재로 창조되었고, "의와 진리의 거룩함"을 부여받았다. 이 특성은 사람이 죄를 지었을 때 상실되었다. 그러나 은혜의 이적에 의해 회복된다.

(3) 베드로전서 3:18

거듭날 때 택자 안에서 일어나는 것은 타락의 결과를 역전시키는 것이다. 거듭난 사람은 그리스도를 통해서 그리고 성령의 활동에 의해, 회복하여 하나님과의 연합 및 교제를 갖게 된다(벧전 3:18). 그 전에는 영적으로 죽었고 하나님으로부터 멀리 떨어져 있던 사람이 이제는 영적으로 살아있는 존재가 되었고 하나님께로 회복되었다. 영적 죽음은 악의 원리가 사람의 존재에 들어옴으로써 발생했다. 이 악의 원리가 오성을 어둡게 만들었고 마음을 강퍅하게 만들었다(엡 4:18).

이와 마찬가지로 영적 생명은 거룩의 원리가 사람의 영혼 속으로 들어가는 것이다. 거룩의 원리는 오성을 빛으로 밝혀주고 마음을 부드럽게 만들어준다. 하나님은 어떤 새로운 원리를 전달해주신다. 이 새로운 원리는 내주하는 죄가 악에 대해 실질적이며 유력한 것만큼이나 선에 대해 실질적이며 유력한 것이다. 이제 은혜를 나눠받는다. 거룩한 성향이 영혼 속에 만들어진다. 영에 속한 새로운 기질이 속사람에게 부여된다. 그러나 어떤 새로운 기능도 거듭난 사람에게 전달되지 않는다. 오히려 그의 본래적인 기능들이 (적당한 정도로) 정화되고, 풍성해지고, 고양되고, 강력해진다. 타락했을 때 사람의 구성부분들에 전혀 변동이 없었던 것처럼 새롭게 되었을 때에도 그 존재의 구성부분들에 전혀 변동이 없었다. 하늘에 들어갈 때에도 변동이 없을 것이다. 즉, 하늘에 들어갈 때 그의 영과 혼과 육이 영화롭게-죄의 모든 얼룩이 완벽하게 제거되고 하나님의 아들의 형상에 완벽하게 부합하게-될 것이다.

(4) 요한일서 3:9

그러나 우리는 거듭날 때 "새로운 본성"을 받는 것이 아닌가? 만일 "새로운 본성"이라는 용어를 ("또 하나의 원리"라는 용어보다 선호하여) 채택하여 사용한다면, 이 표현이 함축하고 있는 것에 대한 우리의 개념을 세속화하지 않도록 주의를 기울이지 않으면 안 된다. 성령으로 태어나는 것이 단순히 "본성"이 아니라 사람이라는 사실을 인식하는 데 실패함으로써 이 지점에서 많은 혼란이 야기되어왔다.

하나님께로서 난 것은 사람이다(요일 3:9). 하나님께 대해 영적으로 죽었던 (하나님과 분리되고 멀리 떨어졌던) 바로 그 인물이 이제는 하나님께 대해 영적으로 살아있는 –회복되어 하나님과의 연합 및 교제 속으로 되돌아간– 사람이 되었다. 전(全) 존재가 죄와 범법으로 죽어 있었던 그래서 이 세상의 방침을 따라, 불순종의 자녀들 속에서 역사하는 악한 영을 따라 죄와 범법을 행하고, 육체의 욕심을 이루던 바로 그 사람이 이제는 존재의 전체가 거룩함과 의로움 속에서 살아있고 하나님의 말씀의 방침을 따라, 순종의 자녀들 속에서 역사하고 그 기질들을 성취하고 영 혹은 "새로운 본성"의 은총들을 발전시키도록 만들어주는 성령의 능력과 자극에 따라 행한다.

"새로운 본성"의 올바른 의미

틀림없이 이렇게 된다. 만일 이렇게 되지 않는다면 개인의 정체성이 전혀 보존되지 않을 것이다. 거듭 말하자면, 거듭나는 것은 바로 그 개인 자신이다. 단지, 그 개인 안에 있는 어떤 것만 거듭나는 것이 아니다. 거듭난 사람은 체질적으로 볼 때, 거듭나지 않은 사람과 동일하다. 그 각자가 영과 혼과 육으로 구성된 한 사람이다. 그러나 타락한 사람 안에는 그 존재의 각 부분을 부패시킨 악의 원리가 있다. 이 원리를 "죄 악 된 본성"(만일 이 용어가 그의 악한 기질 및 성격을 가리킨다면)이라고 칭해도 좋다. 불결한 것이 돼지의 "본성"인 것처럼 말이다.

마찬가지로 어떤 사람이 거듭날 때 새로운 또 하나의 본성이 그의 존재 속으로 들어간다. 이것을-만일 그를 새로운 방향으로 즉, 하나님 쪽으로 밀어부치는 기질을 의미한다면-"새로운 본성"이라고 칭해도 좋다. 이처럼, 이 두 경우에 "본성"은 지각할 수 있는 실체라기보다는 도덕적 원리이다. "영으로 난 것은 영" 즉, 물질적인 것이 아니라 영적인 것이다. 따라서 본성을 실체적인, 거듭난 사람의 영혼과 구별된, 물체의 또 다른 부분에 덧붙여진 어떤 부분과 같은 것으로 간주해서는 결코 안 된다. 어떤 사람의 내적 기능들을 "육체"가 속된 것으로 만들어버린 것처럼 영적인 것으로 만들어주는 그런 것이다.

새로운 탄생(新生)이라는 비유 하에서 중생을 다룰 때, (초기의 필자를 포함한) 어떤 사람들은 성경이 결코 보장해주지 않는, 그리고 다른 비유들을 활용하여 부인하는 자연적 출생에서 가져온 유비를 끌어들였다. 물리적 탄생은 어떤 피조물 즉, 잉태하기 전에는 도무지 존재하지 않았던 완벽한 인격체를 이 세상에 등장시키는 것이다. 그러나 하나님에 의해 거듭난 사람은 거듭나기 전에도 완벽한 인격체였다! 이 진술에 대해 '영적인 인격체가 아니다'라고 이의를 제기할 수도 있다. 그렇다. 그러나 영과 물질은 정반대라는 사실을 착실하게 염두에 둬라. 만일 "영적인"것을 실체적인 것이라고 생각하거나 말한다면 혼란에 빠질 뿐이다.

거듭남은 이제껏 존재하지 않았던 어떤 사람을 창조하는 것이 아니다. 존재하던 사람을 영적인 존재로 만들어주는-죄 때문에 하나님과 교제를 나누기에 부적절했던 사람을 새롭게 하고 혁신하는-것이다. 그의 모든 기능에 새롭고 다른 성향을 부여하는 어떤 원리, 혹은 "본성," 혹은 생명을 나눠줌으로써 이렇게 만든다. 그리스도인을 두 개의 판명한 인격성으로 구성된 존재라고 간주하는 것을 항상 경계하라. 1백 년 전에 잉글랜드에서 "하나님의 자녀는 실족할 수 없다"라는 주장을 입증할 목적의 소책자가 출판되었다. 유명한 정통주의 신학자들 가운데 많은 사람이 이 소책자에 의해 나쁜 영향을 받았다. 이 소책자의 저자는 "거듭난 사람은 두 개의 본성 즉, 죄의 옛 사람과 은혜의 새 사람을 소유한다. 죄의 옛 사람은 하나님의 생명 안에서 결코 진보를 이룬 적이 없었고 결코 그럴 수도 없다. 결과적으로, 옛사람은 죄의 가장 작은 얼룩이나 오점을 결코 물리치거나 흡수하거나 하지 못한다. 그렇다면 어떻게 하나님의 자녀가 퇴보할 수 있을까?"라고 주장했다.

어떤 비평가가 이 궤변을 폭로했다. 이 비평가는 사냥을 몹시 좋아하는 충성스러운 주교인 독일의 어떤 교황주의자를 언급했다. 이 주교가 주교관을 쓴 채 사냥하는 비논리성에 대해 우호적인 충고를 받았다. 그러자 이 주교는 "나는 주교로서가 아니라 군주로서 사냥한다"라고 대답했다. 그러자 그 충고자가 "만일 군주로서 사냥하다가 목이 부러져 죽어서 지옥에 간다면, 주교는 어찌 될 것인가!"라고 대꾸했다. 이것은 바보에게 그의 어리석음에 따라 대답하는 것이었다!

"옛 사람"과 "새 사람"은 동일한 개인 안에 머물러 있고 그 사람에게 속한다. 그리고 주교와 군주가 서로 분리될 수 없는 것과 마찬가지로 그 사람과 결코 분리될 수 없다. 퇴보하는 것은 그리스도인 안에 있는 어떤 것뿐만이 아니라 그리스도인 그 자신이다. 필자가 위에서 주의를 환기시킨 것은 논리적 귀결일 뿐이다. 이것은 비록 매우 충분하게 전개하지는 않았지만 똑같이 유해하고 비난받을 여지가 있는 또 하나의 오류라고 하는 논리적 결론으로 이어진다. 여기에서 신자 안에 있는 "두 본성"은 탁월하고 지배적인 존재가 되어서 이 두 본성을 소유하고 있는 당사자는 자신의 책임성을 대체로 간과하게 되고 부인하는 지경에 이른다. 따라서 "육체" 혹은 옛 본성이든 "영" 혹은 새로운 본성이든 퇴보를 할 수 없다고 논하는 것은 부질없는 짓이다.

퇴보하는 사람은 바로 이 두 본성(혹은 원리)를 지닌 사람이다. 이 때문에 하나님은 그 사람에게 책임을 지우고 따라서 그 사람을 징벌하신다. 신자들은 경계심을 많이 발휘하지 않는다면, 자신들은 비난을 받기보다는 동정을 받아야 한다고 가정하는 데 알맞은 구실을 찾아냄으로써 자신들의 책임성을 파괴하고 자신들의 죄악들이 가진 커다란 죄성을 가볍게 넘겨버리도록 만들어주는 노선의 가르침을 열심히 움켜쥐게 된다.

청소년은 유아들과 많이 다르다. 그리고 성인은 미성숙한 청소년과 많이 다르다. 그럼에도 불구하고 이 여러 단계를 통과하는 것은 동일한 개인, 동일한 인간이다. 우리가 중생할 때 겪은 내적 변화의 엄밀한 본질이 무엇이든지 간에, (그 경험의 성격을 어떻게 정의하든 표현하든), 혹은 부활할 때 우리의 몸에 어떤 변화가 일어나든지 간에, 우리는 사람이라는 존재이다. 책임을 져야 하는 피조물로 남아있을 것이다. 우리는 하나님께서 우리를 처음 창조하셨던 때처럼 우리의 본질적 개성 혹은 정체성을 결코 상실하지 않을 것이다. 이 사실을 명확하게 이해하고 확고하게 파악하자.

우리는 우리의 인생역정 전체를 관통하는 동안 동일한 인물로 남아있다. 타락할 때 발생한 영적 생명의 부패도 거듭날 때 발생하는 영적 생명의 전달도 인성을 소유하는 우리 존재의 실재성에 영향을 미치지 않는다. 타락에 의해 우리는 사람보다 더 열등한 존재가 되지 않았다. 중생에 의해 우리는 사람보다 더 우월한 존재가 되지 않는다. 다만 우리가 하나님과 맺는 관계가 변한다. 우리의 인간됨을 본질적으로 구성하는 것은 상실되지 않았다. 중생할 때 우리에게 나눠지는 것이 무엇이든지 간에, 책임성이 있는 우리의 개인성 및 인간적 정체성은 변동이 없다.

소결 : 요약

성령의 활동에 의해 거듭 태어나고, 영적으로 새롭게 되고, 부활하는 사람 안에서 발생하는 저 위대한 변화에 대해 필자가 독자 앞에 지금까지 제시한 모든 것을 이제 요약하고자 노력하겠다. 어쩌면 이 과제를 가장 잘 성취할 수 있는 방법은, 집약적인 진술을 하고 그 다음에 우리 독자들 가운데 어떤 분들이 문제를 제기할 여지가 아주 큰 진술에 대해 추가적으로 언급하는 것이다.

부정적으로 말하자면, 저 위대한 변화는 우리의 존재를 구성하는 부분에 어떤 체질적인 변경으로 이뤄지지 않으며, 우리의 인격에 어떤 본질적 추가를 하는 것도 아니다. 자연인을 단지 혼과 몸만 소유하는 존재로 간주하고 자연인이 거듭날 때에만 "영"을 전달받는다고 생각하는 것은 심각한 잘못이라는 것이 필자의 생각이다. 다시 말하자면, 내주하는 죄가 거듭난 사람의 존재에서 근절된다고 가정하는 것은 훨씬 더 나쁜 오류이다. 성경은 이런 관념을 옹호할 정당한 근거를 제공하지 않는다. 이 뿐만 아니라 하나님의 자녀들의 한결같은 경험은 이 관념을 거부한다.

저 위대한 변화는 악한 원리에 어떤 개선을 야기하지도 않는다. "육체"는 그 혐오스러운 속성과 탐욕, 그 기만적이며 천박한 경향들, 위선과 교만과 불신앙 그리고 하나님께 대한 반대를 증진하는 능력과 더불어 우리의 지상생애가 끝날 때까지 변하지 않는다.

하지만 이 부정적인 요점들로부터, 중생은 "은혜의 이적"이라고 명명될 자격이 없다거나 그 당사자 안에서 일어난 변화는 결코 위대한 변화가 아니라고 결론을 내린다면, 그 것은 전적으로 잘못된 결론일 것이다. 실질적인, 근본적인, 굉장한, 영광스러운 변화가 만들어진 것이다. 하지만 이 변화의 정확한 성격은 오직 성경의 빛 안에서만 발견할 수 있다. 정말이지 **이 변화는 체험적 변화**이다. 하지만 그 당사자는 이 변화를 성경의 가르침에 의거해서 해석하지 않으면 안 된다. 자기 자신의 이성이나 감성에 의해 해석해서는 결코 안 된다. 이 진술에 놀라지도 실망하지도 말라. 은혜의 이적은 경험자 안에 하나님을 향한 위대한 변화를 야기한다.

하나님은 감각의 대상이 아니다. 추론의 과정에 의해 하나님을 알아내지도 못한다. 그렇다면 **긍정적으로 고찰**했을 때,

첫째, 저 위대한 변화는 심령이 하나님 쪽으로 근본적으로 바뀌는 변화로 구성된다. 하나님은 자기 자신을 영혼에게 드러내고, 자기 자신을 영혼에게 살아있는 실체로 만들고, 자기 자신을 거룩하고 영광스러운 존재이며 권위를 두르고 자비가 충만한 존재로 계시하신다. 하나님의 인격적이며 강력한 계시가 영혼에게 주어질 때 하나님을 향한 기질 및 태도가 바뀐다. 소외된 자가 회복된다. 하나님에게서 뒷걸음질 치고 하나님께 대한 적대감으로 가득 찬 사람이 이제는 하나님의 임재를 갈망하고 하나님과의 교제를 갈구한다.

하나님을 향한 영혼의 기질 및 태도에서 발생한 이런 치명적이며 근본적인 변화가 정말이지 은혜의 이적이다. 따라서 위대한 변화 그 이하의 어떤 것이라고 묘사해서는 안 된다. 이 변화는 사람이 자신의 조물주를 배반했을 때 겪은 변화만큼이나 실질적이며 위대한 것이다. 이 변화는 부활이 장차 육신에 미치게 될 것만큼이나 생동적이며 복된 것이다. 썩을 것으로, 치욕으로, 약으로 심은 것이 썩지 않을 것, 즉 영광과 권능으로 자랄 것이다. 우리의 더러운 몸은 변화를 겪어 그리스도의 "영광의 몸의 형체와 같이 변케" 될 것이다(빌 3:21).

형언할 수 없이 영광스러운 하나님을 이제까지 전혀 몰랐던 사람이 그 하나님을 체험적으로 그리고 구원적으로 알게 되는 것, 하나님을 자신의 생각 밖으로 추방하려고 애쓰던 사람이 이제 하나님의 완전하심

들에 대해 묵상하는 것을 가장 크게 기뻐하는 것, 자신에 대한 하나님의 권리주장들을 전적으로 무시하며 살아온 사람이 충성과 사랑을 바치는 종복이 되는 것, 이런 것은 인간의 언설-형용사들과 최상급들을 모조리 동원해도-공정하게 표현하지 못할 변혁이다. 하나님께서 영감으로 주신 말씀은 이 변화를 '사망에서 생명으로 옮기는 것'(요일 3:14, 5:24), '어두운 데서 불러내어 그의 기이한 빛에 들어가게 하신' 것(벧전 2:9), '그리스도 예수 안에서 선한 일을 위하여 지으심을' 받는 것(엡 2:10)이다.

둘째, 저 위대한 변화는 속사람의 도덕적 정화에 있다. 이 측면은 우리가 이해하기가 가장 어려운 것이다. 하지만 이에 대한 성경의 가르침은 너무나 명확하고 충분해서 우리를 이 진리에 대해 불확실한 상태에 내버려두지 않는다. "맑은 물로 너희에게 뿌려서 너희로 정결케 하되 곧 너희 모든 더러운 것에서와 모든 우상을 섬김에서 너희를 정결케 할 것이며"(겔 36:25), "주 예수 그리스도의 이름과 우리 하나님의 성령 안에서 씻음과 거룩함과 의롭다 하심을 얻었느니라"(고전 6:11), "너희가 진리를 순종함으로 너희 영혼을 깨끗하게 하여"(벧전 1:22)와 같은 표현들은 만일 내면의 변혁이 없었다면 무의미한 표현일 것이다.

우리의 성격은 우리가 받은 진리에 의해 형성된다. 우리가 마음으로 믿는 것에 의해 우리의 생각들이 다소 형성되고 우리의 정서가 이끌려지고 우리의 의지가 통제된다. 진리는 생사에 관련한, 유효적인, 고양시켜주는 영향력을 발휘한다. 하나님의 말씀을 자신의 지침 및 규칙으로 받아들인다고 고백하면서도 하나님의 말씀에 의해 변화되지 않는 사람은 내적으로 그리고 외적으로 자신을 속이고 있다. 진리가 너희를 죄의 지배로부터, 사탄의 올무로부터, 세상의 책략으로부터 자유롭게 해준다(요 8:32). 그리스도인의 취향, 목표, 방법은 하나님의 말씀에 맞춰 순응하고 형성된다.

셋째, 내면에서의 도덕적 정화가 수반되는, 하나님 쪽으로의 근본적인 변화는 필연적으로, 하나님의 법에 대한 철저하게 변화된 태도로 구성된다. 그렇게 될 수밖에 없다. 육적 생각은 하나님께 적대적이다. 육적 생각은 하나님께 대한 악한 의지에 완벽하게 지배당한다. 저 무서운 고발을 입증하면서 성령이 제시한 증거는 "하나님의 법에 굴복치 아니할 뿐 아니라 할 수도 없음이라"라는 것이다(롬 8:7). 하나는 다른 것에 대한 확실한 결과물이다. 즉, 입법자에 대한 증오는 그 입법자가 세운 법에 대한 경멸과 반항으로 나타난다. 하나님의 법에 대한 진정한 존경과 복종이 존재할 수 있기 전에 먼저, 그 통치자요 집행자에 대한 마음의 태도가 완벽하게 바뀌지 않으면 안 된다.

거꾸로, 어떤 사람의 마음이 하나님 쪽으로 넘어갔을 때 하나님의 권위를 인정할 것이며, 하나님의 통치를 존귀하게 여길 것이며, 진지하게 '나는 내 속사람-즉, 성령에 의해 새롭게 된 영혼-을 따라 하나님의 법을 즐거워한다'라고 말할 것이다(롬 7:22). 이런 까닭에, 거듭나지 않은 사람들을 "불순종의 아들들"이라고 명명하고(엡 2:2), 반면에 거듭난 사람들을 "순종하는 자식"이라고 부른다(벧전 1:14). 순종은 거듭난 사람들의 개성적인 특징들 가운데 하나이며, 삶의 전반적인 기조 및 방침이라는 것을 실제적으로 입증해줄 것이다.

필자가 지금까지 거론한 모든 것에도 불구하고, 이 자리에서 우리의 연속적인 사고를 중단하고 유식한 독자를 지루하게 만들 뿐인 질문을 던질 생각을 반드시 해야 할 필요가 없다. 그러나 오류의 썩은 웅덩이에서 물을 아주 깊게 들이킨 다른 사람들은 이에 관한 언급을 필요로 한다. 거듭난 사람 안에 두 개의 "생각" 즉, 육적인 생각과 영적인 생각이 존재하지 않는가? 분명코 없다. 만일 있다면, 거듭난 사람은 이중적인 인격과 분리된 책임성을 가질 것이다.

영적으로 말하자면, 본성적으로, 거듭난 사람의 생각은 혼란되어 있다. "하나님께 원수인" 생각을 '혼란' 이외에 달리 어떻게 묘사할 수 있을까? 그러나 은혜로 말미암아 그의 생각은 온전하게 회복되었다. 귀신들렸다가 그리스도에 의해 치유를 받아 "옷을 입고 정신이 온전하여 앉은" 사건이 이 점을 예증해준다(막 5:15). 혹은, 디모데후서 1:7은 이 점을, "하나님이 우리에게 주신 것은 두려워하는 마음이 아니요 오직 능력과 사랑과 근신하는 마음이니"라는 말로 표현한다. 정말이지. 본래적인 육욕("육체")은 여전히 남아있다. 그래서 그의 생각을 완벽하게 통제하려고 줄곧 시도한다. 그러나 하나님의 은혜가 그의 생각이 "하나님께 원수"가 되도록 내버려두지 않는다. 하나님의 섭리에 맞서 반역을 일으킬 것이다. 그러나 새롭게 된 사람은 결코 더 이상 하나님을 미워하지 않는다.

넷째, 마음이 하나님 쪽으로 실질적이며 근본적으로 바뀌는 변화는 죄에 대한 철저하게 변경된 태도에 의해 두드러질 것이다. 반복해서 말하지만, 그렇게 될 수밖에 없다. 죄는 하나님이 "미워하는 가증한" 것이다(렘 44:4). 그러므로 하나님의 사랑이 흘러나오는 그 마음도 마찬가지로 하나님이 미워하는 가증한 것을 미워한다. 죄는 율법을 범하는 것이다(요일 3:4). 그러므로 율법을 즐거워하도록 이끌린 각 사람은 죄를 싫어하고, 죄의 유혹물에 열렬히 저항한다. 과거에는 선천적인 요소였던 것이 영적 성향에 거슬리는 것이 되었다. 이제 죄가 가장 무거운 짐이며 가장 통렬한 슬픔이다. 경솔한 속물은 쾌락을 탐하고 탐욕스러운 자는 부를 추구한다. 반면에 새롭게 된 영혼의 가장 깊은 열망은 내주하는 죄의 끔찍스러운 활동을 완벽하게 제거하는 것이다. 새롭게 된 영혼은 죄의 통치권에서 이미 구원받았다. 하나님께서 죄에게서, 그 사람의 마음을 지배하던 옛 지배권을 박탈했기 때문이다. 그러나 그 사람의 내면에서 여전히 죄가 날뛴다. 빈번하게 죄가 이긴다. 죄 때문에 신음하게 될 때가 많다. 죄의 부패케 하는 자리에서 벗어나게 될 그 때가 오기를 뜨거운 열망과 함께 고대하게 된다.

다섯째, 저 위대한 변화의 또 하나의 중요하고 불가결한 부분은, 영혼이 사탄의 덫에서 구원받는 것에 있다. 마음이 하나님을 향한, 하나님의 율법을 향한, 죄를 향한, 기질 및 태도의 근본적인 변화를 실제로 겪은 경우에, 저 큰 원수는 그 사람에 대한 지배력을 상실했다. 인류에 대한 사탄의 지배권은, 인류를 참된 하나님을 모르는 무지상태에 묶어두는 것에, 하나님의 법을 경멸하는 것에, 인류로 하여금 죄를 사랑하는 상태에 머물러 있도록 하는 것에 있다. 바로 이런 이유 때문에, 사탄은 "믿지 아니하는 자들의 마음을 혼미케 하여 그리스도의 영광의 복음의 광채가 비취지 못하게" 만들었다(고후 4:4). 하나님이 사탄으로 하여금 이 일에 성공하도록 허용하시는 동안에는, 사람들은 사탄의 포로,

사탄의 죄수들, 자신들의 욕망의 오랏줄에 단단히 묶여 있는 신세다.

그러나 오실 구세주가 "포로 된 자에게 자유를, 갇힌 자에게 놓임을 전파"하실 것이라는 소식이 선포되었다(사 61:1). 따라서 오실 그 구세주가 등장하실 때 우리는 그가 병자들뿐만 아니라 "마귀에게 눌린 모든 자를 고치셨"다는 소식을 듣는다(행 10:38). 거듭난 자들은 "사탄의 권세에서" 구원받았고(행 26:18, 골 1:13), "주께 속한 자유자"가 되었다(고전 7:22). 참으로, 사탄은 주님께 속한 자유자들을 외부로부터 괴롭히고 유혹하도록 여전히 허용된다. 그러나 이 자유자들의 동의 없이는 성공하지 못한다. 이 자유자들이 사탄에게 견결하게 저항한다면 사탄이 이들에게서 도망친다.

위대한 변화의 이 **다섯 측면들**을 통해 우리는 사람이 하나님을 배반할 때 일어난 것이 뒤집히기 시작했음을 지각하도록 하자. 타락 사건에서 주도적인 요소들은 무엇이었나? 틀림없이, 이 요소들을 다양한 방법으로 표현할 수 있다. 그러나 이 요소들은 본질적으로 다음과 같은 것들로 구성되지 않았는가?

첫째, 하나님의 말씀에 주의를 기울이는 대신에, 사탄에게 귀를 기울이고 육체의 감각에 주의를 기울이는 것에 있다. 이브는 사탄과 협상을 벌이는 바로 그 때에 사탄의 권세 아래에 들어갔다.

둘째, 이브는 자신의 거룩한 조물주와 교제하는 것보다 죄의 쾌락(자신의 정서에 매우 강력하게 호소력을 발휘하는 저 금지된 열매, 창 3:6)을 더 좋아하는 것에 있다.

셋째, 하나님의 법을 고의적인 불순종 행위에 의해 범한 것에 있다

(롬 5:19).

넷째, 원시적인 순수성을 상실한 것에 있다. 즉, "이에 그들의 눈이 밝아 자기들의 몸이 벗은 줄을 알고 무화과나무 잎을 엮어 치마를 하였더라"(창 3:7). 아담과 이브는 그전에 이미 육체적인 눈을 뜨고 있었다. 그러나 이제는 자신들이 저지른 죄의 후과들을 발견했다. 즉, 부끄럽다는 죄책감이 아담과 이브의 영혼 속으로 파고들었다. 무죄성을 잃었다. 자신들의 원의(原義)가 벗겨지고 자신들의 양심에 의해 정죄를 받는다는 것이 얼마나 비참한 곤경인지를 지각했다.

다섯째, 하나님과 소원해지는 데에 있다. 즉, 아담과 이브는 "날이 서늘할 때에 동산에 거니시는 여호와 하나님의 음성을 듣고" 어떻게 반응했는가?(창 3:8) 아담과 이브는 하나님께서 이처럼 은혜롭게 강림하여 자신들을 방문하신 것을 기뻐했는가? 하나님의 은혜에 자신들을 의탁할 이 기회를 환영했는가? 하나님 앞에 엎드려, 변명의 여지가 없는 자신들의 범죄를 상한 심령으로 고백했는가? 아담의 반응과 이브의 반응은 아주 달랐다. 이브는 뱀이 말을 걸었을 때 즉각적으로 귀를 기울이고 뱀과 상의했다. 그러나 이제 주 하나님의 목소리가 들리자 이브와 이브의 간악한 남편은 하나님에게서 달아났다.

아담과 이브는 "여호와 하나님의 낯을 피하여 동산 나무 사이에 숨은지라." 죄책을 짊어진 양심이, 저 목소리는 너희들이 범한 율법의 심판자가 다가오고 있는 것이라고 경고했다. 아담과 이브는 자신들이 반역을 저지른 이와 얼굴을 직접 대하여 만날 것을 예상할 때 두려움이 엄습했다. 육화된 거룩을 감히 응시하지 못했다. 그래서 그 임재를 피하고자 했다. 이렇게 함으로써 아담과 이브는 자신들이 영적으로 죽었음을 입증했다. 즉, 자신들의 심령이 하나님으로부터 분리되었고 멀리 떨어졌음을 증거했다! 오성은 어두워졌고 심령은 눈먼 상태가 되었다(엡 4:18). 광기가 아담과 이브를 사로잡았다. 이 사실이 나무 사이에 숨어 전능자의 눈을 피하려는 헛된 시도에서 드러난다.

 타락의 본질적인 요소들 혹은, 인간이 하나님을 이탈하는 단계들은 (1) 사탄과 협의를 하고 사탄의 권세 아래에 들어가는 것, (2) 죄가 매력적인 것으로 보이는 것, (3) 성향이 기울어 불순종의 행위를 하게 되는 것, (4) 결과적으로 원시적 순결성을 상실하는 것, (5) 그리고 그 귀결로 하나님과 단절하게 되는 것으로 구성된다. 주의 깊은 독자들은 이 단계들은 은혜의 이적을 은총으로 받은 당사자들 안에서 일어난 저 위대한 변화의 다섯 가지 주요 특성들을 구성하는 것이라고 위에서 언급한 것들과 반대순서라는 사실에 주목할 것이다. 회심은 하나님 쪽으로 돌아서는 것, 뒤로 도는 것, 하나님과의 적절한 관계 및 태도를 회복하는 것이라고 정의하는 까닭도 어렵지 않게 찾을 것이다.

 간단한 예화를 들겠다. 만일 내가 어떤 곳에서 5마일 떨어진 곳까지 갔다가 그 출발점으로 되돌아가기로 결심한다면 네 번째 마일 구간에 도착하기 전에 다섯 번째 마일 구간을 다시 횡단하고, 세 번째 마일 구간에 도착하기 전에 네 번째 마일 구간을 다시 걸으면 절대로 안 되는가? 내가 출발한 원점에 도착할 때까지 계속해서 이렇게 걸으면 안 되는가? 먼 나라로 떠났다가 헐벗고 굶주린 탕자가 이런 식으로 돌아오지 않았는가? 탕자는 음식과 옷을 얻고자 한다면 아버지 집으로 돌아가야만 했다.

　위대한 변화는 타락할 때 발생한 것을 반대로 하는 것이라면 반드시 그 변화를 구성하는 질서를 반대로 봐야 한다. 먼저, 하나님과 맺었던 원래의 관계 즉, 하나님과 맺었던 영적인 연합 및 교제의 관계로 되돌아가야 한다. 이것은 "의와 진리의 거룩함"으로 구성된 하나님의 형상을 따라 즉, 하나님의 형언할 수 없는 완전성들을 구원적 및 경험적으로 아는 지식을 따라 우리를 새롭게 함으로써 실현된다. 혹은, 다른 말로 하면, 우리 영혼을 혁신하고 도덕적으로 정화함으로써 실현된다. 왜냐하면 하나님―우리의 의로운 주님, 우리의 영원한 분깃―을 실제 그대의 모습으로 바라보는 것은 오로지 '청결한 마음'뿐이기 때문이다.

　이렇게 된 경우에만 하나님의 법이 우리의 마음에 적절하고 참되게 자리를 잡는다. 즉, 하나님의 법이 그 권위를 인정받고, 그 영성이 존중받고, 그 거룩하고 정의로운 요구사항들의 실행이 우리의 진실하고 단호한 목표가 된다. 하나님을 향해 올바른 태도를 갖출 때까지, 우리의 마음이 하나님을 참으로 사랑할 때까지, 하나님의 법이 우리 삶의 규칙 및 지휘자가 된 이후 때까지, 우리가 죄의 지나친 죄성을 지각할 수 있고 결과적으로 죄를 혐오하고 죄에 저항하고 죄에 대해 애통해 하는 것은 분명코 있을 수 없는 일이다. 이런 일이 우리에게 실제로 일어난 경우에만, 우리는 사탄의 권세로부터 도덕적으로 구원을 받는다. 우리의 심장이 참으로 하나님을 향해 고동치는 동안에는, 하나님의 원수가 던지는 유혹은 우리를 매혹시키기보다는 오히려 쫓아낸다.

　그러나 한 번 더 지적하고자 하는 것은, 이 위대한 변화는 영혼에 대해 혹은 영혼의 내부에서 성령이 수행하는 단일한 행위에 의해 완성되지 않는다는 점이다. 오히려 판명한 여러 단계로 발생한다. 위대한 변화는 거듭남에서 시작되고, 우리의 체험적 성화의 전 과정을 관통하여 지속된다. 그리고 오직 우리의 영화에서만 완성된다. 따라서 중생은 타락 사건에서 발생한 것을 되돌리기 시작한 것일 뿐이다. 그러므로 거듭남을 하나님의 낳으심과 탄생이라고 말한다는 바로 그 사실은 오직 거듭남에서만 영혼 속의 영적 생명이 시작된다는 사실을, 그리고 영혼 속의 영적 생명은 성장하고 발달할 필요가 있다는 사실을, 바로 그것의 성장하고 발달할 필요가 있다는 사실을 즉각적으로 암시한다.

"너희 속에 착한 일을 시작하신 이가…이루실 줄을 우리가 확신하노라"는 말씀은 "탄생"이 암시하는 것에 대한 분명한 선언이며 복된 확신이다. 그리고 "우리의 속은 날로 새롭도다"(고후 4:16) 그리고 우리가 "주의…형상으로 화하여 영광으로 영광에 이르니 곧 주의 영으로 말미암음이니라"(고후 3:18)와 같은 진술들은 저 위대한 변화가 계속되고 조금씩 완성을 향해 나아가는 동안이 하나님이 거듭난 사람의 영혼 안에서 수행하시는 활동들 가운데 무엇인가를 우리에게 말해준다. 거듭남에서 시작된 은혜의 이적은 성화의 과정에 의해 우리 안에서 점진적으로 나아간다. 그리고 이것은 은혜 안에서 우리의 성장 혹은 우리의 은사들의 발달로 나타난다.

성화의 진행단계

만일 독자가 이 과정이 무엇으로 구성되어 있는지, 위대한 변화가 우리 안에서 성화에 의해 어떤 단계로 진행하는지에 대한 더 상세한 분석과 묘사를 원한다면, 필자는 다음과 같이 기술하겠다.

첫째, 신자로 하여금 주를 아는 지식에서 성장할 수 있게 해주고 주님의 뜻을 더 명확하게 더 충분하게 지각하게 해주는 오성의 조명에 의해서.

둘째, 정서의 고양과 순화에 의해서, 즉 성령이 위에 속한 것들에게로 이끌어 주고 거룩한 것들을 붙들고 그 마음이 그것들에게로 동화되도록 함으로써.

셋째, 의지의 해방에 의해서, 즉 하나님이 신자의 영혼 속에서 "자기의 기쁘신 뜻을 위하여 소원을 두고 행하도록" 만들어주시고, 우리로 하여금 하나님과 일치하고자 하는 열망과 능력을 주심으로써.

하나님은 우리를 단지 기계인형이 아니라 도덕적 행위주체로 다루시기 때문이다. 따라서 조명을 구하는 것, 이를 위해 하나님의 말씀을 기도하며 연구하는 것, 영에 속한 것들에 (지속적인 묵상에 의해) 우리의 생각을 집중하고 우리의 마음을 쏟는 것, 우리의 영적 성숙을 방해할 모든 것을 피하도록 하고 우리의 영적 성숙을 진작시키도록 지정된 모든 수단을 활용하도록 우리에게 능력을 달라고 근면하게 구하는 것은 우리의 책임이다. 우리가 이렇게 할수록, 그 과정이 우리 삶의 올바름에서 발생하고 등장할 것이다. 이것이 **넷째**다.

필자가 지금까지 지적한 것에서 분명하게 드러나는 사실이 있다. 거듭남은 새로운 본성 혹은 원리를 어떤 개인에게 전달해 주는 것으로만 구성되고 그 개인의 안에 있는 기타의 모든 것은 그 전과 똑같이 남아있다고 가정하는 이들은 큰 오류를 범한다는 사실이다. 거듭나는 것은 그 사람 자신이며, 새롭게 되는 것은 그 사람의 영혼 전체이다.

따라서 그 사람의 모든 기능과 모든 능력이 거듭남에 의해 혁신되고 풍부해진다. 그 사람 안에 있는 다른 모든 것이 어떻게 변화되지 않을 수 있겠는가? 은혜의 이적이 그 사람 안에서 만들어낸 복된 변혁을, "위대한 변화"-실질적인, 근본적인, 철저한 변화-라고 칭하는 것 이외에 달리 어떤 명칭으로 묘사할 수 있겠는가? 그 사람의 (그전까지는 무지와 오류와 편견에 의해 어두워 있던) 오성이 지금 영적으로 조명을 받기 때문이다. 그 사람의 (그전까지는 단지 시간과 감각에 속하는 것들에만 고정된) 정서들이 이제는 하늘과 영원에 속하는 것들에 집중되어 있기 때문이다. 그 사람의 (그전까지는 죄에 속박되어 의로움이 없었던, 롬 6:18) 의지가 이제는 죄의 속박에서 해방되었고 죄가 없기 때문이다(롬 6:18). 저 영광스러운 변혁, 저 초자연적인 변화가 필자가 영혼의 "도덕적 정화"를 언급할 때 일차적으로 염두에 두고 있는 것이다.

타락이 죄의 원리를 인간의 존재 속으로 끌어들였고 그 결과가-죽음이 죄의 삯인 탓에-인간의 영혼이 하나님께 대해 죽는 것과 마찬가지로 타락을 역전시키면 거룩의 원리가 인간의 영혼에 전달되고 그 결과는 하나님께 대해 다시 영적으로 사는 것이다. 죄가 유입되면 영혼의 모든 기능이 열화하고 부패되는 것처럼 거룩의 원리가 내면에 심기면 영혼의 모든 기능이 활력을 얻고 정화된다. 다시 말하자면, 사람은 자신의 본래적인 구성요소 가운데 어떤 부분도 타락에 의해 상실하지 않았다. 어떤 기능도 박탈되지 않았다.

하지만 그 모든 것을 하나님과 하나님의 영광을 위해 사용할 능력을 모두 상실했다. 왜냐하면 이 모든 부분 및 기능이 완벽하게 죄의 지배력 아래에 있고 죄에 의해 더럽혀졌기 때문이다. 그리고 다시 말하자면, 사람은 원래의 체질구성에 거듭남에 의해 부가된 것이 없다. 거듭날 때 어떤 새로운 기능을 받지도 않는다. 하지만 자신의 기능들을 하나님을 향해 그리고 하나님을 섬기는데 사용할 능력을 (상당한 정도로까지) 갖게 된다. 왜냐하면 거듭난 사람이 하나님과의 교제를 유지하는 동안에는 은혜의 지배력 아래에 있고, 성령의 새롭게 하심에 의해 고귀해지고 높아지고 강력해지기 때문이다.

결론

정직한 그리스도인이 자기 안에서 은혜의 이적이 일어났는지 아닌지를 확인하고자 할 때 가장 큰 어려움 및 고통을 야기하는 것은 그토록 많은 부분이 언제나 과거의 상태 그대로 남아 있다는 사실의 발견이다. 아니, 종종 자신의 경우는 이전보다 훨씬 더 나빠진 것처럼, 하나님께 대한 반발이 더 많이 일어나는 것처럼, 교만이 더 많이 솟구치는 것처럼, 마음이 더욱 강퍅해지는 것, 망상은 더욱 더러워지는 것처럼 보인다. 하지만 내주하는 부패에 대한 바로 이 의식 및 슬픔 그 자체는 위대한 변화의 결과인 동시에 증거이다. 이것은 이런 사람은 이전에는 보지 못하던 악한 것들을 이제는 바라보는 눈을 갖게 되었고 이전에는 감지하지 못하던 것을 감지하는 마음을 갖게 되었다는 증거다.

거듭나지 못한 사람은 자기 믿음의 약함, 자기 정서들의 차가움, 내면에 있는 자아의 동요 때문에 괴로워하지 않는다. 당신은 하나님을 향해 죽어있는 동안에는 당신 자신이 아니었다. 그러나 이제 이런 것들이 당신을 깊은 괴로움에 빠뜨린다면, 만일 당신의 눈이 열려 당신의 내면에 있기에 어떤 동료 피조물도 간여하지 못하는 이런 것들을 바라보고 애통해한다면, 지금의 당신은 과거의 당신과는 아주 달라진 존재임이 틀림없지 않은가?

그러나 단련을 받는 독자는, '내게 심령의 초자연적 변화가 베풀어졌다면 어떻게 이처럼 무서운 경험들을 할 수 있을까? 분명히 말하자면 내 심령이 순수해졌다면 여전히 내 안에 불법의 더럽고 부정한 바다가 있단 말인가!'라고 묻는다. 사랑하는 친구여! 그 더러움은 태어날 때부터 그대 안에 있었다. 그러나 그 더러움이 그대 안에 있다는 것을 점점 더 자각하게 된 것은 오직 그대가 거듭난 이후일 뿐이다. 청결한 마음이란 모든 죄가 제거된 마음이 아니다. 이 점은 아브라함, 모세, 다윗의 인생역정에서 명확하게 드러난다. 마음은 이생에서는 전적으로 청결해지지 않는다. 오성은 단지 부분적으로만 조명을 받는(무지와 오류는 여전히 크게 남아있는) 것과 마찬가지로 거듭날 때 마음은 단지 부분적으로만 정결해진다.

사도행전 15:9은 "믿음으로 저희 마음을 **깨끗이 하사**"(원문: 능동태 분사형) 즉, 지속적인 과정으로 말한다. '깨끗하게 되었다'라고 말하지 않는다. 청결한 마음은 '거룩함의 아름다움'에 매혹되는 마음이며(KJV: 대상 16:29, 대하 20:21, 시 29:2, 시 96:9), 그 아름다움에 충분히 부합하기를 갈 망하는 마음이다. 그러므로 내가 청결한 마음을 소유하고 있다는 가장 확실한 증거 가운데 하나는 불결함에 대해 내가 혐오하고 슬퍼하는 것 이다. 마치 소돔에 거하던 롯이 소돔에서 목격하고 들은 것으로 인해 "의로운 심령"이 괴로움에 빠진 것과 같다.

이렇다면 그리스도인에게는 두 마음－청결한 마음과 불결한 마음－이 있다고 결론 내릴 필요가 없을까? 어쩌면 우리가 이 질문에 답하는 최선의 방법은 "마음"이라는 용어를 성경에서 사용할 때 드러내고자한 의미가 무엇인지를 지적하는 것이겠다. 마음이라는 용어를 '생각'이라는 단어와 구별하여 사용한 구절들(삼상 2:35, 히 8:10)과 '영혼.'(신 6:5, 개역한글판에서는 "성품")으로 번역한 곳이 몇 군데 있다. 이 구절들의 경우에 "마음"이라는 용어를 '정서'에 국한시킨다.

그러나 일반적으로, "마음"이라는 용어는 속사람 전체를 가리킨다. "내가 다시 지혜를 알고자 하며 미친 것과 미련한 것을 알고자하여 **마음을 썼으나**"－즉, 나는 마음이 알고자 하는 것에 생각을 작동시켰다－라는 말씀에서처럼(전 1:17), 마음은 지성적 기능들의 좌소(座所)이다. 마음이라는 단어의 일상적이고 더욱 폭넓은 의의에서 볼 때, "마음"은 육신 안에 거주하는 어떤 것을 함축한다. 존 오웬은 "성경에서 마음이라는 용어는 다양하게 사용된다. 생각과 오성을 가리킬 때도 있고 의지를 가리킬 때도 있고 정서를 가리킬 때도 있고 양심을 가리킬 때도 있다…일반적으로 말해서, 이 용어는 사람의 영혼 전체와 사람의 모든 기능을 가리킨다"라고 말했다. 필자는 존 오웬의 이 진술을 주의를 기울여 말씀에 의해 검토해보고 사실이라고 확인했다. 아래의 성경구절들은 "마음"이라는 용어는 사람을 그의 육신과 구별된 그 자신을 가리킨다는 사실을 명확하게 해준다.

"마음"이라는 용어가 처음으로 등장하는 본문은 "여호와께서 사람의 죄악이 세상에 관영함과 그 **마음**의 생각의 모든 계획이 항상 악할 뿐임을 보시고"이다(창 6:5). "내가 **묵도하기**를 마치지 못하여…"(창 24:45)에서 "마음"은 "내적 자아"라는 뜻이 분명하다. "에서가 야곱을 미워하여 심중에 이르기를…"(창 27:41)에서도 "내적 자아"를 가리킨다. "한나가 속으로 말하매…"(삼상 1:13)과 "여호와여 나를 살피시고 시험하사 내 뜻[동기]과 내 **마음**을 단련하소서"(시 26:2)에서 "마음"은 속사람을 가리킨다. "내가 전심으로 주를 찾았사오니…"(시 119:10)에서 "전심" 즉, '온 마음'은 내적 자아 전체를 가리킨다.

신약성경에서는 "생각"이라는 단어가 이와 동일한 취지로 사용되는 경우가 종종 있다. 찰스 핫지는 로마서 12:2을 주석하면서 "신약성경에서는 '생각'('mind')이라는 단어가 명사형으로 사용되는 경우가 빈번한데(롬 1:28, 엡 4:17, 23, 골 2:18 등. 개역한글판에서는 '마음' 혹은 '심령'으로 번역됨: 역자 주), 여기 본문에서도 명사형으로 사용되었다.

이 사례들 전부 그리고 유사한 사례들에서 '생각'('mind')이라는 단어는 '마음'('heart')이라는 단어와 다르지 않고, 넓은 의미에서 보자면 영혼 전체를 가리킨다"라고 지적했다. 그렇다면 일반적으로, "마음"은 영혼 전체, "속사람," "마음에 숨은 사람"(벧전 3:4), 하나님이 바라보시는 "중심"(삼상 16:7)을 가리킨다.

자, 자연인의 "마음"(즉, 자연인의 오성과 정서와 의지와 양심을 아우르는 전체)은 "만물보다 거짓되고 심히 부패한 것"이다(렘 17:9). 이 진술은 자연인은 "전적으로 부패한" 존재-자연인의 내적 존재가 전체적으로 부패한 상태-라는 개념을 표현하는 또 하나의 방법일 뿐이다. 그러므로 하나님은 우리에게 "너희는 스스로 할례를 행하여 너희 마음 가죽을 베고…마음의 악을 [죄를 사랑함과 죄의 부패로부터의 참된 돌이킴으로] 씻어 버리라 그리하면 구원을 얻으리라…"라고 명령하신다(렘 4:4, 14). 그렇다, 하나님은 사람들에게 "너희는 범한 모든 죄악을 버리고 마음과 영을 새롭게 할지어다"라고 명령하시고(겔 18:31), 사람들은 그렇게 할 책임이 있다고 보신다.

사람이 본래적으로는 자기 자신의 능력에 의해서는 이 변화를 야기할 수 없는 까닭은 사람은 자신의 죄악의 사슬에 묶여 있다는 오로지 그 이유 때문이다. 즉, 사람의 부패의 바로 그 본질은 불순한 영의 존재에 있다. 이것은 결코 사람에게 변명이 되지 않고 사람의 처지를 악화시킬 뿐이다. 그리고 교훈들에 대한 순응은 믿음과 회개와 하나님께 대한 사랑만큼이나 사람의 의무이며 훈계해야 할 적절한 주제이다. 신약 성경에서도 마찬가지로, "두 마음을 품은 자들아 마음을 성결케 하라"고 명령한다(약 4:8).

"마음…을 새롭게 할지어다"라고 명령한다. 그러나 각성하고 죄를 깨우친 죄인은 '그것은 내가 해내지 못할 바로 그것이다. 오호라, 내가 무엇을 해야 하나?'라고 말한다. 저런, 주님의 은혜와 능력에 의탁하라. 그리고 당신도 주님께 나와 나병환자가 "원하시면 저를 깨끗케 하실 수 있나이다"라고 말한 것처럼 말하라(막 1:40). 주님께서 당신에게 요구하는 그것을 당신 안에 만들어달라고 주님께 간구하라. 아니, 그 이상의 것을 하라. 주님의 말씀을 붙들고 주님께 탄원하라. 즉, 주님께서는 "새 마음을 너희에게 주되…굳은 마음을 제하고 부드러운 마음을 줄 것"이라고 약속하셨으니 "여호와 하나님이여 이제…말씀하신 대로 행하"여 주십시오라고 간청하라(겔 36:26, 삼하 7:25). 하나님의 약속들이 하나님의 훈계들만큼이나 광범위하다는 것은 복된 사실이다.

하나님의 훈계 그 하나하나마다 정확하게 대응하는 하나님의 약속이 있다. 주님께서 우리에게 우리의 "마음에 할례를 행하…라"고 명령하셨는가?(신 30:16) 그런데 하나님은 자기 백성에게 "네 하나님 여호와께서 네 마음과 네 자손의 마음에 할례를 베푸사…하실 것"이라고 다짐하신다(신 30:6). 주님께서 우리에게 마음을 정결케 하라고 명령하신다(약 4:8). 주님께서 내가 "너희로 정결케 하되 곧 너희 모든 더러운 것에서와 모든 우상을 섬김에서 너희를 정결케 할 것"이라는 선언도 하셨다(겔 36:25). 그리스도인들은 "하나님을 두려워하는 가운데서 거룩함을 온전히 이루어 육과 영의 온갖 더러운 것에서 자신을 깨끗케" 하라는 명령을 받는가?(고후 7:1) 그런데 그리스도인들은 "너희 속에 착한 일을 시작하신 이가…이루실" 것이라는 약속을 받았다(빌 1:6).

그렇다면 하나님은 자기 백성의 마음을 이 세상에 태어났을 때의 상태 그대로, 즉 예레미야 17:9에 묘사된 모습 그대로 내버려두지 않으신다. 그렇다. 하나님의 이름을 찬양하라. 하나님은 자기 백성의 마음 속에서 은혜의 이적을 만드신다. 그래서 그 속사람 전체를 변화시킨다.

영적 생명을 전달해주신다. 하나님의 빛이 비춘다. 거룩의 원리가 심겨진다. 이 원리가 정결의 근원이다. 이 샘에서 경건한 욕구들, 동기들, 노력들, 행동들의 물줄기가 발원한다. 거룩의 원리는 영혼의 모든 기능 속에 자리하는 초자연적 습성이며, 그 모든 기능에게 새로운 방향성을 제공해주고, 하나님을 지향하게 한다. 하나님의 은혜가 영혼에게 주관적으로 나눠진다. 그래서 하나님을 지향하는 새로운 경향을 낳고 죄와 사탄에 대한 반감을 새롭게 창조하여 세상과 벗하는 마음을 간직하기보다는 그리스도를 위해 고난을 감수하겠다는 의지를 품게 만든다.

우리로 하여금 하나님의 거룩에 참예케 만드는 것은 하나님께서 우리에게 선택(엡 1:4)과 중생(엡 4:24)에서 그리고 그 이후에 우리를 다루시는 모든 다루심(히 12:10)에 있어서, 은혜를 베푸시는 목적의 본질이며 핵심이다. 유한한 피조물은 전가에 의해서든 변질에 의해서든 하나님의 본질적 거룩에 참예할 수 없다. 단지, 하나님의 형상으로 우리를 빚음으로써만 참예할 수 있다. 하나님의 은혜가 전달되는 것 혹은, 거룩의 원리 및 습성이 우리 안에 심겨지는 것, 바로 이것이 마음 혹은 영혼을 정결케 해주는 것이며, 내주하는 죄에게 치명상을 가하는 것이다. 은혜는 택자들에게 발휘되는 자비 및 값없는 은총이라는 신적 속성일 뿐만 아니라 택자들 안에서 작용하는 강력한 영향력이다.

은혜라는 용어를 바로 이 후자의 의미에서 사용한 경우가 하나님께서 "내 은혜가 네게 족하도다"라고 말씀하실 때(고후 15:9)와, 사도가 "나의 나 된 것은 하나님의 은혜로 된 것이니"라고 선언했을 때(고전 15:10)이다. 전달된 이 은혜가 마음을 "착한" 마음으로(눅 8:15), "연한" 마음(왕하 22:19), "청결한" 마음(마 5:8)으로 만들어준다. "착한" 마음은 위선과 핑계를 싫어하는 마음이며, 기만당할까를 염려하는 마음이며, 진리를 모든 대가를 무릅쓰고 진리 그 자체로 알기를 원하는 마음이며, 진실하고 개방된 마음이며, 자신을 성령의 검 앞에 그대로 내어놓는 마음이다. "연한" 마음은 하나님께 유순한 마음이다. 거듭나지 않은 자의 마음은 "맷돌 아랫짝"에 비견되지만(욥 41:24) 성령의 역사가 가해진 마음은 하나님의 각인(刻印)을 순순히 받아들이는 밀납과 비슷하다(고후 3:3). 이 마음은 민감하여—부드러운 식물처럼—죄에게서 움츠러들고 죄의 문제를 양심적으로 처리한다. 동정심이 많고, 부드럽고, 사려가 깊은 마음이다.

필자가 이전의 언급들에 덧붙여 이제 하고자 하는 말은, 불완전하지만 근본적으로 순수한, 그리고 지속적으로 정화되는 마음(혹은 "영혼")은 하나님의 사랑이 흘러내린 따라서 하나님이 혐오하는 것을 혐오하는 마음이라는 것이며, 주님을 경외함이 거하는 따라서 악을 미워하고 악에서 떠난 마음이라는 것이다. 그 마음은 세상의 부패케 하는 사랑을 내쫓아버린 마음이다. 청결한 마음은 믿음이 그 안에서 작동하는 마음이며(행 15:9), 거룩한 것에 다가가도록 이끌어주고 일치시켜주는 마음이며, 하늘에 속한 것들에게로 정서를 이끌어주는 마음이다. 자아를 권좌에서 몰아내고 그리스도를 보좌에 앉게 하는 마음이다. 그래서 모든 것에서 그리스도를 즐겁게 하고 존귀케 하기를 진정으로 갈구하고 열렬하게 추구한다. 진리를 파악하고 진리에 순종함으로써 점진적으로 무지와 오류를 척결하는 마음이다(벧전 1:22). 청결한 마음은 악한 생각들과 거룩치 않은 욕구들과 더러운 상상력들을 양심적으로 처리하는 마음이다. 청결한 마음은 이런 것들이 우세를 점하는 것을 슬퍼하고, 이런 것들을 만족시켜주는 것에 대해 은밀히 눈물을 짓는다. 마음이 청결해질수록 내적 부패를 그만큼 더 깨닫고 비탄에 잠긴다.

청교도들은, 거듭날 때 죄가 "치명상"을 입는다고 습관처럼 말했다. 필자는 청교도들이 "치명상"이라는 이 표현을 정확하게 무슨 뜻으로 사용했는지 전혀 확신하지 못한다. 이 표현을 명백하게 보증해주는 성경분문이 있는지도 모르겠다. 로마서 6:6~7과 갈라디아서 5:24과 같은 성경구절들도 보증해주지 않는 것이 분명하다. 하지만 필자는 "치명상"이라는 표현이 다음과 같은 것이라고 이해한다면 반대하지 않는다.

믿음이 그리스도의 속죄적 희생을 참되게 붙잡을 때 영혼은 정죄와 죄책에서 영원히 구원받는다. 그리고 죄는 결코 이 사람에 대한 법적 "지배권"을 다시 획득하지 못한다. 영혼의 도덕적 정화에 의해, 죄를 지배적으로 사랑함과 죄의 권세를 씻어냈다. 그래서 육체의 정욕을 혐오하고 저항하게 되었다. 죄는 그 영혼의 기능들에 대한 통치권력을 박탈당했다. 그래서 죄에 대한 충분하고 자발적인 복종은 더 이상은 없다. 우리 안에서 죄가 죽어가면서 벌이는 투쟁은 격렬하고 길고 강력하게 느껴진다. 비록 하나님께서 죄의 격렬함을 잠시 잠잠케 하실지라도 죄는 새 힘을 발휘하여 우리를 많이 신음하도록 만든다.

앞에서 우리는 "마음의 변화"라는 표현을 "육체"와 혼동되기 때문에 거절했다. 마음은 거듭날 때 변화된다. 그러나 "육체"는 비록 영혼에 대한 통제받지도 반박되지도 않는 지배권을 더 이상 소유하지 못하지만 정화되거나 영화(靈化)되거나 하지 않는다. 내주하는 죄는 소멸되지 않는다. 그러나 내주하는 죄의 통치권력은 분쇄되고 더 이상 하나님에 대한 증오를 낳지 못한다. 그리스도인 안에 있는 "육체"의 욕망들 및 경향들은 거듭한 이후에도 거듭나기 전과 엄밀하게 동일한 것이다. 육체의 욕망들과 경향들은 정말이지 은혜에 의해 "진압된"다.

종종 회심의 뒤에, 마치 육체의 욕망들과 경향들이 죽어버린 것처럼 보이게 만드는 그런 내적 평화와 즐거움이 온다. 그러나 육체의 욕망들과 경향들은 이내 자신들의 천성을 드러내고자 한다. 마치 사탄이 그리스도를 "얼마동안 떠나" 있다가 (눅 4:13) 나중에 공격을 재개한 것과 같다. 그럼에도 불구하고 은혜는 죄를 반대하고, 거룩의 "정신" 혹은 원리는 육체에 맞서 투쟁하고, 죄가 영혼을 완전히 장악하지 못하게 막는다. 생명이 죽음을, 순결이 불결을, 영성이 속됨을 반대하는 것처럼 이후에는 영혼의 내면에서 경험하게 되는 것은 죄와 은혜가 지배권을 장악하기 위해 벌이는 지속적이며 격렬한 싸움이다.

이때 그리스도인 안에 두 개의 판명하게 다른 샘이 있다는 것은 사실이다. 하나는 악을 부추기는 샘이고 다른 하나는 선을 부추기는 샘이다. 이 두 샘을 "두 본성"이라고 말하기보다는 "두 원리"라고 말하는 것이 더 낫다. 그리스도인 안에는 두 생각, 혹은 두 의지, 혹은 두 마음이 있다고 생각하는 것은 그리스도인 안에는 두 개의 영혼이 있다고 주장하는 것만큼이나 정당하지 않다. 두 개의 영혼이 있다면 그것은 도덕적 행위주체가 둘이라는 즉, 도덕성의 중심주체가 둘이라는 의미가 될 것이다. 이렇게 되면 개인의 동일성이 파괴될 것이며 우리의 생각은 절망적인 혼란에 빠질 것이다.

"형제들아 너희가 삼가 혹 너희 중에 누가 믿지 아니하는 악심을 품고 살아 계신 하나님에게서 떨어질까 염려할 것이요"(히 3:12)라는 당부는, 만일 성도가 두 "마음"을 갖고 있다면-그래서 한 마음은 오로지 불신앙을 품을 수밖에 없고 다른 마음은 불신앙을 품을 수 없다면-무의한 당부일 것이다. 그리스도인은 하나의 마음 혹은 영혼을 가진 하나의 단일체 즉, 한 사람이다. 그래서 그리스도인은 자신의 부패들이 작동하는 것들을 정신을 똑바로 차리고 잘 살펴볼 책임, 지속적으로 막아야할 책임, 죄가 자신의 마음을 강퍅하게 만들지 못하도록 막아 자신이 불신앙의 권세 아래에 놓이지 않고 하나님을 등지고 멀리 떠나지 않도록 할 책임이 있다.

"**내 마음**을 주의 증거로 향하게 하시고 탐욕으로 향치 말게 하소서"(시 119:36)에서, "내 마음"은 '내 온 영혼'을 의미한다. 이 성경구절은 한 사람의 그리스도인이 육적인 마음 하나와 영적인 또 하나의 마음, 이렇게 두 마음을 갖고 있다는 주장, 그래서 육적인 마음을 '육'과 영적인 마음을 '영'과 비슷한 말로 만드는 방식이 오류임을 폭로해주는 많은 구절들 가운데 또 다른 하나다. 내가 하나님께 "육"(내주하는 죄)을 하나님의 증거 쪽으로 향하게 해달라고 구해봐야 쓸모가 없을 것이다. 왜냐하면 육은 하나님의 증거와 근본적으로 상극이기 때문이다. "성령"(내주하는 은혜)을 탐욕으로 향하지 않게 해달라고 내가 하나님께 구하는 것도 마찬가지로 불필요하다. 왜냐하면 성령은 전적으로 거룩하기 때문이다.

그러나 본문의 용어 "마음"을 속사람이라고 생각하면 즉, "**나를 주**

의 증거로 향하게 하소서"라는 뜻으로 본다면, 모든 어려움이 제거된다. 성도는 하나님의 뜻에 완벽하게 부합하기를 갈망한다. 그러나 자신의 내면에는 불순종의 경향이 많다는 것을 의식한다. 그래서 성도는 자신의 생각과 정서의 기질적 성향이 세상에 속한 것을 향하기보다는 하늘에 속한 것을 향하게 해달라고 기도한다. 주님께서 주의 말씀을 통해 내 앞에 두신 경건을 향한 이성과 동기가 주의 성령의 강력한 활동에 의해 효과적이 되게 해달라고 기도한다.

사람의 마음은, 지향하는 혹은 붙잡는 대상이 반드시 있어야 한다. 영혼의 생각들과 정서들은 한가롭거나 생각과 정서를 기울일 어떤 목적물이 없거나 할 수 없다. 사람은 하나님을 위해, 하나님을 즐거워 함 속에서 행복하도록, 만족스러운 분깃을 하나님 안에서 찾도록 창조되었다. 사람이 하나님을 배반했을 때 피조물에서 만족을 찾았다. 타락한 사람의 마음은 은혜가 빠져 있는 동안에는 전적으로, 시간과 감각에 속한 것들을 지향한다. 사람은 태어나는 그 순간부터 자신의 육적 욕구를 추종한다. 그리고 첫 몇 년 동안 전적으로 자신의 감각기관들에 의해 통제된다. 죄가 마음의 왕좌를 차지한다. 비록 양심이 일종의 억제력을 끼워 넣을 수는 있지만 영혼을 하나님 쪽으로 향하게 만들 능력은 전혀 없다. 죄를 권좌에서 축출할 수 있는 것은 오직 은혜의 이적뿐이다. 마음을 속된 대상물에서 떼어내 그리스도에게 두더라도 우리의 마음을 전적으로 근면하게 지키고 우리의 탐욕을 억누르고 우리의 은사들을 매일 강화하기를 추구할 필요가 있다.

은혜의 이적에 의해 영혼 속에 야기된 변화가 비록 클지라도, 전에 언급한 것처럼, 이 변화는 절대적인 것도 완벽한 것도 아니다. 이 변화는 성화라는 후속적인 과정 전체, 신자 안에서 매일 그리고 평생토록 벌어지는 싸움을 포함하는 과정을 통과한다. 그래서 신자의 "경험"은 로마서 7:13~25에 묘사된 것과 같다. 그리스도인은 죄의 절망적인 노예가 아니다. 그리스도인은 죄에 저항하기 때문이다. "절망적인 희생자"가 투쟁한다는 말은 용어상 모순이다. 성도는 결코 절망적이지 않다. 성도는 힘을 주는 그리스도로 말미암아 모든 것을 할 수 있다(빌 4:13). 새로운 목적물이 성도의 마음을 차지하기 때문에 성도의 본분은 자신의 주를 섬기는 것이다. "너희 자신을 죽은 자 가운데서 다시 산 자같이 하나님께 드리며 너희 지체를 의의 병기로 하나님께 드리라"(롬 6:13). 전에는 너희가 자아를 즐겁게 하는 데 사용했던 것처럼 너희 즉, 영혼의 그 기능들을 하나님의 영광을 위해 사용하라. 그리스도인의 책임성은 자신의 악한 성향들에게 저항하는 데에 그리고 거룩을 추구하는 성향들 및 욕구들에 따라 행동하는 데에 있다.

그리스도인에게서 그리고 그 내면에서 일어나는 위대한 변화는 저 "구름 없는 아침"이 밝아올 때(삼하 23:4), 먼동이 트고 어둠이 물러날 때(아 2:17) 완성될 것이다. 그때가 되면 그리스도인은 왕이 자신의 아름다움 속에 있는 모습을 보게 될 것이다. 그 왕의 얼굴을 대면하여 바라볼 것이다. 이뿐만 아니라 그리스도인은 그 왕을 닮게 되고, 그 영광의 몸으로 화할 것이고, 하나님의 아들의 형상에 충분하고 영원토록 일치할 것이다.

마음을 지켜라
5장 Heart Work

"무릇 지킬만한 것보다 더욱 네 마음을 지키라 생명의 근원이 이에서 남이니라"(잠 4:23)

1. 마음을 지킨다는 것

그리스도인이 열정적인 시도와 근면한 노력을 기울이지 않고도 믿음에 부자가 되고 그리스도 안에서 강력해지기를 기대하는 것은 마치 가난뱅이가 이 세상에서 성실하게 일하지 않고도 부자가 되기를 기대하는 것과 같다. 혹은 허약한 사람이 먹지도 않고 운동도 하지 않으면서 강함과 건강을 기대하는 것과 같다. 참으로, 주님께서 우리의 모든 노력에 복을 주시지 않는다면 우리의 모든 노력은 아무것도 아니다(시 127:1). 마찬가지로 우리는 그리스도를 떠나서는 아무것도 할 수 없다(요 15:5). 그럼에도 불구하고 하나님은 게으름에 상(賞)을 주지 않으시고, 근면한 자의 영혼을 풍족하게 만들겠다고 약속하셨다(잠 13:4). 농부는 자신의 밭이 많은 결실을 맺도록 만들지 못하는 자신의 무기력을 충분히 확신할 수도 있다. 밭의 비옥함은 하나님의 주권적 의지에 달려 있다는 사실을 깨달을 수도 있다. 또한 기도의 효력을 확고하게 믿을 수도 있다. 그러나 이 농부가 자신의 본분을 이행하지 않는다면 곳간이

텅 빌 것이다. 영적인 면에서도 마찬가지다.

하나님은 자신의 백성을 게으름뱅이가 되거나 피동적 태도를 유지하라고 부르신 것이 아니다. 그렇다. 하나님은 자신의 백성에게 일하라고, 땀을 흘리라고, 수고하라고 명령하신다. 슬프게도, 하나님의 백성 가운데 대단히 많은 사람이 잘못된 과업에 몰두한다. 아니, 적어도, 비본질적인 것에 주의의 대부분을 기울이고 본질적이며 근본적인 것을 소홀하게 여긴다. 네 마음을 (근면을 다 해서) 지키라"(잠 4:23)라는 이 명령은 하나님께서 자신의 자녀들 각각에게 부여하신 위대한 과업이다. 그러나 오호라, 마음을 소홀히 여기다니 얼마나 슬픈 일인가! 그리스도인이라고 자처하는 이들의 거의 대부분이 모든 관심사와 소유물 가운데 자신들의 마음을 지키는 일에 가장 적은 근면함을 쏟는다. 자신들의 이해관계가 얽힌 일들—자신들의 평판, 자산들의 몸, 세상에서 차지하고 있는 지위—을 보존하는 한 자신들의 마음은 되는대로 내버려두기도 한다.

우리의 몸속에 있는 심장('heart')은 생명의 중심이며 원천이다. 심장에서 나온 피가 신체의 모든 부위를 순화하고 건강이든 질병이든 운반해주기 때문이다. 영적인 면에서, 마음('heart')도 그렇다. 만일 우리의 마음에 불경건, 교만, 탐욕, 악의 불순한 욕구가 자리잡고 있다면 우리 삶의 전체 풍조는 대체로 이러한 악덕으로 더럽혀질 것이다. 이러한 악덕이 마음에 허입되고 한동안 우위를 차지하면 그에 비례해서 우리의 성품과 행실이 영향을 받게 된다. 그러므로 마음이라는 성채를 그 무엇보다도 잘 지켜낼 필요가 있다. 마음이라는 이 성채를 줄곧 공격하고 있는 수많은 그리고 조심성이 많은 공격자들에 의해 함락되지 않도록 해야 한다. 마음이라는 이 샘에서 흘러나오는 물에 독을 타지 못하도록 이 샘을 잘 지켜야 한다.

마음의 실상이 그 사람의 실상이다

마음의 실상이 곧 그 사람의 실상이다. 마음이 하나님께 대해 죽어 있다면 그 사람 안에 있는 모든 것이 죽어 있다. 만일 하나님 앞에 의롭다면 모든 것이 의롭다. 시계의 태엽이 그 시계의 모든 톱니바퀴와 부분들을 작동시키는 것처럼 "그 마음의 생각이 어떠하면 그 위인도 그러한" 사람이다(잠 23:7). 만일 마음이 올바르다면 행동도 올바를 것이다. 마음의 현재상태는 그 사람의 현재상태와 장차 어떤 상태가 될지를 알려준다. 즉, 거듭났고 거룩해진 마음이라면 이생에서 믿음과 거룩의 삶을 살 것이며, 다가올 세상에서 영원한 생명을 누릴 것이다. 그러므로 "당신의 우물을 깨끗이 하는 것보다 오히려 당신의 마음을 깨끗이 하는 것에 유념하라. 당신의 가축에게 양식을 공급하는 것보다 오히려 당신의 마음에 양식을 공급하는 것에 유념하라. 당신의 집을 지키는 것보다 오히려 당신의 마음을 지키는 것에 유념하라. 돈을 잘 간수하는 것보다 오히려 당신의 마음을 잘 간수하는 것에 유념하라"고 피터 모펫(Peter Moffat, 1570)이 말했다.

마음을 지키는 것은 우리의 의무이다

"무릇 지킬만한 것보다 더욱 네 마음을 지키라 생명의 근원이 이에서 남이니라"(잠 4:23)에서 "마음"이라는 용어는 우리의 내적 존재 전체

즉, "마음에 숨은 사람"을 가리킨다(벧전 3:4). 우리가 행하는 모든 것을 통제하고 개성을 부여하는 것이 바로 마음이다. 마음 혹은 영혼을 "지키는 것"-수비 혹은 경호하는 것-은 하나님께서 우리에게 부과하신 위대한 과업이다. 즉, 능력부여는 하나님의 몫이고 의무는 우리의 몫이다. 우리는 상상력을 허영에 빠지지 않게, 오성을 오류를 범하지 않게, 의지를 삐뚤어지지 않게, 양심을 죄책으로부터 깨끗하게, 정서를 무절제하여 악한 목적물에 집착하지 않게, 생각을 속되거나 더러운 것들을 위해 사용되지 않게 지켜야한다. 전체가 사탄에 사로잡히지 않도록 지켜야 한다. 이것이 하나님이 우리를 불러서 맡기신 일이다.

청교도 존 프라벨(John Flavel)이 "모든 상황에서 마음을 지키고 올바르게 다루는 것은 그리스도인의 삶의 위대한 과업이다"라고 말했다. 자, "마음"을 올바르게 지킨다는 것은 마음을 올바른 상태에 고정시켰다는 의미이다. 따라서 이 상태는 거듭날 때 즉, 새롭고 영적인 성향이 부여되었을 때 이뤄졌다. 참된 회심은 마음이 사탄의 통제에서 하나님의 통제로, 죄에서 거룩으로, 세상에서 그리스도께로 돌이키는 것이다. 마음을 올바르게 지킨다는 것은, 거듭난 사람이 자신이 영혼을 은혜가 몰아넣었고 붙잡아주려고 분투하는 거룩한 틀 안에 계속해서 머물러 있도록 지속적이며 근면하게 돌보는 것을 가리킨다.

존 오웬은 논고 "배교의 원인들"에서 "바로 여기에 모든 사건이 좌우된다. 즉, 마음을 지키고 있을 때 우리의 인생역정 전체가 하나님의 생각을 따를 것이고 인생역정의 결말은 그 이후에 하나님을 즐거워하는 것이 될 것이다. 마음을 지키는 것을 무시하면 인생은 이생에서의 순종에 대해 그리고 내생에서의 영광에 대해 파탄할 것이다"라고 말했다.

마음을 지킨다는 것의 개념

1 마음을 "지킨다"는 것은 하나님을 반대하는 어떤 것도 마음에 들어오지 못하도록 막으려고 분투한다는 뜻이다. 사도 요한은 "자녀들아 너희 자신을 지켜 우상에서 멀리하라"고 당부한다(요일 5:21). 하나님은 질투하는 하나님이시다. 그래서 어떤 경쟁자도 허용하지 않으신다. 하나님은 우리 마음의 보좌를 요구하시고, 우리에게 극상(極上)의 사랑을 요구하신다. 우리는 우리의 정서들이 세속적인 대상에 무절제하게 끌려간다는 것을 지각할 때 맞서 싸우고 "마귀에게 저항해야" 한다.

바울이 "모든 것이 내게 가하나 다 유익한 것이 아니요 모든 것이 내게 가하나 내가 아무에게든지 제재를 받지 아니하리라"고 말했을 때(고전 6:21) 그 의미는 자신은 마음을 근면하게 지키고 있었다는 것, 자신의 영혼 속에서 오직 주님께만 합당한 존경과 위상을 피조물들이 차지하지 않도록 마음을 썼다는 것이다. 바로 눈 앞에 놓인 아주 작은 물체조차도 태양광선을 차단하기에 충분하다. 우리의 정서가 붙잡은 것들이 비록 사소한 것들이라고 해도 거룩한 하나님과의 교제를 즉각적으로 단절시킬 수 있다.

거듭나기 전에 우리의 마음은 만물보다 거짓되고 절망적으로 사악했다(렘 17:9). 이것은 악한 원리 즉, "육"이 우리의 마음을 완벽하게 지배했기 때문이다. 그러나 회심 뒤에도 "육"이 우리 안에 남아있고 "영"

을 장악하기 위한 투쟁을 지속적으로 벌이기 때문에, 그리스도인은 자신의 마음에 대해 방심하지 않고 지속적으로 잘 살펴볼 필요가 있고, 마음이 손쉽게 협잡에 걸려들지 않도록 그리고 유혹에 굴종하는 경향을 갖지 않도록 유념할 필요가 있다. 마음과 연결된 모든 길을 세심하게 방어해서, 해로운 어떤 것도 마음에 들어오지 못하게 할 필요가 있다. 헛된 생각과 상상이 들어오지 못하도록 각별하게 막아야 한다. 이익을 얻기 쉬운 기회가 왔을 때 특히 경계해야 한다. 해로운 생각들이 파고들어올 길을 확보하도록 내버려두면, 우리가 해로운 생각들을 환대하는 데 익숙해지면, '영적으로 생각하기'는 허망한 꿈이 될 것이다(롬 8:6). 이런 식으로 생각해봐야 육체의 정욕을 이루는 길을 닦을 뿐이다.

따라서 그리스도인이 자신의 마음을 근면하게 "지킨다"는 것은 자신의 정서가 움직이는 방향에 주의를 집중한다는 것, 세상에 속한 것들이 자신을 더욱 확고하고 더욱 충분하게 장악하고 있는지 아니면 세상에 속한 것들이 점차 매력을 잃어가고 있는지를 밝혀내는 것을 의미한다. 하나님은 우리에게 "위엣 것을 생각하고 땅엣 것을 생각지 말라"고 권면하셨다(골 3:2). 이 금지명령에 유념한다는 것은 우리의 마음을 지속적으로 감찰해서, 마음이 이 거짓되고 멸망해가는 세상에 대해 더욱 더 죽어가고 있는지 아닌지, 그리고 하늘에 속한 것들이 우리가 최우선적이며 가장 크게 즐거워하는 것들인지 아닌지를 확인할 것을 요구한다. "오직 너는 스스로 삼가며 네 마음을 힘써 지키라 두렵건대 네가 그 목도한 일을 잊어버릴까 하노라 두렵건대…그 일들이 네 마음에서 떠날까 하노라…"(신 4:9).

2 마음을 "지킨다"는 것은 말씀에 일치하려고 분투한다는 뜻이다. 우리는 말씀의 순수하고 거룩한 교훈들의 실제적인 형상이 마음에 새겨넣어질 때까지는 만족해서는 안 된다. 오호라, 오늘날 정말 많은 사람들이 하나님의 엄숙한 실체들을 가지고 장난칠 뿐이며 하나님의 엄숙한 실체들을 자신들의 환상을 재빨리 가로질러 지나가게 만들 뿐이다. 결코 진지하게 받아들여 가슴에 품지 않는다. 사랑하는 독자여, 엄중한 설교를 듣거나 엄중한 논고를 읽을 때 받았던 엄숙한 인상들이 그렇게 신속하게 사라져버린 까닭이 무엇인가? 당신의 내면에서 격동된 저 거룩한 감정들과 열망들은 어째서 지속되지 않았는가? 어째서 열매가 없는가? 당신의 마음이 저 거룩한 감정들과 열망들에 의해 적절하게 영향을 받도록 유념하는 데 실패했기 때문이 아닌가? 당신이 받았고 들은 그것을 견지하는 데 실패했다. 그 결과로 당신의 마음은 또다시 "세상의 염려와 재리의 유혹"에 빠져들었고 따라서 말씀이 막혔다.

하나님의 종이 제공하는 강력한 메시지를 듣거나 읽는 것과 그 메시지에 의해 깊은 관심과 흥미가 촉발되는 것으로는 충분치 않다. 당신 쪽에서의 근면한 노력이 없다면 당신의 "인애가 아침 구름이나 쉬 없어지는 이슬 같도다"라는 말을 듣게 된다(호 6:4). 그렇다면 **무엇이 필요한가?** 하나님께서 당신의 영혼에 그 메시지를 확실한 곳에 못 박아 단단히 고정시켜주셔서 사탄이 치워버리지 못하게 해달라고 열정적이고 끈기 있는 기도가 필요하다. **무엇이 필요한가?** "마리아는 이 모든 말을 마음에 지키어 생각하니라"와 같은 것이 필요하다(눅 2:19). 적절하게 심사숙고되지 않은 것들은 곧 잊혀진다. 심사숙고가 읽는 것과 맺고 있는 관계는 음식물을 씹는 것과 먹는 것이 맺는 관계와 같다. **무엇이 필요한가?** 읽은 것을 즉각적으로 실행에 옮기는 것이다. 하나님께서 주신 빛을 따라 행하라, 그렇게 하지 않으면, 그 빛은 당신에게서 재빨리 사라질 것이다(눅 8:18).

외적인 행동이 반드시 말씀에 의해 통제되어야 한다. 이뿐만 아니라 마음도 반드시 말씀에 부합시켜야 한다. 살인을 삼가는 것으로는 충분치 않다. 근거 없는 분노를 반드시 치워버려야 한다. 간음행위를 삼가는 것으로는 충분치 않다. 내적인 욕구도 반드시 억눌러야 한다(마 5:28). 하나님은 우리의 모든 외적 행위를 기록하고 그 기록을 유지할뿐만 아니라 "심령을 감찰하"신다(잠 16:2). 이뿐만 아니라 우리의 행위가 나오는 근원들을 면밀히 조사할 것을, 우리의 동기를 검토할 것을, 우리의 행위 속에 있는 정신을 고찰할 것을 요구하신다. 하나님은 우리의 "중심에 진실함"-진정성, 실질성-이 있을 것을 요구하신다(시 51:6). 그러므로 하나님은 우리에게 "무릇 지킬만한 것보다 더욱 네 마음을 지키라 생명의 근원이 이에서 남이니라"고 명령하신다(잠 4:23).

3 마음을 "지킨다"는 것은 마음이 죄에게 허약해지지 않도록 지키는 것이다. 거듭나지 않은 사람은 죄와 범죄를 거의 혹은 전혀 구별하지 않는다. 거듭나지 않은 사람은 국법의 테두리 안에 머물러 있고 동료들 사이에서 존경할만하다는 평판을 유지하는 한, 일반적으로 말하자면, 자신을 아주 흡족하게 여긴다. 그러나 거듭난 사람의 경우는 대단히 다르다. 자신은 하나님과 관계가 있고 하나님께 충분히 해명하

지 않으면 안 된다는 사실을 깨달았다. 회심하지 않은 사람들은 결코 고민하지 않는 많은 것들을 양심적으로 처리한다. 성령이 처음 죄를 자각시켜주었을 때 그는 자신의 인생 전체가 하나님께 반역하는 삶, 즉 자신을 즐겁게 하는 삶이었다는 사실을 감지하게 되었다. 이 의식이 골수까지 관통했다. 내면의 고뇌는 육신의 그 어떤 고통보다 혹은 세속적인 것들의 상실이 야기하는 그 어떤 슬픔보다 아주 컸다. 그는 자신을 영적 나병환자로 보았고, 이 때문에 자신을 증오했고, 하나님 앞에서 통렬하게 슬퍼했다. "주의 얼굴을 내 죄에서 돌이키시고 내 모든 죄악을 도말하소서 하나님이여 내 속에 정한 마음을 창조하시고 내 안에 정직한 영을 새롭게 하소서"라고 외쳤다(시 51:9-10).

자, 죄의 대단한 죄성에 대한 이 지각이 없어지지 않도록 주의를 기울이는 것은 그리스도인의 의무이며 하나님께서 부여하신 책무의 일부분이다. 자신의 마음이 자기의지와 자기사랑의 가증스러움으로 말미암아 적절하게 슬픔에 잠기도록 매일 애써야 한다. 자기연민에 빠뜨리거나 악행을 가볍게 여기도록 혹은 악행에 대해 핑계를 대도록 만드는 사탄의 온갖 노력에 견결하게 저항해야 한다. 하나님이 항상 자신을 살피신다는 지속적인 깨달음 속에서 살아야 한다. 그래서 유혹을 받으면 요셉과 함께 "그런즉 내가 어찌 이 큰 악을 행하여 하나님께 득죄하리이까?"라고 말하게 되도록 해야 한다(창 39:9). 십자가의 빛 속에서 죄를 바라보고, 자신이 불법을 저지르면 영광의 주님을 저줏거리로 만든다는 사실을 매일 상기해야 한다. 그리스도의 죽음을 무릅쓴 사랑을, 구세주가 자신이 구속한 모든 사람에게 요구하는 거룩과 순종에 반하는 것에 빠져들어서는 결코 안 된다는 것을 동기로 삼아야 한다.

아하, 그리스도인 독자여! 마음을 근면을 다해 지키는 것은 아이의 장난이 아니다. 우리 시대의 안일한 종교는 그 추종자들(혹은, 그 피해자들)을 결코 하늘로 데려다주지 않는다. "여호와의 산에 오를 자 누구며 그 거룩한 곳에 설 자가 누군고"라는 질문이 제기되었다. 이 질문에 "곧 손이 깨끗하며 마음이 청결하며…"라는 분명한 답변이 제시되었다(시 24:3-4). 신약성경도 마찬가지로 분명하게, "마음이 청결한 자는 복이 있나니 저희가 하나님을 볼 것임이요"라고 가르친다(마 5:8). "청결한 마음"이란 죄를 미워하는, 죄를 양심적으로 처리하는, 죄를 슬퍼하는, 죄에 맞서 싸우는 마음이다. "청결한 마음"이란 성령의 전(殿), 그리스도께서 거하시는 곳을 더럽지 않은 상태로 유지하려고 애쓰는 마음이다(엡 3:17).

4 마음을 "지킨다"는 것은 마음 씻기를 근면하게 살핀다는 뜻이다. 어쩌면 우리 독자들 가운데 종종 "오호라, 내 마음이 이렇게 더럽다니!"라고 슬프게 울부짖는 이들이 있을 것이다. 하나님께 이렇게 깨닫게 해주셨다면 하나님께 감사하라. 사랑하는 친구여! 당신의 "마음"이 더러운 상태로 계속해서 남아있을 충분한 근거가 없다. 당신은 정원이 잡초로 뒤덮이고 쓰레기가 가득하면 슬픔에 잠길 것이다. 그러나 정원을 그 상태로 둘 필요가 있을까? 필자는 지금 당신의 죄악 된 본성, 여전히 당신 안에 거하고 있는 치유불가능하고 바꾸지 못할 "육"에 대해 말하고 있는 것이 아니다. 하나님이 당신에게 "지켜라"고 명령하시는 당신의 "마음"에 대해 언급하고 있다. 당신은 당신의 생각에서 헛

된 상상을, 당신의 영혼에서 불법적인 정서를, 당신의 양심에서 죄책을 몰아낼 책임이 있다.

그러나 오호라. 당신은 "나는 이런 것들에 대한 통제권이 없다. 이런 것들은 제멋대로 나오고 나에게는 저지할 힘이 없다"라고 말한다. 사탄은 당신으로 하여금 그렇게 믿도록 만들 것이다! 정원의 비유를 되새겨봐라. 잡초가 제멋대로 올라오지 않는가? 민달팽이들과 다른 해충들이 채소를 먹어치우려고 하지 않는가? 그러면 무엇을 하는가? 자신의 무기력을 슬퍼할 뿐인가? 아니다. 당신은 저항한다. 잡초들이 올라오지 못하도록 조치를 취한다. 도둑은 초대받지 않고 집에 들어온다. 그러나 만일 문단속을 하지 않는다면 누구의 책임인가? 아하, 사탄의 매혹적인 자장가에 귀를 기울이지 말라. 하나님은 "두 마음을 품은 자들아 마음을 성결케 하라"고 명령하신다(약 4:6). 여기에서 두 마음은, 하나님을 향한 마음과 자아를 향한 마음이며, 거룩을 향한 마음과 죄의 쾌락을 향한 마음이다.

사탄의 속임수와, 인간의 책임

그러나 내가 어떻게 내 마음을 "정결케" 할 수 있는가? 마음속에 집어넣은 더러운 것들을 토해냄으로써, 그것들을 하나님 앞에서 부끄러움을 무릅쓰며 인정함으로써, 그것들을 거부함으로써, 그것들로부터 혐오스러워하면서 돌이킴으로써 마음을 정결케 할 수 있다. 성경은 "만일 우리가 우리 죄를 자백하면 저는 미쁘시고 의로우사 우리 죄를 사하시며 모든 불의에서 우리를 깨끗케 하실 것이요"라고 말한다(요일

1:9). 우리의 회개활동을 매일 새롭게 함으로써 우리의 마음을 정결케 한다. 이러한 회개는 고린도후서 7:11의 "보라 하나님의 뜻대로 하게 한 이 근심이 너희로 얼마나 간절하게 하며 얼마나 변명하게 하며 얼마나 분하게 하며 얼마나 두렵게 하며 얼마나 사모하게 하며 얼마나 열심 있게 하며 얼마나 벌하게 하였는가, 너희가 저 일에 대하여 일절 너희 자신의 깨끗함을 나타내었느니라"에서 언급된 회개이다. 믿음을 매일 발휘함으로써(행 15:9), 그리스도의 정결케 하는 피를 새롭게 이용함으로써, "죄와 더러움을 씻"기 위해 열린 샘에서 매일 밤 목욕함으로써(슥 13:1) 우리 마음을 정결케 한다. 하나님의 계명들의 길을 밟아감으로써 즉, 성령으로 말미암아 "진리를 순종함으로…영혼을 깨끗하게" 함으로써 우리 마음을 정결케 한다(벧전 1:22).

하나님의 도우심과 은혜를 구하라

이제 필자가 지적하는 것은 모든 그리스도인 독자에게 명백한 사실이다. 즉, 이러한 임무는 하나님의 도움을 필요로 한다. 도움과 은혜는, 날마다 성령께 열렬하게 그리고 명확하게 구해야 하는 것이다. 우리는 하나님 앞에 엎드려야 한다. 그리고 지극히 단순하게, "주여, 주께서는 제 마음을 전적으로 근면하게 지킬 것을 요구하십니다. 그런데 저는 이런 과업을 이행할 능력이 조금도 없습니다. 이러한 일은 제 연약한 능력을 전적으로 뛰어넘습니다. 그러므로 저는 주님께서 제게 명령하신 대로 행하도록 제게 초자연적 힘을 은혜롭게 베풀어주시기를 그리스도의 이름으로 겸손히 구합니다. 주여, 주의 선한 즐거움을 따라 의지하고 행하도록 내 안에서 역사해주십시오"라고 기도해야 한다.

"사람은 외모를 보거니와 나 여호와는 중심을 보느니라"(삼상 16:7). 우리는 영원한 것들보다는 덧없는 것에 몰입하는 경향이 정말 크다. 사물들을 우리의 이성적 능력에 의해서보다는 우리의 감가기관에 의해 판단하는 데 정말 재빠르다. 참된 아름다움은 내면에 숨어있다는 사실을 망각하고 표면에 있는 것에 의해 정말 쉽게 속아 넘어간다. 하나님의 평가방식을 채택하는 데 정말 늦장을 부린다. 우리는 물리적 특색들의 단정함에 매혹되는 대신에, 도덕적 특성들 및 영적인 은사들을 존중해야 한다. 몸을 치장하는 데에 그토록 많은 관심과 시간과 돈을 소비하는 대신에, 영혼들의 기능들을 계발하고 지도하는 데에 최선의 주의를 기울여야 한다. 오호라. 우리의 동료들 가운데 거의 대다수가 마치 영혼이 없는 것마냥 살아간다. 그리고 그리스도인을 자처하는 평균적 신자들은 영혼에 대해 진지하게 생각하는 일이 거의 없다.

그렇다. 주님은 중심을 보신다. 중심의 생각들과 의도들을 들여다보신다. 중심의 욕구들과 목적들을 아신다. 중심의 동기들과 움직임들을 보신다. 이에 따라 우리를 다루신다. 주님은 우리의 마음속에 어떤 특성들이 있는지, 어떤 거룩과 의로움이 있는지, 어떤 지혜와 분별이 있는지, 어떤 정의와 고결성이 있는지, 어떤 자비와 친절이 있는지를 분별하신다. 이러한 은사들이 생동할 때, "나의 사랑하는 자가 자기 동산으로 내려가 향기로운 꽃밭에 이르러서 동산 가운데서 양떼를 먹이며 백합화를 꺾는구나"라는 구절이 성취된다(아 6:2). 하나님께서 거룩한 믿음, 거짓 없는 사랑, 자식으로서의 경외함만큼 높게 평가하는 것은 없다. 하나님 보시기에 "온유하고 안정한 심령"이 "값진 것"이다(벧전 3:4).

마음의 진정성은 마음을 지키는 것에 좌우된다

진정성은 우리가 마음을 지키는 것에 기울이는 관심과 양심에 대체로 좌우된다. 이에 대한 매우 엄중한 사례가 열왕기하 10:31의 "그러나 예후가 전심으로 이스라엘 하나님 여호와의 율법을 지켜 행하지 아니하며…"에 언급되어 있다. 이 말씀은 바로 앞 구절에서 예후에 대해 "여호와께서 예후에게 이르시되 네가 나보기에 정직한 일을 행하되 잘 행하여 내 마음에 있는 대로 아합 집에 다 행하였은즉 네 자손이 이스라엘 왕위를 이어 사대를 지나리라 하시니라"라고 언급된 것 때문에 더욱 심각하다. 예후는 부분적 개혁을 단행했다. 이것은 예후의 마음이 하나님께 대해 올바르지 않다는 것을 보여주었다. 예후는 아합이 육성한 바알 숭배를 미워했다. 그러나 여로보암이 세운 금송아지를 묵인했다. 모든 악을 척결하는 데 실패했다.

아하, 나의 독자여, 참된 회심은 천박한 죄에서 돌이키는 것만이 아니다. 참된 회심은 마음이 죄를 전적으로 버리는 것이다. 남겨두는 것은 결단코 없어야 한다. 하나님은 어떤 우상도 허용하지 않으신다. 우리도 허용해서는 결단코 안 된다. 예후는 놀라운 지점까지 나아갔다. 그러나 핵심에는 미치지 못했다. 예후는 악을 제거했다. 그러나 선한 것을 하지 않았다. 예후는 하나님의 법도를 "온 마음으로" 행하는 데까지 이르도록 유의하지 않았다. 부주의한 사람들은 은혜가 없는 사람들이라는 것을 크게 두려워해야 한다. 거룩의 원리가 마음에 심겨진 경우에, 거룩의 원리는 그 고백자로 하여금-종의 두려움 때문이 아니라 감사의 사랑 때문에, 강압에 의해서가 아니라 자유롭게, 어쩌다가 아니라 지속적으로-모든 것에서 하나님을 즐겁게 하기를 갈망하며 마음을 쏟도록 만들기 때문이다.

"무릇 지킬만한 것보다 더욱 네 마음을 지키라." 마음은 당신이 주님께 드린, 주님의 거처이니 주님 이외에는 누구도 접근하지 못하도록 경비하라. 극도의 경계심으로 마음을 경비하라. 외부의 원수들이 침입하려고 할 뿐만 아니라 내부의 반역자가 통치권을 탐하기 때문이다. 문자적으로 번역된 "무릇 지킬만한 것보다 더욱"은 "그 무엇보다도"라는 뜻이며, 우리의 외적 삶의 모든 관심사항보다 더 중요하다는 뜻이다. 사람들이 주목하는 것에 대해 우리는 조심해야 마땅하다. 그런데 마음은 하나님께서 거룩한 응시의 대상물이다. 그렇다면 당신의 평판, 당신의 몸, 당신의 재산, 당신의 돈보다도 당신의 마음을 더 정성을 기울여 "지켜라" 혹은 보호하라. 어떤 악한 욕구가 마음을 지배하거나 마음속에 머물거나 하지 않도록, 탐욕을 자극하거나 교만을 부추기거나 분노를 촉발시키는 모든 것을 피하도록, 이러한 악들의 첫 조짐을 마치 전갈의 새끼들처럼 간주하여 박살내도록, 열정과 기도와 수고를 다 하라.

다양한 환경과 조건에 큰 기대를 거는 사람들이 많다. 만일 자신이 세상에서 더 크게 성공하면 하나님을 훨씬 더 잘 섬길 수 있을 것이라고 생각하는 사람이 있다. 가난과 고초의 연단이 다 지나가면 하나님을 훨씬 더 잘 섬길 수 있을 것이라고 생각하는 사람도 있다. 더 여유롭고 한가로워질 수 있다면 자신의 영성이 커질 것이라고 생각하는 사람도 있다. 사회활동과 기독교적 교제를 더 많이 할 수 있기만 하다면 자신의 영성이 더 증진될 것이라고 생각하는 사람도 있다.

그러나 독자여, 하나님을 더 잘 섬기는 유일한 방법은 하나님이 당신을 두신 그 위치에 만족하고 바로 그 자리에서 더 좋은 마음을 갖는 것이다! 우리는 그 뿌리를 우리 자신 안에 내리게 하고 물을 줄 때까지는 어떤 유리한 환경이 소용없을 것이고 어떤 불리한 조건도 극복되지 않을 것이다. 나무를 좋은 나무로 만들라, 그러면 그 열매가 좋아진다(마 12:33). 마음을 올바른 마음으로 만들라, 그러면 당신은 곧 모든 "환경"보다 우월한 존재가 될 것이다.

그렇다면 어떻게 해야 내 마음을 올바른 마음으로 만들 수 있을까? 에티오피아 사람이 자신의 피부색을 혹은 표범이 자신의 얼룩을 바꿀 수 있을까? 그 답변은, 당신은 "마음"과 "본성"을 헷갈림으로써 스스로 어려움을 만들어내고 있다는 것이다. "마음"과 "본성"은 완전히 다른 것이다. 이 점을 인식하는 것이 중요하다. 이 점에서 혼란을 일으키는 사람들이 많기 때문이다. 종종 이 점을 놓친 탓에 그리스도인은 두 개의 본성 위에 하나의 인격이 덧씌워진 존재라는 식으로 "그리스도인 안에 있는 두 개의 본성"을 부적절하게 강조했다. 성경은 "마음"과 "본성"을 대단히 명확하게 구별한다.

예를 들면, 하나님은 우리에게 우리의 "본성"을 지키라고 명령하지 않으신다. 우리의 "마음"을 지키라고 명령하신다. 우리는 우리의 본성으로 믿지 않는다. 우리의 "마음"으로 믿는다(롬 10:10). 하나님은 결코 우리에게 우리의 본성을 "찢으라"(욜 2:13), 본성에 "할례를 행하라"(신 10:16), 본성을 "성결케 하라"(약 4:8)라고 명령하지 않으신다. 본성이 아니라 "마음"에 하라고 명령하신다. "마음"은 우리 책임성의 중심부이다. 우리가 "마음"을 개선해야 하고 지켜야 한다는 사실을 부인하는 것은 인간의 책임성을 부인하는 것이다.

사람들에게 자신들의 마음 상태에 대해 책임이 없다고 그리고 별이 자신의 운행궤도를 바꿀 수 없는 것처럼 사람은 자신의 마음을 바꾸지 못할 것이라고 설득하려고 애를 쓰는 이는 바로 사탄이다. 사람의 내면에 있는 "육"은 이러한 거짓말이 자신의 경우에 잘 들어맞는다는 것을 발견한다. 그러나 하나님의 주권적 은혜에 의해 거듭난 사람은 자기 앞에 펴놓은 성경 때문에 이런 망상에 주의를 기울이지 못한다. 하나님께서 자기에게 부여하신 위대한 임무를 얼마나 서글프게 무시했는지를 개탄할 수밖에 없지만, 자신의 마음을 그 당연한 상태로 만들지 못한 비참한 실패를 슬퍼할 수밖에 없지만, 그럼에도 불구하고 더 잘 행하기를 원한다. 거듭난 사람은 자신의 의무에 짓눌려왔음에도 불구하고 자신의 의무를 더 잘 이행하기 위한 은혜를 매일 구한다. 자기에게 요구된 과업의 어려움과 위대함 때문에 전적으로 좌절하는 대신에, 능력을 달라고 더욱 열렬하게 성령께 울부짖는다.

일을 하려는 그리스도인은 "자원하는" 마음을 품으려고 애쓸 것이다(출 35:5). 즉 불가피해서가 아니라 자발적이고 기쁘게 행하는 마음이다. "완전한" 마음이다(대상 29:9). 즉 진실한, 거짓 없는, 올곧은 마음이다. "온유한" 마음이다(대하 34:26). 즉 강퍅하고 완고한 마음에 반대되는 복종적이며 유순한 마음이다. "상한" 마음이다(시 34:18). 즉 모든 실패와 죄를 슬퍼하는 마음이다. "연합하는" 마음이다(시 86:11). 즉 모든 정서를 하나님께 집중한 마음이다. "넓어진" 마음이다(시 119:32). 즉 성경의 모든 부분을 즐거워하고 하나님의 모든 백성을 사랑하는 마음이다. "건전한" 마음이다(잠 14:30). 즉 교리와 실천에서 올바른 마음이다. "즐거운" 마음이다(잠 15:15). 즉 항상 주님을 기뻐하는 마음이다. "청결한" 마음이다(마 5:8). 즉 모든 악을 미워하는 마음이다. "착하고 좋은" 마음이다(눅 8:15). 즉 간계와 위선이 없으며 말씀에 의해 자신을 철저하고도 철저하게 감찰받기를 원하는 마음이다. "한결같은" 마음이다(엡 6:5). 즉 오직 하나님의 영광만을 갈구하는 마음이다. "참된" 마음이다(히 10:22). 즉 하나님과 관계하는 모든 것에서 진실된 마음이다.

2. 마음을 지켜야 할 때

극도의 근면함을 기울여 마음을 지켜야 할 의무는 모든 시대의 그리스도인에게 구속력을 가진다. 그리스도인은 이 임무에서 벗어나도 되는 인생의 시기 혹은 상태는 존재하지 않는다. 그럼에도 불구하고 마음에 대한 일반적인 것 이상의 경계태세가 필요한 특정한 시기, 위급한 때가 있다. 이러한 특수한 경우 가운데 몇몇을 지금 고찰하고자 한다. 이렇게 함으로써, 하나님께서 우리에게 부여하신 과제를 올바르게 성취하는 데 가장 효과적인 도움을 지적하는 데 도움을 얻고자 한다. 일반적인 원칙은 언제나 필요하고 유용하다. 하지만 그 일반적인 원칙들을 특수한 경우에 적용하는 방법을 알 수 있으려면 세부사항들을 제공

받아야 한다. 명확성에 대한 이러한 결핍이야말로 오늘날 대부분의 사역에서 가장 뚜렷한 결함 가운데 하나이다.

1. 번영의 때에

섭리가 우리에게 미소를 짓고 현세적인 선물들을 넘치도록 베풀어 줄 때 그리스도인은 자신의 마음을 근면을 다해 지켜야할 절박한 이유가 있다. 왜냐하면 바로 그런 때가 우리가 부주의하고 교만하고 세속적이 되기 십상이기 때문이다. 그러므로 옛날에 이스라엘은 "네 하나님 여호와께서 네 열조 아브라함과 이삭과 야곱을 향하여 네게 주리라 맹세하신 땅으로 너로 들어가게 하시고 네가 건축하지 아니한 크고 아름다운 성읍을 얻게 하시며 네가 채우지 아니한 아름다운 물건이 가득한 집을 얻게 하시며 네가 파지 아니한 우물을 얻게 하시며 네가 심지 아니한 포도원과 감람나무를 얻게 하사 너로 배불리 먹게 하실 때에 너는…너를 애굽 땅 종 되었던 집에서 인도하여 내신 여호와를 잊지" 않도록 조심하라고 경고를 받았다(신 6:10-12).

성경에 기록된 경고가 많다. 웃시야에 대해서는 "저가 강성하여지매 그 마음이 교만하여…" 멸망에까지 이르렀다고 말한다(대하 26:16). 두로 왕에게 하나님이 "네 큰 지혜와 장사함으로 재물을 더하고 그 재물로 인하여 네 마음이 교만하였도다"라고 말씀하셨다(겔 28:5). 이스라엘에 대해서는 "저희가 견고한 성들과 기름진 땅을 취하고 모든 아름다운 물건을 채운 집과 파서 만든 우물과 포도원과 감람원과 허다한 과목을 차지하여 배불리 먹어 살찌고 주의 큰 복을 즐겼사오나 저희가 오히려 순종치 아니하고 주를 거역하며 주의 율법을 등 뒤에 두고 주께로 돌아오기를 권면하는 선지자들을 죽여 크게 설만하게 행하였나이다" 라고 말한다(느 9:25-26). 그리고 다시 "저희가…은, 금으로 자기를 위하여 우상을 만들었나니…"라고 경고를 받는다(호 8:4).

정말이지, 위에 인용한 구절들은 서글픈 구절들이다. 이런 것들이 우리 자신의 시대에도 비극적으로 반복되었기 때문에 그만큼 더 서글프다. 아, 널리 퍼진 세속적 사고방식, 육체의 탐닉, 죄악 된 방종이여! 이런 것들이 그리스도인이라는 사람들 사이에 나타나는데 "좋은 시대였구나!" 한다. 실천적 경건은 정말 사라졌다. 자아부정도 정말 사라졌다. 정말 하나님의 자녀라고 자처하는 이들의 거의 대다수가 탐욕과 쾌락과 방탕에 사로잡혔다. 하지만 이런 이들의 죄가 비록 클지라도 대부분의 설교자들이 지은 죄가 훨씬 더 컸다. 이 설교자들은 경고와 훈계와 책망 대신에, 절제와 검약의 모범을 청중에게 제시하는 대신에, 청중의 아우성치는 죄악들에 대해 침묵하고 돈을 무분별하게 소비하고 속된 욕구에 탐닉하도록 부추기는 범죄를 저질렀다. 그렇다면 그리스도인은 번영의 시대에 이러한 것들로부터 자신의 마음을 지키기 위해서는 어떻게 해야 하는가?

마음을 지키기 위해, 해야할 것들

첫째, 번영의 상태에 수반되는 위험하고, 올무에 빠뜨리는 유혹들을 진지하게 숙고하라. 이 세상의 번영과 쾌락을 누리는 사람들 가운데 영원한 파멸을 피하는 사람이 거의 없기 때문이다. "다시 너희에게 말하노니 약대가 바늘귀로 들어가는 것이 부자가 하나님의 나라에 들어가는 것보다 쉬우니라"라고 그리스도께서 말씀하셨다(마 19:24). 속된 재물로 치장된 안락한 꽃마차를 타고 지옥에 간 사람들이 정말 많다! 이에 비해, 고통스러운 매를 맞고 천국으로 건너간 이들은 정말 적다! 세속적 성공의 시대에는 서글프게도 많은 유대인들이 타락했다는 사실을 기억하라. 이스라엘은 광야에서 미천한 상태에 있을 때에는 "여호와의 성물"이 되었다(렘 2:3). 그러나 이스라엘은 가나안의 비옥한 초장에서 살이 찐 뒤에는 "우리는 놓였으니 다시 주께로 가지 않겠다"라고 말했다(렘 2:31).

둘째, 재물이 늘어도 거기에 마음을 두지 말라(시 62:10)는 말씀을 유념하도록 은혜를 근면하게 구하라. 당신을 연단하기 위해 이런 재물을 주실 수도 있다. 이런 재물은 몹시 불확실한 것들이어서 종종 스스로 날개를 달고 재빨리 날아간다. 게다가 도무지 영혼을 만족시켜주지 못하고 사용하던 중에 소멸될 뿐이다. 하나님은 어떤 사람을 이런 재물 때문에 조금이라도 더 존중해주지 않으신다는 사실을 기억하라. 즉, 하나님은 우리를 외적 소유물에 의해서가 아니라 내적 은사들에 의해 평가하신다. 하나님은 각 나라 중에서 "하나님을 경외하며 의를 행하는 사람"을 받으신다(행 10:35).

셋째, 저 무서운 결산일을 깊이 생각하라고 우리의 영혼에게 촉구하라. 그 날이 오면 우리가 받은 자비에 따라 결산하게 될 것이다. 하나님은 "많이 받은 자에게는 많이 찾을 것"이다(눅 12:48). 우리 각자는 우리의 섬김에 대해 결산하지 않으면 안 된다.

2. 역경의 때에

섭리가 우리에게 눈살을 찌푸리고 우리가 소중하게 여긴 계획을 뒤엎고 우리의 외적인 위안거리들을 날려버릴 때 그리스도인은 자신의 마음을 살펴보고 하나님께 반발하지 않도록 혹은 하나님의 손아래에서 풀이 죽지 않도록 자신의 마음을 아주 근실하게 지켜야할 절박한 필요성이 있다. 욥은 인내의 귀감이었다. 하지만 시련을 겪자 짜증이 났다. 이집트에서 기적에 의해 구원을 받았고 홍해에서 여호와를 그토록 크게 찬양했던 이들이 광야에서 식량이 떨어지자 투덜거렸고 반역을 저질렀다. 인생의 폭풍 한가운데서 마음의 평안을 지키기 위해서는, 육체를 비참하게 만드는 것이 많을 때 심령을 유쾌한 상태로 유지하기 위해서는 은혜가 많이 필요하다. "주신 자도 여호와시요 취하신 자도 여호와시오니 여호와의 이름이 찬송을 받으실지니이다"라고 말하기 위해서도 마찬가지다(욥 1:21). 하지만 이것은 그리스도인의 본분이다.

동료 그리스도인이여! 여기에서 도움을 주자면, 이 짓궂은 섭리적 사건들에도 불구하고 하나님께서 자기 백성들의 영혼에 대해 선택적 사랑의 위대한 계획을 여전히 신실하게 이행하고 계시며 바로 이 역경들을 그 목적을 위해 성별한 수단이 되도록 명령하신다는 사실을 가장 먼저 고찰하라. 우연은 없다. 모든 것이 하나님의 지혜로 말미암는다(엡 1:11). 바로 그런 까닭에 "하나님을 사랑하는 자 곧 그 뜻대로 부르심을 입은 자들에게는 모든 것이 합력하여 선을" 이룬다(롬 8:28). 아하! 사랑하는 자여! 이러한 고찰은 당신의 괴로운 가슴을 놀랍도록 평온케 해 줄 것이며 당신의 약한 마음으로 하여금 저 복된 사실을 의지하도록 지탱해줄 것이다. 저 비참한 속물은 "모든 것에서 밑바닥이 떨어져나갔다"라고 말할 수도 있다. 그러나 성도는 그렇지 않다. 영원한 하나님이 성도의 피난처이시기 때문이며, "영원한 팔"을 뻗어 성도를 계속해서 지탱해시기 때문이다.

우리로 하여금 하나님의 섭리적 다루심에 대해 안달하는 그런 경향을 갖게 하는 것은 바로 사랑이 넘치는 하나님의 계획에 대한 무지 혹은 망각이다. 믿음이 연단 속에서 더욱 커진다면 다양한 유혹 혹은 시련에 빠질 때 "온전히 기쁘게" 여겨야 한다(약 1:2). 어째서 그런가? 우리는 우리의 마음으로 하여금 이 공허한 세상을 단념케 하기 위해, 교만과 속된 안심을 부숴버리도록 하기 위해, 우리를 정결케 하기 위해 바로 그 시련들을 보냈다는 것을 분별해야 하기 때문이다. 그렇다면 만일 내 아버지께서 내 영혼을 향한 사랑의 계획을 세우셨다면 내가 아버지께 화를 내는 것이 잘하는 걸까? 지금이 아니더라도 나중에, 저 쓰라린 낙심들은 가면을 쓰고 찾아온 복이라는 사실을 알게 될 것이고 "고난 당한 것이 내게 유익이라"고 외칠 것이다(시 119:71).

"하나님은 어지러움의 하나님이 아니"시다(고전 14:33). 맞다. 사탄이 혼란을 야기한다. 사탄은 많은 사람의 생각 속에 많은 혼란을 야기하는 데 성공했는데 그 방법은 "마음"과 "본성"을 헷갈리게 만드는 것이다. 사람들은 "나는 악한 마음을 지닌 채 태어났다. 나는 그 악한 마음을 어찌할 도리가 없다"라고 말한다. "나는 억누를 책임이 내게 있는 악한 마음을 지닌 채 태어났다"라는 말이 훨씬 정확할 것이다. 그리스도인이 명확하게 인식할 필요가 있는 사실은, 자신에게는 두 개의 "본성"-

육과 영-이외에 하나님께서 지키라고 명령하신 "마음"이 있다는 것이다. 우리는 이 논점을 이미 다뤘다. 그러나 언급을 추가하는 것이 바람직하다고 여겨진다. 나는 나의 "본성"을 바꾸거나 개선할 수 없다. 그러나 나의 "마음"을 바꾸거나 개선할 수는 있으며 반드시 해내야 한다. 예를 들면, "본성"은 나태하고 편안함을 좋아한다. 그러나 그리스도인은 "세월을 아껴야" 하고(골 4:5) 착한 일에 열심을 내야 한다. 본성은 죽음을 생각하기 싫어한다. 그러나 그리스도인은 자신의 마음이 세상을 떠나 그리스도와 함께 하기를 갈망하게 해야 한다.

시대의 대중종교는 머리의 종교이거나 손의 종교이다. 즉, 하나님께 속하는 것들에 대한 더 크고 더 충분한 지성적 집단을 획득하려고 애쓰든지 '주님을 위한 섬김'이라고 하는 지속적인 활동을 하려고 애쓰는 종교이다. 그러나 마음을 소홀히 여긴다! 수많은 사람들이 "성경강좌"를 읽고 연구하고 논한다. 그러나 이들은 영혼이 획득하는 영적 혜택들에도 불구하고 차라리 바위를 깨는 것이 나을 것이다. 이러한 비난이 지나치게 혹독한 평가라는 생각이 들지 않도록, 이러한 "성경강좌"를 8개씩이나 이수한 사람이 최근에 필자에게 보내온 편지에서, "저 '힘든 공부'에는, 실제로 하나님을 알게 만들고 성경을 사용하여 저의 깊은 필요를 채우게 만드는 자기검증을 요청하는 것이라곤 없었습니다"라고 밝혔다. 그렇다. 성경강좌에는 그런 것이 없었다. 성경강좌를 편찬한 사람들은 -커다란 "성경 세미나"의 거의 모든 강사들과 마찬가지로- 육체의 취향에 맞지 않는 모든 것, 자연인을 정죄하는 모든 것, 양심을 찌르고 감찰하는 모든 것을 꼼꼼하게 피한다. 오호라! 이 머리만 발달한

"기독교"의 비극이여!

똑같이 비참한 것이 이 시대의 손만 발달한 종교이다. 이 시대의 젊은 "개종자"들은 주일학교에서 교사로 섬기도록 떠밀리거나 공개된 장소에서 복음을 말하도록 강요받거나 '개인적인 일'을 맡도록 강요받는다. 자신의 영혼이 영적으로 굶주리고 있음에도 소위 "영혼을 그리스도께로 인도하는 사업"에 내몰리는 풋내기 소년들과 소녀들이 너무나 많다! 이들은 매일 두어 개의 성경구절을 "암송"하기도 한다. 그러나 이렇게 한들 이들의 영혼이 풍성해지지지 않는다. "지극히 높으신 이의 신비"에 시간을 쏟아부어야 할 때에 오히려 "사역"을 거드는 데에 저녁마다 동원되는 사람들이 얼마나 많은지! 주중의 유혹에 맞서도록 자신들을 굳세게 만들어줄 것을 하나님께 구하는 대신에 이 모임에서 저 모임으로 뛰어다니느라 주일의 대부분을 보내는 정신없는 사람들은 얼마나 많은지! 오호! 손만 발달한 "기독교"의 비극이여!

사탄은 정말 교활하다! "주님을 아는 지식"에서의 성장을 도모한다는 가면을 쓰고는 사람들로 하여금 각종 모임을 끊임없이 돌아다니도록 만들거나 종교서적을 끊임없이 읽도록 만든다. 아니면, 소위 이 모든 "섬김"에 의해 "주님을 영화롭게 한다"는 미명 하에 이 사람 저 사람을 꼬드겨 하나님께서 우리 앞에 제시하신 위대한 과업 즉, "무릇 지킬 만한 것보다 더욱 네 마음을 지키라"는 명령을 소홀히 한다(잠 4:23). 모든 거룩한 수단과 의무를 계속해서 사용하고 개선하여 영혼을 죄에 물들지 않도록 지키고 하나님과의 달콤하고 자유로운 교제를 유지하도록 하는 것보다는 다른 사람들에게 말하는 것이 훨씬 더 쉽다. 정결케 하고 바르게 하는 은혜를 구하며 하나님 앞에서 몸부림치며 한 시간을 보내는 것보다 "시대의 징표"에 관한 감각적인 기사를 읽으며 한 시간을 보내는 것이 훨씬 더 쉽다.

마음을 지키는 이 과업은 극도로 중요하다. 이 과업을 전반적으로 무시한다는 것은, 우리가 단지 형식주의자일 뿐이라는 뜻이다. "내 아들아 네 마음을 내게" 주라고 명령한다(잠 23:26). 이 명령대로 할 때까지 하나님은 우리에게서 아무것도 받지 않으신다. 우리 입술에서 나오는 기도와 찬양, 우리 손으로 하는 수고, 그렇다, 그리고 올바른 외적 행함은 우리의 마음이 하나님에게서 멀리 떨어져 있는 동안에는 하나님 보시기에 전적으로 무가치한 것들이다. 영감 받은 사도는 이에 대해 다음과 같이 선언했다.

> "내가 사람의 방언과 천사의 말을 할지라도 사랑이 없으면 소리나는 구리와 울리는 꽹과리가 되고 내가 예언하는 능이 있어 모든 비밀과 모든 지식을 알고 또 산을 옮길만한 모든 믿음이 있을지라도 사랑이 없으면 내가 아무 것도 아니요 내가 내게 있는 모든 것으로 구제하고 또 내 몸을 불사르게 내어 줄지라도 사랑이 없으면 내게 아무 유익이 없느니라"(고전 13:1-3)

만일 우리의 마음이 하나님 앞에 올바르지 않다면 비록 예배의 형식을 완비할지라도 우리는 하나님을 예배할 수 없다. 그렇다면, 하나님을 향한 당신의 사랑을 근면하게 살펴라.

하나님을 강제할 수 없다. 자신의 마음을 하나님 앞에서 올바르게 정돈하는데 관심을 기울이지 않는 사람은 위선자다. "백성이 모이는 것같이 네게 나아오며 내 백성처럼 네 앞에 앉아서 네 말을 들으나 그대로 행치 아니하니 이는 그 입으로는 사랑을 나타내어도 마음은 이 욕을 좇음이라 그들이 너를 음악을 잘하며 고운 음성으로 사랑의 노래를 하는 자 같이 여겼나니"라는 말씀을 보자(겔 33:31-32). 이 구절에는 공식적인 위선자들의 무리가 등장한다. 이 사실은 "내 백성처럼"이라는 말 즉, 내 백성에 속하지는 않고 백성처럼 보일 뿐이라는 말에서 분명히 드러난다. 이들은 무엇 때문에 협잡꾼이 되었는가? 외적인 면에서는 대단히 고상한 신앙고백, 존경스러운 자제, 은혜의 방편을 대단히 즐거워하는 모습이었다. 아하, 그러나 이들의 마음은 하나님께 있지 않았다. 욕망의 지배를 받았고 탐욕을 좇았다.

그러나 방금 언급한 이 진술에서 진짜 그리스도인이 자신의 마음이 방황할 때가 많기 때문에 그리고 기도하거나 하나님의 말씀을 읽거나 공적 예배에 참여하거나 할 때 자신의 생각을-아무리 애를 써도-하나님께 지속적으로 집중하지 못한다는 사실을 발견하기 때문에 자신이 위선자라고 추론하지 않도록, 이런 사람에게 필자는 이런 반론은 스스로 논파된다고 대답한다. 당신은 "아무리 애를 써도"라고 말한다. 아하, 만일 당신이 이렇다면 당신은 정직함이라는 복을 받은 사람이다. 하나님께서 방황하는 지성의 고통을 통해 당신을 연단하는 것이 좋겠다고 보실지라도 말이다. 당신의 오성과 감성 속에는 당신을 겸비케 하는 것이 아직 많이 남아있다. 그러나 만일 당신이 그것들에 대해 연단을 받고 그것들에 맞서 싸우고 당신의 바로 그 불완전한 성공에 대해 슬퍼한다면, 이것만으로도 당신은 위선이 왕 노릇한다는 혐의를 깨끗이 벗는다.

마음을 지키는 것은 극도로 중요하다. 왜냐하면 마음에서 생명이 나오기 때문이다. 마음은 생명에 관련된 행위 및 활동의 원천이다. 마음은 도매상이고, 손과 혀는 단지 소매상에 불과하다. 소매상 상점에 있는 것은 도매상에서 가져온 것이다. 마음은 궁리하고 수족은 실행한다. 영적 삶의 원리가 형성되는 곳은 마음이다. 즉, "선한 사람은 마음의 쌓은 선에서 선을 내고 악한 자는 그 쌓은 악에서 악을 내나니 이는 마음의 가득한 것을 입으로 말함이니라"(눅 6:45). 그렇다면 경건한 가르침을 마음에 잘 비축해두고, 마음의 온갖 연단을 통해 감사의 사랑과 경외심과 죄에 대한 증오와 은택들이 증대되도록 마음을 근면하게 살피자. 그리하여 그 안쪽에서 거룩한 샘물이 흘러나와 우리의 모든 행위와 대화를 비옥하게 만들도록 하자.

마음을 지키는 이 과업은 가장 힘든 일이다. 존 프라벨은 다음과 같이 말했다.

"종교적 의무들을 느슨하고 부주의한 정신으로 대충 얼버무리는 데에는 크게 수고하지 않아도 된다. 그러나 당신 자신을 하나님 앞에 세우는 것, 당신의 느슨하고 헛된 생각들을 꽁꽁 묶어 하나님 앞에 지속적이며 진지하게 세우는 것, 이것은 무엇인가를 희생해야 하는 것이다! 쉽고 유창한 말로 기도하는 능력을 획득하는 것과 당신의 의도를 쉽고 우아한 표현으로 옮기는 것은 쉽다. 그러나 당신이 죄를 고백하는 동안에 당신의 마음이 죄 때문에 상하게 되는 것, 당신이 값없는 은혜에 대해 하나님을 찬양하는 동안에 당신의 마음이 값없는 은혜로 인해 녹아내리는 것, 하나님의 무한한 거룩하심을 파악함으로 말미암아 실제로 부끄러워하고 겸비해지는 것, 의무를 수행할 뿐만 아니라 의무를 수행한 뒤에 당신의 마음을 이 틀 안에 머물러 있도록 지키는 것은 당신의 영혼으로 하여금 신음과 산고의 고통을 치르게 할 것이 분명하다. 죄의 외적 행위들을 억누르고 당신 삶의 외적 행위들을 칭찬할만하고 우아한 태도로 구성하는 것은 결코 대단한 것이 아니다. 육적인 사람들조차도 일반 원칙의 강제에 의해 이렇게 할 수 있다. 그러나 내면에 있는 부패의 근원을 죽이는 것, 당신의 생각을 지배하는 거룩한 통치를 세우고 유지하는 것, 모든 것에 대해 올바르고 정연한 마음을 갖는 것, 그것은 쉽지 않다."

아하, 사랑하는 독자여! 당신의 영혼에서 교만을 뿌리 뽑는 것이 공공연하게 복음을 증거하는 것이 훨씬, 훨씬 더 쉽다. 당신의 생각에서 거룩치 않은 생각들을 뽑아버리는 것보다 밖으로 나가 소책자를 배포하는 것이 훨씬 덜 수고롭다. 사람은 자기를 부인하고 자기 십자가를 매일 짊어지고 그리스도를 따라 순종의 길을 갈 수 있기보다는 구원받지 못한 사람에게 복음을 전하는 것이 훨씬 더 쉬울 수 있다. 사람은 자신의 영적 은사들을 어떻게 강화하는지를 배울 수 있기보다는 주일학교에서 교사로 가르치는 것이 훨씬 덜 힘들 수 있다. 근면을 다해 마음을 지키는 것은 마음의 틀과 성향을 자주 성찰할 것, 하나님을 향한 마음가짐을 살펴볼 것, 정서의 지배적인 방향들을 살펴볼 것을 요구한다. 그리고 이것은 어떤 공허한 신앙고백자가 이행할 수 없는 것이다! 종교적인 사업에는 넉넉하게 기부할 수 있을 것이다. 그러나 자신의 마음을 감찰하는 것, 정결케 하는 것, 지키는 것에 자신을 내어놓으려고 하지는 않는다.

마음을 지키는 이 과업은 지속적인 과업이다. 존 프라벨은 이에 대해 다음과 같이 말했다.

"마음을 지키는 것은 생을 마칠 때까지 결코 끝나지 않는 그런 과업이다. 이 과업은 우리의 인생이 끝날 때 함께 끝난다. 그리스도인에게 있어서 이 과업은, 선원들에게 있어서 항해 도중에 배에 물이 샌 경우와 같다. 만일 선원들이 계속해서 펌프질을 하지 않는다면 물이 차오르고 배는 재빨리 가라앉을 것이다. 선원들이 펌프질은 고된 일이고 우리는 지쳤다고 말해봐야 헛일이다. 그리스도인의 삶에는, 이 과업을 중단할 시간도 조건도 없다. 이스라엘과 아멜렉이 산 아래에서 싸우고 있는 동안에 모세의 손이 계속해서 들려 있어야 한 것과 마찬가지로 우리의 마음을 지속적으로 살펴야 한다. 모세의 손이 점점 무거워지고 밑으로 내려오는 순간, 아멜렉이 이긴다. 당신도 알다시피, 다윗과 베드로가 불과 몇 분 동안 자신의 마음을 살펴보기를 중단한 것 때문에 많은 낮과 밤을 슬픔으로 지냈다."

3. 마음을 지키지 않을 때 얻는 결과

마음을 지키는 것은 그리스도인에게 부여된 위대한 과업이며, 이 과업에 참된 종교의 영혼과 생명이 있으며 이 과업을 이행하지 않는다면 다른 어떤 의무도 하나님께서 용납받지 못한다는 사실을 입증하고자 지금까지 노력했다. 이제는 이 사실로부터 필연적으로 도출되는 추론들 및 귀결들 가운데 일부를 지적하겠다.

1 많은 사람들이 종교적으로 수행한 노고들은 헛된 것이 된다. 사람들이 수행한 위대한 많은 섬김, 경이로운 많은 업적들, 이것들을 하나님이 전적으로 거부하셨다. 그리고 상을 주시는 날에 전혀 인정받지 못할 것이다. 어째서? 이 사람들은 이러한 본분들을 행하면서 자신의 마음을 하나님께 대해 지키는 데 전혀 수고를 기울이지 않았기 때

문이다. 이것은 수많은 헛된 신앙고백자들로 하여금 좌초하여 영원한 파멸에 이르게 한 치명적인 암초이다. 즉, 이 사람들은 종교의 외적인 것들에 대해서는 근면하지만 자신의 마음에 대해서는 주의를 기울이지 않았다. 이 사람들은 듣는 것, 읽는 것, 의논하는 것, 기도하는 것에는 정말 많은 시간을 쏟아 부었다. 하지만 하나님께서 부여하신 최상의 과업에 대해서는 아무것도 하지 않았다. 헛된 신앙고백자여! 마음을 지키고 정결케 하고 개선하기 위한 진지한 노력을 5분만이라도 기울인 적이 언제인가? 내게 말해보라. 이런 간편한 종교가 당신을 구원해줄 수 있다고 생각하는가? 만일 그렇다면 우리는 반드시 그리스도의 말을 뒤집어 "생명으로 인도하는 길은 넓고 문이 활짝 열려있다. 그래서 많은 이들이 그 길로 다닌다"라고 말해야 한다.

2 마음을 지키는 것이 그리스도의 위대한 과업이라면 세상에는 진짜 그리스도인은 정말 적다. 기독교의 말투를 익혔고 그리스도인처럼 말을 건넬 수 있는 모든 사람이 진짜 그리스도인이라면, 만일 자연적 은사와 능력을 가지고 있고 성령의 일반적인 보조적인 임재에 의해 도움을 받고 그리스도인처럼 가르치는 모든 사람이 진짜 그리스도인이라면, 하나님의 백성과 연대하고 하나님의 대의에 자신의 수단을 가지고 기여하고 공적 의식을 즐거워하고 그리스도인들처럼 통과하는 모든 사람이 진짜 그리스도인이라면, 성도들의 수는 상당할 것이다.

그러나 오호라. 의식적으로 자신의 마음을 지키고 자신의 생각을 살펴보고 자신의 동기를 판단하는 사람이 정말 없다는 이 규칙에 의해 따져볼 때 성도의 수는 정말 적어진다. 아하, 사람들을 꼬드겨 어려운 과업을 수행하도록 만드는 일을 어떤 사람도 환영하지 않는다. 만일 위선자들이 어려운 과업을 수행하기로 하더라도 이들은 자신들이 알아야 할 것에 신경을 쓰지 않는다는 사실을 재빨리 발견할 것이다. 마음을 지키는 이 과업은 소수의 숨겨진 사람들의 손에 있다. 독자여! 그대는 이 소수 가운데 한 사람인가?

3 진짜 그리스도인들이 지금까지 해온 것보다 더 많은 시간과 수고를 자신의 마음에 기울이지 않는다면 결코, 은혜 가운데 성장하거나 하나님께 많은 쓸모가 있거나 이 세상에서 많은 위로를 받을 것 같지는 않다. 당신은 "그러나 내 마음은 그토록 냉담하고 죽은 것 같다"라고 말한다. 당신은 생명의 원천인 하나님과 날마다 교제를 나누는 일을 지속하지 않을 때 깜짝 놀라는가? 만일 당신의 몸이 당신의 영혼만큼 관심과 주목을 받았더라면 당신의 몸은 지금 어떤 상태에 있을까? 오, 내 형제여! 내 누이여! 그대의 열정이 잘못된 통로로 빠져나가지 않았는가? 땅 위에서 직업활동을 할 때에도 하나님을 즐거워하자. 에녹은 "하나님과 동행하며 자녀를 낳았"다(창 5:22). 에녹은 세상을 등지고 수도원에 들어가지 않았다. 당신도 그렇게 할 필요가 없다.

4 지금은 그리스도인 독자가 자신의 마음을 지키는 이 과업에 진짜 열정으로 뛰어들 때이다. 당신은 사람들이 당신을 "포도원지기를 삼았음이라 나의 포도원은 내가 지키지 못하였구나"라고 개탄하지 않는가?(아 1:6) 그렇다면 열매없는 대화와 한가로운 질문을 치워버려라. 공허한 이름과 헛된 장식을 걷어내라. 다른 사람들에 대한 거친 비난을 치워버려라. 당신 자신에게 시선을 돌려라. 마음을 지키는 이

과업을 소홀히 한 지 충분히 오래되었다. 종교의 변두리에서 너무나 오랫동안 집적거렸다. 이제 자신의 마음을 더 잘 살펴보겠다고 결심하라. 다락방으로 뛰어가라.

4. 마음을 지킬 때 얻는 유익

마음은 거듭나기 전에는 사람의 가장 나쁜 부분이다. 그러나 거듭난 뒤에는 가장 좋은 부분이다. 마음은 원리들의 좌소이며 행동들의 원천이다. 하나님의 눈은 주로 마음에 고정되어 있다. 그리고 마땅히 그리스도인의 눈은 주로 자신의 마음에 고정되어 있어야 한다. 회심 이후에 겪는 커다란 어려움은 하나님에 대한 자신의 마음을 지키는 것이다. 바로 여기에 종교의 초점 및 역점이 있다. 바로 여기에 생명에 이르는 길을 좁은 길로 만들고 하늘 문을 좁은 문으로 만드는 것이 있다. 이 위대한 과업에서 어떤 지침을 제공하고 도움을 주기 위해, 필자는 지금까지 논고들을 펼쳤다. 이 논고들에는 부족한 점이 많다. 하지만 필자는 하나님께서 이 논고들을 즐거이 사용하실 것이라고 믿는다. 다른 어떤 주제도 실천적 중요성이라는 점에서 이 논고에 견줄 수 없다.

마음을 전반적으로 소홀히 하는 것은 기독교계가 당면한 현대의 슬픈 상태의 근원적 원인이다. 이 진술의 진실성을 확인하고 확대하는 것에 이 글의 나머지 부분을 할애할 수도 있을 것이다. 그러나 이렇게 하는 대신에, 필자는 보다 두드러진 한, 두 가지 특색만을 지적하겠다. 그토록 많은 설교자들이 자신의 회중에게 그토록 명백하게 몹시 필요한 것을 가르치지 않은 것은 도대체 무엇 때문인가? 설교자들은 성령의 검을 휘두르는 대신에 "부드러운 말"을 했다(시 30:10). 설교자 자신의 마음이 하나님께 대해 올바르지 않기 때문이었다. 설교자들에게 하나님께 대한 거룩한 두려움이 없었다. "착하고 좋은 마음"(눅 8:15)은 하나님의 종으로 하여금 말씀의 가장 본질적이며 유익을 주는 진리들을 설파하도록 만드는 법이다. 이 진리들이 하나님의 백성들 가운데 많은 사람들이 아무리 불쾌하게 여길지라도 말이다. 착하고 좋은 마음을 가진 설교자는 자신의 청중들이 좋아하든 싫어하든 개의치 않고, 충실하게 책망하고 훈계하고 타이르고 바르게 하고, 훈육하는 법이다.

믿음을 떠나고 미혹하는 영들에게 주의를 기울이는 교회회원들이 그렇게 많은 까닭이 무엇인가? 사악한 자의 오류에 이끌려 하나님의 은혜를 음란으로 바꾸는 사람들이 그렇게 많은 까닭이 무엇인가? 그토록 많은 다른 사람들이 자신들은 그리스도의 이름으로 모인 유일한 족속이라는 자부심 강한 자랑에도 불구하고 거의 대부분이 성경의 문자만 알 뿐이고 실천적 경건을 모르는, 관념적인 신앙고백자들로 전락해버린 까닭은 무엇인가? 아하, 그 대답을 멀리서 찾을 필요가 없다. 그것은 이들은 하나님께 속한 것들을 마음으로 알지 않았기 때문이다. 병고에 시달리다가 사기꾼들의 손쉬운 먹잇감으로 전락하는 사람들이다. 결코 진리에 뿌리박고 터를 잡지 않았기에 바람과 교리가 부는 대로 이리저리 흔들리는 그런 사람들이다. 시대의 전염성 높은 오류들에 대한 최선의 해독제는 마음을 연구하고 수호하는 것이다. 이제 마음을 지킴으로써 얻게 되는 이점들 가운데 몇몇을 제시할 차례다. 필자가 아래에 제시하는 내용의 상당부분은 청교도 존 플라벨에게 빚졌다.

1 마음을 성찰하고 수비하는 것은 하나님의 깊은 것들을 이해하는 데 커다란 도움이 된다. 정직하고 숙련된 마음은 허약한 두뇌를 훌륭하게 돕는다. 이러한 마음은 성경의 커다란 부분에 대한 주석처럼 기여할 것이다. 이런 사람이 다윗의 시편들 혹은 바울서신들을 읽을 때 자기 자신이 겪는 어려움들 가운데 많은 것들이 거기에 진술되어 있고 해결되어 있다는 사실을 발견할 것이다. 자기 마음의 언어로 말하고 있다는—자신의 경험을 열거하고, 자신의 슬픔과 기쁨을 표현한다는—사실을 발견할 것이다. 마음을 면밀하고 정연하게 연구함으로써, 하나님께 속한 것들을 이해하는 데에는 저 은혜 없는 랍비들과 경험 없는 박사들보다 훨씬 더 적절한 자질을 갖추게 될 것이다—하나님께 속한 것들을 더 명석하게 파악할 뿐만 아니라 더 달콤하게 맛볼 것이다. 믿음의 본성과 결과, 그리스도의 보배로움, 하나님과의 달콤한 교제, 이런 것들이 자신의 영혼에 가하는 각인(刻印) 혹은 효과를 결코 느껴본 적이 없는 사람도 이것들에 대해 정통주의적으로 그리고 심오하게 논의를 전개할 수도 있다. 하지만 이러한 관념은, 이러한 것들을 경험한 사람들에게는 정말 무미건조할 것이다.

아하, 나의 독자여! 경험은 위대한 학교선생이다. 욥기와 예레미야 애가에 있는 많은 것이 당신의 영혼이 더욱 깊게 연단을 받기 전에는 따분하고 지루한 것으로 보일 것이다. 로마서 7장은 당신이 내주하는 죄를 더욱 자각할 때까지 당신에게 많이 호소할 것 같지가 않다. 후기의 많은 시편들은 당신이 하나님과 더욱 밀접하고 더욱 달콤한 교제를 향유할 때까지는 말이 너무 지나친 것처럼 보일 것이다. 당신이 마음을 지키려고, 마음을 하나님께 복종시키려고, 사탄의 악한 유혹으로부터 마음을 지키려고 노력하면 할수록, 성경의 많은 장들이 당신 자신의 경우에 그만큼 더 적절하다는 사실을 발견하게 될 것이다. 당신이 성경의 적절성을 발견할 수 있기 전에 먼저, 적절함을 평가할 "올바른 마음가짐"을 가져야 할 뿐만 아니라 마음의 연단들을 통과해야 한다. 연단들을 거친 뒤에야 당신은 영감 받은 저자들이 다루고 있는 것들을 당신 스스로 "느끼고 맛을 보게" 되었을 것이다. 바로 그런 뒤에야 당신은 히브리어와 헬라어의 대가들에게도 단단히 닫혀 있는 수많은 성경구절을 푸는 열쇠를 거머쥘 것이다.

2 마음을 지키는 것에 신경을 쓰는 것은 진정성을 입증해주는 최선의 증거를 제공해준다. 건전한 신앙고백자와 불건전한 신앙고백자를 구별해주는 외적 행위는 존재하지 않는다. 그러나 위선자는 이 시험을 통과하지 못한다. 정말이지. 죽음이 매우 가까이 다가왔다는 생각이 들면 자신들의 마음속에 있는 사악함과 두려움 때문에 울부짖을 사람들이 많다. 하지만 그 울부짖음이 고통스럽더라도 짐승이 울부짖는 것과 다를 바가 없다. 그러나 만일 당신이 마음에 주의를 기울이고, 자신의 생각을 살펴보고, 마음의 활동과 틀을 매일 삼간다면 당신의 진정성은 강력하게 입증된다. 죄에 대한 실질적인 미움 이외에 도대체 무엇이, 거룩한 눈이 항상 당신을 살핀다는 느낌 이외에 도대체 무엇이, 모든 피조물이 준수하지 못하는 이 내밀한 의무에 임하게 할 수 있을까? 그렇다면, 만일 당신의 정직성을 입증해주는 공정한 증거를 확보하는

것, 그래서 당신이 하나님을 경외한다는 사실을 확실하게 아는 것이 이처럼 바람직하다면 그렇다면, 마음을 고찰하라, 살펴보라, 지켜라.

우리 영혼의 참된 위로는 여기에 좌우된다. 마음 지키기를 소홀히 하는 사람은 마음에서 나오는 영적 확신과 달콤한 위로에 전반적으로 무관한 사람이다. 대체로 하나님은 게으른 영혼에게는 내적 평화를 베풀지 않으신다. 하나님은 게으름을 후원하지 않으시기 때문이다. 하나님은 우리의 근면과 위로를 하나로 묶으셨다. 확신이라는 아름다운 자녀를 영혼의 산고 없이 낳을 수 있을 것이라고 상상하는 사람들은 크게 오판한 것이다.

근면한 자기검증이 요청된다. 먼저, 말씀을 자세히 들여다보라. 그 다음에, 음을 자세히 들여다보라. 그러면 이 둘이 어느 정도로 일치하는지를 알게 된다. 정말이지 성령이 그리스도인 안에 내주한다. 그러나 그 성령을 나-우리의 정수가 식별하지 못한다. 성령을 명백하게 드러내는 것은 바로 성령의 활동들이다. 성령의 활동들을 알게 만들어주는 것은, 성령이 영혼 속에서 만들어내는 은사들이다. 게다가 마음의 근면한 탐색과 정직하고 면밀한 조사에 의해서만 지각할 수 있는 것들이다. 성령이 마음속에서 일하신다.

3 마음을 지키는 일을 세심하게 수행하면 은혜의 수단 및 우리의 영적 의무 이행은 복을 받고 열매가 풍성해진다. 영혼이 올바른 체제를 갖춰 하나님께 가까이 나아갈 때 우리가 하나님과 얼마나 보배로운 교제를 나누는지! 이럴 때 우리는 다윗과 한 목소리로 "나의 묵상을 가상히 여기시기를 바라나니 나는 여호와로 인하여 즐거워하리로

다"라고 말하자(시 104:34). 그러나 우리의 마음이 그렇게 하려들지 않고 이생에 속한 것들로 가득 찰 때 우리는 마땅히 우리의 것이 되어야할 위로와 즐거움을 놓친다. 당신이 듣는 설교들 그리고 당신이 읽는 글들은 (비록 하나님의 종들이 작성한 것들일지라도) 만일 당신이 준비된 마음을 기울이지 않는다면 아주 다른 것이 될 것이다. 만일 당신이 올바른 마음을 갖춘다면 하나님의 풍성한 은혜, 그리스도의 영광들, 거룩한 아름다움, 혹은 성경적으로 명령된 행보를 위해 반드시 필요한 것들에 대해 듣고 읽는 동안 꾸벅꾸벅 조는 일이 없을 것이다. 당신이 은혜의 수단에 그처럼 주의를 기울이지 않게 된 이유는 바로, 마음을 소홀히 했기 때문이다.

이것은 기도에 대해서도 유효하다. 깊게 단련되고 영적 부담을 진 심령이 자신을 하나님 앞에서 쏟아내며 열렬하게 간청하는 기도와 탄원의 말을 기계적으로 반복해서 쏟아놓는 말 사이에는 정말 커다란 차이가 있다! 이 차이는 실질과 형식 사이의 차이다. 근면하게 마음을 지키고 자기 영혼의 상태를 지각하는 사람은 하나님께 무엇을 구해야 하는지를 아는 일에 전혀 혼란이 없다. 그래서 하나님과의 동행, 하나님과의 교제, 하나님에 대한 묵상을 실행하게 하는 사람은 하나님께 신령과 진정으로 예배드리는 것을 자발적으로 행한다.

다윗처럼, "내 마음에서 좋은 말이 넘쳐 왕에 대하여 지은 것을 말하리니 내 혀는 필객의 붓과 같도다"라고 노래한다(시 45:1). 이 구절의 히브리어 문장은 매우 시사적이다. 즉, 문자적으로 말하자면, "내 마음은 좋은 것을 끓어 넘치게 한다"이다. 신선한 물이 보글보글 솟아올라와 흘러내리는 샘에서 취한 비유적 표현이다. 형식주의자는 자신의 지성을 쥐어짜야 한다. 말하자면, 하나님께 말씀드릴 것을 힘들게 퍼 올려야 한다. 그러나 의식적으로 마음을 지키는 사람은 자신의 영혼이 새로운 포도주를 담은 병과 같다는 것-자신이 놓인 처지 그대로 슬픔이든 기쁨이든 곧 터져 나올 것-을 발견한다.

4 마음을 지킴에 있어서의 근면함은 유혹에 직면할 때 영혼을 안정된 상태에 있도록 해준다. 의식적으로 신경 쓰느냐 무신경 하느냐가 악의 미혹에 대한 우리의 태도 및 반응을 대체로 결정해준다. 무신경한 마음은 사탄의 손쉬운 먹잇감으로 전락한다. 사탄의 주된 공격은 마음에 가해진다. 사탄이 마음을 획득하면 모든 것을 얻기 때문이다. 마음이 그 사람 전체를 통제하기 때문이다! 오호라. 방어되지 않는 마음을 정복하기란 얼마나 손쉬운가! 방어되지 않는 마음을 사탄이 포획하는 것은 도둑이 창문과 출입문을 잠그지 않은 집에 들어가는 것만큼이나 어렵지 않은 일이다. 유혹이 충분한 세력을 갖게 되기 전에 찾아내고 진압하는 것은 경계하는 마음이다. 유혹은 언덕 위에서 굴러 내려가는 커다란 바위와도 같다. 처음에는 중지시키기가 쉽다. 그러나 추진력을 충분히 얻은 뒤에는 중지시키기가 대단히 어렵다. 그러니 만일 우리의 머릿속에 들어온 첫 망상을 소중하게 품는다면 곧 그 망상은 거절 못할 강력한 탐욕으로 성장한다.

행동을 앞서는 것이 욕구이고, 욕구를 앞서는 것이 생각이다. 죄악된 목적물은 일차적으로 생각에게 자신을 드러낸다. 싹틀 때에 잘라버리지 않는다면 정서를 격동시키고 무장시킬 것이다. 만일 마음이 저 악한 상상을 몰아내지 않는다면, 반대로 마음이 저 악한 상상을 곰곰이 생각하고 기운을 북돋아주고 양식을 제공해주면 머잖아 의지에게서 동의를 받아낸다. 마음을 지키는 과업의 대단히 크고 중요한 부분은 그 첫 조짐에 주목하고 첫 단계에서 죄를 억제하는 것에 있다. 죄의 움직임은 처음에는 지극히 미약하다. 그래서 첫 단계에 있을 때 조금만 주의를 기울이고 신경을 쓰면 나중에 벌어질지도 모르는 큰 곤란과 실책을 미연에 방지하는 것이다. 그러나 만일 상상을 파고드는 죄의 첫 움직임을 주목하고 저지하지 않는다면 그 무신경한 마음은 순식간에 유혹의 권세에 완전히 사로잡힌다. 그리고 사탄이 승리한다.

5 마음을 근면하게 지키는 것은 우리의 은사들을 개선하는 데 큰 도움을 준다. 은혜는 무신경한 영혼에서는 결코 잘 자라지 않는다. 은혜의 뿌리와 체질은 마음에 심겨지는 것이기 때문이다. 은혜의 뿌리와 체질이 깊이 뿌리를 박을수록 (뿌리를 내리게 만들수록) 은혜는 그만큼 더 번창하고 잘 자란다. 에베소서 3:17에 "뿌리가 박히고 터가 굳어져서"라는 어구가 있다. 마음속에 있는 사랑은 입으로 나오는 모든 은혜로운 말의 샘이며 손으로 하는 모든 거룩한 행위의 샘이다. 그러나 그리스도는 그리스도인에게 있는 은사들의 "뿌리"가 아닌가? 그렇다. 그리스도가 기원적(起源的) 뿌리이다. 은혜는 그리스도께서 심고 자양분을 공급하는 파생적 뿌리이다. 신성한 영향력 아래에서 무성하게 성장하는 만큼 그 열매는 그만큼 더 건강하고 활력이 있다. 그러나 이 결실케 하는 영향력은 근면하게 지켜지지 않는 마음속에서는 숨이 막힌다. 방치된 정원에서는 잡초가 꽃을 밀쳐내고 빽빽하게 자리를 잡는 것

과 마찬가지로 방치된 헛된 생각들과 억제되지 않은 욕망들이 마음의 힘을 삼켜버린다. "골수와 기름진 것을 먹음과 같이 내 영혼이 만족할 것이라 내 입이 기쁜 입술로 주를 찬송하되 내가 나의 침상에서 주를 기억하며 밤중에 주를 묵상할 때에 하오리니"(시 63:5-6).

6 마음을 근면하게 돌볼 때 그리스도인의 교제는 유익하고 보배로운 것이 된다. 그리스도인들이 모임을 가질 때 종종 서글픈 알력과 다툼이 생기는 것은 도대체 무엇 때문인가? 그것은 억제되지 않은 정욕 때문이다. 그리스도인들의 대화가 그토록 공허하고 무가치한 까닭은 도대체 무엇 때문인가? 그것은 그들 마음의 헛됨과 속됨 때문이다. 그리스도인들의 심령이 어떤 프레임의 지배를 받는지를 그 행위와 대화에 의거해서 분간하는 것은 어렵지 않은 일이다. 자신의 생각을 계속해서 하나님께 집중하는 어떤 사람의 말을 받아들여라. 그의 말은 정말로 진지하고 거룩하고 교훈적이다. 즉, "의인의 입은 지혜를 말하고 그 혀는 공의를 이르며 그 마음에는 하나님의 법이 있으니 그 걸음에 실족함이 없으리로다"라고 말한다(시 37:30-31). 만일 우리 각자가 매일 자신의 마음의 악들을 짊어지고 하나님 앞에 나아가 자신을 낮춘다면 우리는 다른 사람들에 대해 더 많은 동정심과 온유함을 품을 것이다(갈 6:1).

7 잘 지켜진 마음은 우리를, 하나님께서 우리에게 부과하실 수 있는 어떤 상태에 혹은, 하나님께서 우리를 사용하실 어떤 섬김에 적합한 존재로 만들어준다. 겸손한 마음가짐을 유지하도록 배운 사람은 성공할 수 있는 자질을 갖춘 것이다. 성경의 약속과 후원을 적용하는 방법을 아는 사람은 어떤 역경이든 통과할 수 있는 자질을 갖춘 것

이다. 마찬가지로 자기 마음의 교만과 이기심을 거부할 수 있는 사람은 하나님을 섬기는 데 활용될 자질을 갖춘 것이다. 바울이 바로 이런 사람이었다. 바울은 다른 사람들을 섬겼을 뿐만 아니라 자기 자신의 포도밭을 잘 살펴보았다(고전 9:27을 보라). 바울은 하나님을 위한 정말로 탁월한 도구였다. 어떻게 풍부에 처해야 하는지와 어떻게 손실을 감당해야 하는지를 알았다. 사람이 바울에게 도전해봤자 바울은 꿈쩍도 하지 않았다. 오히려 분개했을 뿐이다. 사람들이 바울에게 돌을 던졌어도 바울은 감당할 수 있었다.

8 우리는 마음을 근면하게 지킴으로써, 치욕거리들과 걸림돌들을 가장 빨리 세상 밖으로 치워버릴 것이다. 우리 주님의 훌륭한 이름이 주님의 이름을 달고다니는 많은 사람들의 사악한 행실 때문에 얼마나 비방을 많이 받는지 모른다. 복음을 전하는 자들의 모순적인 삶에 의해 복음에 대한 편견이 얼마나 많이 생기는지 모른다. 그러나 만일 우리가 마음을 지킨다면 저 엉성한 신앙고백자들의 행실이 야기한 치욕거리를 더 늘리지 않을 것이다. 그렇다. 우리가 접촉하는 사람들은 우리가 "예수와 함께 해왔음"을 알게 될 것이다. 천성길에서 거룩의 장엄한 빛이 비칠 때 세상은 외경심을 갖게 되고 어린양의 추종자들은 존경을 받을 것이다.

마음을 지킨다는 것이 비록 이처럼 힘겨운 수고를 동반할지라도 이처럼 복된 소득이 충분한 자극을 제공하여 근면하게 마음을 지키게 만들지 않는가? 필자가 지금까지 거명한 여덟 가지 특별한 은택들을 살펴보라. 그리고 그 여덟 은택들을 정의의 저울에 올려놓아 무게를 재어

보라. 이 은택들은 사소한 것들이 아니다. 그렇다면 당신의 마음을 잘 지켜라. 그 마음의 사랑이 하나님을 향하도록 면밀하게 살펴보라. 야곱은 라헬을 얻기 위해 7년을 섬겼다. 야곱에게 7년은 불과 며칠처럼 여겨졌다. 라헬을 향한 사랑 때문이었다. 사랑의 수고는 언제나 즐겁다. 만일 하나님이 당신의 마음을 사로잡으면, 당신의 두 발은 하나님의 계명의 길을 재빨리 달려갈 것이다. 즉, 의무는 기쁨이 될 것이다. 그러니 우리는 "우리에게 우리 날 계수함을 가르치사 지혜의 마음을 얻게 하소서"라고 열심히 기도합시다(시 90:12). 우리의 손이 솜씨를 얻는 것처럼 말이다.

결론

마음을 지키는 이 과업에 신실하게 그리고 면밀하게 전념하기를 추구해왔지만 이 과업에서의 성공이 명백하게 부족한 탓에 속으로 끙끙 앓고 있고 자신들의 경험이 구원받기에 충분하지 못하다고 두려워하는 모든 진지한 그리스도인들에게 한두 마디 위로의 말로 마무리를 짓도록 하겠다.

첫째, 이 증상은 당신의 마음이 정직하고 올바른 상태에 있다는 사실을 입증한다. 당신이 마음의 현 상태와 죄악들로 인해 애통해 하고 있다면 이것은 어떤 위선자도 꾸며내지 못하는 것이다. 필자보다 더 좋은 머리를 가진 많은 사람들이 지금 지옥에 있다. 당신의 마음만큼이나 나쁜 마음을 가졌다고 불평한 많은 사람들이 지금 천국에 있다.

둘째, 만일 마음의 짐과 고통에 의해 당신이 은택을 입는 것이 하나님의 의도가 아니라면 하나님은 당신을 이토록 많은 짐을 지고 고통을 겪도록 결코 허용하지 않으실 것이다. 당신은 '주여, 어째서 저는 계속해서 애통해 해야 하고 온종일 비통해야 하나요? 오랫동안 고초를 겪었습니다. 그런데 아직도 끝나지 않았습니다. 오랫동안 헛된 생각에 맞서 싸웠습니다. 그런데 아직도 시달리고 있습니다. 언제쯤 제가 더 좋은 마음을 갖게 됩니까?'라고 묻는다. 아하, 이런 것들에 의해 하나님은 당신의 마음이 본래 어떤지를 당신에게 보여주실 것이다. 그러면 당신은 값없는 은혜에 얼마나 많은 빚을 지고 있는지를 알게 되었을 것이다. 게다가 하나님은 당신을 겸손한 상태에 계속해서 머물도록 하실 것이다. 당신으로 하여금 당신 자신과의 사랑에 빠지도록 허락하지 않으실 것이다.

셋째, 하나님은 당신의 이런 염려, 조심, 심적 고통을 곧 복되게 끝내실 것이다. 당신의 마음이 당신이 바라는 대로 될 때, 당신이 모든 두려움과 슬픔으로부터 구원을 받고 결코 두 번 다시 "오, 나의 강퍅한, 헛된, 세속적인, 더러운 마음이여!"라고 부르짖지 않게 될 그때가 다가온다. 그때가 되면 모든 어둠이 당신의 오성에서, 모든 헛됨이 당신의 정서에서, 모든 죄책이 당신의 양심에서, 모든 편벽됨이 당신의 의지에서 깨끗이 제거될 것이다. 그때가 되면 당신은 하나님의 지극한 선하심과 무한한 탁월하심을 영원토록, 즐겁게, 황홀하게 누리며 맛보게 될 것이다. 곧 구름이 끼지 않은 맑은 아침이 동터오를 것이다. 그러면 모든 어둠이 달아날 것이다. 그러면 우리는 그리스도를 닮게 될 것이다. 왜냐하면 우리는 그리스도의 모습 그대로를 볼 것이기 때문이다(요일 3:2). 할렐루야!

깨어 근신하라
6장 Sleepy Saints

"너희는 다 빛의 아들이요 낮의 아들이라 우리가 밤이나 어두움에 속하지 아니하나니 그러므로 우리는 다른 이들과 같이 자지 말고 오직 깨어 근신할지라"(살전 5:5-6)

정말 괴상하다! 영원의 경계선에서 졸다니! 거듭나지 않은 사람과 대조할 때 그리스도인은 허물과 죄로 인한 죽음의 잠에서 깨어났고, 지옥에 있는 무한한 비참에 대한 말할 수 없는 두려움과 천국에 있는 영원한 복락에 대한 형언할 수 없는 즐거움을 깨닫게 되었고, 이로 인해 생명의 진지함과 엄숙함을 인식하게 되었다. 그리스도인은 모든 세속적인 것들의 무익함과 하나님께 속한 것들의 보배로움을 경험적으로 깨우친 사람이다. 그리스도인은 허영의 시장에 등을 돌렸고 하늘성을 향한 여정을 시작한 사람이다. 그리스도인은 소생케 되어 새로운 생명을 갖게 되었고 그리스도 예수 안에 있는 하나님의 고귀한 부르심의 상을 얻기 위해 푯대를 향해 매진할 가장 강력한 동기를 갖게 된 사람이다. 그럼에도 불구하고 슬프게도, 뒷걸음질을 칠 가능성이 있다. 열정이 감소하고 은사들이 쇠약해지기 때문이다. 첫 사랑을 버리기 때문이며, 잘 하는 것에 싫증을 내기 때문이다. 그렇다. 만일 그리스도인이 경계를 대단히 철저히 하지 않는다면 졸음이 몰래 숨어들 것이다. 그래서 그리스도인은 잠에 빠질 것이다. 부패가 여전히 그리스도인 안에 머물러 있고, 죄는 지각력을 마비시키는 효과를 갖고 있다. 그리스도인은 아직 이 악한 세상에 있고, 죄는 무기력케 하는 영향력을 발휘한다. 사탄은 그리스도인을 삼키려고 애쓴다. 그러니 만일 견결하게 저항하지 않는다면 그리스도인을 혼미하게 만들 것이다. 따라서 이 영적 "수면병"의 위협은 매우 실질적이다.

꾸벅꾸벅 조는 성도! 정말 터무니없다! 위험이 닥쳤는데도 느긋하다. 믿음의 선한 싸움을 싸우는 대신에 빈둥거린다. 세월을 아끼는 대신에, 구세주를 영화롭게 할 기회를 허비한다. 구세주를 섬기는 일에 전심전력을 다하여 기진맥진해가는 대신에, 주저앉아 녹이 슬어간다. 우리는 로마가 불타고 있는 동안 네로가 악기를 연주하는 것에 대해서는 놀라움과 두려움을 품고 말한다. 그러나 훨씬 더 놀랍고 괘씸한 것은, 영원한 파멸의 운명을 선고받은 세상에 매혹되어 하나님을 떠난 경솔한 그리스도인이다. 이런 졸렬한 모조품과 비극적인 작태는 결코 예외적인 것이 아니다. 성경의 평가와 교훈은 이런 작태가 흔하게 일어난다는 것을 입증해준다. 로마서 13:11("자다가 깰 때가 벌써 되었으니 이는 이제 우리의 구원이 처음 믿을 때보다 가까왔음이니라"), 고린도전서 15:34("깨어 의를 행하고 죄를 짓지 말라"), 에베소서 5:14("잠자는 자여 깨어서 죽은 자들 가운데서 일어나라")와 같은 성경구절은 하나님의 백성들이 이렇게 압도되어 있다는 사실을 대단히 분명하게 드러낸다. 이 긴급한 요구들 각각이 성도들에게 주어진 것이다. 마찬가지로 "너희는 다 빛의 아들이요 낮의 아들이라 우리가 밤이나 어두움에 속하지 아니하나니 그러므로 우리는 다른 이들과 같이 자지 말고 오직 깨어 근신할지라"는 권면도 성도들에게 준 것이다(살전 5:5-6).

우리 주님께서 마태복음 25:1~13에서 바로 이 현상에 대해 경고하셨다. 마태복음 본문은 지금 우리가 다루는 주제에 대한 주제들을 대단히 엄밀하게 다룬다. 지금 필자는 이 구절들을 주석하겠다고 제안하는 것이 아니다. 하물며 이 구절들에 대해 사람들이 상충하는 이론화를 검토하는 데 시간을 허비하겠다는 것도 아니다. 그 구절의 "예언적" 적용이라고 명명되어온 것에 대한 무익한 사색들을 깊이 다루는 대신에, 필자는 그리스도인의 행보에 훨씬 더 실제적인 중요성과 유익을 주는 것에 대해 깊이 고찰할 생각이다.

첫째, 열 처녀 비유를 그리스도께서 무차별적 대중이 아니라 자신의 제자들에게 말씀해주신 것이라는 점에 적절하게 주의를 기울이자. 그리스도께서 "그런즉 깨어 있으라 너희는 그 날과 그 시를 알지 못하느니라"는 말씀을 주신 이들은 바로 제자들이었다(마 25:13). 여기에서 그리스도는 자신의 제자들에게, 경계심과 근면성을 최상급으로 유지하라고, 불의의 기습에 대비하고 있으라고, 그리스도께서 출현하실 때 그리스도를 환영하고 영접할 준비상태를 지속적으로 갖추고 있으라고 권면하셨다. 마태복음 25:13에서 이 비유의 주된 취지를 명확하게 지적하셨다. 경계를 유지해야 한다는 그리스도인의 의무를 특히, 의무를 이행할 때 도덕적 졸음과 영적 무기력이라는 경향 및 위험에 빠지지 않도록 경계해야 한다고 역설하는 것이 그 취지였다.

둘째, 성경 말씀에 어떤 제한을 가하지 말라고 필자는 이 자리에서 독자에게 열렬하게 경고하고자 한다. 신앙의 유비에 비춰볼 때, 즉, 성경의 일반적 기조에 비춰볼 때, 13절의 "그 날과 그 시"를 즉, 인자가 오시는 시기를 이 시대 혹은 세상의 끝에서 인자가 궁극적으로 등장하는 것에 국한시키는 것은 전혀 근거가 없다. 성구사전을 활용하고 그리스도의 "오심"을 언급하는 상이한 의미들을 세심하게 관찰하고 그 상이한 의미들을 서로 구별하는 것은 우리의 의무이다. 예를 들자면, 하나님의 말씀과 규례를 집행할 때 은혜가 하나님의 백성에게 전달되는 것을 "저는 벤 풀에 내리는 비 같이, 땅을 적시는 소낙비 같이 임하리니"라는 식으로 언급한다(시 72:6, 비교 신 32:2). 다른 예를 하나 더 보자. 예루살렘을 멸망시키는 심판자로서의 오심이 있다. 이 위협을 정당화하는 말씀이 "포도원 주인이 어떻게 하겠느뇨 와서 그 농부들을 진멸하고 포도원을 다른 사람들에게 주리라"이다(막 12:9). 이 오심을 주님께서 문자적으로 직접적으로 성취하지 않으셨다. 도구적으로, 로마인들에 의해 성취하셨다. 그리스도의 사랑에 대한 갱신된 현현에서도 자기 백성에게로 오시는 그리스도의 "오심"이 있다. 즉, "사람이 나를 사랑하면 내 말을 지키리니 내 아버지께서 저를 사랑하실 것이요 우리가 저에게 와서 거처를 저와 함께 하리라"는 말씀에 있는 "오심"이다(요 14:23).

그리스도께서 오신 목적

그리스도는 대리속죄를 위해 자기 백성에게로 오셨다. 그리스도께서 사도들에게 "내가 너희를 고아와 같이 버려두지 아니하고 너희에게로 오리라"라고 선포하신 말씀에 있는 "오심"이 그런 것이다(요 14:18). 이 구절은 선행구절들에 따르면 오순절에 일어난 공적인 성령강림 사건을 가리키는 것이 분명한다. 다시 말하자면, 종종 그리스도께서는 섭리라는 병거를 타고 자신의 백성을 방문하신다. 우호적으로 방문하실 때도 있다. 그리고 "그러므로 어디서 떨어진 것을 생각하고 회개하여 처음 행위를 가지라 만일 그리하지 아니하고 회개치 아니하면 내가 네게 임하여 네 촛대를 그 자리에서 옮기리라"라는 말씀에서처럼 적대적으로 방문하실 때도 있다(계 2:5; 16절과 비교하라). 게다가 그리스도의 "오심"은, "또 십자가로 이 둘을 한 몸으로 하나님과 화목하게 하려 하심이라 원수 된 것을 십자가로 소멸하시고 또 오셔서 먼 데 있는 너희에게 평안을 전하고 가까운 데 있는 자들에게 평안을 전하셨으니"라는 말씀에서처럼 복음 사역에 의해, 도구적으로, 오시는 것일 때도 있다(엡 2:16-17; 비교, 눅 10:16). 또 다른 경우가 있다. 그리스도의 "오심"이 "볼지어다 내가 문밖에 서서 두드리노니 누구든지 내 음성을 듣고 문을 열면 내가 그에게로 들어가 그로 더불어 먹고 그는 나로 더불어 먹으리라"라는 말씀의 경우처럼, 그리스도와의 교제를 갈망하고 추구하는 이들에게 영적으로 오시는 오심을 가리키는 경우도 있다(계 3:20).

마지막으로, 그리스도께서 문자적으로 그리고 가시적으로 오시는 "오심"이 있다(행 1:11, 계 1:7). 그러므로 그리스도의 이 일곱 가지-교류적, 사법적, 현현적, 대속적, 섭리적, 도구적, 영적-"오심"들을 하나로 합쳐 뒤범벅을 만드는 것은 심각한 잘못이다. 그리스도의 "오심" 혹은 나타남을 언급하는 모든 구절을 그리스도의 재림에 국한시키는 것도 마찬가지다.

비슷하게도, 우리 주님의 "그런즉 깨어 있으라 너희는 그 날과 그 시를 알지 못하느니라"라는 말씀을 "복스러운 소망과 우리의 크신 하나님 구주 예수 그리스도의 영광이 나타나심을 기다리"는 것에 제한하는 것도 똑같이 잘못된 것이다. 필자가 위에서 언급한 일곱 가지 "오심"의 대부분을 여기에서 배제하면 안 된다. 우리는 그리스도께서 은혜의 수단을 통해 우리에게 다가오시는 것에 대해 항상 경계태세를 갖추고 있어야 하고, 섭리 속에서 우리 앞에 나타나시는 것에 항상 주의를 기울여야 하고, 복음 사역 속에서 그리스도를 인식해야 하고, 친밀한 교제의 방문을 고대하며 기다려야 한다. 그리스도인이 이 세상에 존속하는 기간은 그리스도인이 이 세상을 떠나기 위한 "경계의 기간"인 동시에 "기다림의 기간"이다. 그 떠남이 죽음에 의한 것인지 아니면 들어 올림을 받아 공중에서 주님을 만날 것인지 모르기 때문에 전자의 방식이든 후자의 방식이든 어떤 쪽으로 사태가 벌어지든 감당할 준비를 갖춰야 한다.

"경계태세를 유지하라"는 이 요구는 "무릇 지킬만한 것보다 더욱 네 마음을 지키라"(잠 4:23), "너희 자신을 지켜 우상에서 멀리하라"(요일 5:21), "하나님의 사랑 안에서 자기를 지키며…기다리라"(유 21)라는 명령을 이행해야 한다는 뜻이다. (비록) "마음에는 원이로되 육신이 약하도다"라는 사실을 인지하여 "시험에 들지 않게 깨어 있어 기도하라"고 우리에게 명령하는 것이다. 한 마디로 말하자면, 저 권면은 끊임없는 근면함과 신중함으로 우리 영혼의 이해관계에 주의를 기울이라고 우리에게 요구하는 것이다.

"그 때에 천국은 마치 등을 들고 신랑을 맞으러 나간 열 처녀와 같다 하리니"(마 25:1)라는 이 말씀은 "신부"가 자신의 신랑에 대해 갖는 태도에 대한 비유가 아니다. 그 범위가 더 넓기 때문이다. 그리스도인의 신앙고백 영역 전체를 끌어들이는 말씀이기 때문이다. 뒤에 이어지는 문맥에서 "처녀들"은 두 무리–거듭난 무리와 거듭나지 않은 무리–로 나뉘진다. 따라서 열 처녀 전부를 하나로 묶어 '신부!'를 지칭한다고 보는 것은 부정확할 것이다. 그러므로 이 비유는 마태복음 13장에 있는 알곡과 가라지의 비유처럼, 그리고 좋은 물고기와 나쁜 물고기 비유처럼 일종의 구별하는 비유이다. 만일 '어째서 그리스도께서는 이런 비유를 제자들에게 하시는가?'라고 묻는다면 그 대답은 '제자들 중에 유다 같은 인물이 있었기 때문이다'일 것이다.

"어리석은" 처녀들을 고찰하는 것은 현재 우리의 전망 바깥이다. 외적으로 볼 때 어리석은 처녀들은 "지혜로운" 처녀들과 다르지 않았다고 말하는 것으로 충분할 것이다. 어리석은 처녀들은 비종교적이며 부도덕한 사람들을 가리키지 않는다. 교회생활을 하면서도 구원을 받지 못한 사람들 즉, "[자신들의 주가 아닌!] 우리 주 되신 구주 예수 그리스도를 앎으로 세상의 더러움을 피"했지만(벧후 2:20) 은혜의 이적을 마음속에서 경험한 적이 없는 사람들을 가리킨다. 어리석은 자들은 비록 손에 "등"을 들고 있지만 "그릇"에 기름이 없었다(마 25:3-4). 이들의 영혼 속에 은혜가 없었다! 이 비유는, 자기 자신을 정직하고 섬세하게 살필 것을 필자와 독자에게 요구한다. "더욱 힘써 너희 부르심과 택하심을 굳게 하라"고 요구한다(벧후 1:10).

'신랑을 맞으러 나간 열 처녀들'의 의미

"그 때에 천국은 마치 등을 들고 신랑을 맞으러 나간 열 처녀와 같다 하리니"에서처럼, 그리스도의 제자들을 묘사하기 위해 사용된 상징물들은 많고 다양하다. 그리스도의 제자들을 소금, 빛, 양, 산 돌, 왕 같은 제사장이라고 언급한다. 완벽한 상태에 있을 때의 그리고 유형적인 자격에 있을 때의 교회를 가리켜, 어린양의 "신부"라고 한다. 그러나 개별적으로는, "시종하는 동무처녀들"이라고 한다(시 45:14; 비교, 아 8:13, 계 1:9). 믿음의 순결성 때문에 "처녀들"이라고 부른다. 비록 그 인격성이 아무리 매력적이더라도 그 외적 행위가 아무리 흠잡을 데가 없더라도 근본적으로 불건전한 사람을, 그리스도인이라고 간주해서는 안 된다. 따라서 바울은 거짓 교사들의 가르침에 귀를 기울이지 말라고 지역교회를 타이르면서, "내가 하나님의 열심으로 너희를 위하여 열심 내노니 내가 너희를 정결한 처녀로 한 남편인 그리스도께 드리려고 [목회적으로] 중매함이로다"라고 말했다(고후 11:2).

다시 말하자면, 예배의 순결성 때문에 "처녀들"이라고 부른다. 하나님은 질투하는 하나님이시며 경쟁자를 용납하시는 법이 없다. 그러므로 우리는 우상숭배를 매춘행위로 표현하는 것을 성경 전체에 걸쳐 확인할 수 있다. 그래서 우리는 더럽고 부패한 교황제도를 "음녀들과 가증한 것들의 어미"라고 지칭한다(계 17:5). 또 다르게 말하자면, 저들을 "처녀들"이라고 부르는 까닭은 그 행함의 순결성 때문이다. 즉, 부정한 세상과의 우호관계 및 교제를 거절하고 그리스도께 매달리는 순결성 때문이다. "이 사람들은…정절이 있는 자라 어린 양이 어디로 인도하든지 따라가는 자…"들이다(계 14:4).

영광의 왕을 바라보라

성도들은, "시온의 여자들아 나와서…혼인날 마음이 기쁠 때에 그 모친의 씌운 면류관"을 쓰고 있는 "솔로몬 왕을 보라"라고 분명하게 명령받았다(아 3:11). 이 구절은 우리가 반드시 깊이 고찰해야만 하는 몹시 흥미롭고도 복된 구절이다. 이 구절에서 염두에 두고 있는 원형은 평강의 왕 솔로몬이다. 솔로몬의 "모친"은 자연적 이스라엘이다. 솔로몬 즉, 그 마음속에서 빚어진(갈 4:19) 영적 이스라엘은 자연적 이스라엘로부터, 육체를 따라 나왔다. "혼인날"은 이스라엘이 하나님과 엄숙한 서역을 맺는 때였다(렘 2:2; 역사를 참고하고자 한다면 출 24:3-8). "혼인날"은 그리스도와 결혼의 연합을 하는 날 즉, 우리가 우리 "자신을 주께 드리고"(고후 8:5) "주와 합하"고(고전 6:17) 그리스도를 우리의 마음과 삶의 왕으로 세우는 날이었다. 여기에서 "시온의 여자들"-"처녀들"과 동일한 여자들-은 자신들의 장엄하고 영광스러운 왕을 "바라보라"는 명령을 받는다. 즉, 그리스도의 인격의 탁월성에 주의를 기울여 고찰하라는, "전적으로 사랑스러운" 자를 찬탄하고 찬양하라는 명령을 받는다. 그러나 이렇게 하기 위해서는 여자들 쪽에서의 적극적인 노력이 반드시 있어야 한다. 꾸물거리는 자들에게는 그리스도께서 자신을 드러내지 아니하신다(아 3:1).

'등을 든다'는 것의 의미

"등을 들고 신랑을 맞으러 나간"에서 등을 든다는 표현은 자신들의 신앙을 공적으로 고백한다는 뜻이다. 자신들의 신앙을 말 아래에 숨긴 비밀제자들이 아니었다. 자신은 그리스도의 제자라고 부끄러움 없이 밝힌 자들이다. "허리에 띠를 띠고 등불을 [더욱 문자적으로] 켜고 서 있으라 너희는 마치 그 주인이 혼인 집에서 돌아와 문을 두드리면 곧 열어 주려고 기다리는 사람과 같이 되라"(눅 12:35-36)는 이 비유의 설득력을 설명하는데 기여한다. 그리스도는 자신의 앞길을 예비하는 요한을 가리켜 "요한은 켜서 비취는 등불"이라고 말씀하셨다(요 5:35).

그러나 이 처녀들이 등불을 든다는 이 어구가 다른 의미라는, 다른 생각들이 제안되었다. 이 처녀들은 적절한 수단을 이용했고 자신들이 직면하게 될 어둠에 맞설 채비를 갖췄다고 말한다. 그리스도인에게 알맞은 주된 수단은 말씀이다. 말씀은 곧 "어두운데 비취는 등불[눅 12:35과 요 5:35과 동일한 헬라어 단어]"이다(벧후 1:19). 게다가 이 처녀들은 잠자리에 들 생각이 전혀 없었고 오히려 깨어 있으려는 목적이었다. 이것은 그 뒤의 것을 더욱 꼼꼼하게 살피도록 만든다. 이 구절은 처녀들은 자신들의 임무가 어려운 임무라는 것을 감지하였음을 암시한다. 온종일 일을 한 뒤에 밤새껏 병자를 돌본 경험이 있는 사람만이 어둠 속에서 오랫동안 정신을 바짝 차리고 있는 것이 얼마나 힘든 일인지를 안다.

'신랑을 맞으러 밖으로 나간다'는 말의 의미

신자가 명확하게 깨달을 필요가 있는 사실은, 말씀은 양식인 "떡"

으로서만이 아니라 원수들의 공격을 격퇴하는 데 사용할 "검"으로서만이 아니라 발광체로 신자에게 제공된다는 사실이다. "주의 말씀은 내 발에 등"이며(시 119:105), 만일 내가 내 영혼을 영원토록 사랑하시는 이와 만나고자 한다면 반드시 밟아야할 길을 밝혀준다. "신랑을 맞으러 나간"이라는 어구는, 하나님의 규례를 집행하는 데 주의를 기울이는 것과 수단을 사용하는 것에 있어서 항상 우리의 목적이 되지 않으면 안 된다. 주님을 만나기 위해 밖으로 나가는 것을, 외적인 행위와 내적인 행위 모두를 표현하는 것으로 이해해야 한다.

외적인 면에서, 이것은 세상과의 특히, 세상의 즐거움들과의 분리를 가리킨다. 우리가 세상의 즐거움들에 관여하여 우리의 시간을 허비하는 동안에는 그리스도와의 만남이 없다. 만일 우리가 신랑을 만나고자 한다면 "믿지 않는 자와 멍에를 같이 하지 말라…저희 중에서 나와서 따로 있고"라는 말씀에 주의를 기울이지 않으면 안 된다. 더욱 상세하게 말하자면, 처녀들이 "나간" 것은 배교적 교회체제를 등지는 것을 의미했다. 그리스도께서는 자신을 거절한 유대교를 버렸다고 제자들에게 가르쳐주셨다(마 23:37-38). 그러니 만일 그리스도를 만나고자 한다면 그들 역시 "영문 밖으로 그에게 나아가"지 않으면 안 된다. 지금도 마찬가지다. 만일 그리스도인이 그리스도와 만나 복된 교제를 나누고자 한다면 속된 세상과의 모든 정교(情交)로부터 분리된 행보를 할 뿐만 아니라 그리스도를 지극히 높이지 않는 모든 종교분파에 등을 돌리지 않으면 안 된다. 이것은 자기를 부인하는 것과 그리스도의 수치를 감내하는 것을 요청한다. 이렇게 하고자 하는 우리의 자발성은 우리가 그리스도를 얼마나 존경하느냐에 좌우된다.

내적인 면에서, 그들이 가진 정서의 적극성을 가리킨다. 그리스도를 즐거워하는 정서 즉, 그리스도가 갈망 및 기대의 목적물이었다는 뜻이다. 그들의 은사들을 그리스도께 발휘하는 것, 영혼 전체가 그리스도를 좇아 나서는 것을 의미한다. 그것은 다윗이 "내가 여호와께 [지극하게] 청하였던 한 가지 일 곧 그것을 구하리니 곧 나로 내 생전에 여호와의 집[교제를 나누는 곳]에 거하여 여호와의 아름다움을 앙망하며"라고 한 것처럼 그리스도를 좇아 나서는 것이다(시 27:4). 만일 "신랑을 맞으러 나간"이라는 어구의 취지 즉, 그리스도에 대한 깊은 갈망과 열렬한 추구가 없다면 그리스도의 탁월성을 바라봄으로써 영혼이 충족되는 그런 바라봄이 존재하지 못한다.

"신랑을 맞으러 나간"이라는 말은 그리스도와 교제를 나누고 싶은 갈망과 그리스도에 대한 분명한 추구를 가리킨다. 이러한 갈망과 추구가 없는 경우, 우리가 그리스도의 나타나심을 사랑하는 이들 가운데 속해 있다고 생각해봐야 헛되다. "신랑을 맞으러 나간"이라는 말은 신자들이 은사를 발휘하여, "나의 영혼이 주를 가까이 따르니"라고 말할 수 있게 되는 것을 가리킨다(시 63:8). 믿음의 대상에게 작용된 믿음을, 따라서 그리스도를 바라보되 그리스도의 인격과 완전성들을 말씀에서 묘사된 그대로 바라보는 믿음을 가리킨다. 그리스도와 만나기를(요 14:21) 즉, 그리스도께서 자신을 우리에게 나타내기를 그리고 그리스도와 영원히 함께 있기를 기대하는 소망을 가리킨다. 사랑을, 아버지께서 사랑하시는 이를 갈망하고 그를 멀리 떠나서는 만족할 수 없는 그런 사랑을 가리킨다. 하나님의 우편에 앉아계신 그리스도께 속한 것에 애정을 쏟고, 결과적으로 지상에서는 이방인이요 순례자가 되는 것이다. 자아를 벗어나는 것이며, 우리를 사랑하며 우리를 위해 자신을 내놓으신 자에게 몰입하는 것이다.

오직 이렇게 할 때만, 그리스도를 경험적으로 마주치고, 기쁨으로 바라보고, 교제를 나눌 수 있다. "신랑을 맞으러 나간" 그것은 그리스도께 애정을 쏟는 나아감이며 그리스도께 우리의 은사들을 발휘하는 남아감이다. 바울이 "그러나 무엇이든지 내게 유익하던 것을 내가 그리스도를 위하여 다 해로 여길 뿐더러 또한 모든 것을 해로 여김은 내 주 그리스도 예수를 아는 지식이 가장 고상함을 인함이라"라고 말하게 된 그런 나아감이다(빌 3:7-8).

'신랑이 더디 온다'는 말의 의미

"신랑이 더디 오므로" 모든 처녀가 졸고 잠이 들었다(마 25:5). 얼마나 서글픈지! 얼마나 신랄하고 엄숙한지! 신랑이 더디 오는 때는 처녀들이 실패하는 때이다. 처녀들은 시작할 때처럼 계속하지 않았다. 은사들을 계속해서 건강하게 발휘하지 않았다. 자신들에게 부여된 위대한 직무에 주의 집중하기를 중단했다. 일을 잘하는 것에 대해 점점 싫증이 났다. 이 구절의 "예언적" 성취에 머리를 쓰는 대신에, 우리의 마음을 털어놓고 그 구절에 의거해 낱낱이 살펴봐야 한다. '그 구절은 기독교계의 현재 상황을 정확하게 묘사한다'라고 말하는 대신에 그 구절은 우리 각자에게 개별적으로 어느 정도로 관계가 있느냐고 질문할 필요가 있다.

    나 자신에게 '나는 졸고 잠자고 있는 기독교인인가?'라고 질문하는 것이 훨씬 더 적절하다. 이 질문에 대해 서둘러 대답할 필요도 없다. 한쪽에서, 만일 내가 내 자신을 마땅히 존중해야 하는 것 이상으로 높이고 있다는 사실을 깨달을 필요가 있다면 혹은, 나의 실상은 그렇지 않은데도 아무 문제가 없는 척한다면, 반대쪽에서, 하나님은 내게 위선자 역할을 하라고 요구하지 않으신다. 그리고 겸손하다는 평판을 얻기 위해 지금의 내 실상보다 더 나쁘다고 주장하라고 요구하지도 않으신다. 베드로는 그리스도께 "내가 주를 사랑하는 줄을 주께서 아시나이다"라고 말할 때 주제넘게 자랑하는 말이 아니었다. 그러나 유다가 그리스도께 다가가 입을 맞추며 환영하고자 했을 때 사기를 쳤다.

영적으로 잠든 사람의 징표들

    그러나 우리는 '나는 영적으로 잠들어 있는가?'라는 질문에 진실하게 대답할 수 있기 전에, 반드시 가장 먼저 확인해야 하는 것은 영적으로 잠이 든 사람의 징표들이 무엇이냐는 것이다. 그렇다면 정직한 탐구자를 돕기 위해, 잠의 특성들 가운데 몇 가지를 묘사해보자. 지금 필자는 박식한 이들을 감동시키려고 노력하는 것이 아니다. 그렇기 때문에 필자는 가능한 단순하게 묘사하겠다. 잠이 들 때 몸이 나타내는 특징들은, 영혼이 잠들 때를 판별하는 데 도움을 준다. 잠이 들면 몸은 비활동 상태에 있다. 따라서 몸의 각 지체들도 활동을 멈춘 상태가 된다. 지성의 정상적인 활동이 정지될 때 무의식 상태가 된다. 그러므로 위험을 감지하지 못하는 상태, 완벽하게 무기력한 상태에 있다. 영적인 잠이란, 신자의 영혼이 갖추고 있는 모든 기능들이 활동을 멈춘 상태이며, 은사들이 그 각각의 직분들을 더 이상 수행하지 않는 상태이다. 지성이 하나님께 속한 것들에 개입하기를 중단하고 건강한 활동을 지속하지 않을 때, 나태함과 불활성의 상태가 지속된다. 하나님과 그리스도, 죄와 은혜, 천국과 지옥에 관한 위대한 진리들이 우리에게 생명력있고 효과적인 영향력을 발휘하지 않을 때 우리는 급속도로 졸음에 빠지고 게으름에 빠진다.

(1) 신앙에 활동성이 없어진다

잠에 빠진 신앙은 활동성이 없는 신앙이다. 정해진 목표물에 대해 발휘되지 않는 신앙이며, 할당된 과업을 이행하지 않는 신앙이다. 그리스도 안에서 하나님의 백성에게 유용한 은사들을 충만케 하지도 않는 신앙이다. 말씀의 계명들과 약속들에 입각해서 행동하지도 않는 신앙이다. 진리에 대해 지적인 면에서는 여전히 동의하지만 그 마음은 실천적 경건에 관련한 것에 의해서는 적절한 영향을 더 이상 받지 않는다. 그리스도인이 처한 실상이 이런 경우라면 하나님에 대한 감사, 경외, 그리고 하나님을 기쁘시게 하려는 세심함에 의해서라기보다는 전통과 감상 그리고 유행에 의해 더 많이 지배를 받을 것이다.

그리스도인의 소망이 활력을 잃을 때도 마찬가지로 머잖아 영적 마비상태에 빠진다. 소망은 장래의 복됨에 대한 열망하는 진지한 기대이다. 자아와 이 현재적 장면에서 눈을 떼는 것이며, "하나님이 자기를 사랑하는 자들을 위하여 예비하신 모든 것"에 마음을 빼앗기는 것이다(고후 2:9). 소망이 그 목표와 상급을 주시할 때 우리에게 주어진 경주를 인내하며 달려갈 수 있게 된다. 그러나 소망이 잠에 빠지면 현세적이며 감각적인 목표물에 열중하게 되고, 현재적이며 소멸하는 것들에게 현혹되고 마취된다. 마찬가지로 하나님을 향한 사랑이 활력이 없을 때 하나님의 영광을 향한 삶도 없다. 자기애와 자기연민이 우리에게 활력을 제공한다. 그리스도의 사랑이 우리를 자기부정으로 몰아대고 그리스도께서 우리에게 남긴 모범을 추종하도록 몰아대기를 멈출 때 우리의 영혼은 잠에 빠진다.

(2) 은혜의 수단을 향한 갈망을 상실한다

중요한 은사들이 건강한 활동상태에 있지 않는 경우에, 그리스도인은 은혜의 수단을 향한 갈망을 상실한다. 만일 그리스도인이 그 중요한 은사들을 사용하려고 시도하더라도 단지 피상적으로만 사용할 뿐이다. 성경을 열정적인 즐거움으로 읽기보다는 습관적으로 읽거나 양심을 만족시키기 위해 읽는다. 그래서 마음에 각인되는 것이 하나도 없다. 이후에도 성경에 대한 달콤한 묵상도 없다. 기도는 하나님께 의식적으로 다가가는 것도 하나님과의 교제도 없이, 기계적으로 드려진다. 본분을 형식적으로 이행하며 유익이 없다. 몸이 잠들면 먹지도 않고 마시지도 않는다. 영혼도 이와 같다.

믿음은 먹을 것을 받는 손이고, 소망은 소화를 돕는 타액이고, 사랑은 음식물을 씹는 이빨이요 소화기관이다. 그런데 이것들이 기능을 멈추면 영혼은 굶주리고 허약해지고 기운을 잃는다. 몸에 영양공급이 줄어들수록 몸이 과업을 수행할 힘도 능력도 그만큼 줄어든다. 마찬가지로, 나태에 빠진 영혼은 거룩한 의무에 부적합하고, 가장 거룩한 활동들은 부담이 된다. 따라서 어떤 성도가 자신이 은혜의 수단을 사용하는 것에 싫증을 내고 있고 영적 특권을 이행하는 것에 진력을 내고 있다는 사실을 발견할 때 자신의 영혼이 하나님께 대해 잠을 자고 있다는 사실을 알 수 있을 것이다.

영적 잠에 빠지는 원인

열 처녀 비유 자체에는 영적 잠에 빠지게 만드는 네 가지 원인이 나타나 있다.

(1) 경계상태를 유지하는 것에 대한 실패. 좀 더 넓은 의미에서 볼 때 "경계상태에 있다"는 것은 우리 자신과 우리의 방법들을 열심히 주의를 기울여 살펴보는 것이며 우리가 "다시 망령된 데로 돌아가"는 경향이 어떤지를 깨닫는 것이다(시 85:8). 성도는 이 세상에 머물러 있는 동안에는, 자신이 지니고 있는 거룩한 이름을 욕되게 만들고 자신의 형제들에게 장애물이 될 지속적인 위험상태에 있다. (부주의 하다는 말의 반대말인) 경계상태를 유지한다는 말은 우리의 영혼을 근면하게 관심과 돌봄을 기울인다는 것이며 죄를 지을 모든 기회를 피한다는 것이며 미혹에 저항한다는 것이다(마 26:41). "믿음에 굳게 서서 남자답게 강건하"는 (고전 16:13)-굳세게 우리의 본분을 이행하는-것이다. 주님을 섬김에 있어서, 우리의 욕망을 억제함에 있어서 느슨해질 때, 그리고 기도의 열기와 빈

도가 낮아질 때, 졸음이 우리에게 몰래 스며들기 시작했다. 궁극적으로, 경계상태를 유지하는 것은 "복된 소망을 바라보는 것"과 관련이 있다. 이것은 하나님의 '섭리적 프로그램' 상의 어떤 항목을 성취하는 것 혹은 예언의 성취를 기다리는 것과는 아주 다른 것이다. 중요한 사건 즉, 그리스도의 재림사건을 기대하는 것을 훨씬 뛰어넘는다. 그리스도를 기뻐하는 것, 그리스도를 갈망하는 것, 그리스도의 나타나심을 대비한 실천적 준비를 의미한다(눅 12:35-36).

(2) 열 처녀들의 인내력 결핍이라는 결과를 야기한, 신랑의 도착 지연. 우리로 하여금 이 세상을 등지게 만들 부르심이 얼마나 빠를 것인지 혹은 얼마나 길 것인지를 우리는 모르기 때문에 의무수행에 있어서, 지속적인 준비상태에 있어서 끊김이 있어서는 안 된다. 그리스도를 향한 간절한 기대와 더불어 인내의 기다림이 우리에게 요구된다(살후 3:5).

> "주인이 와서 깨어 있는 것을 보면 그 종들은 복이 있으리로다…주인이 혹 이경에나 혹 삼경에 이르러서도 종들의 이같이 하는 것을 보면 그 종들은 복이 있으리로다"(눅 12:37-38)

이렇게 경고하는 것은 모세가 산에 올라가 오래 지체해서 이스라엘이 기다림에 지쳤고 자신들의 욕망에 굴복했기 때문-경계심을 늦추지 말라고 우리에게 경고하는 것-이다. 구약 성도들은 그리스도의 첫 강림을 참으로 오랫동안 기다렸다! "농부가 땅에서 나는 귀한 열매를 바라고 길이 참아 이른 비와 늦은 비를 기다리나니 너희도 길이 참고 마음을 굳게 하라," 믿음과 소망을 발휘하라(약 5:7-8). 누가복음 21:36을 보라.

(3) 배은망덕한 신앙고백자들과의 은밀한 교제. 지혜로운 처녀들도 어리석은 처녀들과 너무나 밀접한 접촉과 교제를 가지면 실패한다. 이 사실은 하나님의, "속지 말라 악한 동무들['동무들'이라는 이 단어의 동사형이 사도행전 24:26에 나타나는데 우리말 번역으로는 '자주 불러 같이 이야기를 나누'는 상대방 사람들]은 선한 행실을 더럽히나니"라는 경고에 의해 확증되었다(고전 15:33). "속지 말라 악한 동무들은 선한 행실을 더럽히나니"라는 구절 바로 뒤(34절)에 "깨어 의를 행하고 죄를 짓지 말라"는 말씀이 뒤따른다. 이것은 그리스도 없는 자들과의 친밀성이 무기력을 낳는다는 사실을 입증해준다.

"우리는 선(善)보다 악(惡)에 더 민감하다. 우리는 서로에게서 질병을 얻는다. 반면에 서로에게서 건강을 얻지는 않는다. 사악한 사람들과의 교제는 덕성을 진작시키는 유익함보다는 부패시키는 능력이 더 크다. 하나님께 대해 깨어 있는 상태를 유지하고자 하고 자기 영혼의 구원에 주의를 기울이고자 하는 사람이라면 악한 동무를 떨쳐내지 않으면 안 된다."(토마스 맨튼)

시편 119:15을 보라. 그리스도인에게 가장 큰 위협인 사람은 공공연하게 속된 사람이 아니라 느슨하고 부주의한 신앙고백자이다. 그러므로 "경건의 모양은 있으나 경건의 능력은 부인하는[게으른] 자니 이같은 자들에게서 네가 돌아서라"(딤후 3:5).

(4) 위험의 시초에 대한 부주의. 처녀들은 깊이 잠들기 전에 (더 가벼운 형태로) 졸았다. 이것은 영적 쇠락의 시초단계에 엄숙하고 열정적인 주의를 기울일 필요가 있다는 것을 입증해준다. 만일 우리가 무기력의

정신에 굴복한다면 곧바로 확실한 잠에 빠져든다. 나태와 부주의라는 한 단계는 또 다른 단계로 이어진다. 즉, "게으름이 사람으로 깊이 잠들게" 한다(잠 19:15). 일단 우리의 열정이 줄어들고 우리의 사랑이 식으면 우리는 무기력해지고 부주의한 상태가 된다. 우리가 거룩한 활동에 참여할 때 차가운 형식성에 맞서 싸우지 않는다면 최종적으로 우리는 그러한 활동을 전면적으로 중단하게 될 것이다. 모든 퇴보는 마음에서 시작한다! 죄는 단단하게 만들기 전에 먼저, 마비시킨다. 만일 우리가 성령의 온유한 분투에 주의 기울이기를 중단한다면 양심은 무감각해진다. 이에 대해 토마스 맨튼은 다음과 같이 말했다.

> "다윗, 이 사람이 간음을 저지르고 살인을 범했을 때 마치 기절한 사람처럼 되었다…우리는 항상 경계상태를 유지할 필요가 있다. 만일 이후에 우리에게 고착할 질병들을 그 초기단계에서 알아챈다면 커다란 해악이 뒤따르지 않을 것이다."

열 처녀 비유에서 직접적으로 드러나지 않은, 영적 잠의 다른 원인들은 본서의 다른 곳에 열거되어 있거나 추론할 수 있을 것이다. 예를 들면, "내 눈을 돌이켜 허탄한 것을 보지 말게 하시고 주의 도에 나를 소성케 하소서"라는 말씀을 보자(시 119:37). 이 구절에서 두 개의 탄원을 나란히 놓은 것은, 속된 것들에 대한 **부적절한 몰입**은 마음에 치명적인 영향을 미친다는 점을 명확하게 함축한다. 신자의 정서를 가장 무기력하게 만드는 영향력은, 육적인 허무한 것들에 대해 **무절제한 자유**를 구가하는 것이다. "너희는 스스로 조심하라 그렇지 않으면 방탕함과 술취함과 생활의 염려로 마음이 둔하여지고 뜻밖에 그 날이 덫과 같이 너희에게 임하리라 항상 기도하며 깨어 있으라"는 말씀을 보자(눅 21:34-36). 식탐은 육신의 감각들을 둔하게 만들 뿐만 아니라 생각을 굼뜨게 만든다. 이렇게 해서 그 사람 전체가 "내 속에 있는" 모든 것을 다 쏟아내 기울여야 할 영적 의무들을 이행하는 데 부적절한 사람이 된다(시 103:1). 주의를 빼앗고 이해력을 마비시키고 정서를 무감각하게 만드는 **심란한**(부담스러운) **염려**들도 마찬가지다. 하지만 훨씬 통렬한 것은, 베드로전서 5:8에서 "근신하라"가 "깨어라"를 선행한다는 사실에 주목하는 것이다. 근신은 결코 지나침이 없는 것이다. 특히, 이생의 합법적 위안거리를 인색하게 사용하는 것이다. 무절제는 어떤 형태이든 무기력을 낳는다. 그래서 우리가 빈틈없이 깨어있을 수 있으려면 반드시 "모든 일에 절제"해야 한다(고전 9:25).

영적 나태의 결말들

영적 나태의 결말은 피할 수 없고 분명하다. 지면 관계상, 그 결말들의 주된 것들 가운데 몇몇의 이름만 나열하겠다.

(1) 은혜가 작동하지 않는 상태가 된다. 믿음은 그리스도에게 발휘되지 않으면 꾸벅꾸벅 졸고 선한 열매 맺기를 그친다. 소망이 활력을 잃고 활동하지 않게 될 때 마음은 다가올 선한 것들에 대한 열망의 기대에 의거해서 시간과 감각에 속한 것들을 더 이상 뛰어넘지 않게 된다. 그러면 사랑이 쇠락하고, 하나님을 즐겁게 하고 영화롭게 하는 것에 더 이상 관여하지 않게 된다. 열정은 잠들고, 수단 활용과 의무 이행에 있어서 무심한 형식성이 열기의

자리를 차지한다.

(2) 영적 분별력이 박탈되고, 땅에 속한 것들의 무익함과 하늘에 속한 것들의 가치 그리고 하늘에 속한 것들을 향해 적극적으로 나아갈 필요성을 체험적으로 지각할 능력도 사라진다.

(3) 하나님의 섭리에 대한 졸음에 겨운 부주의에 빠진다. 잠에 빠져 감긴 눈은 하나님께서 우리를 다루시는 것들을 알아채지 못하고, 우리에게 닥치는 것들의 경중을 따지지 못한다. 자비를 당연한 것으로 받아들이고, 하나님께서 불쾌하게 여기신다는 징후들을 간과한다(사 42:25).

(4) 태평스럽게 죄를 짓는다. 그래서 우리 자신의 탐욕을 억누르는 것과 사탄에게 저항하는 것을 멈춘다. 영적 우둔함은 위험을 지각하지 못하게 만든다. 다윗이 사탄에게 굴복한 때는 안락하게 지내고 있을 때였다(삼하 11:1-2).

(5) 성령이 슬퍼하고 성령의 은혜는 작동을 멈추고 성령의 위로가 물러간다.

(6) 영적 감각들이 둔해지면 세상을 이기지 못한다. 오히려 세상의 매력적인 것들에 이끌리거나 세상의 염려에 의해 마음이 짓눌린다.

(7) 하나님의 섭리적 미소를, 평화와 즐거움을 원수들에게 강탈당한다(눅 12:39).

(8) 열매가 없다. 잠언 24:30~31을 보라.

(9) 육적 자기만족에 빠진다. 평화와 즐거움을 그리스도와 그리스도 안에 있는 우리의 유업에서 찾지 않고 유쾌한 환경과 속된 소

유물에서 찾는다.

(10) 영적 빈곤을 겪는다. 잠언 24:33~34을 보라.

(11) 그리스도의 대의(大義)와 이익에 무관심해진다. 사람들이 잠들어 있는 바로 그때에 사탄이 가리지를 뿌리고 악폐들이 교회에 침투한다.

(12) 그리스도의 강림을 사실상 준비하지 않는다. 누가복음 21:36, 요한계시록 16:15.

영적 잠을 막는 방책들

영적 잠을 막는 방책은 다음과 같다.

(1) 영적 잠을 막는 최선의 방책은 우리의 믿음을 그리스도의 인격과 완전성에 연관짓는 것이다. 수도원적 은둔이 아니다. 세상과의 합법적인 관계를 저버리는 것도 아니다. 구세주의 초월적 탁월성에 우리의 생각과 정서를 고정하는 것이다. 이것은 사탄의 미끼에 매혹되지 않도록 막아주는 가장 효과적인 방책이다. "인생보다 아름다운" 그리스도를 믿음과 찬양의 눈으로 바라볼 때 이 세상에서 가장 매력적인 사물들의 광채는 빛을 잃는다. 기름 부음 받은 눈이 "전체가 사랑스러운" 자를 바라볼 때 이 세상을 수놓은 꽃길은 메마른 황무지가 되고, 영혼은 소생하여 그에게로 달려 나아가 그 왕의 아름다움을 직접 바라본다.

(2) 구세주께서 겪은 형언할 수 없는 고초를 우리의 마음속에서 신선한 상태로 각별하게 유지하면 우리에게 위협으로 다가오는 경

쟁자들을 떨쳐내게 되게 되고 구세주께 대한 감사의 순종이 고무된다. "그리스도의 [특히, 죽음을 무릅쓴] 사랑이 우리를 강권하시"기 때문이다(고후 5:14).

(3) 우리를 소생시키고 부흥시켜달라고 하나님께 매일 기도함으로써 영적 잠을 막는다.

(4) 상황이 완화되고 편안해질 때 경계를 두 배로 늘림으로써 영적 잠을 막는다.

(5) 그리스도의 출현에 대한 생동하는 기대감을 유지함으로써 영적 잠을 막는다(히 9:28).

(6) 히브리서 12:2~3처럼 우리의 활력을 전혀 줄어들지 않도록 만들어주는 권면들에 주목함으로써 영적 잠을 막는다.

(7) 하나님의 전신갑주를 입음으로써 영적 잠을 막는다(엡 6:13-18).

그리스도인의 전신갑주를 입으라
7장 The Chritian's Armour

"종말로 너희가 주 안에서와 그 힘의 능력으로 강건하여지고 마귀의 궤계를 능히 대적하기 위하여 하나님의 전신갑주를 입으라 우리의 씨름은 혈과 육에 대한 것이 아니요 정사와 권세와 이 어두움의 세상 주관자들과 하늘에 있는 악의 영들에게 대함이라 그러므로 하나님의 전신갑주를 취하라 이는 악한 날에 너희가 능히 대적하고 모든 일을 행한 후에 서기 위함이라 그런즉 서서 진리로 너희 허리띠를 띠고 의의 흉배를 붙이고 평안의 복음의 예비한 것으로 신을 신고 모든 것 위에 믿음의 방패를 가지고 이로써 능히 악한 자의 모든 화전을 소멸하고 구원의 투구와 성령의 검 곧 하나님의 말씀을 가지라 모든 기도와 간구로 하되 무시로 성령 안에서 기도하고 이를 위하여 깨어 구하기를 항상 힘쓰며 여러 성도를 위하여 구하고"(엡 6:10-18)

에베소서 6:10~18에서 바울은 그 앞에서 개진한 주제 전체를 묶어서 그리스도인의 삶이 처한 엄정한 상황을 긴급하게 상기시켜준다. 바울은 생생한 상징물을 활용하여, 그리스도인은 전쟁터에서 살아가는 삶이라는 것을 보여준다. 우리는 순례자일 뿐만 아니라 병사다. 우리는 외국 영토에 있을 뿐만 아니라 원수의 땅에 있다. 그리스도께서 자기 백성을 위해 획득한 구속은 값없고 충분할지라도 그 구속을 우리에게 적용하는 처음과 그 구속의 최종적인 완성 사이에는 우리가 통과해야 하는 지독하고 오랜 투쟁이 놓여있다. 이것은 단지 비유로 하는 말이 아니다. 냉혹한 현실이다. 구원은 값없는 것이지만 대단한 노력을 기울여야만 획득된다. 이 세상에서 하나님의 자녀들이 부름을 받아 치르는 이 싸움은 그리스도인들 자신이 많은 쓰라린 상처를 입고 수많은 신앙고백자들이 도륙당하는 싸움이다. 그 뒷 구절들을 살펴볼 때 바울은 이 전투는 인간보다 더 큰 적군들과 치러야 하는 것이라고 우리에게 경고한다. 우리가 상대해야 할 원수들은 초인간적인 존재들이다. 따라서 이런 존재들에 맞서 성공적으로 싸우기 위해서는 초자연적인 힘을 갖춰야 한다.

(1) 10절 **영적 힘으로 강력해져야 한다**

우리는 그리스도인은 자연적 세계만이 아니라 영적 세계에도 속해 있으며 따라서 그리스도인에게는 자연적 원수만이 아니라 영적 원수도 있다는 사실을 반드시 기억해야 한다. 그러므로 그리스도인은 물리적 힘만이 아니라 영적 힘도 필요로 한다. 그래서 바울은 "종말로 너희가 주 안에서와 그 힘의 능력으로 강건하여지고"라는 말로 이 단락을 시작한다(10절). "종말로"라는 말은 바울의 진술이 마무리 권면에 도달했다는 뜻이다. "강건하라"라는 명령은 그 뒤의 진술만이 아니라 바로 앞에 있는 진술과도 연결된다.

독자들 중에는 에베소서 5장 전체와 6장의 서두에는 권면들이 가득하다는 점을 기억할 것이다. 그리스도인은 그 권면들을 순종하기 위해서는 주님 안에서 그리고 주님의 능력 안에서 강건할 필요가 있다. "강건하라"라는 말은 전투를 대비하여 힘을 비축하라는 뜻이다. 그리고 "주 안에서" 강건하라는 말은 힘을 얻을 수 있는 유일한 원천에서 힘을 구하지 않으면 안 된다는 뜻이다. 세심하게 주의를 기울여라. '주님에게서부터 강건하라'라고 말하지 않는다. '주님에 의해 굳세어져라'라고 말하지도 않는다. 그렇다. 주님 안에서 강건하라고 말한다.

필자가 다음과 같은 비유를 사용하면 무슨 내용인지 독자 여러분도 알아차릴 것이다. 즉, 절단된 엄지손가락이 무용지물인 것처럼, 포도나무에서 잘려나간 가지가 마르는 것처럼 주님과의 교제가 단절된 그리스도인은 힘이 없는, 열매가 없는, 쓸모가 없는 상태가 된다. 따라서 "주 안에서 강건하라"는 말은 무엇보다도 먼저, 주님과의 생생하고 실천적인 관계를 유지하고 지속적인 교제를 나누는 것에 주의를 기울이라는 뜻이다. 진도를 더 나아가기 전에 10절에 있는 교훈을 파악하는 것이 대단히 중요하다. 만일 10절의 교훈을 파악하지 못한다면, 싸울 힘이 하나도 없을 것이다.

주 안에서 그리고 주의 힘의 능력 안에서 강건하라. 에베소서 6:10의 이 진술은 첫 눈에, 불필요한 반복인 것처럼 보인다. 그러나 그렇지 않다. 병사는 육신의 힘을 필요로 할 뿐만 아니라 용기를 필요로 한다. 바로 이것이 10절이 염두에 두고 있는 것이다. 10절의 뒷부분은 담대함에 대해 생각하게 만든다. 즉, 믿음 안에서, 소망 안에서, 지혜 안에서, 인내 안에서, 불굴의 정신 안에서, 그리스도의 모든 은사들 안에서 강건하라. 은혜 안에서 강건한 것은 죄 안에서 약한 것이다. 우리의 힘과 용기를 매일 새롭게 할 필요가 있다는 사실을 기억하는 것은 절대적으로 본질적인 것이다. 주님 안에서 강건하라. 매일을 시작할 때 그리스도의 힘을 구하라. 하나님은 우리에게 힘을 일괄적으로 분배하지 않으신다. 그 주간 내내 지속할 힘을 월요일 아침에 나눠주지 않으신다. 그렇다. 우리의 힘을 갱신해야 한다. 그리고 그 힘을 믿음의 행함에 의해 주님으로부터 도출해야 한다. 그리스도의 "충만함"으로부터 끌어내어 전유해야 한다.

(2) 11절 **전신갑주를 입으라**

"마귀의 궤계를 능히 대적하기 위하여 하나님의 전신갑주를 입으라"는 말씀을 보자(11절). 우리에게 필요한 **첫 번째 것**은 분발하는 것이다. 그래서 하나님의 완벽하게 충만한 은혜에 신실하게 의존하여 유혹에 저항하는 것이다. 즉, 원수에 맞서 싸울 능력을 우리에게 부여해줄 힘을 하나님께로부터 획득하는 것이다. 우리에게 가장 필요한 **두 번째 것**은, 우리가 매일 치르지 않을 수 없는 전투에 알맞은 무장을 잘 갖추는 것이다. 이것이 10절의 "주 안에서 강건하라"와 11절의 "하나님의 전신갑주를 입으라" 사이의 관계이다. 먼저, 분발하여 유혹에 저항하고 매일을 시작할 때 전투를 위한 힘을 구하라. 그 다음에, 하나님의 전신갑주를 가져다 입도록 유념하라.

그리스도인은 전쟁에 참여한다. 전투를 치러야 한다. 그러므로 전신갑주가 절실하게 필요하다. 우리로 하여금 사탄에게 맞설 수 있도록 하나님께서 예비하신 것을 활용하지 않는다면 우리는 사탄의 궤계에 맞선다는 것은 불가능한 일이다. "하나님의 전신갑주"라는 것에 주목하라. 우리가 필요로 하는 힘은 우리 자신에게서 나오지 않고 반드시 주님께서 공급해주셔야만 하는 것이다. 마찬가지로 우리의 방어수단은 우리 자신의 능력과 기능에 달려 있지 않다. 우리의 능력과 기능에 하나님께서 활력을 불어넣어주셔야만 하기 때문이다. 하나님께서 준비해주시고 수여해주시는 것이기 때문에 "하나님의 전신갑주"라고 불린다. 우리 자신의 것은 하나도 없다. 이 전신갑주는 하나님께서 준비하시고 공급해주시는 것이긴 하지만 우리가 입어야 한다! 하나님께서 우리에게 입혀주시지 않는다. 하나님은 전신갑주를 우리 앞에 놓아두신다. 하나님의 전신갑주를 착용하는 것은 우리의 책임, 의무, 과업이다.

이제 매우 중요한 것은 "갑주"라는 이 용어가 상징적인 용어 즉, 은유라는 사실을 인식하는 것이다. 그래서 물질적인 혹은 육적인 것을 가리키지 않는다는 사실을 인식하는 것이다. 그리스도인의 은사들을 가리키는 상징적인 표현이다. 갑주를 "입으라"는 말이 들릴 때 단지 그것은 우리의 은사들을 발휘하고 작동시켜야 한다는 뜻이다. 은혜를 받았다고 자신을 인정하기를 원하는 이들은 그 은사들 전부가 성도의 은사들이라는 사실에 주의를 기울이지 않으면 안 된다. 본문은, 사탄의 궤계에 맞설 수 있도록 하나님의 전신갑주를 입으라고 말한다. 만일 우리가 전신갑주를 입지 않는다면 사탄에 맞설 수가 없다. 반면에, 우리의 은사들이 건전하고 활동적이라면 사탄에게 패할 수도 넘어질 수도 없다.

(3) 12절 **영적 전쟁이다**

바울은 12절의 "우리의 씨름은 혈과 육에 대한 것이 아니요 정사와 권세와 이 어두움의 세상 주관자들과 하늘에 있는 악의 영들에게 대함이라"라는 진술을, '왜냐하면'이라는 취지의 접속사 '호티'로 시작한다. 즉, 바울은 방금 상술한 권면을 강조하기 위해 여기에서 이유를 제시한다. 이런 식으로 논증을 전개하고 있다. 육과 혈이 아니라 정사들에 맞서 싸우고 있는 것이기 때문에, 우리와 다를 것이 없는 하찮은 인간 원수들이 아니라 이 세상의 어둠을 주관하는 권세자들과 통치자들에 맞서 싸고 있는 것이기 때문에, 하나님의 전신갑주가 본질적으로 필요하다. 우리 앞에 놓인 싸움의 혹독함을 강조하기 위해 이렇게 한다. 우리 앞에 놓인 싸움은 상상 속의 싸움이 아니다. 우리가 조우하는 원수는 일반적인 적수들이 아니다. 영적, 초인적, 비가시적인 적수들이다. 이 원수들은 믿음을 파괴하고 의심을 낳고자 한다. 소망을 파괴하고 절망을 낳고자 한다. 겸손을 파괴하고 교만을 낳고자 한다. 평화를 파괴하고 괴로움과 적의를 낳고자 한다. 땅에 속한 것들에 부적절하게 몰입하게 만듦으로써 하늘에 속한 것들을 누리지 못하게 막고자 한다. 이 원수들은 육이 아니라 영혼을 공격한다.

(4) 13절 **버텨 서라**

13절의 "그러므로 하나님의 전신갑주를 취하라 이는 악한 날에 너희가 능히 대적하고 모든 일을 행한 후에 서기 위함이라"라는 진술의 첫 단어 "그러므로"는, 우리를 치명적인 미움으로 미워하고 우리를 파괴하기를 도모하는 저 강력하고 초인적이며 비가시적인 원수들과의 싸움임을 염두에 두고 따라서 하나님께서 준비해두신 준비물들을 이용하고 활용하여 맞서고 견디도록 하자는 취지다. 13절의 첫 어절은 11절의 첫 단어 '입으라'를 설명해준다. '입으라'라는 말은 원수들의 공격을 격퇴할 적절한 모든 무장을 사용하라는 뜻이다. 13절의 첫 어절은 "하나님의 전신갑주를 취하라"라는 말이다. 우리는 하나님의 전신갑주를 '우리에게' 취함으로써 즉, 전유함으로써, 우리 자신의 것으로 만듦으로써 '입는다.' 13절의 마지막 부분은 "서기 위함이라"라는 말이다. 여기에서 '선다'는 말은 사탄의 유혹에 의해 '굴복한다', '걸려 넘어지다', '나동그라지다'라는 말의 반대말이다. '선다'라는 말은 우리의 입지를 버텨낸다, 사탄에게 저항한다는 뜻이다. "악한 날에 너희가 능히 대적하고 모든 일을 행한 후에 서기 위함이라"에서 '선다'라는 말은 게으른 잠 혹은 비겁한 도주의 반대말이다.

　전진하라는 명령을 받는 것이 아니라는 사실을 나는 독자 여러분에게 지적해주고 싶다. 우리가 받은 명령은 단지, '버텨내라'는 것일 뿐이다. 하나님은 사탄에게 공격을 가하는 전투에, 사탄의 영토를 침탈하는, 사탄에게서 사탄의 소유물을 빼앗아오는 전투에 종사하라고 자신의 백성을 소집하신 것이 아니다. 하나님께서 우리에게 할당하신 근거지를 차지하라고 명령하신 것이다. 필자가 독자 여러분들에게 하려는 말은, 만일 이 구절이 '하나님의 전신갑주를 취하라, 그리고 사탄에게로 전진하라, 사탄의 견고한 진을 덮쳐라, 사탄에게 포로된 자들을 해방하라'라고 말했다면 그런 의미였을 것이라는 말이다. 그러나 그렇지 않다. 하나님은 지금 "전도사역", "구령사업", "구원사역"이라고 불리는 일에 참여하는 하나님의 병사들에게 어떤 과업이나 임무를 맡기지 않으셨다. 우리가 지금 종교계에서 목도하는 그런 열광적인 육적 활동들은 그 어떤 것도 하나님의 이 권면에 해당되지 않는다. 이 문맥에서 성령이 '선다'-미친 사람처럼, 전진하지 않는다, 여기저기로 돌진하지 않는다-라는 단어를 반복한 세 번째 사례이다. '그러므로 버텨라'라는 이것은 사탄과 벌이는 우리의 싸움에서 하나님께서 우리에게 하라고 명령하신 유일한 것이다.

첫 번째 장비 : **진리의 허리띠**

14절의 "그런즉 서서 진리로 너희 허리띠를 띠고"라는 말씀은 이 문맥에서 언급된 그리스도인의 전신갑주를 구성하는 일곱 가지 장비 가운데 첫 번째 것을 우리에게 제시한다. 우선 내가 경고하고 싶은 것은 이 세상의 연결망이다. 즉, 외적이거나 가시적이거나 유형적인 것을 생각하는 사고방식이다. '허리 띠'라는 상징은 겉옷을 발까지 닿도록 길게 치렁치렁하게 입는 동방의 유명한 관습에서 취한 것이다. 이렇게 긴 겉옷은 걷거나 일하거나 전투를 할 때 몸동작을 방해하곤 한다. 동방에서 어떤 사람이 행동에 돌입할 찰나에 가장 먼저 행하는 것은, 땅바닥까지 길게 늘어진 겉옷을 허리춤에 졸라매는 것이다. 이렇게 졸라매지 않고 치렁거리도록 내버려두는 것은 그 사람이 휴식을 취한다는 뜻이다. 그러므로 "허리띠를 띠는" 것은, 게으름과 안락함의 반대이다. 진리의 허리띠를 매라. 필자는 여기에서 "진리"라는 단어는 이중적인 참조 혹은 의미가 있다고 믿는다. 그러나 무엇보다도 먼저 거론하고 싶은 것은 우리는 "허리띠를 띨" 필요가 있다는 것이다.

흉배는 가슴을 위한 것이며, 투구는 머리를 위한 것이다. 그러면 "허리띠"는 무엇을 위한 것인가? 상징을 차용해온 형태를 참조할 때, 허리를 가리킨다. 그러면 이 비유는 무엇을 가리키는가? 분명코, 우리의 모든 행동의 중심 혹은 주된 원인을 가리킨다. 이것은 무엇인가? 명백히, 지성이 행동의 주된 원인이다. 즉, 먼저 생각하고 그 뒤에 그 생각을 수행한다. 베드로전서 1:13의 "너희 마음의 허리를 동이고"라는 말씀이 "진리로 너희 허리띠를 띠고"라는 말씀의 이해에 도움을 준다. 우리가 진리를 품는 것이라기보다는 진리가 우리를 품는다는 뜻이다. 따라서 영적으로는, 지성의 생각에 거룩함과 규칙성을 가리킨다. "띠로 맨" 지성은 "단련된" 지성을 의미한다. 이것은, 생각을 느슨하고 풀어주고 제멋대로 하도록 내버려두는 것의 반대이다. 다시 말하자면, "허리"는 힘을 발휘하는 곳이다. 지성의 경우도 마찬가지다. 우리의 생각과 상상이 제멋대로 굴도록 내버려둔다면 우리는 하나님과 전혀 교제하지 않을 것이고 사탄에 대항할 힘이 하나도 없을 것이다.

"진리로 너희 허리띠를 띠고"에서 "진리"라는 단어는 일차적으로 하나님의 말씀을 가리킨다. "아버지의 말씀은 진리"이다(요 17:17). 진리는, 지성을 규제하고 생각을 통제하고 상상을 억제하지 않으면 안 되는 그것이다. 즉, 하나님 말씀을 아는 지식, 하나님 말씀을 믿는 믿음, 하나님 말씀을 향한 사랑, 하나님 말씀에 대한 복종이 반드시 존재해야 한다. 그러므로 일어서서, 진리로 너희 허리[지성]를 묶어야 한다. 그런데 이것은 우리를 소집하여 무장케 한 적군(敵軍)의 성질을 우리에게 알려준다. 사탄은 거짓말쟁이다. 그래서 우리는 오직 진리로만 사탄에 맞설 수 있다. 사탄은 무지를 교활 혹은 간계에 의해 압도한다. 그러나 사탄은 하나님의 진리에 의해 규제되는 지성을 갖춘 사람을 지배할 권세는 없다.

에베소서 6:17의 "진리"라는 단어는 두 번째 의미를 갖고 있다. 시편 51:6의, "중심에 진실함(진리)을 주께서 원하시오니"라는 말씀을 예로 들겠다. 여기에서 "진리"는 실질성, 진실성을 가리킨다. 진리는 위선, 꾸밈, 허구의 반대이다. 이 때문에 진리의 허리띠가 가장 먼저 온다. 왜냐하면 진리의 허리띠가 없으면 다른 모든 것이 헛되고 쓸모없게 되기 때문이다. 모든 은사의 힘은 그 진실성에 있다. 디모데전서 1:5의 "거짓이 없는 믿음"은 참된, 진짜인, 실질적인 믿음을 의미한다. 오직 이론적일 뿐이며 관념적이며 생명력이 없는 믿음-검증의 불꽃 앞에서 완전히 소멸되는 믿음-에 대조되는 믿음이다.

진리의 허리띠는 (병사가 착용하는 군대용 허리띠에 해당하는 것으로) 실질적인 진정성에 의해 규제되는 지성을 가리킨다. 오직 이것만이 우리를 태만과 교활과 위선에 빠뜨리려는 사탄의 유혹에서 지켜줄 것이다. 우리가 "진리의 허리띠"를 착용했을 때만, 우리는 "마귀의 궤계를 능히 대적"할 능력을 갖추게 될 것이다. 14절의 첫 머리에 있는 동사 "서다"라는 단어는 사탄이 우리를 내동댕이치지 못하도록 "저항한다"는 것이다.

두 번째 장비 : **의의 흉배**

그리스도인의 전신갑주를 구성하는 두 번째 부분 혹은 장비는 14절의 후반부에 "의의 흉배를 붙이고"라고 언급되어 있다. 최우선적으로, 이 부분은 등위접속사 "그리고"(καί)로 연결되어 있다는 것에 주목하라. 이것은 진리의 허리띠를 두른 지성과 의의 흉배로 보호를 받는 마음 사이에는 대단히 밀접한 연관관계가 있다는 것을 의미한다. 전신갑주를 구성하는 일곱 장비 전부가 이런 식으로 연결되지 않는다. 그러나 첫 두 장비를 열거한 14절에서 사용된 접속사는 이 두 장비는 불가분리적으로 연결되어 있다는 뜻이다. 자, 명백하다. 의의 흉배는 마음을 보호하는 데 필요한 것이다. 이 어구는 잠언 4:23의 "무릇 지킬만한 것보다 더욱 네 마음을 지키라"에 대단히 유사하다. 여기에서 "마음"은 정서와 양심이라고 이해된다.

"진리"라는 단어가 이중적으로, 첫째로는 하나님의 말씀을 그리고 둘째로는 영의 진실성을 가리키는 것처럼 "의의 흉배"라는 용어도 이중적인 의미가 있다는 것이 필자의 믿음이다. "의의 흉배"는 그리스도께서 우리를 위해 만들어낸 '의'와 성령이 우리 안에 만드는 '의'-전가되는 의와 참여되는 의-둘 다를 가리킨다는 것이 필자의 생각이다. 후자는 우리가 사탄의 공격을 견뎌낼 수 있으려면 우리가 갖춰야할 의이다. 데살로니가 5:8의 "우리는 낮에 속하였으니 근신하여 믿음과 사랑의 흉배를 붙이고…"라는 말씀과 비교해보자. "근신"이라는 단어가 바울서신에서 명사형으로든 동사형으로든 얼마나 빈번하게 출현하는지를 주목하면서 최근에 대단한 감명을 받았다. "근신"은 하나님의 백성이 갖춰야할 개성과 정체성을 이루는 것이다. 오늘날 세속적인 것들의 외적 징표들 가운데 하나인 피상적인 경솔함의 반대이다. 경거망동의 반대이며, 정말 많은 사람들을 종교적으로 그리고 다른 모든 방식으로 취하게 만드는 열광적인 육적 들뜸의 반대이기도 하다.

지금까지 언급한 것처럼, 전신갑주의 이 두 번째 부분인 "의의 흉배"는 진리의 허리띠는 불가분리적으로 연결되어 있다. 지성의 진실성과 마음의 거룩은 반드시 함께 가야 한다. 의의 흉배를 착용한다는 것은, 우리의 정서와 양심을 지배하는 거룩의 능력을 유지한다는 뜻이다. 이 사실을 이해할 수 있도록 도움을 주는 성경구절은 사도행전 24:16의 "이것을 인하여 나도 하나님과 사람을 대하여 항상 양심에 거리낌이 없기를 힘쓰노라"라는 말씀이다. 이 구절은 어떤 사람이 "의의 흉배"를 가져다가 착용 모습을 그려준다.

세 번째 장비 : **평안의 복음**

15절은 전신갑주의 세 번째 장비를 다룬다. "평안의 복음의 예비한 것으로 신을 신고"라는 말씀은 전신갑주를 구성하는 일곱 가지 가운데 이해하고 정의하기가 가장 어려울 것이다. 하지만 최초의 생각 즉, 성령이 이 맥락에서 비유법을 사용하고 있다는 사실, 외적인 것보다는 내적인 것을 그리고 물질적인 것보다는 영적인 것을 가리킨다는 사실, 성령은 논리적 순서를 따르고 있다는 사실을 견지한다면 "평안의 신발"이 무엇을 가리키는지를 확인하는 데에 많은 어려움을 겪지 않을 것이다. 진리의 허리띠가 지성과 관련이 있고 의의 흉배가 마음과 관련이 있는 것과 마찬가지로 두 발에 알맞은 신발은 의지와 관련된 것을 가리키는 상징물이다. 얼핏, 이것은 믿겨지지 않는 말처럼 들릴 수도 있다.

하지만 두 발이 몸에 대해 갖는 관계는 의지가 영혼에 대해 갖는 관계와 같다는 사실은 조금만 생각해보면 명백하게 드러날 것이다. 두 발은 몸을 여기저기로 운반한다. 의지는 영혼의 활동들을 이끄는 것이다. 우리는 의지가 결정하는 대로 행한다.

자, 의지는 복음의 평안에 의해 규제되는 것이다. 이것은 무슨 의미인가? 다음과 같은 뜻이다. 하나님과 화목을 이룸에 있어서 그리고 우리의 동료들에게 선한 의지를 품는 것에 있어서 복음은 하나님께서 사용하시는 수단 혹은 도구이다. 시편 110:3에 "주의 권능의 날에 주의 백성이 거룩한 옷을 입고 즐거이 헌신하니"라는 말씀이 있다. 이 말씀은, 복음의 기쁜 기별에 귀를 기울이고 믿을 준비가 되어 있어야 한다는 것을 훨씬 뛰어넘는 의미를 갖는다. 도덕법과 의식법 양쪽에 담긴 모든 것이 실질적으로 복음에 담겨진다. 복음은 좋은 소식의 메시지일 뿐만 아니라 하나님의 계명이며 행동규칙이다. "하나님 집에서 심판을 시작할 때가 되었나니 만일 우리에게 먼저 하면 하나님의 복음을 순종치 아니하는 자들의 그 마지막이 어떠하며"(벧전 4:17).

복음이 우리에게 요구하는 것은, 우리 자신을 부정하고 매일 십자가를 짊어지고 그리스도를 따라서 하나님께 대한 무조건적 순종의 길을 가는 것이다. 당신의 두 발에 "평안의 복음의 예비한 것으로 신을 신고"라는 것은 하나님의 계시된 의지에 민첩하게 그리고 기꺼이 반응하지 않으면 안 된다는 뜻이다. "복음"의 평안은, 복음이 규정하는 본분을 이행함으로써 그리고 복음의 요구조건에 복종하는 행함에서 나온다. 우리는 복음에 순종하는 한 복음의 평안을 체험적으로 향유한다.

따라서 전신갑주의 이 세 번째 장비는 의지를 강력하게 만들어 자기의 지와 불순종으로 이끄는 사탄의 유혹에 맞서게 하는 것이다. 복음에 대한 순종은 이렇게 만들어지는 법이다. 두 발은 몸을 이곳저곳으로 운반하는 지체인 것과 마찬가지로 의지는 영혼을 인도한다. 만일 우리가 적절하게 그리고 안락하게 걸어 다니고자 한다면 두 발에 알맞은 신발을 신지 않으면 안 되는 것과 마찬가지로 만일 하나님의 평안을 향유하고자 한다면 하나님의 계시된 의지에 반드시 복종하게 되지 않으면 안 된다. 하나님께 대한 매일의 완전한 복종, 우리 자신을 하나님께 드리는 헌신이 존재케 하자. 그러면 우리는 사탄의 공격과 불순종으로의 유혹에 끄떡도 하지 않을 것이다.

네 번째 장비 : **믿음의 방패**

전신갑주의 네 번째 것을 다룰 때 등위접속사 "그리고"가 없다는 사실에 주목하자. 첫 세 장비는 하나로 연결된다. 그 비유적 용어들이 가리키는 것-지성, 마음, 의지-이 불가분리적으로 연결되어 있기 때문이다. 여기에 완벽한 속사람이 있다. 이 "모든 것 위에 믿음의 방패를" 취하라. 이 방패로 "악한 자의 모든 화전을 소멸"할 수 있을 것이다(16절). 여기에서 "above all"(헬라어, 'ἐπὶ πᾶσιν')이라는 표현은 이중적인 의미를 갖는다. **첫째**, 문자적으로 이해하는 것이다. "above"('ἐπὶ')를 장소 전치사로 이해하여, "모든 것들을 위에서 덮는 것"이라는 식으로 해석한다. 즉, 덮개처럼 방어막을 쳐서 지성과 마음과 의지를 보호하는 것이다. 우리의 속사람을 구성하는 세 부분을 방호해야 한다면 반드시 믿음을 발휘해야 한다. **둘째**, "above all"을 마치 하나의 부사처럼 이해하는 것이다. 그러면 '일차적으로,' '우선적으로,' '무엇보다도'라는 뜻이 된다. 믿음의 방패를 취하는 것이야말로 본질적인 것이다. 왜냐하면 믿음이 없이는 하나님을 기쁘시게 할 수 없기 때문이다(히 11:6). 그렇다. 비록 진정성과 사랑과 온순한 의지가 있다할지라도 믿음이 없다면 하나님을 기쁘시게 하지 못할 것이다. 그러므로 "무엇보다도" 믿음의 방패를 취하라.

믿음은 유혹에 저항함에 있어서 모든 것 가운데 모든 것이다. 만일 우리가 성경의 교훈들에 의해 경외심을 갖게 되고 성경의 격려에 의해 기운을 얻고자 한다면 성경의 신적 영감을 충분히 확신하지 않으면 안 된다. 만일 우리가 성경의 저술자가 하나님이심을 명확하게 확신하지 않는다면 하나님의 경고 혹은 위로에 적절하게 주의를 기울이지 않을 것이다. 이 구절에서 승리 전체의 원인을 "무엇보다도" 믿음에 돌린다. 우리가 악한 자의 불화살들을 소멸시킬 수 있는 도구는, 흉배나 투구나 검이 아니라 믿음의 방패이다. 생명에 관계된 가장 중요한 것을 중앙에 배치하는 것은, 성령이 성경에 서술하는 일반적인 원칙인 것 같다. 전신갑주를 구성하는 장비가 일곱 가지인데 믿음의 방패는 네 번째 것이다. 히브리서 6:4~6에서는 다섯 가지 장비를 언급하는데 "성령에 참예한 바 되고"가 중간에 나온다.

믿음은 모든 은사의 생명이다. 만일 믿음이 활동상태에 있지 않다면 사랑, 소망, 인내가 존재할 수 없다. 여기에서 믿음은, 그 사람 전체를 방어하기 위한 것이다. 병사의 방패는, 그 병사가 움켜쥐고 필요에 따라 들어올리거나 내리거나 하는 것이다. 방패는 병사가 자신의 온 몸을 방호하기 위한 것이다. 자, 성령이 여기에서 사탄의 공격과 관련하여 채용한 상징물은 고대인들의 전투장비에서 취한 것이다. "화전"은 '살' 끝을 역청에 담궜다가 불을 붙여 날리는 화살이다. 적병들의 시야를 막을 목적이다. 바로 이것이 "악한 자의 화전을 소멸한다"라는 은유의 배후에 있다. 우리로 하여금 위를 바라보지 못하도록 하려는 사탄의 노력을 염두에 둔 것이다. 사탄의 화전을 공중으로 날리면 상대편 병사들은 화전을 피하기 위해 머리를 숙이고 방패를 쳐들고 있어야 했다. 사탄은 우리가 위쪽을 바라보지 못하도록 하려고 계속해서 화전을 날려댄다.

사탄의 공격이 "화전"과 같은 이유는 다음과 같다. **첫째**, 사탄이 화전을 날리는 이유는 분노 때문이다. 사탄에게는 하나님 자녀에 대한 강렬한 증오가 있다. **둘째**, 사탄이 던지는 유혹들의 본질은 정욕에 불을 붙이고 양심을 괴롭히는 것이다. 사탄의 목표는 탐욕에 불을 붙이는 것, 야망을 속되게 자극하는 것, 욕망을 격발시키는 것이다. 야고보서 3:6에 "혀는 곧 불이요⋯생의 바퀴를 불사르나니 그 사르는 것이 지옥 불에서 나느니라"라는 말씀이 있다. 이것은 사탄의 "화전"이 영향을 미쳤다는 뜻이다. **셋째**, 사탄의 유혹이 "화전"을 닮은 이유는 화전을 소멸시키지 못할 경우에 야기되는 결말 때문이다. 사탄의 유혹을 따라간다면 종국에는, 불 못에 빠지게 된다. '화전'이라는 상징물은 사탄의 유혹이 재빠르고 조용하고 위험하다는 뜻이다.

자, 믿음의 방패를 취한다는 것은 말씀을 활용하고 말씀에 의거해서 행동한다는 뜻이다. 방패는 공격이 어느 쪽에서 가해지든지, 영에 대한 것이든 혼에 대한 것이든 몸에 대한 것이든 그 사람 전체를 보호하는 것이다. 그 각각에 적합한 것이며 말씀에 있는 것이 믿음의 방패다. 그러나 믿음은 반드시 붙잡고 활용하지 않으면 안 되는 것이다. 믿음의 방패를 효과적으로 사용하기 위해서는, 그리스도의 말씀이 우리 안에 "풍성히 거하여"야 한다(골 3:16). 우리는 우리에게 제시된 특정한 유혹에 알맞은 말씀을 붙잡을 권리를 확보해야 한다. 예를 들자면, 만일 탐욕에 빠뜨리는 유혹을 받는다면 "너희를 위하여 보물을 땅에 쌓아 두지 말라"라는 말씀을 사용하지 않으면 안 된다(마 6:19). 악한 동무들이 꾀면 "내 아들아 악한 자가 너를 꾈지라도 좇지 말라"는 말씀을 사용하라(잠 1:10). 난폭해지도록 유혹을 받는다면 "형제를 사랑하여 서로 우애하고 존경하기를 서로 먼저 하며"라는 말씀을 사용하라(롬 12:10). 이렇게 해야 하는 까닭은, 성경의 세세한 말씀들을 우리가 묵상할 때 사탄이 우리를 자주 함정에 빠뜨릴 여지를 거의 주지 않기 때문이다.

"믿음"이라는 용어는 대부분의 다른 용어들을 사용할 때처럼 여기에서도 이중적인 의미를 갖는다. 우리의 "방패"로 삼을 수 있는 믿음은 객관적인 동시에 주관적인 믿음이다. **첫째**, 하나님의 외적 말씀은 언제나 우리에게 구속력을 발휘하고 있는데, 이 믿음은 하나님의 바로 이 외적 말씀을 가리킨다. **둘째**, 이 믿음은 하나님의 외적 말씀에 대한 우리의 확신을 가리킨다. 우리의 마음이 그 말씀의 저자를 향해 신뢰가 넘치는 기대를 품고 나아가는 것이며, 그 말씀이 사탄을 격퇴시킬 효력을 갖고 있다고 신뢰하는 것이다.

다섯 번째 장비 : **구원의 투구**

전신갑주의 다섯 번째 요소는 "구원의 투구"이다(17절). 무엇보다도, 네 번째 장비와 다섯 번째 장비 사이에는 등위접속사 같은 것으로 연결되어 있다는 점에 주목하자. 그러면 "구원의 투구"가 무엇인지를 규정하는 데 도움이 된다. 구원의 투구는 믿음과 연결되어 있다! 히브리서 11:1은 "믿음은 바라는 것들의 실상"이라고 말한다. 데살로니가전서 5:8의 "우리는 낮에 속하였으니 근신하여 믿음과 사랑의 흉배를 붙이고 구원의 소망의 투구를 쓰자"라는 말씀과 비교해보면 이 생각에 대한 확증을 얻는다. 여기, 데살로니가전서의 말씀에서 "소망"은 "투구"와 직접적으로 연결되어 있다.

덧붙여 말하자면, 이 구절은 구원을 과거사건이라기보다는 미래사건으로 표현하는, 신약성경의 많은 구절 가운데 하나이다. 소망은 언제나 미래적이며, 다가올 것들과 관계를 갖는다. 로마서 8:25이 우리에게 "만일 우리가 보지 못하는 것을 바라면 참음으로 기다릴지니라"라고 말하는 것처럼 말이다. 자, 믿음과 소망은 불가분리적이다. 믿음과 소망은 함께 태어나고, 함께 성장한다. 그러므로 우리는 믿음과 소망은 함께 쇠락한다고 말할 수 있다. 만일 믿음이 쇠약해지면 소망도 활력을 잃는다.

구원의 투구라는 표현을 필자는, 약속된 좋은 것들에 대한 마음의 기대 즉, 장차 성취하겠다고 하나님의 말씀이 제시하는 것들을 하나님께서 자신의 백성에게 이행하실 것이라는 타당한 근거를 가진 확신이라고 이해한다. 구원의 투구를 요한일서 3:3이 가르침 즉, 성경적 소망이 깨끗하게 정화해준다는 것과 연결할 수도 있을 것이다. 이것은 불만족과 절망에서 구원해준다. 기다림의 막간에서 마음에 위로를 준다.

사탄은 그리스도인으로 하여금 세상에 흔한 더 한층 조악한 죄악들을 범하도록 만들지 못한다. 그래서 사탄은 다른 방침을 따라 공격한다. 종종 사탄은 그리스도인의 영혼을 음울한 구름으로 덮거나 미래에 대한 염려를 품게 하려고 시도한다. 의기소침은 사탄이 가장 선호하는 무기 가운데 하나이다. "여호와를 기뻐하는 것"이 우리의 "힘"이라는 사실을 사탄이 잘 알고 있기 때문이다(느 8:10). 그래서 사탄은 우리의 심령을 풀 죽게 만들려는 노력을 빈번하게 기울인다. 사탄의 이러한 시도를 격퇴시키기 위해서는 "구원의 투구"를 써야 한다. 즉, 소망을 발휘해야 한다. 즉 복된 미래를 기대해야 한다. 우리를 기다리고 있는 영원한 안식을 바라봐야 한다. 땅에서 하늘로 시선을 돌려야 한다.

여섯 번째 장비 : **성령의 검**

17절의 후반부는 "성령의 검 곧 하나님의 말씀"을 언급한다. 하나님은 자기 백성을 위해 방어용 무기뿐만 아니라 공격용 무기도 준비해 두셨다. 얼핏, 이 말씀은 그리스도인들은 사탄에게 공세를 취하도록 부름을 받은 것이 아니라는, 사탄의 영토에 침입하여 탈취하려고 애를 쓰도록 부름을 받은 것이 아니라는 진술과 충돌하는 것처럼 보일 것이다. 그러나 이 구절은 조금도 충돌을 일으키지 않는다. 이렇게 생각하도록 만드는 것은 고린도후서 7:1의 "그런즉 사랑하는 자들아 이 약속을 가진 우리가 하나님을 두려워하는 가운데서 거룩함을 온전히 이루어 육과 영의 온갖 더러운 것에서 자신을 깨끗케 하자"라는 말씀이다. 즉, 이것이 그리스도인의 무장(武裝) 가운데 적극적, 공세적 측면이다. 우리는 우리의 탐욕에 대해 저항할 뿐만 아니라 진압하고 극복해야 한다.

에베소서 6장의 전신갑주 목록에서 "성령의 검"이 얼마나 뒤늦게 언급되었는지에 주목하는 것이 중요하다. 어떤 사람들은 "성령의 검"이 첫 번째 장비로 언급되었어야 한다고 생각했다. 그러나 "성령의 검"은 여섯 번째로 언급이 미뤄졌다. 어째서? 필자는 두 가지 이유가 있다고 믿는다. **첫째**, 앞에서 언급된 다른 모든 은사는 말씀을 올바르게 사용하는 데 필수적인 것들이기 때문이다. 만일 진실한 지성과 거룩한 마음이 없다면 우리는 말씀을 부정직하게 다루게 될 뿐이다. 실천적 의(義)가 없다면 말씀을 단지 이론적으로만 다루게 될 것이다. 믿음과 소망이 없다면 말씀을 오용하게 될 뿐이다. 전신갑주의 다른 모든 장비들을 통해 비유적으로 고찰한 모든 은사들을 반드시 먼저 숙달해야 한다. 그런 뒤에야 하나님 말씀을 유익하게 다룰 수 있다. **둘째**, 성령의 검이 여섯 번째로 언급된 사실이 우리에게 주는 교훈은, 그리스도인이 이생에서 가능한 최고점에 도달했을 때조차도 여전히 하나님 말씀을 필요로 한다는 것이다. 진리의 허리띠를 띠고 의의 흉배를 착용하고 평안의 복음의 예비한 신발을 신고 믿음의 방패를 들었고 구원의 투구를 썼을 때조차도 여전히 말씀을 필요로 한다!

일곱 번째 장비 : **기도**

전신갑주의 마지막 장비는 18절에 나온다. "모든 기도와 간구로 하되 무시로 성령 안에서 기도하고 이를 위하여 깨어 구하기를 항상 힘쓰며 여러 성도를 위하여 구하고"라는 말씀이다. 기도는 전신갑주를 구성하는 다른 모든 장비를 사용하는 데 필수적인 힘을 우리에게 제공해주는 유일한 것이다! 그리스도인이 여섯 가지 무장을 취한 뒤에, 전쟁터로 나아갈 채비를 철저히 갖추고 승리를 얻을 만하게 채비를 갖추기 전에, 자신의 장군의 도움을 받아야 한다. 이 때문에 바울은 우리에게 성령 안에서 모든 간구와 더불어 "항상" 기도하라고 명령한다. 우리는 무릎으로 싸워야 한다! 오직 기도만이 다양한 장비들이 상징하는 여러 가지 영적 은사들의 생명력을 유지할 수 있다.

"항상" 즉, 어느 때든지-슬플 때뿐만 아니라 기쁠 때에도, 번영할 때뿐만 아니라 곤경에 처한 때에도-기도하라. 게다가 "이를 위하여 깨어 구하기를 항상 힘쓰"라고 명령한다. 이것-즉, 끈질김-은 이기는 기도의 본질적인 요소들 가운데 하나다. 느슨해지지 않도록, 태만하거나 풀죽지 않도록 자기 자신을 지켜보라. 끊임없이 자신을 지켜보라! 에베소서 6:18은 마치 바울이 "이 '전신갑주'의 하나님께 구하고 하나님의 도우심을 겸손히 간청하는 것을 잊지 말라. 우리에게 이 무기들을 주신 분만이 우리로 하여금 이 무기들을 성공적으로 사용할 수 있게 해줄 수 있다"라고 말한 것과 같다. 어떤 사람들은 18절을 "그 자체로 완전한 구절"이라고 불렀다. "모든 성도를 위해" "모든 기도와 간구로", "모든 끈질김"으로 기도하라. 즉, 너 자신만을 생각하지 말고, 같은 전쟁에 참여하고 있는 너의 동료 병사들을 생각하라.

죄성을 제압하라
The Doctrine of Mortification 8장

"너희가 육신대로 살면 반드시 죽을 것이로되 영으로써 몸의 행실을 죽이면 살리니"(롬 8:13)

서론 : 교리 설교를 회복하라

"내 백성이 **지식**이 없으므로 망하는도다."(호 4:6)

교리 설교는 오늘날 교회가 가장 절실하게 필요로 하는 것이라는 판단은 필자의 연구 결과이며 결코 독단적 판단이 아니다. 지난 50년 동안, 하나님께서 주시는 부흥에 대해 많은 발언이 있었고 많은 기도가 있었다. 그러나 종종 이 용어를 매우 느슨하고 무지몽매하게 사용하는 것은 두려워해야할 일이다. 필자가 잘못 생각한 것이 아니라면, 만일 "무엇의 '부흥'인가?"라는 질문을 내놓으면, 상당히 다양한 답변이 나올 것이다. 개인적으로, 필자는 옛날 방식의 경건, 실천적 경건, 그리스도의 거룩한 형상에 대한 더욱 충분한 일치의 부흥을 말하고자 한다.

우리에게 필요한 "부흥"은 오늘날 평균적인 그리스도인의 특징인 영적 무감각과 느슨함에서의 구원, 자기부인과 하나님과의 더욱 밀접한 동행으로의 복귀, 우리의 은사들을 소생케 하는 것, 선행을 낳는 것에 있어서 더욱 결실이 풍성해지는 것이다. 성경이 이런 부흥을 예언하는지 안 하는지를 필자는 모른다. 하지만 두 가지를 확신한다. **첫째**는 미래가 이 세상을 위해 무엇을 붙들고 있든지 간에 하나님은 인류 역사가 끝날 때까지 자기 자신에 대한 증언을 유지하실 것이고(시 145:4, 마 28:20) 땅에 뿌려진 경건한 씨를 보존하실 것이라는 사실이다(시 72:5, 사 27:3, 마 16:18). **둘째**는 실천적 개선이 이뤄지기 전에 먼저, 교리 설교로의 회복이 반드시 존재해야 한다는 사실이다.

하나님 말씀이 가르치는 교훈 그리고 교회의 역사가 보여주는 증언, 이 두 가지 모두가 교리교육의 깊은 중요성과 커다란 가치를, 그리고 오랫동안 교리교육을 시행하지 않음으로써 맞게 되는 후회스러운 결과를 명확하게 입증해준다. 교리 설교의 목적은, 이해력에 빛을 제공하고 지성을 교육하고 판단력에 정보를 제공하는 것이다. 감사할 동기를 제공해주고 선행을 할 자극을 제공해주는 것이다.

신앙의 기본적인 항목을 모른다면 그리고 최소한 어느 정도로 이해하지 못한다면 그 신앙은 건전할 수 없다. 이런 기본적인 신조들을 "하나님의 말씀의 초보"(히 5:12) 혹은 성경의 기본적인 진리들이라고 부르며 구원에 절대적으로 필요한 것들이다. 성경에 대한 신적 영감 및 권위, 영원히 복된 삼위일체(요 17:3), 주 예수 그리스도의 한 인격 안에 결합된 두 본성(요일 2:22, 4:3), 그리스도께서 완성한 사역과 전적으로 충분한 희생(히 5:14), 우리의 타락과 그 결과인 타락상태(눅 19:10), 중생(요 3:3), 값없는 칭의(갈 5:4)—이 교리들은 진리의 전당을 지탱해주고 서 있을 수 있게 만들어주는 주된 기둥들 가운데 일부이다.

교리가 실천의 토대이다

옛적에 하나님은 "내 백성이 지식이 없으므로 망하는도다"라고 개탄하고(호 4:6), "이러므로 나의 백성이 무지함을 인하여 사로잡힐 것이요 그 귀한 자는 주릴 것이요 무리는 목마를 것"이라고 선언하셨다(사 5:13). 하나님께서 "내가 또 내 마음에 합하는 목자를 너희에게 주리니"라고 약속하실 때 그 목자들을 "지식과 명철로 너희를 양육"하는 자들이라고 묘사하셨다(렘 3:15). 이 지식은 최우선적으로, 신적 계시에 대한 영광된 교리들을 제시함으로써 전달된다. 교리적 기독교는 실천적 기독교의 토대이며 동기이다. 왜냐하면 영적인 삶의 원동력은 정서 혹은 충동이 아니라 원리이기 때문이다. 사람들에게 빛을 주고 이끌어주는 것은 진리이다. 시편기자는 "주의 빛과 주의 진리를 보내어 나를 인도하사 주의 성산과 장막에 이르게 하소서"라고 노래한다(시 43:3). 우리는 진리를 아는 지식에 의해(요 17:3, 딤전 2:4), 그리고 진리를 믿는 믿음에 의해(살후 2:13) 구원받는다. 진리에 의해 자유롭게 된다(요 8:32). 진리에 의해 거룩케 된다(요 17:17). 은혜 안에서의 성숙은, 하나님과 주 예수 그리스도를 아는 지식 안에서의 성숙에 의해 결정된다(벧후 1:2, 3:18). 우리를 보존해주는 것은 자비와 진리이다(시 61:7, 잠 21:28). 잠언은 "명철이 너를 보호"한다고 말한다(잠 2:11).

"터가 무너지면 의인이 무엇을 할꼬"라는 질문을 제기하는 것은 적절하다(시 11:3). "터"로 번역된 히브리 단어는 이사야 19:10에서 딱 한 번 더 출현한다. "품군들이 다 **마음**(KJV, 'purposes')에 근심하리라"라고 번역되었다. 우리의 계획들과 행위들이 나오는 곳이 마음인 것처럼 말씀의 이차적인 진리들이 파생되어 나오는 곳은 "일차적 원리들"이다. 교훈들은 말씀의 일차적 원리들과 이차적 진리들에 의존한다. "종교의 원리들은 의인들의 믿음과 소망이 구축되는 토대이다"(매튜 헨리). 이 기초들을 전적으로 그리고 최종적으로 제거할 수는 없지만 하나님은 상대적으로 그리고 일시적으로 그렇게 되도록 하시기도 한다. 이런 경우에, 의인들은 절망에 굴복해서는 안 된다. 반대로, 기도에 힘을 쏟아야 한다. 침례교 신학자 존 길(John Gill)은 다음과 같이 말했다.

> "사람들이 종교의 근본 항목들을 훼손하고 무너뜨리고자 시도하고 있을 때 의인들은 무엇인가를 할 수 있고 해야 한다. 의인들은 은혜의 보좌로 나가야 한다. 거룩한 전(殿)에 계시며 어떤 일이 일어나고 있는지를 아시는 하나님께로 나아가, 기초를 훼파하는 이들의 기획과 시도를 막아달라고 탄원해야 한다. 자신들의 지극히 거룩한 믿음에 입각해서 서로를 짓고자 노력해야 한다."

앞 세기 내내, 교리 설교에서의 이탈이 점진적으로 뚜렷해졌다. 신조들과 신앙고백서들이 경시되었고 폐물로 간주되었다. 신학연구는 대체로 과학, 심리학, 사회학에 지성을 기울이는 것으로 대체되었다. "우리에게 기독교가 아니라 그리스도를 달라"는 외침이 제기되었다. 많은 피상적인 지성들은 이러한 요구가 영적인 것인 동시에 적절한 것이라고 결론 내렸다. 실제로는, 이런 주장은 불합리한 것, 어떤 지극히 중요한 차이가 없는 가상적 차이점이었다. 신인 양성의 인격체인 그리스도에 대한 성경적 개념, 그리스도의 중보적 성격, 하나님의 택자들에 대한 그리스도의 공적 관계들, 택자들을 위한 그리스도의 구속사역이라는 것은 그리스도를 그 본질적 신성, 독특한 인성, 언약적 머리되심에서 그리고 교회의 선지자요 제사장이며 왕이신 삼중직으로 고찰할 때에만 형성할 수 있다. "그리스도의 교훈"(요이 9) 즉, 그리스도의 경이로운 인격과 그리스도의 위대한 구원에 관한 성경의 가르침 전체를 포괄하는 교훈이라는 반복된 표현에 충분한 주의를 기울이지 않았다. "그리스도의 비밀"(골 4:3) 즉, 그리스도에 대해 진리의 말씀에 계시된 깊은 것들과 관련된 가르침에 적절한 비중을 두지도 않았다.

기독교의 영광은 교리에 있다

기독교의 신적 기원과 그 일차적인 영광을 뒷받침하는 가장 결정적인 증거는 기독교 교리에서 나타난다. 이러한 교리들은 인간의 발명품이 될 수 없기 때문이다. 형언할 수 없고 불가해한 삼위일체, 하나님 아들의 성육신, 생명의 주권자의 죽음, 하나님의 정의를 만족시키고 우리의 범죄를 속죄한 그리스도의 순종과 고난, 신자를 성전으로 만드는 성령, 그리스도와 우리의 연합은 장엄하고 고상하고 거룩하고 신비로운 진리들이다. 유한한 이성이 가장 높이 날아오를 수 있는 한계를 훨씬 더 뛰어넘는 진리들이다.

그리스도의 교훈을 구성하는 모든 부분들은 완벽한 조화를 이룬다. 하나님의 다양한 지혜, 우리에게 요구되는 의무들, 그 의무들을 촉진하는 동기들이 바로 여기에서 충분히 발견된다. 진리의 판명한 부분들 및 측면들, 이것들이 서로 맺고 있는 관계, 공통된 대의를 서로 증진한다는 것, 영광의 주님을 서로 높인다는 것을 지각할 때 전체 진리의 탁월성 및 아름다움이 분명하게 드러난다. 진리 안에 있는 것들이 서로 불일치하는 것처럼 보이는 이유는, 많은 사람들이 바로 그 진리를 구성하되 서로 동떨어진 파편들을 파악하기 때문이다. 대단히 필요한 것은, 전체를 바라보는-오직 근면하고 끈질긴 활용에 의해서만 획득되는-시각 및 파악이다.

교사의 직분 : 교리를 설명하고, 입증하고, 적용하는 것

설교는 많다. 하지만 슬프게도 가르침은 거의 없다. 하나님의 모든 지혜를 선포하는 것, 어느 한 부분이 다른 부분과 맺고 있는 관계를 보여주는 것, 진리의 전체 범위를 제시하는 것, 따라서 청중의 인식 지평을 확대케 하고 균형감각을 증진하고 전체의 아름다운 조화를 드러내는 것은 교사의 과제이다. 교사 자신이 주장하는 것을 공언하는 것뿐만 아니라 입증하는 것, 단지 주장할 뿐만 아니라 확증하는 것은 교사의 직분이다.

사도 바울에 대한 기록에 "성경을 가지고 강론하며 뜻을 풀어 그리스도가 해를 받고 죽은 자 가운데서 다시 살아야 할 것을 증명하고 이르되 내가 너희에게 전하는 이 예수가 곧 그리스도라 하니"라는 내용이 있다(행 17:2-3). 바울은 이런 과업을 수행할 두드러진 자격을 태생과 자연 양쪽에 의해 갖췄다. 자신의 추론능력을 상당한 수준으로 활용했다. 자신의 청중에게 자신의 단언을 증거도 없이 믿으라고 요구하지 않왔다. 자신이 가르친 것을 입증했다. 대체로, 분명하고 결정적인 추론에 의해 진실성을 입증해야 한다고 느낀, 복음의 기본적이며 본질적인 교리들을 설교했다.

바울은 "안식일마다…회당에서 강론하고 유대인과 헬라인을 권면"했다(행 18:4, 19). 이러한 추론이 오용될 수도 있다는 이유 때문에, 설교단에 올라서는 안 된다는 결론이 나오지 않는다. 공정하게 추론하는 것은 올바른 원리들에서 정확한 결론들을 도출하는 것이다. 혹은, 뒷받침해주는 명확하고 설득력 있는 논증들을 제시하는 것이다. 어떤 명제의 진실성에 입각해서 명석하게 그리고 효과적으로 추론하기 위해 대체로 필수적인 것은 설명하는 것이다. 그 다음에는, 뒷받침해주는 논증을 제공하는 것이다. 그리고 최종적으로, 제기되는 이의에 답하는 것이다.

이것이 바울이 전반적으로 추구하는 방안이다. 이 사실은 사도행전과 바울의 서신서들에서 명백하게 드러난다. 바울이 모든 종교의 첫째이며 근본적인 진리인 하나님의 존재에 대해 설교했을 때 단순하게 하지만 인상적으로 추론해서 "이와 같이 신의 소생이 되었은즉 신을 금이나 은이나 돌에다 사람의 기술과 고안으로 새긴 것들과 같이 여길 것이 아니니라"라고(행 17:29), 그리고 "창세로부터 그의 보이지 아니하는 것들 곧 그의 영원하신 능력과 신성이 그 만드신 만물에 분명히 보여 알게 되나니 그러므로 저희가 핑계치 못할지니라"고 말했다(롬 1:20). 바울이 인간의 부패에 관한 교리를 역설했을 때 그 교리를 일차적으로 이방세계 전체의 성격과 행위에 대한 긴 묘사에 의해 그리고 그 다음에는 구약성경에서의 인용문들에 의해 입증하고, "유대인이나 헬라인이나 다 죄

아래 있다고 우리가 이미 선언하였느니라"라고 결론을 내렸다(롬 3:9).

 교사의 과업은 설명하는 것이며, 입증하는 것이며, 그 다음에는 적용하는 것이다. 왜냐하면 오성과 양심을 통해 마음에 도달하기 때문이다. 바울이 벨릭스 앞에 섰을 때 강력하게 "의와 절제와 장차 오는 심판을 강론하니 벨릭스가 두려워" 떨었다(행 24:25). 그러나 오호라. 견실한 추론, 성경주해, 교리설교는 이제는 대체로 과거의 유물이 되었다. 많은 사람들이 교리적 지식보다는 오히려 사람들이 체험이라고 부르는 것을 적극적으로 신봉했(고 여전히 신봉한)다. 그리고 오늘날 우리는 바로 이것의 개탄스러운 결과들을 목도한다. 우리 세대는 진리에 대한 이론적 지식조차도 부족하기 때문이다. 체험적이며 실천적인 설교라고 불리는 그것이 신학적 교육을 밀어냈다. 따라서 복음의 위대한 기초들은 경멸받게 되었다. 한때 개신교 국가였던 곳에서 천주교가 이처럼 득세하게 된 것은 전혀 놀라운 일이 아니다. 저 사탄적인 체계가 여전히 더욱 무섭게 득세할 수도 있다. 만일 그렇게 된다면 어떤 누구도 자신들의 경험에 의해서는 그 추세를 뒤엎을 수 없을 것이다. 오직 건전한 교리적 설교만이 쓸모가 있을 것이다. 실천적 경건을 생산하는 뿌리에 수분이 공급되지 않았고 따라서 뿌리가 말라버렸기 때문에 실천적 경건의 수위가 이처럼 낮은 것 역시 놀랄 일이 아니다.

> "믿음의 교리가 없는 곳에서는 믿음의 순종을 기대할 수 없다…반면에, 실천이 없는 교리 혹은, 사물에 대한 단지 이론적일 뿐이며 추상적인 지식은 만일 실천으로 돌아가지 않는다면 전혀 쓸모없다…교리와 실천은 함께 가야 한다. 하나님의 뜻을 알기 위해 그리고 행하기 위해, 교리 교

육과 실천은 필수적이다. 전자가 먼저 빛을 비추고 후자로 이끌어줄 것이다."(존 길)

존 길이 마지막에 언급한 순서는 "모든 성경은 하나님의 감동으로 된 것으로 [첫째,] 교훈과 [그 다음에,] 책망과 바르게 함과 의로 교육하기에 유익하니"라는 말씀에 표명된 순서다(딤후 3:16). 마찬가지로 바울은 디모데에게도 "네가 네 자신과 가르침을 삼가 이 일을 계속하라 이것을 행함으로 네 자신과 네게 듣는 자를 구원하리라"라고 권면했다(딤전 4:16). 디도에게도 "이 말[즉, 3-7절에서 가르친 것들]이 미쁘도다 원컨대 네가 이 여러 것에 대하여 굳세게 말하라 이는 하나님을 믿는 자들로 하여금 조심하여 선한 일을 힘쓰게 하려 함이라"라고 명령했다(3:8).

오호라, 그리스도의 가르침을 그 모든 부분들과 파생물들을, 그 모든 원인들과 결과들을, 그 모든 관계들과 의존관계들을 가르치는 이들이 지금 너무 너무 없다. 하지만 영적인 지성에게는, 그리스도에 대한 올바르고 명확한 파악보다 더 필수적인 내용물은 존재할 수 없다. 오류에 빠지지 않도록 우리 자신을 지키는 것은 바로 여기에 좌우된다. 우리의 영적 결실은 바로 여기에 좌우된다.

교리는 지성을 빚는 형틀이다(롬 6:17). 지성은 교리라는 틀에 의해 각인된다. 뿌려진 씨앗의 본성이 장래의 수확을 결정짓는 것처럼, 가르쳐진 것의 실체가, 그 가르침을 규칙적으로 받는 이들의 삶에서 나타난다. 16세기와 17세기 동안에 기독교계에서 그렇게 확고해진 것들 즉 순결, 경건, 열정, 하나님과의 긴밀한 동행 그리고 사람들 앞에서의 올바름, 이것들은 어디에 있는가? 하지만 종교개혁가들과 청교도들의 설교는 주로 교리적이었다. 그리고 하나님 아래에서, 수많은 사람들이 그리스도의 교리들과 규례들을 부인하기보다는 기꺼이 박해와 큰 고난을 감수하고 생명을 무릅쓸 만큼의 그런, 진리에 대한 사랑을 낳았다. 실천이 좋다면 무엇을 믿느냐는 것은 중요한 문제가 아니라고 말하는 것은 전적으로 오류이다. 진리를 소홀히 여기는 것은, 하나님께 의롭지 않은 마음을 드러내는 것이다.

하나님은 참된 교리를 사용하신다

지난 세기에 하나님께서 붙잡아 사용한 사역자들은 청교도들의 발자취를 따르는 사람들이었다는 사실을 지적하는 것 역시 필요하다. 찰스 스펄전, 시저 말란(Caesar Malan), 로버트 맥체인(Robert Murray MeCheyne), 그리고 스코틀랜드 자유교회 분립의 위대한 지도자들은 설교 전체에서 교리적 가르침에 두드러진 위상을 부여했다. 예리한 안목은, 다양한 유형의 설교에 수반되는, 규칙적으로 참석하는 사람들에게 다소 분명하게 자신을 드러내는 판명한 정신이 존재한다는 사실을 이내 감지할 것이다. 충실성과 진지함, 안정성과 경건한 두려움 즉, 아르미니우스주의자들에게는 나타나지 않는 이런 것들이 진짜 칼빈주의자들에게 나타난다. 오류를 끌어안는 사람들에게는 없는 것 즉, 올곧음이라는 개성은 진리를 옹호하는 사람들에게는 있다.

하나님의 주권성이 부인되는 곳에서는 하나님에 대한 거룩한 경외가 존재하지 않는다. 인간의 전적부패가 주장되지 않는 곳에서는 교만과 자기충분성이 기승을 부린다. 자연인의 무능력이 강조되지 않는 곳에서는 성령에 대한 의존이 존재하지 않는다. 하나님의 거룩한 요구들이 주장되지 않는 곳에서는 마음과 삶에 미치는 영향력들이 결핍된다. 따라서 설교의 진실성을 판단하고 측정하자.

> "어떤 교리이든 인간을 억누르고 겸손케 만드는 동시에 하나님의 영광을 증진시키는 교리가 참된 교리이다. 이것이 복음의 의도에 부합하는 교리이다. 복음이 전적으로 집중하는 초점이 바로 이것이다. 즉, 복음은 사람을 낮추고 하나님을 제일원인으로 높이는 것에 전적으로 집중한다. 복음은 사람을 그 자신의 밑바닥부터 허물어버리고, 사람이 도전하고자 하는 모든 영광을 하나님의 손에 넘겨준다. 복음은 사람을 하나님의 발판 아래의 먼지구덩이로 밀어 넣는다. 복음의 주된 취지를 가로막고 사람 안에 있는 교만을 부추기는 교리는 하늘에서 내려온 불꽃이 아니다. 어떤 육체도 하나님 앞에서 자랑질을 해서는 결코 안 된다(고전 1:29). 행위로 말미암아 의롭게 된다는 교리를 사도는 '그런즉 자랑할 데가 어디 뇨 있을 수가 없느니라…오직 믿음의 법으로니라'라는 벼락같은 논증으로 부서버렸다(롬 3:27). 믿음의 법에 의한다는 것은 복음의 교리에 의한다는 것이다. 자랑은 중생을 자연에 귀속시키면 도입될 것이고, 마찬가지로 자랑은 행위로 말미암아 의롭게 된다는 교리를 부인하면 제거된다. 복음의 교리는 자랑 속에서는 자기모순을 일으키고, 반대로 할 때는 자랑을 밀어낸다. 우리 구세주는 하나님을 영화롭게 하는 그것이 당사자들의 진실성을 입증해주는 증거라는 원칙을 오래 전에 제시하셨다. 자기를 보낸 이의 영광을 구하는 바로 그 사람이 참되다고 말씀하셨다(요 7:18). 바로 이 원칙에 의해, 사람들과 교리들 속에 있는 진실성을 입증한다."(차녹, 1660)

지금까지 총론을 다뤘다면 이제 각론을 다뤄보자. 필자는 지금 다루고 있는 이 주제를 거론함으로써 필자가 17년 전에 한 절반의 약속을 이행하고자 노력하겠다. 필자는 17년 전에, 만일 기회가 된다면 이 중요한 진리를 다루는 일련의 논고를 작성하기를 소망한다고 진술했다. 몇몇 독자들은 죄를 억눌러야하는 의무는 교리적 측면이라기보다는 실천적 측면에 훨씬 더 부합한다고 생각하여, 지금 제목의 정확성에 이의를 제기할 수도 있다. 만일 이 대중적인 구별이 타당하다면 이 이의제기는 타당할 것이다. 그러나 이 이의제기는 현대의 대단히 많은 표현들이 모호한 것과 마찬가지로 성경의 검증을 통과하지 못한다. "교리"라는 용어는 오늘날 일반적으로 부여되는 것보다 훨씬 더 폭넓은 의미를 하나님 말씀에 둔다. "교리"는 칼빈주의의 "5대 교리"보다 훨씬 더 많은 것을 포함한다. 따라서 바울은 "주 예수 그리스도의…경건에 관한 교훈[διδασκαλία]"이라고 언급한다. 이 표현은 우리의 두뇌를 교육하는 것 즉, 영적 사실들과 거룩한 원리들을 언명하는 것을 목적으로 하는, 마음을 따뜻하게 하고 우리의 삶을 규제하는 것을 목적으로 하는 일종의 지적 명제를 훨씬 뛰어넘는 것을 가리킨다.

교리 : 지성의 방향과 삶의 방식을 하나님을 지향하게 하는 가르침

"경건에 관한 교훈"은 신성한 교리의 본성을 즉각적으로 정의해준다. 그 취지 혹은 목적은 지성의 올바른 방향과 삶의 방식을 하나님을 지향하도록 가르치는 것임을 실제적으로 암시한다. 순수한 것이며 정결케 하는 것이다. 믿음에 계시되는 것들은 참이라고 받아들여야 하는 단지 추상적일 뿐인 개념들이 아니다. 찬양받아야 하는 심지어 탁월하고 높은 개념들도 아니다. 우리의 일상적인 행보에 강력한 영향을 미칠 수밖에 없는 것들이다. 성경에는 단지 추상적일 뿐인 지식을 위해 계시된 교리가 없다. 행위에 강력한 영향을 미치도록 되어 있는 것뿐이다. 하나님께서 우리에게 계시해준 모든 것들 속에 있는 하나님의 의도는 우리의 정서를 정결케 하는 것이며 우리의 성격을 변화시키는 것이다. 은혜교리는 불경건과 세속적인 탐욕을 부정하라고 우리를 가르친다. 그리고 지금 이 세상에서 제정신으로, 의롭게, 경건하게 살라고 가르친다(딛 2:11-12). 그리스도께서 가르치신 교훈의 훨씬 더 큰 부분(요 7장)은 신비한 것들에 대한 해설로 구성되지 않았다. 오히려 인간의 탐욕을 바로잡아주고 삶을 변혁시켜주는 것으로 구성되어 있었다. 성경에 있는 모든 것은 거룩의 증진을 염두에 두고 있다.

사람이 올바른 것을 행하고 있는 한 무엇을 믿는지는 중요치 않다는 주장은 불합리하다. 마찬가지로 나의 신조가 건전하다면 내가 어떻게 행동하든 별로 중요치 않다는 결론도 오류이다. "누구든지 자기 친족 특히 자기 가족을 돌아보지 아니하면 믿음을 배반한 자요 불신자보다 더 악한 자"이다(딤전 5:8). 자연적 애정이 결핍되어 있는 사람임을 드러내기 때문이다. 따라서 행위와 더불어 말에 의해 믿음을 부인하는 것이 가능하다. 우리의 본분을 이행하는 데 소홀한 것은 진리를 공공연하게 포기하는 것만큼이나 실질적으로 부인하는 것이다. 율법에 대한 것과 마찬가지로 복음은 자녀들에게 부모를 존중하라고 요구하기 때문이다. 디모데전서 1:9~10에 언급된 고약한 인물들의 저 끔찍한 목록은 "바른 교훈을 거스리는"—바른 교훈의 건전한 성격과 영적 경향에 반하는—즉, 하나님의 기준이 명령하는 행위에 반하는 것들이다. 탐욕의 정신 혹은 돈을 사랑함이 "믿음에서 떠나"는 오류를 범하는 것임을 어떻게 지칭하는지 주목하라(딤전 6:10). 이것은 일종의 이단설, 경건을 따르는 교리에서의 이탈이다. 이에 대한 끔찍한 사례가 유다의 경우이다. 그렇다면 죄를 억누르는 것은 성경의 실천적 교리들 가운데 하나임이 명백하다. 이에 대해서는 필자가 다음에 충분히 입증하겠다.

2. 로마서 8:13 해설

"너희가 육신대로 살면 반드시 죽을 것이로되 영으로써 몸의 행실을 죽이면 살리니"(롬 8:13)

로마서 8:13은 우리의 주제에 대해 성경의 단일한 구절에서 찾을 수 있는 가장 포괄적인 묘사를 제공한다. 즉, 그 본문 진술은 대단히 많은 주된 특색들을 실체적으로 묘사해준다. 이 구절은 지극히 진지하고 엄중한 구절인데, 말이든 글이든 오늘날의 목회사역에서는 거의 배제된 구절이다. 아르미니우스주의자들이 이 구절을 비참하게 뒤틀어버렸다면 많은 칼빈주의자들은 이 구절의 명백한 단언들과 함축들을 정면으로 다루기를 거절했다. 이 구절에서 우리가 최선의 주의를 기울여야할 것이 다섯 가지가 있다. **첫째**는 이 본문의 수신자들, **둘째**는 그들에게 제시된 무서운 경고, **셋째**는 그들에게 명령된 의무, **넷째**는 제공된 실효적인 돕는 이, **다섯째**는 그들에게 주어진 약속이다. 우리의 개관을 가르치려고 애쓰기 전에, 적잖은 사람들이 이 구절에서 발견한 난제들을 더 잘 파악하기 위해, 그리고 우리의 지성을 더 잘 집중시키기 위해, 적절한 질문들을 많이 제기해보자.

로마서 8:13에 관련된 질문들

우리의 본문과 문맥 사이에는 어떤 관계가 있나? 각 부분들은 어째서 "만일~라면"이라는 가정적 형태로 되어 있는가? 이 구절을 구성하는 두 부분에 있는 "너희"는 동일한 인물들을 가리키는가? 아니면, 전적으로 다른 두 부류를 염두에 두고 있는가? 만일 후자가 사실이라면 어떤 타당한 해석원리에 의거해서 설명할 수 있는가? 그들 가운데 하나를 "어떤" 혹은 "그들"이라고 바꾸지 않는 이유는 무엇인가? '육신대로 산다'는 것은 무슨 뜻인가? 진짜 그리스도인이 육체대로 살 수 있는가? 진짜 그리스도인은 육신대로 살 수 없다면, 그리고 그 표현은 거듭나지 않은 사람들을 가리키는 것이라면, 그들은 이미 영적으로 죽은 사람들인데 어째서 "반드시 죽을 것"이라고 말하는가? 여기에서 사용된 '죽는다'는 용어와 '산다'는 용어는 비유적이며 상대적으로 사용된 것인가 아니면 문자적이며 절대적으로 사용된 것인가? "(몸의 행실을) 죽인다"는 것은 무슨 뜻인가? 그리고 '육체의 소욕'이라는 말이 아니라 "몸의 행실(들)"이라는 표현을 사용하는 이유는 무엇인가? 이 구절에서 언급된 "너희"가 그 과업을 이행한다면 "영으로써"라는 것은 어떻게 하는 것인가? 만일 성령이 가장 중요한 사역자라면 어째서 그 죽임을 "너희"에게 하라고 규정하는가? 성령과 "너희"가 결합하여 행동하는 것이라면 그 두 요소는 서로 어떻게 조절되어야 하는가? "너희"는 이미 영적으로 살아있는 존재들인데 그렇다면 "너희가…살리니"라는 약속은 어떤 방법으로 이행될까? 필자는 이런 문제점들을 파악하려고 실제적으로 시도한 주석가들을 찾지 못했다.

문맥에서 제기되는 논점들

전체 문맥에 따르면, 어떤 특정한 부류의 사람들에게 쓴 것이라는 사실은 아주 분명하다. **첫째**, 그 사람들은 그리스도 예수 안에 있는 이들에게는 결코 정죄함이 없는 사람들이다(롬 8:1). **둘째**, 그 사람들은 죄와 사망의 법에서 이미 해방된 그래서 그리스도의 의를 전가 받은 사람들이다(2-4절). **셋째**, 그 사람들은 육체를 따라 행하지 않고 영을 따라 행함으로써 자신들은 그리스도의 은혜를 받았다는 것을 입증하는 사람들이다(4절). 바로 그 뒤에(5-11절), 육체를 따르는 즉, 육적 사고방식을 가진 사람들과 자신의 합법적인 입지를 육체가 아니라 성령에 두는 즉, 성령이 내주하기 때문에 영적 사고방식을 가진 사람들, 이렇게 근본적으로 다른 두 부류에 대한 묘사를 붙인다. **넷째**, 영적 사고방식을 가진 사람들 즉, 8절의 주어인 "~자들"에 반대되는 12절의 주어인 "우리"에 대해 사도 바울은 "그러므로 형제들아 우리가 빚진 자로되 육신에게 져서 육신대로 살 것이 아니니라"라는 분명하고 실천적인 결론을 도출한다. 여기에서 바울이 사용한 친근한 호칭은 로마서를 수신하고 있는 특정한 유형의 인물들에 대해 의심의 여지를 조금도 남겨두지 않는다.

토마스 맨튼이 이 구절에 대해 지극히 유능한 설교를 남겼다. 그래서 필자는 토마스 맨튼의 주석을 대체로 우리 자신의 언어로 요약하겠다.

사람은 제멋대로 처리하기를 간절히 원할 것이다. 마

음속으로 "우리 입술은 우리 것이니 우리를 주관할 자 누구리요"라고 말한다(시 12:4). 사람은 지상권(至上權)을 즐겨 취하고, 자신의 행동에 대한 지배권을 주장한다. 그러나 사람의 이러한 주장은 부당하다. 사람은 타인에 의해 만들어지고, 타인 때문에 만들어진다. 그러므로 사람은 "빚진 자"다. 부정적으로 말하자면, 육체를 따라서는 안 된다. 위에서 언급한 것처럼, 저 부패한 원리는 복종을 요구하고 있기 때문이다. 긍정적으로 말하자면, 사람은 자신에게 존재를 부여한 이에게 빚진 자이다. 그리스도인들은 피조물이라는 점에서 그리고 동시에 새로운 피조물이라는 점에서 빚진 자이다. 자신들의 존재와 행복에 대해, 즉 자신들의 존립과 보존에 대해 전적으로 하나님께 의존하고 있기 때문이다. 우리의 조물주이신 하나님은 우리의 소유주이시다. 우리의 소유주이시기 때문에 우리의 통치자이시며 결과적으로, 우리의 심판자이시다. 하나님은 우리에 대한 절대적 소유권, 우리에 대한 불변적 권력을 갖고 계시다. 따라서 우리를 자신이 기뻐하는 대로 명령하고 처분할 수 있다. 우리에게 있는 것은 하나님께로부터 받는 것뿐이다. 우리는 우리의 시간과 우리의 재능에 대해 하나님께 해명해야 할 책임이 있다. 우리가 누리는 모든 은택은 하나님께 대한 우리의 책무를 늘려준다. 우리는 어떤 것으로도 우리 자신을 즐겁게 할 권리가 없다. 이 부채는 우리가 존재와 유지를 하나님께 의존하는 한, 하나님께 속박되어 있는 한, 파기할 수 없는 것이다. 죄는 우리의 책무를 결단코 삭제해준 적이 없다. 타락한 인간이 순종할 능력을 상실했다할지라도 주님께서 명령할 권세를 상실한 적이 없기 때문이다.

성도는 자신의 영적 존립에 대해 하나님께 훨씬 더 큰 빚을 졌다. **첫째**, 그리스도로 말미암아 받은 구속 때문이다. 성도는 자신의 것이 아니다. 값을 치르고 산 존재다(고전 6:9). 구속받기 전의 상태는 끔찍한 속박상태였다. 사탄의 종이었기 때문이다. 이제 포로를 속전을 치르고 사들였을 때 구매자의 절대적 소유물이 되었다(레 25:45-46). 그리스도께서 염두에 둔 목적은 이와 동일한 것이었다. 즉, 그리스도는 우리를 "피로 사서 하나님께 드리"셨다(계 5:9).

둘째, 중생 때문이다. 중생할 때 받은 새로운 본성은 하나님을 지향한다. 우리는 선한 일을 위해 그리스도 예수 안에서 태어났다(엡 2:10). 우리를 사망에서 생명으로 옮겨놓았기 때문에, 우리를 하나님의 형상으로 새롭게 했기 때문에, 우리에게 자녀의 지위와 특권을 부여했기 때문에 우리는 하나님의 봉신(封臣)으로서 우리 자신을, 우리의 힘을, 우리의 섬김을 하나님께 드려야 한다. 만일 우리가 육체를 따라 산다면 새로운 피조물은 그 고유한 용도를 벗어나는 것이다.

셋째, 우리 자신을 봉헌하는 것 때문이다(롬 12:1). 진정한 회심은 세상, 육체, 사탄을 부인하는 것과 우리 자신을 주님께 드리는 것을 포함한다(고후 8:5). 하나님께 드리는 우리의 순종은 부채이기 때문에 공로가 있을 수 없다(눅 17:10). 그러나 우리가 이 부채를 갚지 않는다면 형벌의 부채를 더 쌓게 된다(마 6:12, 15). 육체는 지배할 권리가 전혀 없기 때문에 육체를 만족시키는 것은 횡포한 찬탈자에게 굴복하는 것이다(롬 6:12, 14). 신자는 육체가 졸라댈 때 "나는 주님의 것"이라고 반응해야 한다.

"너희가 육신대로 살면 반드시 죽을 것이로되 영으로써 몸의 행실을 죽이면 살리니"라는 이 말씀에서 두 명제가 날카롭게 대립한다. 그 명제 각각은 조건적으로 표명되어 있다. 그리고 두 개의 결말이 분명하게 제시되어 있다. 두 개의 가정, 그리고 그 각각의 불가피한 결말이 명백하게 언급되어 있다. 이 성경구절의 두 구성부분 모두가 긍정하는 것은, 만일 어떤 행동방침을 지속적으로 따라간다면 (그 행동방침과 행동들은 결코 격리된 별개의 것이 아니기 때문에) 불가피하게 어떤 결과가 뒤따라 올 것이라는 사실이다. 진리를 이렇게 가정적 형태로 제시하는 것은 성경에서는 대단히 일반적이다. 그리스도의 종들은 "만일 누구든지[문자적으로는 '어떤 사람의' 즉, 5절의 '사역자들 가운데 어떤 사람의'이며 9절의 '동역자들 가운데 어떤 사람의'] 일이 그가 세운 대로 견딘다면 그 사람은 상을 받을 것이다. 어떤 사람의 ['그의', '사역자의'] 일이 불에 타버리면 그 사람은 해를 입을 것"이라는 통보를 받았다(고전 3:14-15). 다른 유명한 사례는 "내가 지금까지 사람의 기쁨을 구하는 것이었더면 그리스도의 종이 아니니라"는 말씀(갈 1:10)과 "만일 내가 헐었던[부인했던] 것을 다시 세우면 내가 나를 범법한 자로 만드는 것이라"는 말씀이다(갈 2:18). "우리가 이같이 큰 구원을 등한히 여기면 어찌 피하리요"(히 2:2; 비교 10:26)도 마찬가지다. 그렇다면 우리의 본문은 "자기의 육체를 위하여 심는 자는 육체로부터 썩어진 것을 거두고 성령을 위하여 심는 자는 성령으로부터 영생을 거두리라"는 말씀과 병행한다(갈 6:8).

두 가지는 하나님의 백성이 항상 필요로 하는 것들이다. 즉, 신실한 경고와 친절한 격려이다. 전자는 우리의 죄악 된 성향을 억제하고, 후자는 영적 은사들에게 활력을 불어넣어 의무를 이행토록 한다. 특히,

곤란한 지경에 처할 때 혹은 실패 때문에 애통해할 때 후자가 필요하다. 여기에서도 균형을 세심하게 유지해야 한다. 미숙한 신자들은 자신들 앞에 놓인 곤란과 위험을 거의 깨닫지 못한다. 경륜이 있는 신자들의 마음도 마찬가지로 기만적이기 때문에 분명하게 그리고 빈번하게 교정 받아야 하고, 하나님께서 우리가 가야할 길을 따라 세워주신 위험표지판에 주의를 기울이도록 훈계를 받아야 한다. 구세주께서 단지 사악한 자들에게 뿐만 아니라 더욱 특별하게도 제자들에게 경고의 목소리를 얼마나 자주 발했는지를 주목하는 것은 인상적이면서도 진지한 일이다. 구세주께서는 "너희가 무엇을 듣는가 스스로 삼가라"(막 4:24), "거짓 선지자들을 삼가라"(마 7:15), "그러므로 네 속에 있는 빛이 어둡지 아니한가 보라"(눅 11:35), "롯의 처를 생각하라"(눅 17:32), "너희는 스스로 조심하라 그렇지 않으면 방탕함과 술취함과 생활의 염려로 마음이 둔하여지고"(눅 21:34)라고 경고하셨다. 그리고 자신이 치유해준 이에게도 "더 심한 것이 생기지 않게 다시는 죄를 범치 말라"고 경고하셨다(요 5:14).

"육"의 용례와 의미

"육"이라는 단어는 성경에서 여러 의미로 사용된다. 그러나 로마서 8장 전반에 걸쳐서는 우리가 이 세상에 태어날 때 우리 안에 존재하는 오염되고 부패한 본성을 가리킨다. 이 악한 본성 혹은 원리를 가리키는 명칭은 다양하다. "내 마음의 법과 싸워…나를 사로잡아 오는"(롬 7:23) "죄"를 가리킨다. 야고보서 4:5에서는 "우리 속에 거하게 하신 성령이

시기하기까지 사모한다"라고 말하는데 이는 만질 수 있거나 물질적인 실재가 아니라는 뜻이다. 그러나 더욱 일반적으로는 "육"이라고 불린다(요 3:6, 롬 7:25, 갈 5:17). 이렇게 불리는 까닭은, 몸과 마찬가지로 부모에게서 자녀에게로 전달되기 때문이며, 자연생식에 의해 전파되기 때문이며, 육욕의 대상물들에 의해 강화되고 이끌려나오기 때문이며, 그 저열한 성격과 타락 때문이다. 이것은 사람이 창조주의 손에서 완성되고 창조주에게서 "심히 좋다"라는 선언을 받을 때에는 사람 안에 없었다. 이것은 사람이 타락에 의해 획득한 것이었다. 죄라는 원리가 이질적 요소로서, 추가된 것으로서, 침입해 들어오는 작인으로서 사람에게 들어왔고, 사람의 자연적 존재 전체를 손상시켰다. 이것은 마치 서리가 야채를 덮쳐 못쓰게 만드는 것과 같고, 병충해가 열매를 덮쳐 망가뜨리는 것과 같다.

"육"은 하나님께 대한 적대감이다

"육"은 거룩에 대해 공공연하고 화해할 수 없고 고질적이며 피차 용납할 수 없는 원수이다. 그렇다. "육"은 하나님에 대해 품은 적대감이다(롬 8:7). '원수'와는 화해할 수 있겠지만 '적대감' 그 자체와는 그렇지 않다. 그렇다면 육은 정말이지 악하고 가증스러운 것이다. 거룩하신 이와 불화를 일으키는 것이다! 하나님의 법을 거역하는 반역도이다! 그러므로 육은 우리의 원수이다. 그렇다. 육은 신자에게 있는 단연코 가장 나쁜 것이다. 사탄 그리고 외부 세계는 사람들 안에 있는 육에 의해 영혼에 모든 해악을 끼친다. 토마스 제이콤(Thomas Jacomb, 1622~87)은 "육은 모든 죄를 잉태하고 조성하는 자궁, 모든 것을 만들어내는 모루, 우리를 배반하는 거짓된 유다, 포위공격자들에게 성문을 열어줄 온갖 기회를 노리고 있는 성(城) 안의 은밀한 원수"라고 말했다. 우리는 육체로 존재하는 것과 육체를 따라 사는 것을 날카롭게 구별하지 않으면 안 된다. "우리가 육신에 있을 때에는"라는 말씀(롬 7:5)은 그리스도인들이 거듭나지 않은 상태에 있을 때를 가리킨다. "육신에 있는 자들은 하나님을 기쁘시게 할 수 없느니라"는 표현이 구원 받지 못한 사람들을 가리키는 반면에 "너희가 육신에 있지 아니하고 영에 있나니"라는 표현은 신자들을 가리키기 때문이다(롬 8:8-9). '육신에'라는 말은 어떤 사람이 하나님 앞에서 갖는 지위 및 상태를 가리킨다. 육체를 따라 산다는 것은 행동방침 및 생활양식을 가리킨다. 전자는 후자를 불가피하게 따라가고 부응한다. 어떤 사람의 특성 및 행위는 그 사람의 상태 및 상황에 일치한다.

"육"은 근본적으로, 전적으로 악하다

육은 근본적으로 그리고 전적으로 악하다. 로마서 7:18이 선언하는 것처럼 "선한 것이 거하지 아니" 한다. 육은 교정이 불가능하다. 개선이 불가능하다. 정말이지, 육은 바리새인들처럼 종교적 복장을 걸칠 수는 있다. 그러나 그 옷 밑에는 오직 부패뿐이다. 불이 얼음 때문에 꺼질 수 있는 것만큼이나 신속하게, 거룩한 기질 및 움직임들은 내주하는 죄에 의해 꺼질 수도 있다. "육"이 선한 것을 계속해서 반대하는 것처럼 영혼으로 하여금 항상 악한 쪽으로 치우칠 마음을 갖게 만든다. "육을 따라

사는 것" 혹은(동일한 의미를 갖는 다른 표현으로 말하자면) "육을 따라 걷는 것"은 거듭나지 않는 모든 사람들 즉, 오로지 자신들의 타락한 본성에 의해 지배를 받고 동기부여를 받고 자극을 받는 사람들과 똑같이 처신하는 것이다. "육을 따라 사는" 것은 단일한 행동을 가리키는 것이 아니다. 심지어 한쪽 방향으로 취하는 일련의 행동들 혹은 습관을 가리키는 것도 아니다. 오히려 이 천박한 원리에 의해 전 인격이 지배를 받고 이끌림을 받는 것을 가리킨다. 이것은 그리스도 바깥에 있는 모든 사람에게 사실이다. 그리스도 밖에 있는 사람들의 갈망, 생각, 말과 행위 이 모든 것이 이 부패한 샘에서 나온다. 그리스도 밖에 있는 사람들의 영혼 전체를 작동시키고 행동방침 전체를 조종하는 것이 바로 육이다. 모든 것을 육적 동기가 지휘한다. 자아 혹은, 저열한 원리에 의거해서 행동한다. 자아 혹은 저열한 목적을 위해 행동한다. 하나님의 영광은 그리스도 밖에 있는 사람들에게는 아무것도 아니다. 육이 가장 소중한 것이다.

"육"은 원리이다

육은 역동적인, 적극적인, 야심적인 원리이다. 그러므로 육을, 욕망을 일으키는 것이라고 말한다. 따라서 성경에는 "육체의 욕심," 그렇다. "육체와 마음의 원하는 것"이라는 표현이 있다(엡 2:3). 육이 갈망하는 것들은 격렬하고 절실하기 때문이다. 바울은 "그러나 [내주하는] 죄가 기회를 타서 [악화되어서] ['탐내지 말라'는] 계명으로 말미암아 내 속에서 각양 탐심[혹은 '욕심']을 이루었나니"라고 말한다(롬 7:8). 교육과 문화는 세련된 외관을 갖추게 할 수는 있다. 가정교육 및 다른 영향력 때문에 종교를 옹호하게 될 수도 있다. 이것은 이교도들의 거의 대부분에게 사실이다. 이기적 동기 때문에 커다란 고행 및 박탈을 자발적으로 감수하기까지 한다. 불교도들이 열반에 들어가기 위해, 무슬림들이 낙원에 들어가기 위해, 천주교도들이 천국에 들어갈 공로를 쌓기 위해 그렇게 한다. 그러나 이들 가운데 어떤 누구도 하나님의 사랑에서 동기를 부여받지 않는다. 하나님의 영광을 목적으로 삼지도 않는다. 그리스도인은 지위 및 상태라는 점에서는 '육체 안에 있지 않다'고 할지라도 악한 원리로서의 육은 (변함없이) 여전히 그리스도인 안에 있다. 그래서 "육체의 소욕은 성령을" 즉, 새로운 본성을 거스른다(갈 5:17). 그러므로 우리는 "죄(즉, 육)로 너희 죽을 몸에 왕 노릇 하지 못하게 하여 몸의 사욕을 순종치 말고"라는 권면을 받는다(롬 6:12).

"육"은 삶의 행위와 욕구에 미치는 더러운 영향력이다

여기에서 지적해야할 것은 육을 따라 걷는 것 혹은 사는 것은 이중적이라는 사실이다. 하나는 전반적이며 뚜렷한 것이고 다른 하나는 식별하기가 더욱 어려운 것이다. 첫 번째 것은 폭식, 만취, 도덕적 불결처럼 공공연하고 육신적인 욕심 및 행위들 즉, "육…의 온갖 더러움"으로 나타난다(고후 7:1). 두 번째 것은 내면적인 마음의 소욕들 즉, 우리의 동료들의 눈에 다소 숨겨진 것들이며 교만과 불신앙과 자기애와 시기심 그리고 탐욕처럼 우리의 영혼 안에서 들끓고 썩어가는 것들에서 영향력을 발휘할 때이다. 이것이 "영의 온갖 더러움"이다(고후 7:1). 바울은 갈라디아서 5:18~19에서 육이 이 두 측면에서 갖는 소욕들을 열거한다. 바울이 이렇게 하는 것은, 일반적인 오류를 폭로하기 위한 것이다.

대체로 추정된 바에 따르면, '육을 따라" 행하는 것 혹은 사는 것은 언급된 첫 번째 형태에 국한된다. 두 번째 형태를 고려하거나 생각하는 경우는 거의 없다. 사람들이 총체적인 무절제, 공공연한 신성모독, 야만적 육욕성을 삼가는 동안에는 모든 것이 좋다고 생각한다. 하지만 모든 총체적인 행습들로부터 아주 벗어나 있을 수 있으면서도 육을 따라 사는 죄를 여전히 범할 수도 있다. 그렇다. 이것은 그 마음속에 세상, 자아를 높이는 정신, 탐욕, 적의, 미움, 무자비함, 그리고 비난의 여지가 있는 다른 많은 소욕들을 따라는 무절제한 정서들을 품고 있는 모든 사람들에 대해서는 진실이다.

죄를 억누르는 것은 우리에게 주어진 명령이다

로마서 8:13 본문은 여기에 언명된 본분의 근본적이며 치명적인 중요성을 우리에게 명명백백하게 드러내준다. 그 본분을 이행하느냐 이행하지 않느냐는 것은 문자 그대로 삶과 죽음의 문제이다. 죄를 억누르는 것은 선택사항이 아니라 피할 수 없는 명령이다. 엄숙한 방안들이 분명하게 진술되어 있다. 그 명령을 무시하면 영원한 비참을 확실하게 보장받고, 그 명령을 순응하면 영원한 복락이 확실하다. 그 구절 전체는 분명히 성도들에게 주어진 말씀이다. 그리고 성도들은 너희가 만일 육을 따라 살면 확실히 죽을 것이다 즉, 영원히 죽을 것이라고 정확하게 경고를 받는다. 5:12, 21, 7:23, 8:6에서처럼 "사망"은 이 세상에서와 더불어 다음 세상에서 받게 되는, 죄의 형벌적 귀결들을 모두 포함한다. 그래서 우리의 본문에 있는 "죽는다"라는 말은 "불과 유황으로 타는 못에" 던져지는 "둘째 사망"을 가리킨다(계 21:8). 그리스도인들이 육을 따라 살아서는 안 되는 즉, 그리스도인들이 육을 따라 살아야할 정도로 육에게 빚을 지지 않은 명백한 이유가 여기에 개진되어 있다. 만일 그리스도인들이 육의 지배력에 굴복한다면 죄의 응보가 닥칠 것은 지극히 확실하다. 제이 스티플러(J. Stifler)는 "육은 세상에 속해 있다. 육의 선동에 굴복하는 사람은 세상에 있고, 세상처럼 산다. 그리고 세상과 함께 멸망당하지 않을 수 없다"라고 말했다.

아담이 자기 자신과 자신의 모든 후손에게 사망을 초래한 것은 바로 육의 욕구에 굴복함으로써였다. 그래서 만일 내가 육을 따라 산다면 즉, 나의 옛 본성에 의해 지배를 받고 이끌림을 받는다면, 육의 성향에 따라 체질적으로 행동한다면—완고하고 지속적인 행동방침이 여기에서 언급되고 있는 것이기 때문에—나의 신앙고백이 무엇이든 간에 나는 반드시 내 죄속에서 멸망당할 것이다. 하나님의 뜻 대신에, 육을 만족시키고 육을 섬기는 것 바로 그것이 영혼을 영원히 파멸시킨다. 존 길은 다음과 같이 말했다.

> "참으로 하나님의 은혜를 받은 사람이 육을 따라 살 수 있는지 없는지를 질문해보자. 죄의 길을 지속적으로 살아간다는 것은 하나님의 은혜에 모순된다. 그러나 육이 한동안 삶과 생활양식을 장악하고 크게 영향을 미칠 수도 있다. 참된 신자가 부패와 유혹의 권세로 말미암아 뒷걸음질을 치고 있는 중인 참된 신자의 경우에 이 기간이 얼마나 길지를 알지 못한다. 그러나 분명코, 참된 신자는 항상 이런 상태에 있지 않을 것이다."

죄를 억누르는 것은 항상 실행해야 하는 명령이다

우리의 본문 전체는 신앙을 고백하는 그리스도인들 그리고 지금 이 순간과 관련이 있다. 사도는 "만일 너희가 육을 따라 살아왔다면"이라고 간단히 말하지 않았다. 거듭나지 않은 모든 영혼이 육을 따라 살아왔기 때문이다. 그러나 만일 너희가 지금 육을 따라 산다면 너희는 반드시 죽을 것이다. 이 단어의 충분한 의미 그대로 죽을 것이다. 이것은 보편적 진리의 일반적인 진술이다. 우리는 단호한 칼빈주의자인 뉴턴(B. W. Newton)이 제공한 다음과 같은 설명에 충분히 동의한다.

"이런 종류의 표현을 우리에게 제시하는 이유는 둘이다. 첫째, 사도는 신앙을 고백하는 교회 안에 거짓된 고백자들이 있고 장차 있을 것이라는 사실을 알았기 때문이다. 그래서 공동체들에게 말씀을 전할 때마다 불확실성과 의심을 암시하는 단어들을 항상 사용한다. 가라지는 알곡들 틈에 섞여있는 법이기 때문이다. 그리고 둘째, (비록 은혜가 참된 신자들을 지켜줄 수 있을지라도) 그럼에도 불구하고 참된 신자들 자신들 안에 바로 그런 길로 나아가는 성향이 항상 현존한다. 그러므로 단지 신앙을 고백할 뿐인 자들에게는 완전히 참된 이런 묘사들을, 그 길로 헤매고 돌아다니고 있는 모든 사람들에게 적용하는 것이 올바를 것이다. 전자의 사례는 갈라디아서 4:20, 6:8, 에베소서 5:5~7, 골로새서 3:5~6과 같은 구절에 있다. 후자의 사례는, 실족하는 그리스도인은 자기를 부인하는 좁은 길에서 멀어졌다는 것과, 자기를 즐겁게 하는 방침을 따라 호된 목적에 도달하면 파멸이 기다리고 있다는 사실을 명심하지 않으면 안 된다."

육을 따라 사는 모든 사람을 기다리고 있는 저 끔찍한 운명에 대해 이토록 분명하게 경고하는 하나님의 신실성을 여기에서 확인하라. 우리는 하나님께서 위협하시는 것 때문에 하나님을 나쁘게 생각하는 대신에 오히려 감사해야 한다. 하나님의 정의를 살펴보라. 우리가 자신을 기쁘게 한다는 것은 인류의 배교 속에 계속해서 머물러있는 것이다. 그러므로 원래의 선고(창 2:17)는 자신을 기쁘게 하는 이들에게 효력을 갖는다. 자신을 기쁘게 하는 것은 하나님을 경멸하는 것이다. 죄의 가증스러움은 모욕을 받은 하나님의 위대하심에 의해 측정된다(삼상 2:25). 게다가 모욕을 가한 이들은 치료책을 거절한다. 그래서 죄책이 배가 된다. 이제 유혹의 심대함을 억제하기 위해 더 큰 형벌을 정하신, 하나님의 지혜를 살펴보라. 죄가 주는 쾌락은 일시적일 뿐이다. 그러나 죄의 길은 영원하다. 죄의 길이 영원하다는 것을 건전하게 믿고 진지하게 고찰한다면 죄의 쾌락이 그토록 손쉽게 우리를 장악하지 못할 것이다. 하나님의 거룩성을 보라. 죄를 억제하지 않은 영혼은 하나님 앞에 설 자격이 없다. 영광의 그릇들은 반드시 먼저, 은혜로 맛을 내야 한다. 그리스도를 닮는 것이 천국에 들어갈 자격이다. 그리스도를 닮는 이 일치성이 결여될 경우에는 천국에 들어가지 못한다.

"너희가 육신대로 살면 반드시 죽을 것이로되 영으로써 몸의 행실을 죽이면 살리니"(롬 8:13)라는 이 구절 전체가 관련을 맺고 있는 수신자들은 신자들 즉, "육신에게 져서 육신대로 살," 즉 육에 빚진 자들(12절)이 아니라 자신들을 구속한 그리스도에게 빚진 자들, 따라서 그리스도의 영광을 위해 살아야 하는 자들이며, 자신들을 거듭나게 했고 자신들 안에 내주하는 성령에게 빚진 자들이며 따라서 성령의 절대적 통제권에 복종하여 살아야할 빚진 자들이다.

영으로써 몸의 행실을 죽인다는 것의 의미

이 때문에 필자는 이 의무의 엄밀한 정의에 대한 더욱 충분한 설명을 나중으로 미루고 여기에서는, '영으로써 몸의 행실을 죽이'는 것이 무엇인지를 아주 간략하게 설명하겠다. 먼저 주목해야할 것은, 이 어구가 로마서 8:13의 본문에서 "육신대로 살면"과 병렬로 배열된 것을 볼 때 부정적 의미는 다소 모호하다는 점이다. 육신대로 산다는 것은 내주하는 죄에 의해 완벽하게 통제된다는 것, 우리의 태생적인 부패의 지배에 철저하게 예속되어 있는 것이다. 그러므로 이에 정반대의 행동 방침에 "영으로써 몸의 행실을 죽이"는 것이 있다. '영으로써 몸의 행실을 죽인다'는 말은 다음과 같은 취지이다. 즉, 옛 본성의 요구에 순응하지 말라, 오히려 그러한 요구를 제압하라, 욕구를 채워주지 말라, 소중히 품고 기르지 말라, 굶겨라. 바울의 말처럼, "정욕을 위하여 육신의 일을 도모하지 말라"(롬 13:14). 육신의 본성적 갈망들과 욕구들은 단련을 받을 필요가 있다. 우리를 섬기는 종으로 삼아야지 우리를 지배하는 주인이 되도록 해서는 안 된다. 온순하게 만들고 규제하고 우리의 존재를 구성하는 고차원적 부분들에게 복종하게 만드는 것은 우리의 책임이다. 그러나 죄에 속하는 육적 갈구들은 즉각적으로 거부하고 엄격하게 부인해야 한다. 영적 생활은 우리가 우리의 악한 정욕에 굴종하는 정도에 비례해서 지체된다.

영으로써 몸의 행실을 죽이는 이 과업에 대한 절박한 필요성은, 그리스도인 안에 악한 본성이 계속해서 존재하기 때문에 발생한다. 그리스도를 믿어 구원을 받는 그 순간에 신성한 율법의 정죄로부터 구원을 받았고, 죄의 지배권에서 해방되었다. 그러나 "육"은 그리스도인의 존재에서 제거되지 않았다. 악한 성향이 척결되거나 죽거나 하지도 않았다. 불결의 원천은 여전히 변함없고 그리스도인의 지상생애가 끝날 때까지 남아 있다. 이 뿐만이 아니다. 하나님과 거룩에 대한 적대행위에 있어서도 적극적이다. "육체의 소욕은 성령[혹은, 새로운 본성]을 거스리고 성령의 소욕은 육체를 거스"린다(갈 5:17). 따라서 성도 안에는, 내주하는 죄와 고유한 은혜 사이에 끊임없이 갈등이 벌어진다. 결과적으로, 성도는 내주하는 부패의 활동들뿐만 아니라 그 원리 자체를 억누르거나 죽여야할 영속적인 필요가 있다. 성도는 끊임없이 전쟁에 참여하라는, 그리고 유혹을 받아들여 자신의 욕구에 포획되지 말라는 요구를 받는다. 하나님의 명령은 "너희는 열매 없는 어두움의 일에 참예하지 [결코 타협하지, 결코 동맹을 맺지] 말고 도리어 책망하라"는 것이다(엡 5:11). 옛날의 에브라임과 함께 "내가 다시 우상과 무슨 상관이 있으리요"라고 말하라(호 14:8).

죄악 된 욕망들이 죽지 않고 남아있는 동안에는 하나님과의 실질적인 교제가 불가능하다. 악을 수용하면 마음이 하나님에게서 멀어지고, 정서들은 혼란을 일으키고, 영혼은 평정을 잃고, 거룩하신 이는 분노하여 귀를 막고 우리의 기도를 듣지 않으신다.

"인자야 이 사람들이 자기 우상을 마음에 들이며 죄악의 거치는 것을 자기 앞에 두었으니 그들이 내게 묻기를 내가 조금인들 용납하랴"(겔 14:3)

하나님은, 영으로써 몸의 행실을 죽이지 않은 영혼을 결코 기뻐하실 수 없다. 하나님께서 이런 영혼을 기뻐하실 수 있다면 그것은 하나님 자신을 부인하거나 하나님 자신의 본성에 역행하여 행동하는 것이리라. 하나님은 사악함을 즐거워하지 않으신다. 악을 조금이라도 인정하여 바라보실 수 없다. 죄는 진흙수렁이다. 우리는 진흙으로 더럽혀질수록 하나님 보시기에 그만큼 더 부적절해진다(시 40:2). 죄는 나병이다(사 1:6). 나병이 퍼질수록 주님과 우리의 교제는 그만큼 적어진다. 의도적으로 죄를 살려두는 것은, 하나님의 뜻을 역행하여 죄를 방어하는 것이며 지극히 높으신 이에게 싸움을 거는 것이다. 억눌려지지 않은 죄는 복음의 목적에 전면적으로 대항한다. 마치 그리스도의 희생이 우리를 죄에서 구속해낸다기보다는 오히려 우리를 죄에 탐닉하도록 만들 의도였던 것처럼 만든다. 그리스도께서 죽으신 목적은 죄가 죽지 않도록 하기보다는 오히려 죄의 죽음이었다. 그리스도는 자신의 목숨을 내려놓았다.

성도들은 비록 그리스도와 함께 부활했고, 그 생명이 그리스도와 함께 하나님 안에 감춰져 있고, 그리스도와 함께 영광 가운데 나타날 것이 확실함에도 불구하고 땅 위에 있는 자신의 지체를 죽이라는 충고를 받는다(골 3:1-5). 사도가 어떤 특정한 지체들을 지목했는지를 확인해 보면 이상하게 여겨질 수도 있다. 그것은 헛된 생각들, 마음의 냉담함, 경솔한 행함이 아니라 옛 사람의 가시적이면서도 지극히 불쾌한 지체들 즉, "음란과 부정과 사욕과 악한 정욕과 탐심"이었다. 바울은 8절과 9절에서 다시금, "이제는 너희가 이 모든 것을 벗어 버리라 곧 분과 악의와 훼방과 너희 입의 부끄러운 말이라 너희가 서로 거짓말을 말라"고 명령한다.

신자들이 이처럼 천박하고 불결한 죄악들을 죽이라는 명령을 받을 필요가 있다는 사실을 발견한다는 것은 정말 놀랍고도 엄중한 일이다. 하지만 반드시 필요하다. 지상에서 최선의 그리스도인들조차 많은 부패를 안고 있다. 이 부패 때문에 기질적으로 이러한 (크고 가증스러운) 불법에 치우치는 경향이 있다. 그래서 그리스도인들이 계속해서 손을 단단히 맞잡고 엄밀하게 살피면서 영으로써 몸의 행실을 죽이는 활동을 지속적으로 벌이지 않는다면, 사탄은 그리스도인들의 내면에 있는 부패들을 공공연한 행동으로 끌어내는 데 알맞은 유혹들을 제기할 것이다. 하나님의 거룩하신 자 이외의 어떤 누구도 "이 세상 임금이 오겠음이라 그러나 저는" 자신의 화전(火箭)을 내게로 날려 불을 일으킬 수 있는 어떤 것도 내 안에 없다고 진실하게 단언할 수 없었다(요 14:30).

하나님의 종들이 사악한 자들에게, 어떤 죄도 스스로 판단할 때 단지 사소한 문제에 불과하기 때문에 사소한 것으로 여겨 "이것은 작은 문제가 아닌가? 그러니 내 영혼이 살아남을 것이라"(창 19:20)라고 말하지 말라고 강권한 것처럼, 신실한 사역자는 하나님의 모든 백성에게, 어떤 죄가 크고 무거운 것이기 때문에 무시하여 속으로 "이것은 커다란 죄가 아닌가? 그러니 내 영혼이 결코 이 죄를 범하지 않을 것이다"라고 생각해서는 결코 안 된다고, 하나님의 죄 용서의 자비에 입각하여 심대한 죄악들을 범하지 않도록 우리를 지켜주신다고 지나치게 가정하지 말라고 역설한다. 때때로 지극히 은혜롭고 숙련된 사람들이 갑작스럽게 지극히 무서운 타락에 빠져 아연실색하는 이유는 바로 자기 확신과 부주의 때문이다.

설교자가 청중에게 살인하지 말라, 신성모독을 범하지 말라, 자신들이 고백한 믿음을 저버리지 말라고 명령할 때 스스로 의롭다 하는 사람들 이외에 어떤 누구도 하사엘처럼, "당신의 개 같은 종이 무엇이관대 이런 큰 일을 행하오리이까"라고 말하지 않을 것이다(왕하 8:13). 만일 우리가 매일 영으로써 몸의 행실을 죽여 그리스도의 십자가를 우리의 마음속으로 끌어들이지 않는다면 우리 가운데 어떤 누구도 범하지 못할 범죄란 그것이 제아무리 엄청날지라도 없고, 제아무리 더럽더라도 범하지 못할 혐오스러운 것은 없다.

로마서 8:13에서 "몸"은 이중적 의미를 갖는다

그러나 "몸의 행실을 죽이면"이라고 말한 까닭은 뭔가? 필자는 대구법을 사용한 이 구절에 있는 몇 개의 어절들의 의도적인 균형을 감안해서 "몸의 행실을 죽이면"을 "육신을 죽이면"이라고 읽자고 생각했었다. 로마서 7장에서 그리고 8장의 도입 구절들에서 바울은 내주하는 죄를 모든 악한 행위의 근원으로 다뤘다. 그리고 이 구절에서는 부패의 뿌리와 더불어 가지들을 동시에 죽이라고 주장하고, 그 열매들의 이름 아래에 그 의무를 언급한다. "몸의 행실"이라는 표현을 단지 외적일 뿐인 행위들에 국한해서는 결코 안 된다. 오히려 외적 행위들이 나오는 원천들을 포함하는 것으로 이해하지 않으면 안 된다. 존 오웬이 올바르게 말한 것처럼, "도끼로 그 나무의 뿌리를 내려치지 않으면 안 된다." 필자의 판단으로, 이 구절의 "몸"이라는 단어는 이중적인 의미를 갖는다.

첫째, 악한 본성 혹은 내주하는 죄를 가리킨다. 이것은 로마서 6:6과 7:24에서처럼 어떤 몸 즉, 육신의 죄악들의 몸에 비유된다(골 2:11). 이것은 영혼을 둘러싸고 있는 부패의 몸이다. 그러므로 필자는 "땅에 있는 지체"라고 해석한다(골 3:5). "몸의 행실"은 부패한 본성이 만들어내는 행위들 즉, 우리의 죄악들이다. 따라서 "몸"은 여기에서 객관적으로 "육신"이라는 뜻으로 사용된다.

둘째, 로마서 8:13에서 사용된 "몸"이라는 단어는 영혼이 지금 거주하고 있는 집을 포함한다. 이것은 죄 가운데 있는 저열한 악행을 가리키고, 죄의 노예들을 마치 영혼이 없는 것처럼 사는 것으로 축소시키도록 구체화된 용어이다. 내주하는 죄의 경향을 나타내기 위해 즉, 우리 존재의 더욱 기초적인 부분을 기쁘게 하고 만족시켜 주고 영혼을 겉 사람을 꾸준히 섬기는 일군으로 만들기 위해 언급하는 용어다. 여기에서 몸이라는 용어를 언급하는 목적은, 비록 영혼이 "육신"의 본래의 거처일지라도 육신이라는 틀이 행위의 주된 도구라는 사실을 우리에게 알려주기 위한 것이다. 우리의 부패는 주로 우리의 외적인 지체들에서 나타난다. 내주하는 죄가 일차적으로 발견되고 지각되는 곳은 바로 그 외적인 지체들이다. 죄악들을 "몸의 행실"이라고 지칭한다. 이것은 죄악들은 육신의 소욕들이 산출하는 것이기 때문인 동시에, 몸이 집행하기 때문이다(롬 6:12). 그렇다면 우리의 과업은 "육신"을 변형시키고 변질시키는 것이 아니라 죽이는 것이다. 즉, 육신의 충동을 거절하는 것, 육신의 열망을 부인하는 것, 육신의 욕구를 죽이는 것이다.

영으로써 몸의 행실을 죽일 수 있는 능력자는 누구인가?

그러나 이러한 과업-본성의 행위가 아니라 전적으로 영적인 과업-을 수행하기에 충분한 사람은 누구인가? 신자의 독력적인 능력을 훨씬 뛰어넘는 과업이다. 수단과 규례들 그 자체로는 성취할 수 없는 과업이다. 설교자의 직권과 능력을 뛰어넘는 과업이다. 전능성이 주된 역할을 수행하지 않으면 안 되는 과업이다. "너희가…영으로써 몸의 행실을 죽이면" 즉, 로마서 8:9의 "하나님의 영, 그리스도의 영"-성령-을 통해 성취해야 하는 과업이다. 왜냐하면 성령은 그리스도의 본성 속에 있을 뿐만 아니라 그리스도의 활동들 속에 있는 거룩의 영이기 때문이다. 성령은 몸의 행실을 죽이는 주요 동력인(動力因)이다. 우리에게 이런 돕는 이를 제공한 하나님의 은혜에 경탄하고 찬양하자! 우리는 성부의 택하심과 성자의 구속하심만큼이나 성령의 활동에 참으로 빚지고 의존한다는 사실을 깨닫고 인정하자. 비록 은혜가 중생자의 마음속에서 만들어지는 것일지라도 은혜를 행하는 것은 중생자의 능력에 있지 않다. 그 은혜를 나눠주신 이가 새롭게 하고 격동시키고 이끌어주시지 않으면 안 된다.

신자들은 내적인 훈련과 엄격함이라는 보조수단을 활용하고 외적 중용과 절제를 실천할 수도 있다. 신자들은 자신들의 악한 습성을 한동안 억제하고 억누를 수는 있지만 만일 성령이 신자들 속에 자신의 능력을 내밀지 않는다면 참된 죄 죽이기는 존재하지 않을 것이다. 성령은 이 특정한 과업을 수행할 때 어떻게 작동하는가? 그 방법은 많고 다양하다. **먼저**, 거듭날 때 성령은 우리에게 새로운 본성을 준다. **그 다음에**, 그 새로운 본성을 양육하고 보존한다. 우리의 속사람을 성령의 힘으로 강건케 한다. 날마다 필요한 은혜를 새롭게 공급해준다. 죄에 대한 미움, 죄에 대한 애통함, 죄로부터의 돌이킴을 우리 안에 만들어낸다. 그리스도의 주장들을 우리에게 역설하고, 우리로 하여금 자원하여 우리의 십자가를 짊어지고 그리스도를 따르게 만든다. 어떤 계명 혹은 경고를 생각나게 만들어준다. 약속을 마음에 인 쳐준다. 기도하도록 감동을 준다.

하지만 우리의 본문은 "성령이 우리 몸의 행실을 죽인다면"이라든가 심지어 "성령이 너희를 통해 너희 몸의 죄를 죽이면"이라고 말하는 대신에 "너희가 성령을 통해…"라고 말한다는 점에 각별히 주목하자. 신자는 이 일에서 수동적이지 않고 능동적이다. 반드시 가정해야 할 것은, 성령은 우리의 협력이 없어도, 우리가 행하고 있는 동안이든 잠들어 있는 동안이든, 우리 자신의 생각과 행함을 면밀히 살펴보든지 혹은 그렇지 않든지, 우리의 죄악들을 죽이는 데 대해 허약한 소망만을 품거나 나태한 기도만 드리더라도 우리를 도울 것이라는 사실이다. 신자들은 이 과업을 진지하게 수행할 필요가 있다. 만일 한편으로는 우리가 성령의 능력부여가 없어서 이 의무를 이행하지 못하더라도, 다른 한편으로는 우리가 지나치게 나태해서 착실한 노력을 기울이지 않아서 성령이 돕지 않더라도, 나태한 그리스도인이 자신의 욕망들을 항상 이길 것이라고 상상하지 말자.

성령의 은혜와 능력은 게으름에 대한 면허장을 제공하지 않는다. 오히려 수단을 근면하게 사용할 것과, 성령의 은혜와 능력에 입각해서 복 주심을 바라며 성령을 앙망하라고 우리에게 촉구한다. 바울은 "하나님을 두려워하는 가운데서 거룩함을 온전히 이루어 육과 영의 온갖 더러운 것에서 자신을 깨끗케 하자"라고 우리를 분명하게 권면하고(고후 7:1), 신자는 이 일에서 하찮은 존재가 아니라는 사실을 분명히 한다. 성령의 은혜로운 활동들은 그리스도인의 의무이행을 대체할 의도가 결코 없다. 성령의 도움이 필수불가결하다. 그렇더라도 성령의 도움이 우리의 책무를 면제해주지 않는다. "자녀들아 너희 자신을 지켜 우상에서 멀리하라"는 권면은 우리의 책임을 강조하고, 하나님께서 우리에게 요구하시는 것은 하나님께서 우리의 행동을 촉발시켜주기를 기다리는 것을 훨씬 뛰어넘는다는 사실을 입증해준다(요일 5:21). 우리의 마음은 무섭도록 기만적이다. 그래서 우리는 무관심의 정신을 성령의 영광에 대한 명백하고 시기적인 생각을 덧씌우지 않도록 상당히 경계할 필요가 있다. 하나님께서 금지하신 길로 다니기를 거절함으로써 사탄의 올무를 피하는 자기노력이 필요 없는가? 사악한 자들의 교제권에서 벗어날 때 자기노력이 필요 없는가?

영으로써 몸의 행실을 죽이는 것은 모든 그리스도인이 기도가 충만한 근면과 단호한 열정으로 전념하지 않으면 안 되는 과업이다. 거듭난 자들은 거룩한 행동을 할 수 있게 해주는 영적 본성을 내면에 갖추고 있다. 만일 그렇지 않다면 거듭난 자들과 거듭나지 않은 자들 사이에는 전혀 차이가 없을 것이다. 거듭난 자들은 그리스도의 죽음을 높이 드러낼 필요가 있다. 즉, 죄를 그리스도의 고난에 의해서 자신들에 대해 더 한층 비참하게 만들 필요가 있다. 거듭난 자들은 받은 은혜를 활용하여 의의 열매를 맺어야 한다. 그럼에도 불구하고 이것은 우리의 연약한 능력을 훨씬 뛰어넘는 과업이다. 우리 가운데 어떤 사람이 "몸의 행실을" (어느 정도) 합당하게 혹은 유효하게 "죽이는" 방법은 오직 '성령을 통해서'만이다. 그리스도의 권리주장을 우리에게 밀어부치는 이는 바로 성령이시다. 그리스도께서 죄를 위해 죽으셨기 때문에 우리는 죄에 대해서 죽을 때-죄에 대항해서 싸울 때(히 11:4), 죄를 고백할 때(요일 1:9), 죄를 버릴 때(잠 28:13)-노력을 아껴서는 안 된다는 사실을 우리에게 상기시켜주는 이는 바로 성령이다. 절망에 굴복하지 않도록 우리를 지켜주고, 그 투쟁을 새롭게 하도록 우리의 기운을 북돋아주는 이는 바로 성령이다. 거룩에 대한 우리의 갈망을 더 깊게 만들고 "하나님이여 내 속에 정한 마음을 창조하시고 내 안에 정직한 영을 새롭게 하소서"라고 부르짖게 만드는 이는 바로 성령이시다(시 51:10).

의무는 신자들의 것, 영광은 하나님의 것

나의 독자여, "너희가 육신대로 살면 반드시 죽을 것이로되 영으로써 몸의 행실을 죽이면 살리니"라는 문장에서 대단히 세심하게 보존한 진리의 아름다운 균형에 주의하라. 그리스도인의 책임을 엄격하게 강조하면서도 성령의 명예를 마찬가지로 명확하게 유지하고 하나님의 은혜를 드러낸다. 신자들은 이 일에서 행위주체들이다. 하지만 신자들은 또 다른 주체의 힘에 의해 그 일을 이행한다. 의무는 신자들의 것이다. 그러나 성공과 영광은 하나님의 것이다. 성령의 활동은 하나님께서 우리에게 주신 체질에 일치하여 수행되고, 도덕적 행위주체로서의 우리의 내면에서 그리고 우리에 대해 작용한다. 바로 이 일은 어떤 한 관점에서는 하나님의 사역인 동시에 또 하나의 관점에서는 우리의 사역이다. 하나님은 오성에 빛을 주시고 우리로 하여금 내주하는 죄를 더 잘 감지할 수 있도록 만들어주신다. 하나님은 우리의 양심을 더욱 민감하게 만들어주신다. 순결을 향한 우리의 갈망을 더욱 깊게 만들어주신다. 하나님은 우리 안에서 역사하여, 하나님의 선한 즐거움을 의지하게도 하고 행하게도 하신다. 하나님의 깨닫게 해주심에 주목하는 것, 하나님의 거룩한 자극에 응답하는 것, 하나님의 도우심을 간청하는 것, 하나님의 은혜에 의지하는 것은 우리가 해야 할 일이다.

"영으로써 몸의 행실을 죽이면 살리니"라는 구절은 기운을 북돋아주는 약속을, 쓰라린 시련을 겪는 경주자 앞에 놓는다. 하나님은 어떤 누구에게도 빚을 지지 않으신다. 그렇다. 하나님은 근면하게 자기를 찾는 이들에게 상을 주시는 분이다(히 11:6). 그렇다면 만일, 우리가 은혜로 말미암아 성령에 일치하고 육을 부인하고 거룩을 얻고자 애쓴다면 우리는 풍성하게 보상받을 것이다. 이 의무에 대한 약속은, 선행 어절에서 위협된 사망에 대조된다. 선행 어절에 있는 "죽는다"라는 말이 죄의 형벌적 귀결들 전체를 포함하는 것처럼 "살 것이다"라는 말은 은혜의 영적 복락 전체를 포함한다.

만일 성령의 능력 주심에 의해 그리고 하나님께서 지정하신 수단을 우리가 근면하게 사용함에 의해 우리가 내주하는 죄의 유혹을 신실하고 지속적으로 반대하고 거절한다면, 그렇다면-그때뿐만 아니라-이생에서 은혜와 위로의 삶을 살게 될 뿐만 아니라 내생에서 영원한 영광과 복락의 삶을 살게 될 것이다. 필자가 다른 곳에서 입증한 것처럼, "영원한 생명"(요일 2:25)은 신자가 현재에 소유하고 있는 것이며 또한 장래의 목표(막 10:30, 갈 6:8, 딛 1:2)이기도 하다. 지금 신자는 영원한 생명을 누릴 자격과 권리를 갖추고 있다. 믿음으로 말미암아 획득하고 소망으로 품고 있다. 영원한 생명의 씨앗을 자신의 새로운 본성 안에 품고 있다. 그러나 충분한 소유와 결실에는 아직 이르지 않았다.

> "복음의 약속들은 행위에 대해서가 아니라 행위자에게 주어진다. 행위자의 행위 때문이 아니라 행위자의 행위에 따라, 그리스도의 행위 때문에 주어진다. 그렇다면 생명의 약속은 영으로써 자신의 육을 죽이는 행위에 대해서가 아니라 그 행위자에게 주어진다. 그가 육을 죽이기 때문이 아니라 그리스도 안에 있고, 그리스도 안에 있다는 것은 육을 죽이는 것으로 입증하기 때문이다. 육을 죽이는 이들이 살게 된다는 사실은, 영원한 생명은 하나님의 값없는 선물이라는 진리와 완전히 일치한다. 영원한 생명을 선물로 줄 때, 수용자의 공로를 전혀 고려하지 않는다. 이것은 영원한 생명을 받는 모든 사람의 특성을 묘사한다. 이것이 대단히 중요하다. 이것은 하나님을 안다고 고백하지만 행위로는 하나님을 부인하는 사람들에게서 소망의 근거를 모조리 박탈해버린다."(로버트 할데인)

그렇다면 약속의 조건성은 인과관계도 불확실성도 아니고 통일성과 연결성의 조건성이다. 영광의 생명은 육을 죽이는 것에서, 마치 원인과 결과처럼 나오는 것이 아니다. 영광의 생명은 목적이 수단을 사용할 때 단지 바짝 뒤쫓아올 뿐이다. 거룩의 대로(大路)는 천상에 도달하는 유일한 길이다.

주의 일에 더욱 힘쓰라
The Work of The Lord 9장

"그러므로 내 사랑하는 형제들아 견고하며 흔들리지 말며 항상 주의 **일에** 더욱 힘쓰는 자들이 되라 이는 너희 수고가 주 안에서 헛되지 않은 줄을 앎이니라"(고전 15:58)

본 장의 목적은 이중적이다. 하나는 오용을 책망하는 것이다. 그리고 다른 하나는 고린도전서 15:58 본문 말씀의 의미를 설명하는 것이다. 이 경망스러운 시대의 부주의한 성급함 때문에, 적잖은 사람들이 "주의 **일에** 힘쓰라"는 말씀을 마치 "주를 **위해** 힘쓰라"라는 말씀처럼 이해하고, "기독교적 섬김"이라는 것으로 양식화하는 구호로 활용해왔다. 이 대부분은 아주 비성경적이다. 육의 활력이 종교활동의 형식으로 분출되는 것이기 때문이다.

주님을 위해 일한다고 말하는 것, 그리고 주님은 자신의 사역에 대해 이런 사람들에게 빚지고 있다는 관념 즉, 이런 사람들이 힘쓰기를 멈추면 주님의 대의가 성공하지 못할 것이라는 관념을 품는 것이 이 교만과 뻔뻔스러움의 시대에 대단히 일반적이다. 이 자부심은 우리가 "하나님과 함께 일하는 동역자"가 되고 하나님과 "공동 경영자"가 되는 것이라는 말을 이제는 흔히 듣고 읽는 지경에 이를 정도로 커졌다. 그러나 이것은 라오디게아 교회의 자기만족적이며 자기본위적인 정신의 또 하나의 발로일 뿐이다(계 3:17). 그 정신이 이토록 만연하게 되었다.

그러나 독자들은 '성경 그 자체가 성도들에 대해, 혹은 적어도 복음 사역자들에 대해 "하나님과 동역자"라고 말하지 않았는가?'라는 의문을 갖게 될 것이다. 필자는 '그렇지 않다, 분명코 아니다'라고 강조적으로 답변한다. 이 속되고 뻔뻔스러운 관념을 옹호하여 끌어들이는 성경구절은 두 곳 즉, 고린도전서 3:9과 고린도후서 6:1이다. 그러나 이 두 구절은 올바르게 번역해보면 그렇게 가르치지 않는다는 사실을 알게 된다.

먼저, "우리는 하나님의 동역자들이요"라는 말씀을 보자(고전 3:9). 이 부분을 흠정역에는 '이는 우리가 하나님과 함께 수고하는 자들이다'("For we are laborers together with God")라고 이상하게 번역되어 있다. 헬라어 원문을 문자적으로 보자면, '우리는 동역자들이며 하나님의 일군들인데 하나님의 것이고, 너희는 하나님의 건축물이다'("For God's we: fellow-workers; God's husbandry, God's building, ye are")라는 식으로 되어 있다. 바울은 바로 앞에서 고린도 교인들을 책망했다(3:1-3). 특히 하나님의 종들 가운데 몇몇을 다른 종들보다 높이는 것에 대해 책망했다(4절).

바울은 고린도 교인들에게 먼저, 사도들은 단지 일꾼 혹은 "종" 즉, 단지 도구에 불과하기 때문에 하나님께서 그들의 수고에 복을 주시지 않거나 "자라나게 하시지" 않거나 하면 아무것도 아닌 존재라는 점을 상기시켰다(6-7절). 그 다음에 바울은 어떤 한 도구를 다른 도구보다 더 높게 평가해서는 안 된다고 지적했다. "심는 이"와 "물주는 이"가 하나이고 각자 "자기의 상"을 받을 것이기 때문이다(8절). 그 다음에는 이 도구들은 하나님의 것 — 하나님께서 임명하시고 준비를 갖춰주신 — 하나님의 밭에서 함께 일하는 '동료 일꾼들'이라는 말로 요약한다.

피조물이 하나님과 동역한다는 사상은 어불성설이다

지금 우리가 반박하고 있는 자긍심에 대해, 고린도후서 6:1의 "우리가 하나님과 함께 일하는 자로서 너희를 권하노니"라는 구절이 제공하는 색채는 훨씬 약하다. 왜냐하면 "하나님과 함께"라는 어구는 이탤릭체로 되어 있기 때문이다. 이것은 이 어구는 원문에 포함되어 있지 않고 번역자들이 삽입했다는 뜻이다. 이 구절의 단순한 의미는, 하나님께서 복음 사역에서 활용하신 도구들은 하나님의 은혜를 헛되이 받지 말라고 죄인들에게 간청하는 협력 사역자들이라는 것이다.

하나님과 동역한다는 사상은 도무지 존재하지 않는다. 하나님과 동역한다는 발상이 왜 존재할까? 전능자에게 무슨 도움이 필요한가? 전능자는 자의적으로 어떤 도움도 받아들인 적이 없다(욥 22:2, 눅 17:10). 유한자가 무한자에게 도움이 될 수 있을 것이라는 가정은 정말이지 터무니없다! 기껏해야 우리는 하나님의 정하심에 동의할 수밖에 없고, 하나님께서 채워주실 빈 그릇으로 하나님 앞에 겸손히 나아갈 뿐이다. 만일 하나님께서 우리를 자신의 대행자로 활용하실 의도라면 하나님께서 경이롭게 양보하신 것이다. 그러면 우리에게 명예이다. 우리가 하나님께 은총을 베푸는 것이 아니다. 주님이 유일한 운영자이고, 주의 종들은 주께서 운영하실 때 종종-결코 항상이 아니라-활용하시는 통로들이다. 사역자들은 하나님과 동등한 존재들이 아니라 하나님께 종속된 존재들이다.

지극히 높으신 이와 "협력하는" 지상의 벌레들이라는 개념 속에는 영적 지성에 특히 역겨운 어떤 것이 있다. 피조물을 실질적으로 신격화하는 것, 피조물을 창조주와 동등한 지위에 올려놓는 것이기 때문이다. 분명코 이것은 겸손하며 성령의 가르침을 받은 모든 영혼들은 이처럼 괴기스러운 허구를 질색하며 거절한다고 지적할 만큼 지극히 단순한 사실이다. 으뜸 사도를 사로잡은 정신과 아주 동떨어진 정신이었다. 바울은 "내가 모든 사도보다 더 많이 수고하였으나 내가 아니요 오직 나와 함께 하신 하나님의 은혜"라고 말했다(고전 15:10). 열두 사도는 주님의 위임명령에 부응했을 때 "나가 두루 전파할새 주께서 함께 역사하사…증거하시니라"고 성경은 말한다(막 16:20). 만일 주께서 함께 하지 않으셨다면 사도들의 수고는 허사가 되었을 것이다. 바울이 "그리스도께서…나로 말미암아…역사하신 것 외에는 내가 감히 말하지 아니하노라"라고 선언했을 때 명예를 정당한 주인에게 돌렸다(롬 15:18). 자신을 하나님의 "동역자"로 간주하는 것과 정말 다른 정신이다! 주님을 교회 밖으로 몰아낸 것은 바로 자신을 자랑하는 피조물이다.

위에서 지적한 것을 볼 때, 지식보다 열정에 더 사로잡힌 사람들은 고린도전서 15:58의 한 부분을 열렬히 움켜쥐고 자신들의 좌우명으로 삼는 것은 놀랄 일도 아니다. 길거리에서 복음을 선포하는 것, "개인적인 사역"이라고 불리는 것에 참여하는 것, 젊은이들로 하여금 "그리스도를 증거한다"고 믿도록 만들어주는 집회에 참석하는 것, (교회회원들이 더욱 직접적으로 교육을 받고 권면을 받는) 서신서들에서는 도무지 근거를 찾을 수 없는 여타의 기획들과 같은 활동들에게 "주님을 위한 사역" 혹은 "그리스도를 섬기기"라는 이름을 붙인다. 주님께서 제자들에게 맡기신 과업은 정말이지 아주 다르다. 자신의 마음을 아주 근면하게 지키는 것, 육적 소욕을 죽이는 것, 은사를 발전시키는 것(골 3:5, 12), "하나님을 두려워하는 가운데서 거룩함을 온전히 이루어 육과 영의 온갖 더러운 것에서 자신을 깨끗케" 씻어내는 것(고후 7:1), 자신들의 삶으로 그리스도를 증거하고 하나님의 "아름다운 덕을 선전"하는 것(벧전 2:9)과 같은 과업은 수행하기가 훨씬 더 어렵고, 육에게 훨씬 부적합한 과업이다.

고린도전서 15:58에서 "주의 일"의 정확한 의미

그러므로 고린도전서 15:58의 "주의 일"이라는 표현은 정확하게 무엇을 의미하는지를 조사해볼 실질적인 필요가 있다. 즉각적으로 분명해지는 것은, 오늘날 이 어구에 대한 대중적인 이해가 철저하게 부당하다는 사실을 입증하기 위해 이 구절 밖으로 나갈 필요가 없다. **첫째**, 이 어구는 복음 사역자들과 혹은 "기독교 사역자들"과 특별히 관계를 갖는 말이 아니다. 오히려 모든 성도들과 관련이 있다. 전체적으로 "내 사랑하는 형제들"을 향해 말하는 것이기 때문이다. **둘째**, 그 구절이 명령하는 "주의 일"은 우리에게 "견고하며 흔들리지 말" 것을 요구한다. 견고함과 흔들리지 않음은 교회가 "기독교적 섬김"이라고 부르는 것과 좀처럼 연결되지 않는 특성들이다. 만일 "열정적인과 지치지 않는"과 같은 형용사들을 고려했더라면 훨씬 더 적절했을 것이다. **셋째**, 이 구절에서 권면하는 의무는 일시적 중단을 전혀 허용하지 않는 것이다. 이 점을 "항상…더욱 힘쓰는"이라는 말이 명백하게 진술한다. 심지어 가장 열정적인 "개인적인 사역자들"도 이 점을 좀처럼 단언하지 않을 것이다. **마지막으로**, "너희 수고가 주 안에서 헛되지 않은 줄을 [기도하거나 소망하는 것이 아니라] 앎이니라"라는 말은 오늘날 종교계의 의도는 좋더라도 잘못 인도된 노력들이 고려하고 있지 않다는 사실을 명확히 한다.

문법적으로, "주의 일"은 주님께서 수행하는 일을 가리키든지 주님께서 자신의 백성들에게 요구하는 일을 가리키든지이다. 주님께서 자신의 백성들에게 요구하는 것이라는 사실 때문에 우리는 두 번째 의미로 이해해야 한다. 그리스도께 "우리가 어떻게 하여야 하나님의 일을 하오리이까"라는 질문을 할 때(요 6:28), 이는 '하나님께서 우리에게 요구하시는 일은 무엇입니까?'라는 취지라는 것이 분명할 것이다.

이 질문에 대해 우리 주님께서 "하나님의 보내신 자를 믿는 것이 하나님의 일이니라"고 대답하셨다(요 6:29). 즉, 하나님께서 명령하신 계명을 행하는 것이 하나님의 일이며(요일 3:23), 하나님께 합당한 것을 행하는 것이 하나님의 일이다. 그리스도인이라면 '하나님께서 우리에게 맡기신 전(全) 포괄적 사역은 무엇인가?'라는 바로 이 질문을 할 것이다. 이에 대한 요약된 답변이 고린도전서 15:58에 있다. 성도들이 항상 힘을 기울여야 하는 "주의 일"은 그리스도인의 의무 전체를 전반적으로 가리키는 명칭이다. "여호와의 도"라는 표현이 하나님께서 우리에게 밝힌 행동방침을 가리킨다. 따라서 "주의 일"은 주님께서 우리에게 규정한 과업을 의미한다.

고린도전서 15장의 문맥

틀린 해석들에게 일반적으로 나타나는 문제점들처럼, 현대인들은 이 구절을 원래의 배경 밖으로 밀어냈고 그 지배적인 맥락을 무시했다. 그리고 이 구절의 첫 단어인 "그러므로"에 전혀 주의를 기울이지 않았다. 고린도전서 15장은 저 위대한 부활의 장이다. 그리고 그 내용을 다음과 같이 개괄할 수도 있다. **첫째**, 그리스도 자신의 부활(1-11절). **둘째**, 그리스도께서 죽음으로부터 부활함으로써 그리스도 안에 있는 모든 사람에게 "생명의 부활"을 확보한다(20-28절). **셋째**, 그들의 부활체의 본질(42-54절). 이러한 구분들 사이에서, 부활을 부인하는 것들에 대해 반박하고 반대론에 대해 답변했다.

더 지적할 것은, "기독교적 섬김"이라고 지칭되는 것에 참여하라는 명령으로 고린도전서 15장을 끝내면 전술(前述)한 내용에 전적으로 이질적인 것이 될 것이라는 점이다. 이렇게 하는 대신에 사도는 승리의 감사로(55-57절) 그리고 거기에서 도출되는 윤리적 추론으로 부활에 관한 교훈을 마무리한다. 여기에서 성경의 근본적인 특성 즉, 교리적 선언과 도덕적 권면을 결코 분리해서는 안 된다는 특성이 드러난다. 교리적 선언은 도덕적 권면을 구축하는 토대이기 때문이다. 먼저, 그리스도인의 특권들을 진술한다. 그 다음에 그 특권에 부응하는 책무를 지적한다. 문맥에서 성령은 그리스도의 구속받은 이들을 기다리고 있는 영광스러운 미래의 어떤 것을 우리에게 제시했다.

55~58절의 내용

55~58절에서 바울은 그 전체를 직접적인 현재에 실천적으로 적용한다. 교리와 의무를 결별시켜서는 결코 안 된다. 약속에서도 계명에

서도 "금생"과 "내생"은 결코 분리되지 않는다. 모든 진리는 우리의 매일의 삶에 성결케 하는 효력을 발휘하도록 기획된 것이다. 성경의 내용에 대해 단지 머리로만 믿는 믿음 그 이상의 것 즉, 성경의 내용을 인격과 행위로 통합할 것을 우리에게 요구한다.

42~54절에 제시된 그런 복된 진리가 신자들의 마음을 기쁨으로 채워줄 것이다(55-57절). 그리고 신자들을 최대한 근면하게 만들어줄 것이고, 주님을 즐거워하고 주님께 영광을 돌리려고 애쓰게 만들 것이다(58절). "우리 주 예수 그리스도로 말미암아 우리에게 이김을 주시는 하나님께 감사하노니"(57절)는 믿음의 언어다. 믿음은 아직 미래에 속한 것들에게 현재적 실체를 부여하기 때문이다. 고린도전서 15장의 마지막 구절(58절)은 이러한 계시와 이렇게 고상한 소망이 우리에게 미칠 변혁적 효과를 알려준다. 다른 말로 표현하자면, 58절의 명령은 이러한 전망에 수반되는, 상응하는 책무를 알려준다. 그 변혁적 효과가 무엇일지를, 그 책무는 무엇으로 구성되어 있는지를 이제 진술할 차례이다.

고린도전서 15:58의 내용분석

"그러므로 내 사랑하는 형제들아 견고하며 흔들리지 말며 항상 주의 일에 더욱 힘쓰는 자들이 되라 이는 너희 수고가 주 안에서 헛되지 않은 줄을 앎이니라"라는 말씀을 분석해보면 이 구절은 권면과 그 권면을 집행해야할 동기들, 이렇게 두 부분으로 구성되어 있다. 권면은 삼중적 과업을 포함한다. 진리를 믿는 것에 즉, 우리의 확신에 "견고"할 것, 우리의 애정에 "흔들림"이 없을 것, 그리고 주님의 뜻을 행함에 있어서, 우리가 마땅히 행해야 한다고 주님께서 예정하신 선한 일들을 실행함에 있어서 "항상 주의 일에 더욱 힘쓸" 것, 이렇게 삼중적인 과업이다.

"주의 일"을 먼저, 일반적 표현으로 즉, 의무의 길에서, 모든 은사의 발휘에서, 모든 미덕의 실천에서 주님께서 우리에게 요구하는 모든 것을 포괄하는 표현으로 간주하자. "항상 주의 일에 더욱 힘쓰는"이라는 말은 주님의 말씀을 순종하는 것에, 주님의 영광을 구하는 것에, 주님의 나라를 증진한다는 목표에 항상 열심을 내는 것을 가리킨다. 더욱 상세히 말하자면, 우리 앞에 놓인, 평생에 걸쳐 수행해야할 과업을 가리킨다. 그 과업을 몸의 행실을 죽이는 것과 거룩케 되는 것 이렇게 두 가지로 요약할 수도 있다. 그 둘을 다른 말로 하면, 자기를 부인하는 것과 우리의 욕망을 죽이는 것, 우리의 은사들을 발전시키는 것과 거룩의 열매를 맺는 것이다.

엄밀하게 말하자면, 우리가 여기에서 부르심을 받은 목적은 "주의 일"을 위해서다. 그리고 견고함과 요지부동은 우리가 항상 힘써야 할 것에 대한 전제조건들이다. 그러나 이것을 분리된 두 가지 의무로 고찰해보자.

첫째, 믿음에 있어서 그리고 복음을 고백함에 있어서 견고하라(58절). 그리고 "모든 교훈의 풍조에 밀려 요동치" 말라(엡 4:14). 너희의 확신에 확고부동하라. 진리를 사들인 뒤에는 그 진리를 내다팔지 말라. "범사에 헤아려 좋은 것을" 단단히 붙들라(살전 5:21). 성취의 더 깊숙한 진전을 결코 배제하지 않는다. 여전히 우리 앞에 놓인 것들을 향해 맹렬히 전진해야 하기 때문이다. 견실함과 결단, "미쁜 말씀의 가르침을"

단단히 붙드는 것(딛 1:9), 일체의 거짓된 교리를 피하는 것이 반드시 있어야 한다.

둘째, "흔들리지 않는"이라는 형용사는 곤란과 방해를 암시하는 단어이다. 너희를 불안하게 만드는 세상의 유혹들을 받아들이지 말고 사탄의 미끼도 받아들이지 말라. 이생의 시련에 흔들리지 말라. 너희에게 어떤 운명이 닥치든지 인내하고 견뎌라. 모든 괴로움과 고초의 와중에서도, 바울이 결박과 투옥의 와중에서도 말한 대로-'이것들 가운데 어떤 것도 나를 흔들지 못한다'(행 20:24)-라고 말할 수 있도록 은혜를 구하라. 그러면 이것들은 왜? 이것들 가운데 어떤 것도 하나님의 신실성을 배격하지 않는다. 게다가 이것들은 우리가 눈에 보이는 것들을 보지 않는 동안에 "지극히 크고 영원한 영광의 중한 것을 우리에게 이루게" 한다(고후 4:17-18). 그렇다면 너희가 어떤 방해에 직면하더라도 너희의 기대가 흔들리지 않도록 하고, "복음의 소망에서 흔들리지" 말라(골 1:23). 당신을 낙담시키는 실패들, 동료 그리스도인들의 퇴보, 은혜없이 입으로만 고백하는 위선에도 불구하고, "소망의 담대함과 자랑을 끝까지 견고히" 붙들라(히 3:6).

셋째, "항상 주의 일에 더욱 힘쓰는" 즉, 하나님을 영화롭게 하는 선한 일을 하는 데 지속적으로 전념하라. 더욱 상세하게 말하자면, "그런즉 너희가 먹든지 마시든지 무엇을 하든지 다 하나님의 영광을 위하여 하라"(고전 10:31). "더욱 힘써 너희 믿음에 덕을, 덕에 지식을, 지식에 절제를, 절제에 인내를, 인내에 경건을, 경건에 형제 우애를, 형제 우애에 사랑을 공급하라 이런 것이 너희에게 있어 흡족한즉 너희로 우리 주 예수 그리스도를 알기에 게으르지 않고 열매 없는 자가 되지 않게 하려니와…너희가 이것을 행한즉 언제든지 실족지 아니하리라 이같이 하면 우리 주 곧 구주 예수 그리스도의 영원한 나라에 들어감을 넉넉히 너희에게" 주실 것이기 때문이다(벧후 1:5-11). 이것이 "주의 일" 즉, 우리에게 할당된 과업이다. 그렇다면 이러한 본분들의 어려움 때문이든 이행의 불완전함 때문이든 상심하지 말자. 원수들의 미움 때문이든 반대의 혹독함 때문이든 단념하지 말자. "우리가 선을 행하되 낙심하지 말지니 피곤하지 아니하면 때가 이르매 거두리라"(갈 6:9).

55~57절의 내용분석

본 장의 초반에서 "그러므로 내 사랑하는 형제들아 견고하며 흔들리지 말며 항상 주의 일에 더욱 힘쓰는 자들이 되라 이는 너희 수고가 주 안에서 헛되지 않은 줄을 앎이니라"의 내용을 사실상 총괄적으로 다뤘다. 이제는 이 구절을 문맥에 따라 해석하겠다. 55절에서 바울은 "사망아 너의 이기는 것이 어디 있느냐 사망아 너의 쏘는 것이 어디 있느냐"라고 물었다. 그리고 이 질문에 대해 56절에서 "사망의 쏘는 것은 죄요 죄의 권능은 율법이라"고 대답했다. 그 다음에는 "우리 주 예수 그리스도로 말미암아 우리에게 이김을 주시는 하나님께 감사하노니"라고 탄성을 질렀다(57절). '주다'($\delta i \delta \omega \mu \iota$)라는 동사의 시제를 면밀하게 살펴야 한다. 이김을 '주셨다'도 아니고 '주실 것이다'도 아니다. '지금 우리에게 이김을 주신다'이다. 마찬가지로 여기에서 언급된 "이김"에 대해서도 세심하게 주의를 기울여야 한다. 이 "이김"은 죄와 율법에 관련하여 고찰된 죽음과 무덤을 이기는 것이며, 모든 성도가 공유하는 이 김이며, 충분히 헌신된 소수의 영혼들만이 겪게 되는 어떤 특유한 경험이 아니다. 분명코, 오직 이 이김은 부활의 아침에 충분히 그리고 역사적으로 실현될 것이다. 하지만 바로 지금 믿음에 의해 파악되고 소망에 의해 향유되는 이김이다. 그리고 신자가 지금 그 이김을 실제로 파악하고 향유하는 것에 비례해서, "그리스도의 부활의 권능"에 속하는 어떤 것을 실제로 알게 될 것이다.

"우리 주 예수 그리스도로 말미암아 우리에게 이김을 주시는 하나님께 감사하노니"라는 말은 즐거운 믿음의 언어이며, 바로 앞에서 56개 절로 기술된 계시에 대한 반응이다. 죄의 삯이며 율법의 형벌인 죽음에 대한 그리스도의 승리는 그리스도의 잠자는 모든 성도의 부활을 확실케 한다. 바로 이 성도들의 연방적 머리라는 자격으로(20-22절) 그리스도께서 이들의 죄 때문에 고난을 받으셨고 율법의 저주를 감당하셨다. 그때 "마지막 아담"의 자격으로(45절) 그리스도께서 죽음을 이기셨다. 믿음이 이 복된 진리를 붙잡고 그 소유자가 개인적인 이익을 전유할 때, 그는 자신이 사망에서 생명으로 (사법적으로) 건너갔다는 사실과, 죄가 자신을 죽이거나 율법이 자신을 저주하지 못한다는 사실과, 자신은 "모든 일에" 의롭다 하심을 얻었다는 사실(행 13:39)을 깨닫는다.

이러한 깨달음 때문에 "하나님께 감사"를 부르짖지 않을 수 없게 된다. 그리스도와의 연합 덕택에, 그리스도 때문에, 사망의 쏘는 것이 뽑혀나갔다. 그러므로 일체의 공포가 제거되었다. 사망에게 권능과 공포를 주는 것은 바로 죄이다. 그러나 그리스도께서 신자의 죄를 충분히 속죄했고 신자를 위해 죄 용서를 획득했기 때문에 사망은 더 이상 신자에게 해를 끼치지 못한다. 이것은 마치 독침이 제거된 말벌이 비록 계속해서 붕붕 날아다니면서 혼란에 빠뜨리려고 시도할지라도 쏘지 못하는 것과 마찬가지다.

"죄의 권능은 율법이라"에서, 죄가 가진 권능은 정죄할 권능이며, 범법하는 것 때문에 제공되는 권능이었다. 그러나 그리스도께서 우리를 대신하여 저주를 받으셨기 때문에 지금 우리는 죄의 권능에서 해방되어 있다. 율법의 위협과 형벌 전체가 대속자에게 집행되었다. 그러므로 대속자가 그 위협과 형벌을 대신 감당해준 사람들은 그 위협과 형벌에서 면제된다. 그러나 이것이 전부가 아니다. 에덴에서 죄가 입법자의 거룩한 계명을 범했기 때문에 율법은 죄인을 관장할 권세를 받았고, 죄로 하여금 죄인 안에서 사납게 날뛰고 지배하도록 만들고, 죄인으로 하여금 죄를 노예처럼 섬기도록 내몰았다. 이것만이 정당했다.

사람은 자신의 조물주의 권위에 대한 복종보다는 자기의지의 발휘를 더 좋아했기 때문에 율법은 사람을 정죄하고 지배할 권능을 부여받았다. 다른 말로 하자면, 죄가 피지배자들에게 발휘하는 사로잡는 권능 혹은 힘은 율법의 저주를 구성하는 본질적인 부분이다. 율법은 거룩을 명령한다. 그러나 사람의 부패 때문에 바로 그 율법의 계명들은 부패를 악화시켰다. 마치 오물더미에 비치는 햇빛이 그 오물을 격동시켜 더러운 기체를 일으키는 것과 같다. 하나님은 죄를 죄로 징벌하신다. 죄를 범하는 것은 사람의 선택이다. 그렇기 때문에 죄의 힘은 사람의 운명이 될 것이다. 그러나 그리스도께서 자기 백성을 죄의 형벌에서 구원해냈을 뿐만 아니라 죄의 통치권에서도 구원해내셨다. 그래서 그리스도께서 죄가 너희를 주관하지 못할 것이라고 약속하셨다(롬 6:14).

소결 : 실천의 시작 방법

"그러므로 내 사랑하는 형제들아 견고하며 흔들리지 말며 항상 주의 일에 더욱 힘쓰는 자들이 되라"가 이토록 커다란 자비에 대한 너희의 응답이 되도록 하라. 명백히, 여기에서 사도는 선행하는 모든 구절로부터 특히, 56절과 57절에서 언급한 것으로부터 결론을 도출하고 있다. 하나님의 은혜는 신자를 그리스도의 죽음과 부활을 통해 죄책과 죄의 지배로부터, 그리고 율법의 전체 저주로부터 사법적으로 구원했다. 그렇다면 신자는 이러한 축복에 어떻게 응답해야 할까? 어째서, 반드시 신자는 이러한 자비들을 실천적인 방법으로 유효한 것으로 만들도록 유념해야 하는가? 그것을 어떻게 시작해야 하는가?

첫째, 로마서 6:11의 "이와 같이 너희도 너희 자신을 죄에 대하여는 죽은 자요 그리스도 예수 안에서 하나님을 대하여는 산 자로 여길지어다"라는 말씀에 부응함으로써. 바로 앞 구절에 비춰볼 때 로마서 6:11의 의미는, 말씀이 선언하는 것을 믿는 믿음을 발휘함으로써 너희는 너희 자신을 너희의 대속물의 인격 속에서 법적으로 사망에서 생명으로 옮겨진 존재라고 간주하라는 것이다.

둘째, 로마서 6:12의 "그러므로 너희는 죄로 너희 죽을 몸에 왕 노릇 하지 못하게 하여 몸의 사욕을 순종치 말고"라는 말씀에 주의를 기울임으로써. 로마서 6:12의 의미는, 내주하는 죄가 너희에게 주인노릇을 하도록 내버려두지 말라는 것이다. 너희는 과거에 지은 모든 죄를 용서받았기 때문에 하나님께 순종하고 너희의 부패에 순종하지 말라는 뜻이다.

고린도전서 15:58은 만일 고린도전서 56~57절과의 연관관계에 적절하게 주의를 기울이지 않는다면 올바르게 해석할 수 없다. 58절의 첫 말 "그러므로"는 로마서 6:12의 첫 말인 "그러므로"만큼이나 논리적이며 필수적인 단어이다. 그 뒤에 나오는 말씀을 통해 우리는 우리의 현재상태를 이해할 수 있게 된다. "또한 너희 지체를 불의의 병기로 죄에게 드리지 말고 오직 너희 자신을 죽은 자 가운데서 다시 산 자 같이 하나님께 드리며 너희 지체를 의의 병기로 하나님께 드리라"라는 말씀은, (그리스도 안에서) 법률적으로 너희에게 참된 것과 실천적으로 조화를 이뤄 처신하라.

또 하나의 병행구절은 "그리스도께서 이미 육체의 고난을 받으셨으니 너희도 같은 마음으로 갑옷을 삼으라"이다(벧전 4:1). 베드로전서 4:1은 먼저 교리적 사실을 진술하고 그 다음에 실천적 의무를 명령한다. 법률적으로, "이김"은 지금 우리의 것이다. 하나님께서 우리를 의롭다 하심이 증명되기 때문이다. 경험적으로, 우리는 죄의 지배에서 해방되었다. 그리고 죄의 미혹시키는 능력에서 어느 정도 풀려났다. 지금 우리 안에, 죄를 미워하고 반대하는 것이 있기 때문이다. 죽을 때에, 죄는 우리의 영혼에서 완벽하게 제거된다. 부활할 때 죄의 마지막 흔적이 우리의 몸에서 사라졌을 것이다. 바울은 부활이라는 위대한 진리를 해설한 것에서 실천적 적용을 제시하고, 성도들에게 새 생명 가운데 행하라고 권면한다.

그리스도인의 의무이행

그리스도의 승리에 대한 우리의 참여를 염두에 두고 여기에서 우리에게 알려주는 것은 우리에게 부과된 특수한 의무 즉, 죄에 맞서 싸워야 한다는, 유혹에 저항해야 한다는, 어린양의 피로 사탄을 이겨야 한다는, 거룩의 열매를 그리스도께 맺어야 한다는, 의무이다. 그러나 이 의무를 이행하기 위해 우리는, 우리가 그리스도와 하나가 되어 그리스도의 죽음과 부활에 참여했다는 확신에 "견고"해야만 하고 그리스도께 대한 우리의 사랑과 감사에 흔들리지 말아야 한다.

"항상 주의 일에 더욱 힘쓰는"에 해당하는 헬라어는 양보다는 질, 행위의 다양성보다는 점진적 개선이라는—"참된 경건을 계속적으로 진전시킨다"(매튜 헨리)—관념을 전달한다. 이것을 탁월하게 표출한 것이 '현재의 진보 및 성취에 안주하지 말라, 새로운 날을 맞이할 때마다 너희의 의무를 그 전날보다 더 잘 이행하려고 노력하라'라는 사상이다. 몸의 행실을 죽이는 것과 거룩케 되는 것이라는 평생에 걸친 이 과업을 "주의 일"이라고 칭한 것이다. 주님께서 우리에게 부과하신 과업이기 때문이며, 오직 주님의 힘으로만 성취할 수 있기 때문이며, 주님 보시기에 특별히 기쁘게 하는 것이기 때문이다.

이 의무는, 오직 믿음이 그리스도인이 그리스도와 맺고 있는 연합을 파악하고 이에 따라 감사의 마음으로 행동할 때에만 올바른 정신으로 이행할 수 있다. 이러한 깨달음이 없이는 복음적 거룩은 결코 존재할 수 없다. 그리스도께서 우리를 위해 사망의 "쏘는 것"을 제거했고 율법에서 "죄의 권능"을 박탈했다고 마음이 실제로 확신할 때까지는 복음적 순종은 존재할 수 없다. 오직 이런 때에만, 신자는 하나님을 새로운 정신으로 즉, 두려움 때문이거나 무엇을 얻기 위해서가 아니라 사랑의 감사함으로 섬길 수 있다. 오직 이런 때에만 신자는 주님 안에서 칭의를 얻게 해줄 의로움을 확보하는 것처럼 주님 안에서 자신의 행함과 전쟁을 위한 "힘"을 갖는다는 사실을 참으로 깨닫게 될 것이다(사 45:22).

따라서 본문구절의 첫 단어 "그러므로"는 문맥에서 열거된 헤아릴 수 없는 복락들에 수반되는 책무를 진술하는 어떤 결론을 도출한다. 이뿐만 아니라, 이 책무의 실행-위대한 특권으로 간주되어야 하는 실행-을 위한 원동력을 제공해준다. "그리스도께서 우리 죄를 위하여 죽으시고"(고전 15:3), "그리스도께서 죽은 자 가운데서 다시 살아 잠자는 자들의 첫 열매가 되셨"고(20절), 우리는 "영광스러운 것으로 다시 살며"(43절) "하늘에 속한 자의 형상을 입"을 것이기 때문에(49절), 우리의 감사를 실천적 경건의 삶으로 표현하자.

이 의무를 실행하도록 영감을 주는 **두 번째 동기**는 고린도전서 15:58의 종결부인 "너희 수고가 주 안에서 헛되지 않은 줄을 앎이니라"라는 말씀에 담겨 있다. 그리스도는 어떤 누구에게도 빚을 지지 않으실 것이다. 감사의 모든 신실한 노력-그 실행에 아무리 결함이 있더라도-을 그리스도께서 귀중하게 여겨주시고 보상해주실 것이다. "하나님이 불의치 아니하사 너희 행위와 그의 이름을 위하여 나타낸 사랑으로 이미 성도를 섬긴 것과 이제도 섬기는 것을 잊어버리지 아니" 하신다(히 6:10). 그리스도인은 하나님의 뜻을 행하고 하나님의 영광을 증진하는 진정한 노력은 하나님의 환영을 받고 금생에서 양심의 평강과 마음의 기쁨을 낳고 내생에서 하나님의 복락을 누리게 될 것이라고 충분히 확신해야 한다. 하나님의 계명을 지킬 때 큰 상을 받는다. 이것이 모세로 하여금 큰 것을 부인하도록 기운을 북돋아준 동기였다(히 11:24-26). 모세는 "그리스도를 위하여 받는 능욕을 애굽의 모든 보화보다 더 큰 재물로 여겼으니 이는 상주심을 바라봄이라"(히 11:26).

"이는 너희 수고가 주 안에서 헛되지 않은 줄을 앎이니라"에서 "수고"라는 단어는 "일"이라는 단어보다 더 강력하다. 피곤할 지경까지 기울인 노력을 가리키기 때문이다. "주 안에서"는 '그리스도와의 연합 및 그리스도를 의존해서'라는 뜻이다. 이러한 수고는 힘을 허비하는 것이 아닐 것이다. 하지만 정확하게 말하자면, 그리스도인이 갖춰야 할 모습이다. 그리스도인이 자신의 욕망을 죽이고 자신의 은사를 계발하려는 노력은 전적으로 무익한 것처럼 보인다. 죄에 저항하고 거룩의 열매를 맺고자 하는 최선의 노력은 전적으로 실패라고 느낀다. 이것은 보이는 것과 느껴지는 것에 의거해서 판단하기 때문이다. 그 행위에 대해 마음을 살피고 그 진정한 의지를 받아주시는 하나님은 우리와 다르게 생각하신다. 너희 수고가 주 안에서 헛되지 않다는 사실을 너희가 알고 있다는 이런 확신은 믿음의 분량에 정확하게 비례해서 우리의 것이다. 보상을 받고자 하는 소망에 대한 자신이 크면 클수록 죄를 죽이고 거룩을 실천하고자 하는 우리의 노력은 그만큼 더 단호해질 것이다. 오직 하나님께서 우리에게 확신시켜주신 그 "수고"만이 "헛되지 않은" 수고다.

전능한 주권자가 통치하신다
The Supremacy of God 10장

"오직 우리 하나님은 하늘에 계셔서 원하시는 모든 것을 행하셨나이다"(시 115:3)

"너의 길을 여호와께 맡기라 저를 의지하면 저가 이루시고 네 의를 빛같이 나타내시며 네 공의를 정오의 빛같이 하시리로다 여호와 앞에 잠잠하고 참아 기다리라"(시 37:5-7)

루터는 에라스무스에게 보낸 어떤 편지에서 "하나님에 대한 당신의 생각은 너무나 인간적이다"라고 말했다. 어쩌면 저 고명한 학자는 루터의 이러한 책망에 분노했을 것이다. 광부의 아들에게서 이런 꾸지람을 들었다는 사실 때문에 더 화가 났을 것이다. 그럼에도 불구하고 루터의 말은 철저하게 당연했다. 필자 역시 이 타락한 시대의 종교지도자들 가운데 설 자격이 없지만 우리 시대의 거의 대다수 설교자들을 향해, 그리고 성경을 그 자체로 탐구하기보다는 저들의 가르침을 게으르게 수용하는 이들을 향해, 똑같은 혐의를 제기하고 싶다. 전능자의 지배와 통치에 대한 가장 치욕적이며 불명예스러운 개념들이 지금 거의 모든 곳에서 주장되고 있다. 허다한 사람들, 심지어 그리스도인이라고 자처하는 이들조차도, 성경의 하나님을 전혀 모른다.

옛날에 하나님은 배교자 이스라엘에게 "네가 나를 너와 같은 줄로 생각하였도다"라고 불평하셨다(시 50:21). 오늘날 하나님께서 배교적인 기독교 세계에 대해 작성하시는 기소장도 이와 똑같을 것이 틀림없다. 사람들은 지극히 높으신 이가 원칙에 의해 행동하신다기보다는 감정에 의해 움직인다고 상상한다. 하나님의 전능성이란 사탄이 하나님의 계획을 모든 면에서 좌절시킨다는 것만큼이나 근거 없는 허구라고 가정한다. 사람들은 만일 하나님이 어떤 계획이나 목적을 세우셨다면 틀림없이 자신들과 마찬가지일 것이며 따라서 지속적으로 변화를 겪을 것이라고 생각한다. 하나님이 인간의 "자유의지"라는 성채를 공격하고 인간을 "기계"로 전락시키면 안 되기 때문에, 하나님이 소유한 권능이 어떤 것이든지 간에 그 권능은 제한적인 권능이 틀림없다고 공공연하게 선언한다. 속죄사역의 대상자 모두를 실제로 구속한 전적으로 유효적인 속죄를, 죄에 시달리는 영혼들이 복용하고 싶으면 복용해도 되는 단지 "치료약"에 불과한 것으로 깎아내린다. 그런 다음에는 성령의 무적(無敵)의 사역을 죄인들이 자신들이 원하는대로 받든지 거절하든지 해도 되는 복음 "제시"로 약화시킨다.

참되며 살아계신 하나님의 주권성은 가장 강력한 피조물들과 전능한 창조주 사이를 벌려놓는 무한한 거리에서 논증하는 것이 당연할 것이다. 전능한 창조주는 토기장이이시다. 가장 강력한 피조물들은 전능한 창조주 손에 있는 진흙에 불과하다. 창조주가 원하는 대로, 그 진흙은 존귀한 그릇으로 빚어지든지 아니면 내팽개쳐져 산산조각이 날 수도 있다(시 2:9). 하늘의 모든 천사들과 지상의 모든 거주자들이 합세하여 창조주께 공공연하게 반란을 일으킬지라도 창조주의 영원하며 난공불락의 보좌에 미치는 영향은 지중해의 파도가 일으킨 물보라가 지브롤터 해협에 우뚝 솟은 암벽에 미치는 영향보다 적을 것이다. 피조물이 지극히 높으신 하나님께 영향을 미치기에는 보잘 것 없고 무기력하다. 이방인 우두머리들과 배교적인 이스라엘이 연합해서 여호와 하나님과 그의 그리스도께 도전할 때 "하늘에 계신 자가 웃으심이여"라고 성경 자체가 우리에게 말해준다.

하나님의 절대적이며 우주적인 주권은 성경의 많은 곳에서 분명하고 단호하게 단언되어 있다. "여호와여 광대하심과 권능과 영광과 이김과 위엄이 다 주께 속하였사오니 천지에 있는 것이 다 주의 것이로소이다 여호와여 주권도 주께 속하였사오니 주는 높으사 만유의 머리심이니이다…주는 만유의 주재가 되사 손에 권세와 능력이 있사오니"(대상 29:11-12)에서, "만유의 주재가 되사"라는 표현에 주목하자. 하나님은 만유를 천년왕국 시대가 아니라 지금 통치하신다. "우리 열조의 하나님 여호와여 주는 하늘에서 하나님이 아니시니이까 이방 사람의 모든 나라를 다스리지 아니하시나이까 주의 손에 권세와 능력이 있사오니 능히 막을 사람이 없나이다[사탄 자신조차도 막지 못합니다]"(대하 20:6). 하나님 앞에서는 대통령들과 교황들, 국왕들과 황제들이 메뚜기보다 못하다.

구약성경 구절들

하나님은 "그는 뜻이 일정하시니 누가 능히 돌이킬까 그 마음에 하고자 하시는 것이면 그것을 행하"신다(욥 23:13). 오! 나의 독자여! 성경의 하나님은 가공의 군주가 아니다. 단지 허상일 뿐인 주권자가 아니다. 만왕의 왕이며 만주의 주이시다. 욥이 여호와께 "주께서는 무소불능하시오며 무슨 경영이든지 못 이루실 것이 없는 줄 아오니"라고 대답했다(욥 42:2). 이 구절의 뒷부분을 또 다른 번역자는, '주의 어떤 목적도 좌절될 수 없다'라고 옮겼다. 하나님은 자신이 기획한 모든 것을 행하신다. 자신이 작정하신 모든 것을 완성하신다. 자신이 약속한 모든 것을 이행하신다. "오직 우리 하나님은 하늘에 계셔서 원하시는 모든 것을 행하셨나이다"(시 115:3). 하나님은 왜 이렇게 하셨는가? "지혜로도, 명철로도, 모략으로도 여호와를 당치 못하"기 때문이다(잠 21:30).

자신의 손으로 하시는 일들에 대한, 하나님의 주권은 성경에 생생하게 묘사되어 있다. 무생물체, 이성이 없는 피조물들, 이 모든 것이 조물주의 명령을 이행한다. 하나님이 기뻐하실 때 홍해바다가 갈라졌고, 바닷물이 벽처럼 일어섰다(출 14장). 땅이 입을 벌리고, 죄를 지은 반역도들이 산 채로 그 구멍 속으로 내려갔다(느 14장). 하나님이 명령하시자 태양이 멈췄다(수 10장). 또 다른 경우에, 태양이 아하스의 해시계에서 10도 뒤로 물러갔다(사 38:8). 하나님은 자신의 주권성을 실증하기 위해, 까마귀들로 하여금 엘리야에게 먹을 것을 날라다주게 하셨고(왕상 17장), 쇠가 물 위에 뜨게 하셨고(왕하 6:5), 다니엘이 사자굴에 던져졌을 때 사자들을 온순하게 만드셨고, 세 히브리 청년이 풀무불 속에 던져졌을 때 불이 사르지 못하게 하셨다. 이처럼 "여호와께서 무릇 기뻐하시는 일을 천지와 바다와 모든 깊은 데서 다 행하셨도다"(시 135:6).

신약성경 구절들

하나님의 절대적이며 보편적인 주권은 신약성경에서도 똑같이 분명하고 적극적으로 단언된다. 하나님은 "모든 일을 그 마음의 원대로 역사하시는" 분이다(엡 1:11). 이 구절에서 "역사한다"에 해당하는 헬라어 단어는 "효과적으로 일한다"라는 뜻이다. 이 때문에 로마서는 "만물이 주에게서 나오고 주로 말미암고 주에게로 돌아감이라 영광이 그에게 세세에 있으리로다 아멘"이라고 말한다(롬 11:36). 사람들은 자신들은 자기 자신의 의지를 가진 자유로운 행위주체이며 자신들이 원하는 대로 행할 자유를 누린다고 자랑할 수도 있다. 그러나 성경은 "오늘이나 내일이나 우리가 아무 도시에 가서 거기서 일 년을 유하며 장사하여 이를 보리라"라고 자랑하는 자들에게 "너희가 도리어…주의 뜻이면 우리가 살기도 하고 이것 저것을 하리라"라고 말하라고 한다(약 4:13, 15).

결어

바로 여기에 마음의 확실한 안식처가 있다. 우리의 삶은 맹목적인 운명의 산물이 아니고 변덕스러운 우연의 결과도 아니다. 우리 운명의 모든 세부사항이 영원 전에 정해졌고 살아계시며 통치하시는 하나님에 의해 통제되고 있다. 우리의 머리카락 한 올도 하나님의 허락 없이는 손댈 수 없다. "사람이 마음으로 자기의 길을 계획할지라도 그 걸음을 인도하는 자는 여호와시니라"라는 말씀(잠 16:9)이 진정한 그리스도인에게 어떤 확신을, 어떤 힘을, 어떤 위로를 주는가! 내 시간은 주의 손에 있다(시 31:15). 그렇다면 나는 주님 안에서 안식하며 인내하며 주님을 기다리겠다(시 37:7).

복음적 순종
11장 Evangelical Obedience

"우리 조상 아브라함이 그 아들 이삭을 제단에 드릴 때에 행함으로 의롭다 하심을 받은 것이 아니냐 네가 보거니와 믿음이 그의 행함과 함께 일하고 행함으로 믿음이 온전케 되었느니라 이에 경에 이른바 아브라함이 하나님을 믿으니 이것을 의로 여기셨다는 말씀이 응하였고 그는 하나님의 벗이라 칭함을 받았나니"(약 2:21-23)

사람이 아무리 조심스럽게 순종적으로 처신할지라도, 하나님의 진정한 백성을 섬길 수 있더라도, 위선자들은 분명코 그 노력을 잘못되고 악한 방법으로 사용한다. "다른 성경과 같이 그것도 억지로 풀다가 스스로 멸망에" 이를 것이다(벧후 3:16). 인간 본성의 완악함이 이렇다. 진짜 그리스도인과 이름뿐인 그리스도인을 구별하는 명확한 선을 그리고 "천한 것에서 귀한 것을 취할" 특정한 의도를 가진, 차이점을 드러내게 만드는 설교를 할 때(렘 15:19), 은혜가 없는 고백자들은 그 설교를 적용하여 그 설교에 비춰 자기 자신의 마음과 삶을 검토하기를 거절하려 든다. 반면에 신성한 생명의 고백자는 잘못된 연역추론을 하고 자신을 영적으로 죽었다는 생각에 너무 쉽게 빠진다. 반대로, 그 메시지가 하나님의 어린 자녀들에게 위로를 주는 것인 반면에 너무 많은 사람들이 그 위로를 받지 못할까 두려워한다면, 받을 자격이 없는 다른 사람들은 그 메시지를 억지로 자기 것으로 만들 것이다. 그러나 복음사역자들이 이러한 사실을 깨닫게 되었기 때문에, 자신의 의무를 이행하지 못하면 안 된다. 자녀들에게 줘야할 떡을 개들에게 던져주지 않도록 조심을 하지만, 개들이 있다고 해서 자녀들이 합법적으로 받아야할 몫을 자녀들 앞에 두기를 단념해서는 안 된다.

'복음적 순종'의 개념

우리의 주제를 펼치기 전에 용어를 정의하자. 분명코, "복음적 순종"이라는 용어는 율법적 순종의 반대말이다. 그리고 그 종류가 둘이다. **첫째**, 하나님께서 아담에게 요구하셨고 행위언약 아래에 있는 모든 사람에게 여전히 요구하시는, 하나님의 계시된 의지에 대한 무흠하고 지속적인 순응. 비록 사람이 실행능력을 상실했지만 하나님은 정당하게 받으실 것을 주장할 자신의 권리를 단념하지 않으셨다. **둘째**, 거듭나지 않은 형식주의자들의 순종. 이 순종은 하나님께 합당치 않다. 결함으로 가득 찬 순종이기 때문이다. 그리고 자연적 원리로부터 나오는 순종이며 믿음으로 이뤄진 것이 아니고 탐욕적인 정신으로 드려진 순종이며, 따라서 "죽은 행실"로 이뤄진 순종이기 때문이다.

복음적 순종을, **전가된 순종**과도 구별해야 한다. 사람들이 주 예수 그리스도를 믿을 때 하나님은 대속자의 완전한 순종을, 은혜언약의 모든 당사자들의 몫으로 간주하신다. 그래서 하나님은 그들을 의롭다고 혹은, 율법이 요구하는 그 의를 소유한다고 선언하신다. 하지만 이것이 구속받은 자들의 성격을 규정짓는 유일한 순종이 아니다. 지금 이들은 인격적으로 자신들의 삶을 하나님의 계명에 의해 규제하고 하나님의 계명의 길로 행한다. 이들의 업적에는 (이들이 잘 깨닫고 있는 것처럼) 흠이 많다. 하지만 하나님은 그리스도 때문에 즐겁게 받아주신다.

하나님은 모든 이성적인 행위주체들에게 순종을, 충분하고 진정어린 순종을 틀림없이 요구하신다는 것을 입증하는 데에는 길고 수고로운 논증이 필요치 않다. 하나님은 이성을 갖춘 행위주체들에 대한 도덕적 통치를 오직 이런 식으로 집행하신다. 자신의 존재와 생계를 하나님께 빚진 자는 하나님을 온 마음으로 사랑할, 온 힘을 다해 섬길, 모든 행함 속에서 하나님의 영광을 구할 구속력 있는 책무를 짊어지고 있음이 분명하다. 하나님께서 명령을 발하는 것은 하나님께서 자신의 피조물에게 자신의 권위를 부과하는 것이다. 피조물이 순응하는 것은 자신의 피조성을 인정하는 것이며 피조물에게 합당한 복종을 드리는 것일 뿐이다. 하나님은 입법자로서 자신의 주권을 주장하고, 우리는 우리의 순종에 의해 하나님의 주권을 인정한다. 따라서 우리는 아담은 창조된 날에 율법 아래에 놓였고 아담의 지속적인 번영은 율법에 대한 아담의 일치에 달려있게 되었다는 사실을 발견한다. 마찬가지로 여호와께서 이스라엘 족속을 이끌어 자신과 언약적 관계를 맺었을 때 율법을 이스라엘에게 직접 알려주셨고 제재규정을 더하셨다.

지금까지 지적한 것에 대해서는 예외가 없다. 지상의 거주자들과 마찬가지로 하늘의 거주자들은 자신들의 조물주에게 복종해야 한다. 천사들에게, 여호와의 계명들을 행하고 여호와의 음성에 귀를 기울이라고 명령한다(시 103:20). 하나님의 아들이 성육신하여 피조물의 형상을 취했을 때 하나님의 아들 역시 순종의 자리에 섰고 하나님의 뜻에 복종했다. 이것은 구속받은 이들에게도 마찬가지다. 하나님의 율법에 대한 복종에서는 풀려났지만 은혜언약의 지배에서 벗어나지는 못했다. 즐겁고 무조건적인 복종을 드려야할 추가적인 책무를 갖게 되었다. 하나님은 계명들을 "근실히" 지키라고 우리에게 명령하셨다(시 119:4).

이에 대해 토마스 맨튼은 "하나님의 주권적 위엄을 거부하고 하나님을 왕좌에서 밀어내고 공공연한 반란을 일으킬 의도가 없다면 하나님께서 명령하신 것을 반드시 행해야 한다. 부자들에게 명령하라. 단지 충고할 뿐만 아니라 명령하라!(딤전 6:17)"라고 말했다. 그리스도는 주(主)이신 동시에 구원자이시다. 그래서 우리가 그리스도를 주님으로 높이지 않는다면 그것은 그리스도를 구원자로 존중하지 않는 것이다(요 13:13).

하나님이 요구하시는 순종

하나님은 순종을 요구하실 뿐만 아니라, 사랑에서 발원하고 사랑에 의해 북돋아지고 사랑의 표현인 순종을 요구하신다. 하나님의 십계명의 심장에, "나를 사랑하고 내 계명을 지키는 자에게는 천대까지 은혜를 베푸느니라"는 말씀이 있다(출 20:6). 하나님의 권위에 대한 존중이 틀림없이 존재하는 반면에, 하나님의 선하심에 대한 지각이 존재하지도 않고 하나님의 탁월하심으로 인해 하나님께 대한 애정이 나오지 않는다면, 진정어린 그리고 합당한 순종이 존재할 수가 없다. 가장 혹독한 자기부정들과 가장 호화로운 예물들조차도 사랑에 의해 촉발된 것이 아니라면 하나님 보시기에 전혀 가치가 없다. 사랑과 순종의 불가분리성은 그리스도께서 하신 "너희가 나를 사랑하면 나의 계명을 지키리라"(요 14:15), "나의 계명을 가지고 지키는 자라야 나를 사랑하는 자니"(요 14:21), "사람이 나를 사랑하면 내 말을 지키리니"(요 14:23)라는 말씀에서 분명히 드러났다. 마찬가지로 사도들도 "하나님을 사랑하는 것은 이것이니 우리가 그의 계명들을 지키는 것이라"(요일 5:3), "사랑은 율법의 [대체물이 아니며, 하물며 율법을 폐기하는 것도 아니라] 완성이니라"(롬 13:10)라고 가르쳤다. 사랑은 율법을 실행하도록 분발시킨다.

한 걸음 더 나아가자. 하나님이 자기 백성들 속에 복종을 일으키겠다고 은혜롭게 약속하셨다. "또 내 신을 너희 속에 두어 너희로 내 율례를 행하게 하리니 너희가 내 규례를 지켜 행할지라"(겔 36:27)라고 말씀하셨다. 즉, 하나님이 길을 지적하실 뿐만 아니라 그 길로 가도록 이끌어주실 것이다. 외적 폭력에 의한 강요가 아니라 내적 원리에 의한 이끌림이다. "그들에게 다 한 목자가 있을 것이라 그들이 내 규례를 준행하고 내 율례를 지켜 행하"게 될 것이다(겔 37:24). 그리스도는 자기 백성을 다스릴 권능의 날에 그들에게 자원하는 마음을 일으켜주시고, 의의 홀로 그 백성을 이끄신다. 새로운 언약 하에서 하나님이 자기 백성 안에, 중생의 은혜에 의해 새 언약에 부합하는 요구조건들의 영성과 거룩성을 획득하려는 성향을 창조하는 일에 착수하셨다. 하나님이 자신의 법을 저희 생각에 두고 저희 마음에 기록하겠다고 하신다(히 8:10). 순종을 일으킬 새로운 본성을 저희에게 부어주시고, 그 속사람을 따라 하나님의 법을 즐거워하게 만드시겠다는 뜻이다. 바로 여기에 그리스도에 대해 본질적으로 일치하는 부분이 있다. 즉, "나의 하나님이여 내가 주의 뜻 행하기를 즐기오니 주의 법이 나의 심중에 있나이다"(시 40:8).

이 약속들과 부합하게 발견되는 사실은, 그리스도의 사역에서 두 가지가 현격하게 두드러진다는 사실이다. 하나는, 하나님의 의로운 권리 주장을 역설하는 것이다. 다른 하나는, 자신들의 필요성을 깊숙이 지각한 사람들에게 하나님의 은혜를 선포하는 것이다. 마태복음 5:17~20, 19:16~21, 22:36~40은 전자를 예증한다. 마태복음 11:4~6, 28~30, 15:30~31, 누가복음 23:42~43, 요한복음 4:10은 후자를 예증한다. 하나님의 아들이 이 땅에 오신 것은, 자기만족과 나태한 삶으로 들어가는 문을 열어주기 위한 것이 아니다. 오히려, 하나님의 거룩을 유지하고, 타락한 피조물들이 거룩한 삶을 살 수 있도록 만들기 위함이다. 그리스도는 단지 구원자로서만이 아니라 입법자로(신 18:18-19), 이스라엘을 다스리기 위해(미 5:2) 세상에 오셨다. 그러므로 그리스도는 "자기를 순종하는 모든 자에게 영원한 구원의 근원"이시다(히 5:9). 그리스도의 임무는 하나님의 권위 혹은 사람의 책임을 줄여주려는 의도가 아니라 자기 백성들로 하여금 하나님을 섬길 능력을 더 크게 만들어주려는 의도였다. 그러므로 우리는 그리스도께서 제자들에게 "너희가 나의 명하는 대로 행하면 곧 나의 친구라" 말씀하시는 장면(요 15:14)과 제자들에게 사명을 위임하시면서 신자들을 가르쳐 "내가 너희에게 분부한 모든 것을 가르쳐 지키게 하라"고 제자들에게 명령하시는 장면(마 28:20)을 확인한다.

하나님과 이웃을 사랑하라는 것은 실제로는 율법이 규정한 커다란 의무이며(신 6:5, 10:18) 복음도 마찬가지로 규정한다(갈 5:13-14). 하지만 진정어린 순종에 의해 자신을 드러내는 사랑이다(요이 6). 그리스도는 율법의 저주로부터 구원해주시는 것이지 율법의 계명들로부터 구원해주시는 것이 아니다. "우리로 [영적] 원수의 손에서 건지심을 입고 종신토록 주의 앞에서 성결과 의로 두려움이 없이 섬기게" 하신다(눅 1:74-75). 복음의 모든 특권은 그 수령자에게 추가되는 의무를 수반한다. 피조물인 우리에게 부과된 의무는, 우리의 창조주에게 전적으로 굴복하는 것이다. 그리스도 안에 있는 새로운 피조물인 우리는 하나님을 즐겁게 섬겨야 할 의무가 배가 된다. 은혜는 의의 권리주장을 파기한다고 가정하거나 하나님의 법은 구원받은 사람들에게는 구원받지 못한 사람들에게보다 더 적게 요구한다고 가정하는 것은 커다란 착오이다. 하나님의 엄숙한 요구는 성도들에게 보낸 서신서들에서 가장 충분하고 강력하게 제시되어 있다. 다음과 같은 구절들을 사례로 들 수 있다. "오직 너희를 부르신 거룩한 자처럼 너희도 모든 행실에 거룩한 자가 되라"(벧전 1:15). "주께 합당히 행하여 범사에 기쁘시게 하고 모든 선한 일에 열매를 맺게 하시며…"(골 1:10).

그러나 바로 여기에서 가공할 어려움이 나타난다. 한편으로는, 새롭게 된 영혼은 자기 앞에 놓인 이러한 표준의 필요성과 적절성을 명확하게 감지하고 진정으로 인정한다. 그러나 다른 한편으로는, "원함은 내게 있으나 선을 행하는 것은 없노라"라고 인정할 수밖에 없다(롬 7:18). 하나님의 표준에 충분히 일치하는 것이 가장 깊은 갈망이더라도 실제로 그렇게 할 수 없다. 가능케 하는 은혜를 달라고 하나님께 열렬히 부르짖고 하나님으로부터 결코 적잖은 도움을 틀림없이 받을지라도 이생을 끝마칠 때 그 열망은 결단코 실현되지 않는다. 건강한 그리스도인은 이에 대해 깊게 괴로워한다. 그리고 자신의 실책들에 대해 변명하기보다는 "내 길을 굳이 정하사 주의 율례를 지키게 하소서"라고 부르짖는다(시 119:5). 그러나 이것은 문제의 절반뿐이며, 결코 최소한의 어려움도 아니다. 나머지 절반의 문제는, '거룩한 하나님이 자신의 자녀들이 드리는 불완전한 순종을 어떻게 수용하고 인정하실 수 있는가?'이다. 하나님께서 기준을 낮춰 자녀들의 결점에 맞추기를 원치 않으신다는 것은 위에 언급한 구절들에서 분명히 드러난다. 하지만 자녀들의 결함 있는 성취들을 은혜롭게 수용하고 상을 주신다는 것 역시 다른 구절들에서 분명히 드러난다.

두 언약의 근본적인 차이점

지금까지 언급한 것에서 우리는 행위언약과 은혜언약 사이의 근본적인 차이점 가운데 하나를 발견한다. 행위언약 하에서는, 하나님의 율법에 완벽하고 영속적으로 일치하라는 엄격하고 경직된 요구가 있었다. 그리고 행위언약에 대한 최소한의 위반사항에 대해 정상참작이나 구제가 허용되지 않았다. 단 하나의 의무불이행, 최소한의 실패는 하나님의 계명들 전체를 범한 죄과가 있는 것으로 간주되었다(약 2:10). 하나님의 계명들 전체가 마치 대단히 많은 고리들이 하나의 사슬로, 엄밀하게 한 단위인 것처럼 연결되어 있을 뿐만 아니라 그 계명들의 배후에 있는 입법자의 권위를 우습게 만들었기 때문이다. 이러한 것의 회복을 위한 조처가 이뤄지지도 않았다. 첫 사람과 첫 사람의 안에 있는 인류 전체를 지배하는 행위언약 체제는 어떤 중보자도 희생제물도 없었다.

가책을 아무리 깊게 느껴도 바로잡겠다는 어떤 결단을 하더라도 범법자는 '계명을 범하는 영혼은 반드시 죽을 것이다'라는 냉혹한 판결 아래에 놓였다. 하나님은 결코 죄과를 씻어주시지 않을 것이기 때문이다. 게다가 첫째 언약 하에서 하나님은 첫 언약백성들에게 하나님의 요구사항들을 충족시킬 능력을 부여하는 어떤 특별한 은혜를 제공해주지 않으셨다. 하나님은 자신의 형상대로 사람을 창조하셨고 매우 좋다고 선언하셨다. 그리고는 그 사람을 그 본성적이며 피조적 능력에 맡겼다. 마지막으로, 행위언약 하에서 사람에게 요구된 것은 의롭다 함을 얻기 위해 순종하는 것이었다. 사람의 순응에 따라, 상을 받을 자격이 부여되기 때문이었다.

이제 은혜언약 하에서는 행위언약 하에서 획득한 것에 정반대이다. 사실상, 하나님의 뜻에 대한 완전한 복종이 우리에게 요구된다. 그러나 우리가 하나님 앞에서 의롭다 함을 얻고 하나님께 받아들여지기 위해서가 아니다. 오히려, 우리가 주 예수 그리스도를 믿고 그 희생의 충분성을 전적으로 의존하는 바로 그 순간, 예수 그리스도의 완전한 순종은 우리의 것으로 간주되고 하나님은 하늘의 고귀한 법정에서 우리를 의로운 존재이며 하나님의 법이 주는 상을 받을 자격이 있다고 선언하신다. 결과적으로 그에 후속되는 우리의 순종은 저주의 위협을 받는 상태에서 드리는 것도 탐욕적인 정신에서 나오는 것도 아니다. 다가올 진노에서 구원 받은 것 때문에 그리고 하나님의 사랑받는 자 안에 받아들여진 것 때문에 드리는 감사에서 나오는 것이다.

우리는 우리 자신의 힘이든 오히려 약함에든 그대로 내버려진 것이 아니다. 하나님은 우리에게 그저 명령만 내려놓고 우리를 팽개쳐놓으신 것이 아니다. 하나님은 우리 안에서 일하셔서 우리로 하여금 하나님의 선한 즐거움을 의지하고 행하도록 하신다. 하나님은 복된 성령을 우리에게 보내시고, 그리스도 우리의 머리 안에 충만한 은혜와 진리를 이용할 수 있게 해주신다. 왜냐하면 그리스도는 권위뿐만 아니라 유효적인 영향력의 머리이기 때문이다. 그리스도에게서 "온 몸[교회]이 각 마디를 통하여 도움을 입음으로 연락하고 상합하여 각 지체의 분량대로 역사하여 그 몸을 자라게 하며 사랑 안에서 스스로" 세운다(엡 4:16).

새 언약 하에서의 순종: 완전한 순종

우리의 직접적인 주제 즉, 새 언약 하에서는 그 백성들의 실패에 대한 대비책을 마련해두었다는 주제에 관련해서 무엇이 더 적절한가? 하나님은 새 언약 하에 있는 백성의 순종을 흠이 있다는 이유로 거절하지 않으신다. 오히려 흠이 있는 순종을, 하나님의 권위에 복종하여 촉발되고 믿음으로 말미암아 실행하고 사랑에 의해 추진되고 진정성있는 목적 및 노력으로 이뤄질 때, 그 순종을 은혜롭게 받아주신다. 죄는 하나님의 계명들이 정확하게 준수되었기에 능력을 상실했다.

그러나 하나님은 정직한 마음에서 나오고 하나님을 기쁘시게 하기를 거짓없이 추구하는 것을 인정하신다. 우리에게 "[흠 없게가 아니라!] 경건함과 두려움으로 하나님을 기쁘시게 섬길" 은혜를 받으라고 명령한다(히 12:28). 여전히 우리에게 하나님은 완전하고 영속적인 순종을 요구하신다. 그럼에도 불구하고 하나님이 은혜롭게 즐거워하시는 것은 하나님의 뜻에 부합하려는 진정한 노력을 받으시고 소유하시는 것이다. 하나님은 그리스도의 공로 때문에 그리고 우리를 위한 그리스도의 계속적인 중보 때문에 그렇게 하신다. 하나님은 우리라는 존재를 받아주신 뒤에 우리가 드리는 사랑의 봉헌물도 받으신다. 창세기 4:4에서 "아벨과 그 제물을 열납"하신 순서에 주목하라. 우리는 하나님께 영적 제물들을 드리고, 그 제물들은 "예수 그리스도로 말미암아 하나님이 기쁘게 받으실" 것들이 된다(벧전 2:5). 필자가 여기에서 새롭고 위험한 오류를 제시하는 것이 아니라는 사실은 아래에 열거한 인용문에서 확인될 것이다.

> "그럼에도 불구하고 그리스도로 말미암아 신자들 그 존재들을 받아들이시고, 그리스도 안에서 그 신자들의 선한 행위들도 받아들이신다. 마치 하나님 보시기에 금생에서 전적으로 책망할 수 없고 비난할 수 없는 것들이기 때문이 아니다. 하나님께서 그것들을 자기 아들 안에서 바라보실 때 비록 많은 약점과 불완전한 점들이 수반되어 있을지라도 진정한 것으로 받아주시고 상 주시기를 기뻐하시기 때문이다."(웨스트민스터 신앙고백, XVI. 6)

> "나는 그것을 복음적 순종이라고 부른다. 주 우리 하나님을 전심으로 사랑하라고 우리에게 명령하는 율법이 요구하는 것과 실질적으로 다른 것이기 때문이 아니다. 원칙에 입각해서 움직이고 목표를 향해 지속적으로 나아가고 오직 복음에서만 드러나는 것이기 때문이다."(존 오웬)

> "하나님께서 그리스도 예수 안에 있는 자신의 사랑과 자비로 인해, 받은 바 성황의 분량에 부응하는 만큼의 사랑과 순종을 받아주신다."(토마스 맨튼)

비록 위에 열거한 인용문들이 하나님께서 영감으로 주신 말씀이 결코 아닐지라도 따라서 하나님의 자녀들에게 여하한 구속력 있는 권위를 갖지 않을지라도 그럼에도 불구하고 이 인용문들은 성령에 의해 깊은 가르침을 받고 많이 사용된 사람들의 말이다. 그러므로 우리가 진지하고 신실하게 주의를 기울일 가치가 있다. 그리스도인은 어떤 사람을 '아버지'라고 불러서는 안 된다. 하지만 이것은 이러한 교사들을 경멸하라는 취지가 결코 아니다. 위에 열거한 인용문들 가운데는 도덕률폐기론적 방종이 없다. 오히려 우리 시대의 사역에서는 좀처럼 발견하기 힘든 거룩한 균형이 있다.

필자는 지금까지, 하나님은 모든 이성적인 피조물에게 완전한 순종을 정당하게 요구하신다는 사실과 하나님은 어떤 경우에도 자신의 요구를 낮추지 않으실 것이라는 사실을 지적했다. 모든 거듭난 영혼은 하나님의 거룩한 권리주장에 동의하고, 그 권리주장에 부응하지 못하는 자신의 무능력을 깊게 개탄한다. 수정된 새 언약 체제 하에서 하나님은 비록 하나님의 완전한 기준에 부합하기를 진정으로 갈망하고 노력할지라도 자신들 안에 남아있는 부패와 약점으로 말미암아 매우 결함있는 순종을 드릴 수밖에 없는, 자기 백성들의 그러한 순종을 은혜롭게 기꺼이 받아주시고 승인하신다는 것과, 하나님은 자신의 명예를 고려하지 않고 그렇게 하신다는 것 역시 필자의 주장이었다.

그 간략한 주장들 다음에는 몇몇 청교도들의 글에서 발췌한 인용문을 열거했다. 그 숫자를 손쉽게 늘릴 수 있을 것이다. 이렇게 한 목적은, 필자 자신의 가르침을 보강하기 위해서가 아니다. 필자가 여기에서 개진하는 교리가 위험하거나 기괴한 교리가 아님을 확인하기 위한 것이다. 그럼에도 불구하고 대다수의 독자들은 이보다도 무한히 더 높은 권위체에서 발췌한 것에 자신들의 믿음을 올려놓기를 요구할 것이다. 이제 필자가 이렇게 할 차례이다.

아브라함의 순종

창세기 26:5에서, 여호와 하나님은 "아브라함이 내 말을 순종하고 내 명령과 내 계명과 내 율례와 내 법도를 지켰음이니라"라고 선언하신다. 하지만 아브라함은 물론 이 말씀처럼 완벽하게 순종하지 못했다. 아브라함은 "엘리야는 우리와 성정이 같은 사람"이기 때문이다(약 5:17). 그럼에도 불구하고 하나님은 아브라함의 순종을 인정하셨다. 그리고 창세기 26장의 문맥이 보여주는 것처럼 하나님은 바로 그 이유로 아브라함에게 상을 주셨다. 비록 죄가 없는 것은 아닐지라도 진정한 순종은 하나님께서 받으시기에 합당한 것이다. 만일 그렇지 않다면, 하나님의 어떤 자녀도 이생에서는 하나님 보시기에 즐거운 행위를 단 하나도 이행할 수 없을 것이다.

이뿐만 아니라 성도들에 관한 성경의 많은 진술들은 우리에게 아주 난해한 말씀이 될 것이다. 하나님이 자기 백성들의 진정어린 그러나 불완전한 노력을 받아주신다고 믿어야할 의무를 우리에게 부과하는 진술들이다. 그렇다. 하나님은 자기 백성들이 행하는 것보다 더 높은 특질을 바로 그 행위에 귀속시킨다고 믿어야할 의무를 우리에게 부과하는 진술들이다. 하나님은 욥에 대해서도 이런 식으로, "그 사람(욥)은 순전하고 정직하여 하나님을 경외하며 악에서 떠난 자더라"라고 말씀하셨다(욥 1:1). 하지만 우리가 욥에 대한 기록 전체를 읽자마자 욥은 우리와 마찬가지로 약함에 둘러싸여 있었다는 사실이 분명해진다.

다윗의 순종

하나님은 자신의 종 다윗을 가리켜 "내 종 다윗이 내 명령과 내 법도를 지켰으므로"라고 선언하실 때(왕상 11:34) 절대적으로가 아니라 상대적으로 말씀하셨다. 하나님이 정하신 바로 그 길에서 사람이 종종 실족하여 넘어질지라도, 그렇다, 쓰러질지라도 그럼에도 불구하고 하나님은 선한 사람의 길을 기뻐하신다(시 37:23). 사람은 하나님의 관점에서 오직 두 부류-"불순종의 아들"(엡 2:2)과 "순종하는 자식"(벧전 1:14)-로 나눠진다. 하지만 거듭난 많은 영혼들은 자신이 후자로 분류될 것을 두려워한다. 그러나 두려워할 필요가 없다. 거듭난 자들이 받는 가책은 불충분하게 조명된 양심 때문이다. 주 예수는 아버지께서 자기에게 주신 자들에 대해 "저희는 아버지의 말씀을 지키었나이다"라고 아버지께 말씀드리셨다(요 17:6). 이 말씀에서 확실하게 드러나는 사실은, 저들의 순종이 완벽하다고 단언하고 있지는 않다는 점이다.

> "복음적 순종은 자녀의 진정한 순종이다. 우리가 죄를 슬퍼하고 용서를 구하고 완전을 획득하려고 분투하는 한 이생에서의 많은 오류와 결함을 그리스도께서 돌이켜 살펴보실 때 그 불완전한 것들을 용서하신다. 준수하지 않은 것을 용서받을 때 모든 계명을 준수한 것으로 간주된다."(토마스 맨튼)

우리의 심장이 그리스도를 향해 진정으로 고동칠 때 그리스도는 우리의 실패들을 충분히 참작하신다.

하나님의 은혜로 말미암아 죄를 미워하고 하나님을 사랑하게 된 사람이라면 우리가 지금 다루고 있는 지점에서 실족하여 넘어진 것에 대해서는 변명의 여지가 없다. 하나님의 말씀이 그 손에 있기 때문이다. 다윗은 실패를 많이 했다. 추하고 서글픈 성격의 잘못도 저질렀다. 하지만 다윗은 주저하지 않고 하나님께 "내 소유는 이것이니 곧 주의 법도를 지킨 것이니이다"라고 고백했다(시 119:56). 다윗은 무슨 의미로 이런 말을 했는가? 내적으로는 즉, 영적으로, 거룩한 결단과 열렬한 노력으로 그리고 외적으로도 자신의 삶의 일반적인 방향성에서 한 말이다. 다윗은 실패한 그 지점에서, 깊게 회개하고 하나님께 용서를 받았다. 자기에게 맡겨진 달란트를 잘 활용한 종에게 그리스도께서 "잘 하였도다 착하고 충성된 종아"라고 말씀하실 것이다(마 25:21).

하지만 이것은 흠 혹은 실패가 없었다는 의미가 결코 아니다. 바울이 히브리 성도들을 위해 기도하면서 "모든 선한 일에 너희를 온전케 하사 자기 뜻을 행하게 하시고 그 앞에 즐거운 것을" 이뤄달라고 하나님께 기도했다(히 13:21). 그런데 이 기도에서, 죄가 내주하는 이들을 위해 "예수 그리스도로 말미암아"라는 필연적으로 함축된 말을 첨부하여 간구하였다. "무엇이든지 구하는 바를 그에게 받나니 이는 우리가 그의 계명들을 지키고 그 앞에서 기뻐하시는 것을 행함이라"는 말씀은 만일 하나님이 오직 무죄한 순종만을 받으신다면 우리에게 전혀 위로를 주지 않을 것이다.

사무엘상 16:7

하나님은 사무엘에게 "사람은 외모를 보거니와 나 여호와는 중심을 보느니라"라고 말씀하셨다(삼상 16:7). 이 말씀은 한 번 이상 합법적으로 적용할 수 있다. 그러나 우리의 순종 문제에서 특별히 적절한 말씀이다. 정말이지. 하나님은 우리 순종의 실체에 대해서는 결코 공평하지 않으시다. 하지만 순종하는 그 정신은, 하나님께서 먼저 주목하시는 것이다. 의무는 그 외적 형식에 의해서가 아니라 그 내적인 틀에 의해 구별된다. 즉, 어떤 사람은 다른 사람이 기꺼이 그리고 사랑 때문에 이행하는 바로 그 의무를 공포 혹은 강요에 의해 이행하는 수가 있다.

"물은 똑같은 모습을 가질 수 있다. 하지만 어떤 물은 달콤하고 다른 물은 짜다. 두 개의 사과가 색깔이 똑같을 수도 있다. 하지만 어떤 사과는 맛이 없는 반면에 다른 사과는 상큼한 풍미를 가질 수도 있다. 우리는 우리 행동들의 내용이 규칙에 맞는지, 규칙을 들여다보지 않으면 안 된다. 이렇게 하지 않으면 우리는 추잡한 사악함을 저지를 수도 있다. 하나님의 의로운 종들을 죽임으로써 자신들이 하나님을 섬긴다고 착각하는 자들처럼 될 수도 있다. 우리는 우리 마음의 얼굴을 바라보지 않으면 안 된다. 그렇지 않으면 우리는 추잡한 위선을 범할 수도 있다."(스테판 차녹)

바리새인들은 유월절을 대단히 엄격하게 준수했다. 하지만 하나님의 법에 대한 바리새인들의 외적 일치는 하나님 보시기에 합당한 것이 결코 아니었다.

잠언 16:2

"여호와는 심령을 감찰하시느니라"(잠 16:2). 이 구절은, 우리 각각을 떨게 만들 의미를 갖고 있다. 하지만 거듭난 자들에게 커다란 위로를 주고 감사를 일으킬 것이다. 한편으로는, 모든 것을 아시는 분은 위선자의 지극히 경건한 외양과 언사에 속을 수 없다. 반면에 "주의 이름을 경외하기를 기뻐하는" 이들을 아신다(느 1:11). 비록 이들의 행위들 가운데 일부가 반대쪽 원리에서 나올지라도 말이다. 우리 마음의 모든 의향과 동기는 하나님이 우리가 행한 것들을 평가하실 때 우리가 관계를 맺고 있고 충분한 관심을 기울이는 하나님의 눈앞에 적나라하게 펼쳐진다.

바로 이 진리는, 잘못을 범한 베드로가 주님께 "주여 모든 것을 아시오매 내가 [겉모습과는 달리] 주를 [실제로 그리고 진실로] 사랑하는 줄을 주께서 아시나이다"라고 선언할 때 위로인 동시에 확신이 아니었는가?(요 21:17) "여호와여 주께서 죄악을 감찰하실진대 [주의 충분하고 의로운 요구조건 앞에] 주여 누가 서리이까"(시 130:3). 주의 백성들 가운데 아무도 없다. 그러나 그 다음 구절의 "그러나 사유하심이 주께 있음은 주를 경외케 하심이니이다"라는 말씀은 우리에게 확신을 준다. 그렇다. 두려움을 갖고 소홀히 취급하지 않는 것이다. 진리의 복된 균형이여!

"할 마음만 있으면 있는 대로 받으실 터이요 없는 것을 받지 아니하시리라"(고후 8:12). 이 구절에 대해 매튜 헨리 주석은 다음과 같이 말한다.

> "자원하는 마음을 수용하는 것은, 진정한 노력이 수반될 때이다. 사람들이 선한 것을 의지하고 능력에 따라 노력하여 성취하고자 할 때 하나님은 그들이 가지고 있거나 행할 수 있는 것을 받아들여주실 것이며, 그들에게 없는 것 때문에 그리고 그들에게 행할 능력이 없는 것 때문에 그들을 거절하지 않으실 것이다. 이것은 자선행위 이외의 다른 것들에 대해 사실이다."

하지만 여기에 신중하게 다음과 같은 진술을 덧붙인다.

"그러나 이 성경구절은 선한 의미로 충분하다고, 그리고 자원하는 마음의 선한 목적들과 고백은 그들을 구원해줄 만큼 충분하다고 생각하는 이들을 정당화시켜주지 않는다는 이 사실에 주목하자. 우리가 할 수 있는 만큼 행함이 있는 경우에 받아들여진다."

자발적인 성향이 하나님께서 중시하시는 것이다. 그 성향을 하나님께서는, 그 성향을 장악하고 있는 원천에 따라 판단하신다. 우리 아버지는 우리가 아버지께 드리는 것을, 우리 의도의 순수성에 의해 판단하신다. 사랑에 의해 촉발되는 것을 훨씬 중시하신다. 만일 봉헌물 속에 실제로 마음이 담겨있다면 그 봉헌물이 단지 비둘기 두 마리일 뿐이든(눅 2:24) 수만 마리의 소와 양이든(왕상 8:63) 하나님을 상당히 기쁘시게 한다.

은혜언약 하에서의 완전한 순종

"은혜언약은 우리의 순종의 양과 정도라기보다는 모든 단계의 특성 및 본성-진실하고 올바르다는 것-에 있다."(에제키엘 홉킨스) 율법적 순종과는 대조적으로, 복음적 순종은 하나님께서 자신의 말씀에서 규정하신 규칙에 따른 그리고 복음의 은혜로운 낮춤 하지만 형평성에 따른, 정직한 목표와 진정한 노력으로, 거룩하게 살며 하나님과 친밀하게 행하려는 투쟁으로 구성되어 있고, 그리스도 때문에 하나님께서 받아주시고 상을 주시는 것이다. 거룩한 목적들과 진정한 결단들을 비록 이것들이 실제로 성취되지 않을 것일지라도 하나님께서 받아주신다는 사실은 아브라함에 관한 기록에서 즉, "우리 조상 아브라함이 그 아들 이삭을 제단에 드릴 때에"에서 명확해진다(약 2:21). 아브라함은 실제적으로는 결코 이삭을 번제물로 드리지 않았다. 다만 의도와 자원하는 마음으로만 드렸을 뿐이다.

이에 관해 토마스 맨튼은 "하나님은 곧 이뤄질 것을 이뤄진 것으로 간주하시고, 아직 실천 및 실현으로 옮겨지지 않았더라도 그 마음속에 있는 것을 알아채신다. 하지만 사람들이 하는, 오늘 마땅히 해야 하고 할 수 있는 것을 내일 하겠다고 생각할 때의 나태한 목적들이 아니다"라고 말했다. "그런즉 우리는 [몸 안에] 거하든지 떠나든지 주를 기쁘시게 하는 자 되기를 힘쓰노라"는 말씀이 우리의 위대하고 지속적인 노력이 되지 않으면 안 된다(고후 5:9).

또 하나의 적절한 사례는 다윗의 경우다. 다윗은 이스라엘의 한 가운데에 여호와께 더욱 어울리는 거처를 마련하기를 갈망했고 계획을 세웠다. 이에 대해 훗날 솔로몬이 "여호와께서 내 부친 다윗에게 이르시되 네가 내 이름을 위하여 전을 건축할 마음이 있으니 이 마음이 네게 있는 것이 좋도다"라고 전했다(대하 6:8). 하나님은 자신의 종이 그 계획을 실행하겠다는 의지를 은혜롭게 받아주셨고, 바로 그 계획을 성취한 것으로 간주해주셨다. 복음적 순종이 바로 이런 것이다. 참으로 진정한 것이며 하나님을 향한 사랑에 의해 촉발된 것이라면 비록 아주 불완전한 순종일지라도 완전한 순종으로 은혜롭게 받아주신다.

하나님이 모든 믿는 자의 조상 아브라함 앞에 나타나셔서 "나는 전능한 하나님이라 너는 내 앞에서 행하여 **완전하라**"고 선언하셨다(창 17:1). 여기에서 "완전한"이라고 번역된 형용사 '타밈'을 정확하고 유용하게 번역하자면 '올바른' 혹은 '진정한'이다. 절대적 완전성은 이생에서는 불가능한 것이기 때문이다. 율법적 순종은 재판에 의해 인정받았다. 반면에 복음적 순종은 자비에 부합하는 것이다. 율법적 순종은 율법의 감축되지 않은 엄혹함에 따른 것이다. 율법은 흠 없이 끊임없이 조금도 부족함이 없이 일치하는 것만을 인정했다. 반면에 복음적 순종은 복음의 좀 더 온건한 통치에 따라, 그리스도로 말미암아, 하나님께서 받아주시는 것이다(갈 3:8).

역대하 30장은 매우 현격한 사례를 전해준다. 하나님께서 행동을 하겠다는 의지를 수용하셨고, 율법의 요구조건을 완벽하게 이행하라고 강요하지 않으셨다.

> "회중에 많은 사람이 성결케 하지 못한 고로 레위 사람들이 모든 부정한 사람을 위하여 유월절 양을 잡아 저희로 여호와 앞에서 성결케 하였으나 에브라임과 므낫세와 잇사갈과 스불론의 많은 무리는 자기를 깨끗케 하지 아니하고 유월절 양을 먹어 기록한 규례에 어긴지라 히스기야가 위하여 기도하여 가로되 선하신 여호와여 사하옵소서 결심하고 하나님 곧 그 열조의 하나님 여호와를 구하는 아무 사람이든지 비록 성소의 결례대로 스스로 깨끗케 못하였을지라도 사하옵소서 하였더니"(17-19절).

히스기야는 하나님의 자비를 오늘날 어떤 그리스도인들보다도 더 잘 파악했다. 하나님은 히스기야의 기도를 들으시고 그 백성들을 고치셨다(20절). 그러나 히스기야는 자신의 간구를 "결심하고…구하는" 사람들에게 국한시켰다는 점에 주의하라. 이러한 올바름은 "이 저주의 말을 듣고도 심중에 스스로 위로하여 이르기를 내가 내 마음을 강퍅케 하여 젖은 것과 마른 것을 멸할지라도 평안하리라 할까 염려함이라 여호와는 이런 자를 사하지 않으실 뿐 아니라 여호와의 분노와 질투의 불로 그의 위에 붓게 하시며"에서 천명한 것과 정반대되는 것이었다(신 29:19-20).

진정한 순종은 필연적으로 중생을 전제한다. 자녀의 복종은 오직 하나님의 진정한 자녀에게서만 나오기 때문이다. 영적 생명 혹은 "본성"은 순종의 원리이다. 왜냐하면 우리가 하나님에 의해 거듭날 때 새로운 생활양식이 존재하기 때문이다. 성령으로 태어난 그것이 영이다 (요 3:6). 즉, 영적인 것들에 적절한 기질을 갖는다. 하지만 거듭남 이후에도 여전히 오성 속에는 많은 무지가, 정서에는 불결이, 의지 속에는 완악함이 남아있다. 그렇지만 은혜가 본성을, 거룩이 죄를, 하늘에 속한 것이 땅에 속한 것을 이긴다.

"오직 산당은 없이 하지 아니하니라 그러나 아사의 마음이 일평생 여호와 앞에 온전"한[올바른] 마음이었다(왕상 15:14). 비록 하나님께서 자신의 법을 우리의 심령에 새겨 넣으실지라도, 에제키엘 홉킨스가 지적한 것처럼, "이 사본의 수명은 영원하다. 하지만 물에 젖고 구멍이 뚫리는, 이생에서는 매우 흐릿하고 얼룩이 가득한 종이 위에 기록된 것일 뿐이다." 이런 순종을 '믿음의 순종'이라고도 한다(롬 1:5). 왜냐하면 믿음 없이는 하나님을 기쁘시게 할 수 없기 때문이다. 하지만 우리의 믿음은 정말로 연약하다! 그러므로 이 순종은 그리스도의 중보(계 8:3-4)와 능력 부여(빌 4:13)에 의존하여 이행되는 순종이다.

순종의 진정성을 판별하는 일곱 질문

그러나 지금 우리는 '나의 순종이 실제로 진정한 것이며 하나님께 합당한 것인지를 어떻게 판단할 수 있는가?'라는 절박한 질문에 대해 더욱 명확하고 상세한 답변을 내놓고자 노력하지 않으면 안 된다. 그리고 그 답변은 아래에 열거한 일곱 가지 기준에 의해 검증된 것이어야 한다.

첫째, 부정적 성격으로, 죄에 대한 보편적 반감을 가진 것인가? "여호와를 경외하는 것은 악을 미워하는 것이라"(잠 8:13)와 같은 말씀은 하나님의 자녀가 새롭게 태어날 때 전달되는 본성의 순수성을 가리킨다. 하나님의 자녀에게 여전히 악이 들러붙어있고 내주하지만 그 마음은 악을 미워한다. 악에 대한 미움은 악을 두려워하고 저항하는 것에 의해, 악에 대한 애착을 끊고 자아를 부정하는 것에 의해, 악에 압도될 때 비통하게 여기고 하나님께 토로하는 것에 의해, 악에 반대하는 은사들을 발휘하고 거룩에 대한 사랑을 계발하는 것에 의해 입증된다. 주님에 대한 이 경외심 즉, 악에 대한 미움이 존재하는 곳에서는 어떤 유보조건도 예외도 없을 것이다. 악이 어떤 형태로든 국면으로든 용납되지도 허용되지도 않을 것이다. 대신에, 악은 내가 사랑하는 하나님께 반대되는 것이기 때문에 그리고 내 영혼을 더럽히는 것이기 때문에 "내가… 모든 거짓 행위를 미워하나이다"라고 시편기자(시 119:104, 128)와 한 목소리로 단언할 것이다.

둘째, 겉사람 만큼이나 속사람을 규제하려고 근면하게 노력하는 것인가? 하나님의 요구조건은 "내 아들아 나의 법을 잊어버리지 말고 네 마음으로 나의 명령을 지키라"이다(잠 3:1). 바로 이 지점에서 위선자 바리새인은 정말 완벽하게 실패했다. 그리스도께서 "외식하는 서기관들과 바리새인들이여 회칠한 무덤 같으니 겉으로는 아름답게 보이나 그 안에는 죽은 사람의 뼈와 모든 더러운 것이 가득하도다"라고 말씀하셨다(마 23:27). 하나님은 우리에게 "무릇 지킬만한 것보다 더욱 네 마음을 지키라"고 명령하셨다(잠 4:23). 그리고 이 명령은 죄악 된 생각을 억제할 것, 악한 상상력을 억누를 것, 교만과 자기의지와 불신앙에 저항할 것, 우리의 동기와 목적을 면밀하게 검토할 것, 유혹을 그리고 죄 지을 기회를 꺼림칙해할 것을 요구한다.

셋째, 하나님의 영광을 목표로 삼고 있는 것인가? 마음은 매우 기만적이고, 인간적 종교의 많은 부분은 단지 "사람들의 눈에 보이는" 그리고 개인적 경건에 대한 평판을 얻는 것에 의해 촉발된 것이다. "스스로 말하는 자는 자기 영광만 구하되"라는 말씀은 정말로 통렬하다(요 7:18). 참된 경건은 겸손하고 자아말살적이며, 주님께 영광을 돌리고 주님을 즐겁게 하는 것만을 목적으로 한다.

넷째, 하나님의 계시된 의지 전체를 전유하고 나로 하여금 "내가 범사에 주의 법도를 바르게 여기고"라고 말할 수 있도록 만들어주는 것인가?(시 119:128) 어느 한 계명을 고의로 거절하는 것은 모든 계명을 실질적으로 거절하는 것이기 때문이다. 비록 우리가 어떤 계명에서 비참하게 실패하고 완벽하게 준수한 계명이 하나도 없더라도 우리의 마음은 언명령된 모든 의무를 지지하는가?

다섯째, 하나님께 충분히 복종하겠다는 진실한 자원함과 정직한 갈망이 있는가? 만일 그런 자발성과 갈망이 있다면 우리는 최고의 완전에 도달하지 못하는 일을 고의로 그리고 명백하게 저지르지 않을 것이고, 지극히 혹독하고 어렵다는 이유로 건너뛰거나 핑계를 대지 않고 하나님의 모든 법에 적당한 관심을 기울일 것이다.

여섯째, ("주의 의로운 규례를 지키기로 맹세하고 굳게 정하였나이다"라는, 시 119:106) 확고한 결단, ("주의 율례를 길이 끝까지 행하려고 내 마음을 기울였나이다"라는, 시 119:112) 진정한 노력, ("앞에 있는 것을 잡으려고…푯대를 향하여…좇아가노라" 하는, 빌 3:12-14) 불굴의 근면성, 모든 것에서 하나님을 즐겁게 하려는 주도면밀한 분투가 있는가?

일곱째, 비록 내가 지나치게 자주 법을 어길지라도 그 때문에 내 자신을 증오하고 하나님의 뜻 전체에 부합하고자 정직하게 노력한다고 입증해주는 양심이 수반되는가?

이런 기준에 부합하는 순종을 하나님께서 받아주시고 완벽한 순종으로 간주해주신다. 왜냐하면 이 실패들은 고의적인 반항과 결연한 완악함이라기보다는 사탄의 교활함, 죄의 기만성, 육체의 연약함 탓이기 때문이다. 성도의 개성과 행위를 시편 119편에서만큼 명확하고 충분하게 묘사해준 성경이 달리 없다. 그래서 세심한 그리스도인은 시편 119편의 묘사와 자기 자신을 비교해야 한다. 시편 119편 전반에 걸쳐, 거룩한 결단과 열렬한 분투의 곁에, 의식적인 약함과 물러냄 그러나 하나님에 대한 의존이 나란히 놓여있다. 확인해보자.

"주께서 주의 법도로 명하사 우리로 근실히 지키게 하셨나이다"(4절)–"내 길을 굳이 정하사 주의 율례를 지키게 하소서"(5절)–"내가 주의 율례를 지키오리니 나를 아주 버리지 마옵소서"(8절)–"내가 전심으로 주를 찾았사오니 주의 계명에서 떠나지 말게 하소서"(10절)–"주께서 내 마음을 넓히시오면 내가 주의 계명의 길로 달려가리이다"(32절)–

"내가 주의 법도 사랑함을 보옵소서 여호와여 주의 인자하신 대로 나를 소성케 하소서"(159절)–"내가 주의 법도를 택하였사오니 주의 손이 항상 나의 도움이 되게 하소서"(173절). 이처럼 거룩한 열망과 활동이 모두 있지만 힘을 달라고 그리고 가능케 해달라고 하나님을 지속적으로 바라보는 것도 있다.

진정한 순종의 특성

진정한 순종은 하나님의 뜻에 대한 죄 없는 일치가 아니라 그렇게 되고자 하는 진정한 갈구 그리고 균형잡힌 노력으로 구성되어 있다는 사실이 이제 확인될 것이다. 진정한 순종은 두 부분–우리의 부패한 정서들을 죽이는 것과 우리의 은사들을 살리는 것–으로 구성되어 있다. 그래서 우리는 힘을 키우고 참된 경건을 더욱 증진하도록 한다. 여기에 두 가지가 부가 혹은 수반된다. 하나는 지난 죄악들에 대한 회개이고 다른 하나는 현재의 은혜를 얻기 위한 믿음의 발휘이다.

실패를 미움과 수치로 반추하고, 슬픔과 회오로 하나님께 고백하고, 실패를 더 이상 반복하지 않도록 열렬히 결단하고 노력한다. 믿음은 그리스도의 공로를 바라보고, 보혈의 효력을 간구하고, 하늘에서 우리를 위한 그리스도의 중재를 의존하고, 약속을 붙잡고, 하나님의 아들을 위해 우리의 불완전한 순종을 받아주시기를 기대하고, 우리의 순종은 하나님께 인정을 받을 가치가 없지만 부채가 아니라 순순한 은혜의 문제로 상을 받는다는 사실을 안다(시 19:11). 그렇다고 어떤 누구도 자신의 순종에는 불완전한 점들이 대단히 많기 때문에 은혜를 받지 못한다고 결론내리지 말라. 아이는 약하고 병에 걸릴 수도 있다. 그렇더라도 합법적인 자녀이다. 그대의 회개를 매일 새롭게 하라. 그리스도의 중보를 전적으로 의존하라. 그리스도의 충만을 의지하라.

| 좋은교회 : 한국교회 교회론을 모색하다

한국교회가 놓친 교회론적 본질은 무엇인가?
우리는 무엇을 어떻게 놓친 것인가?
무엇을 어떻게 시작해야 본질적 교회를 회복할 수 있는가?
참된 교회로 나아가기 위해 놓치고 있는 '교회회의'에 대한 고찰과 '교회정관 전문'을 예시로 담았다. 무엇보다 '어리석은 교인에게 좋은 교회란 한낱 꿈'이라는 분명한 메시지를 전한다. 또한 가나안성도(안나가성도)가 알아야 할 '구원이 교회와 어떻게 연결되는지'를 짚어내면서 한국교회가 교회론과 성도, 그리고 그리스도의 교회주권을 회복하고자 모색하는 책이다.
| 임원주, 13,500원

| 탕자의 비유 : 아버지의 나라

작성자인 누가와 수신자인 데오빌로 총독 사이에 있는 간극 이상으로 오늘날 우리는 본문에 대한 그들의 해석에서 만큼이나 멀어져 있는지 모릅니다. 누가가 드러내는 '하나님의 나라'에 대한 비밀을, 21세기를 사는 우리는 본서를 통해, 우리 현실과 교회, 그리고 복음의 맛을 깊이 누리게 될 것입니다.
| 임원주, 12,000원

| 룻과 보아스 : 어머니의 나라

우리는 "왜 구세주 예수 그리스도께서 유다 베들레헴에서 태어나셨느냐"는 질문을 가슴에 담고, 룻기에 접근해야 한다. 오늘날 우리 각자가 출석하는 교회, 우리가 살고 있는 곳을 어떻게 그런 '베들레헴'으로 만들 수 있는지를 기필코 알아내고자 하는 결기로 〈룻기〉를 샅샅이 그리고 주의깊게 읽어내야 한다. | 임원주, 13,500원

| 톰 라이트의 칭의론을 비판한다

톰 라이트의 칭의론은 존 파이퍼의 칭의론을 극복하지 못했다. 톰 라이트의 대응방식 및 논리를 다루는 데 초점을 맞췄고, 중요한 진술의 의도를 파악하는 데 역점을 두었다. 칭의론 논쟁에서 이보다 우선하는 것이 없다고 보았기 때문이다.
| 임원주, 21,000원

| 불교에 답한다

불교를 알면 전도가 보인다!
기독교를 불교적 관점으로 접근할 때 심각한 오류가 발생합니다. 그러나 불교를 제대로 알고 불교가 기독교를 어떻게 보는지를 알면 기독교 신앙을 지켜내는 데 결코 위태롭지 않을 것입니다. | 임원주, 18,000원

가치를전수하는 **가나다**

가치를전수하는 **가나다**

가치를전수하는 **가나다**

가치를전수하는 **가나다**

가치를전수하는 **가나다**

가치를전수하는 **가나다**

가치를전수하는 **가나다**

가치를전수하는 **가나다**

가치를전수하는 **가나다**

가치를전수하는 **가나다**

가치를전수하는 **가나다**

가치를전수하는 **가나다**

가치를전수하는 **가나다**

가치를전수하는 **가나다**

가치를전수하는 **가나다**

가치를전수하는 **가나다**

가치를전수하는 **가나다**

가치를전수하는 **가나다**

가치를전수하는 **가나다**

아더 핑크 | 임원주 옮김

세이빙 훼잇(Saving Faith)
구원을 받을 수 있도록 해주는 믿음, 그리스도께 나아온다는 것, 그리고 참된 확신이라는 세 가지 주제를 아더 핑크는 확실하고 충분하게 설명했다. 20세기 전반부의 영어권 독자들에게 청교도 대가들의 사상을 잘 소화해서, 성경에 깊이 뿌리내리기를 바라는 아더 핑크의 열망을 볼 수 있는 책이다.

전적 부패(Total Depravity)
전적 부패(전적 타락)이라는 주제는 우리 인간을 매우 겸손하게 만들어 준다. 그렇다고 우리에게 유쾌한 주제는 아닐 것이다. 심지어 인간이 한탄스러울 정도로 무시당하는 주제이다. 그럼에도 이 주제에 집중하는 이유는, 우리에게 시금석이자 실천적 가치를 가진 주제이기 때문이다. 빛을 밝혀주고, 끝내 필수적인 동시에 유익한 주제라는 것을 칼빈도 이미 지적한 바이다.

전적 무능력(Entire Inability)
하나님의 주권이 아니라 인간의 주권을 강조하는 것, 하나님의 주권적 은혜가 아니라 인간 자신의 능력에 의존하는 것, 그리스도 안에서 하나님께 소망을 두지 않고 피조물에게 소망을 두는 것이 인간의 본질과 능력이라는 것을 성경의 가르침을 통해 드러내는 책이다.

실천하는 믿음(Practical Christianity)
교리의 적용은 단순히, 이론을 실행하는 것이 아니라 하나님의 명령을 합당하게 준행하는 것에 있다. 보물지도를 손에 쥐고만 있는 것이 아니라, 보물을 찾아내 그 가치를 향유하여 삶의 질과 수준을 바꾸는 것이다. 하나님의 능력이 나의 삶을 채우고 변혁시키고 그 능력이 나의 가정과 교회와 내 주변 세상으로 흘러나가게 하는 것임을 아더 핑크는 성경에서 그 증거를 보여주고 있다.